ANTIQUITATIS ROMANAE
MONUMENTA LEGALIA
EXTRA LIBROS JURIS ROMANI
SPARSA,

QUAE IN AERE, LAPIDE, ALIAVE MATERIA, VEL APUD VETERES AUCTORES EXTRANEOS, PARTIM INTEGRA, PARTIM MUTILA, SED GENUINA, SUPERSUNT.

DELECTU, FORMA ET VARIARUM LECTIONUM ADNOTATIONE USUI EXPEDITIORI ADCOMMODAVIT,

TUM

NOTITIAM HISTORICO-LITERARIAM OMNIUM, QUOTQUOT, EX ILLO GENERE EXSTANT, MONUMENTORUM, TAM LEGALIUM, QUAM ALIORUM

PRAEMISIT

D^r. CHRIST. GOTTL. HAUBOLD,

EQUES ORD. SAXON. VIRTUT. CIVIC. JURIS PROFESSOR PUBL. ORD. IN ACAD. LIPS.

OPUS

EX ADVERSARIIS DEFUNCTI AUCTORIS, QUANTUM FIERI POTUIT,

RESTITUIT

D^r. ERNESTUS SPANGENBERG,

POTENTISS. MAGN. BRITAN. ET HANOVERAE REGI A CONSILIIS PROVOCAT. PLUR. SOCIETAT. LITER. SODALIS.

BEROLINI,

APUD G. REIMERUM.

MDCCCXXX.

BRUNSVIGAE, TYPIS FR. VIEWEGII ET FILII.

PRAEFATIO.

Hauboldum, Virum Illustrissimum, de literis nostris optime meritum, per aliquot annos id egisse, ut Fontes juris Romani extra volumina Juris Antejustinianei et Justinianei dispersos, qui ad nostra tempora pervenerunt, universos colligeret, itaque, quod appendice Fulvii Ursini ad Anton. Augustinum de legibus, aliisque operibus, postremo appendice ad Terrassonum in historia juris Romani institutum, minime tamen absolutum videri poterat, uberius et amplius perficeret, non dubito, quin inter omnes Summi Viri amicos et cultores jamdudum constiterit. Mihi quidem ejus consilium anno demum MDCCCXX innotuit, quo, quum simile quid moliens, a Viro Humanissimo petivissem, ut, quid de optima operis instituendi ratione sentiret, mecum communicare vellet, me cum illo concurrisse non sine gravi dolore animi intellexi. Quo cognito, statim me et omittendi rem susceptam cepisse consilium, et Illum de ea re certiorem fecisse, vix est, quod commemorem; tantum enim aberat, ut Illius inceptum in animum inducerem, ut etiam a solo HAUBOLDO, prout rei gravitas postularet, digne illud perfici posse, persuasissimum haberem. Nihilominus tamen Illo ipso urgente adductus sum, ut partem certe operis mei absolverem, eosque tractarem fontes, quos mihi tanquam provinciam demandaverat, quique in libro meo: *Juris Romani tabulae negotiorum sollemnium, modo in aere, modo in marmore, modo in charta superstites* inscripto, anno MDCCCXXI. publici juris facti sunt.

HAUBOLDUM quum, dolentibus suis, dolentibus literis, praematura mors impedivisset, quo minus inceptum, ad Monumenta juris Romani legalia restrictum, ad finem perduceret: heredes, ubi literas a me ad illum de ea re datas cognoverunt, Viro Eruditissimo, *Eduardo Friderici* J. U. D. et caussarum apud Lipsienses patrono, mandarant, ut, num forte e relictis a defuncto adversariis opus institutum ipse edere vellem, per literas ex me quaereret. Equidem, quamvis me non eum esse, qui HAUBOLDI vestigiis ingredi possem, penitus sentirem, et vehementer optarem, ut doctiori eruditiorique, quam mihi, quippe forensibus negotiis per aliquot annos solum occupato, haec delata esset provincia: tamen, eam, testante Fridericio, ab aliis Viri Illustris cultoribus recusatam esse, considerans insuperque sperans, futurum, ut in apparatu ad hoc opus instructo, partes invenirem ab Ipso ad umbilicum deductas, editionem suscepi; indignum fore ratus, si vel literula a praestantissimo doctore profecta, Jureconsultis nostris subtraheretur. Quam ob rem universum apparatum, uti petiveram, accepi.

Qui quidem continebat hos fasciculos, inscriptos:

I. Juris Romani Monumenta sparsa.

II. Notitia accurata historico-literaria omnium Antiquitatis Romanae Monumentorum extra libros juris Romani sparsorum.

III. Antiquitatis Romanae monumenta.

IV. Fontium et Monumentorum juris Romani corpus.

V. Einleitung in die merkwürdigen noch

vorhandenen Denkmäler des Röm. Rechts.

VI. Monumenta juris Romani selecta.

VII. Pars altera Monumentorum.

VIII. Monumenta Juris Rom. restituta seposita, sed notitiae causa servata.

IX. Monumenta Juris Romani genuina seposita.

X. Adversaria paulo uberiora notitiae Monumentorum inservientia.

XI. XII. Monumenta juris Romani genuina, Voll. duobus.

XIII. Ad Monumenta sparsa.

XIV. Monumenta juris Romani restituta.

XV. Tabulae missionum.

Quos omnes quum diligenter inspexissem: et mutatum esse identidem ab Auctore consilium, et librum manuscriptum, qui typis imprimi posset, quum praeter notitiam accuratam (Nro II.) ne unus quidem horum fasciculorum perfecte elaboratus esset, nullum adesse, facile intelligebam.

Ab initio enim Auctor eum sibi proposuisse videtur operis ambitum, ut praeter *Monumenta genuina* (Nro. XI. XII.), etiam *Monumenta restituta* (Nro. VIII, XIV.) e. g. Leges XII. Tabularum Edictum, Leges Juliae et Papia Poppea etc., collectioni insereret cuncta; dein sola *Monumenta genuina* recepturus fuerat, restituta penitus seponens; denique discernens *Monumenta legalia genuina* (Nro. IX. XV.) a *tabulis negotiorum forensium*, illa sola fuerat collecturus. Nec postremo quidem consilium ita steterat, quin dubitatio superesset, num Monumenta legalia genuina universa, an electa (Nro VI. VII. XIII.) tantum reciperet.

Jam quod ad singula monumenta attinet, Auctor eatenus tantum perfecerat consilium, ut suo cuique destinato involucro, in eo, textum, uti vocant, quem exhibiturus erat, ex opere aliquo typis impresso, in quo illum invenerat, aut exsectum, aut accurate descriptum deposuisset, aut, id quod saepissime factum erat, ad librum relegasset, unde exscribendum esset monumentum. (Nro. XI. XII.) Ipsa involucra praeterea breves de uniuscujusque monumenti aetate, de tempore et loco, ubi inventum esset, annotationes et indicia librorum continebat, in quibus jam antea esset impressum. Duo denique fasciculi monumentis secundum temporum rationem disponendis (Nro. III. IV.), tres, notitiae de iis literariae, e quibus integer tractatus (Nro. II.) conflatus, destinati erant. (Nro. I. V. X.)

Quae cum ita invenissem, mihi curandum erat, ut opus institutum ex Auctoris schedis, secundum ea, quae mihi perscripserat vel alio loco significaverat, quasi de integro restituerem.

Ad rationem ejus instituendi quod attinet, eam ideo elegi, quam auctor ipse literis die XV mensis Augusti MDCCCXX. ad me datis, mecum communicaverat, quamque, utpote novissimam, postremo videtur animo concepisse. Quae quidem eo spectabat, ut exclusis Jureconsultorum fragmentis jam a *Dirksenio* V. C. collectis, et maxima monumentorum ecclesiasticorum, ad historiam ecclesiasticam potius quam ad jus civile pertinentium, eorum praesertim, quae apud *Baronium* et *Mansium* leguntur, parte, sola *Monumenta legalia*, quae dicuntur, extra libros juris Antejustinianei et Justinianei dispersa, sed genuine nobis servata, reciperentur; ut exclusa rerum explicatione, textus solummodo exhiberetur, sed quam accuratissimus, addita, quae in aliis exemplaribus impressis reperitur, praecipua lectionis varietate; ut singulis monumentis notitia ad historiam literiaram pertinens, universo autem operi quam plenissimus omnium fontium dispersorum conspectus praemitteretur, ita ut universus materiae, quem ab hac parte possidemus, thesaurus uni quasi obtutui subjiciendus esset [1]).

---

[1]) En verba Auctoris: »Schon seit einer ziemlichen Reihe von Jahren hat auch mich der Gedanke ergriffen, dass es für die Wissenschaft vortheilhaft sein würde, wenn Jemand eine Sammlung der aufserhalb dem Jus Antejustinianeum und dem Corpus juris Justinianei zerstreuten, in ursprünglicher Form uns erhaltenen Quellen des Römischen Rechts (mit Ausschluss der von Dirksen bereits gesammelten Fragmente der juristischen Schriftsteller und des gröfsten Theils der mehr für die Kirchengeschichte, als für das civilistische Studium geeigneten, vorzüglich bei Baronius und Mansi in Menge anzutreffenden wirklichen Urkunden) veranstaltete. — Ich selbst trug zu dem Ende aus den mannigfaltigsten und achtbarsten Werken zusammen, was zu meinem Zwecke zu dienen schien; und dieser bestand darin, dem Freunde des Römischen Rechts in einem mäfsigen Bande das mit möglichster Genauigkeit in die Hände zu liefern, was er, ohne eine solche Veranstaltung, hätte aufserdem in vielen, den Meisten unzugänglichen Werken, und oft in verstümmelter oder sonst unvollkommner Gestalt aufsuchen müssen. Um Sacherklärung war es mir hierbei nicht zu thun; ein möglichst correcter Text, in gefälliger äufserer Form abgedruckt, mit Bemerkung der bedeutendsten Abweichung anderer Abdrücke, eine historische Einleitung, wo sie möglich war, und eine literair-historische Notiz in Beziehung auf jedes einzelne Denkmal sollte das Ziel sein, das ich mir stecken wollte.

Dagegen sollte dem Ganzen eine möglichst vollständige Uebersicht aller zerstreuten Quellen mit literair-historischen Bemerkungen vorangehen, um den ganzen Schatz von Materalien mit Einem Blicke überschauen zu können, den wir von dieser Seite her besitzen.«

Literis ipsis adjecit: »Verzeichniss derjenigen Denkmäler,

Hanc ego rationem quam religiosissime mihi esse sequendam duxi.

Incipit opus a *Notitia accurata historico-literaria omnium antiquitatis Romanae monumentorum,* ab ipso Auctore exarata; monendum tamen, priorem partem (A. a. b. Praemonit.) fragmenta tantum complexam esse, quum altera (A. c. et B.) ita esset elaborata, ut prelum exspectaret.

Sequitur *Monumentorum legalium genuinorum,* quae Auctor recipienda esse significavit, secundum temporum rationem dispositorum, et ex iis exemplaribus, quae ipse Auctor elegit, impressorum, textus, addita praecipua lectionis varietate. Suo cuique monumento praemissa est notitia historico-literaria, qualis aut ab ipso Auctore erat perscripta, aut ex ejus adversariis componi poterat.

Quaecumque in eo genere impressa leguntur, debentur Auctori; mihi hoc solum vindico meriti, quod materiam et composuerim et disposuerim, et Illius annotationes, ad singula monumenta pertinentes per

---

welche ich zu den Monumentis legalibus rechne;« indicem ab eo confectum, qui Monumentis legalibus hic publici juris factis, pro fundamento esse debuit.

totum apparatum passim dispersas, collegerim.

Ipsa Auctoris verba ubique religiosissime descripta sunt; nec videtur timendum esse, ne qua annotatio, ab Illo ad hoc opus exarata, perierit.

Hoc autem jure meo, in libro ad prelum parando, mihi licere judicavi, ut, quae deesse viderentur, adderem et supplerem; praesertim singula insererem monumenta, mortuo demum Auctore, aut reperta, aut diligentiori certe cura inspecta; nec profecto est, quod iniquius propterea censorum judicium mihi verendum esse putem, quia persuasissimum habeo, Auctorem, si ipsi opus edere per fata licuisset, eadem fere additurum et inserturum fuisse. Ceterum omnia illa additamenta, quae intercalavi, uncis inclusa, meoque nomine insignata, eademque de causa singula monumenta, a me interposita, asterisco notata sunt; non, quo gloriolam captarem, sed ne quis forte error, a me commissus, Illi vitio verti posset.

Opus tali modo ex Auctoris adversariis, quantum fieri potuit, restitutum, ut viri harum literarum studiosi benevole excipiant, semper memores, tantum umbram quandam et quasi imaginem ejus esse operis, quod

Ipse, si longiorem ei divina providentia concessisset vitam, exhibiturus fuisset, enixe rogo.

Cellis Hanoveranis
d. XVII. Januar. MDCCCXXX.

E. Spangenberg.

CONSPECTUS.

- I. Notitia accurata historico-literaria omnium Antiquitatis Romanae monumentorum extra libros juris Romani sparsorum.
  - A. Praemonita.
    - a. De varietate monumentorum juris Romani extra libros ejus sparsorum.
    - b. De fontibus antiquis, per quos monumenta, quae non amplius sigillatim exstant, ad nostram memoriam pervenerunt.
      - aa. Universe de varietate horum fontium.
      - bb. Sigillatim.
        - A. Auctores in specie sic dicti.
        - B. Acta conciliorum, similesque Collectiones monumentorum ecclesiasticorum antiquae.
    - c. De recentioribus corporibus monumentorum nostri generis, ceterisque scriptoribus, qui ad ea vel collecta vel singula commentati sunt.
      - aa. Edita.
      - bb. Inedita.
  - B. Notitia singulorum Monumentorum, ad temporis rationem exacta.
- II. Antiquitatis Romanae Monumenta legalia genuina, extra libros juris Romani sparsa.

NOTITIA ACCURATA

HISTORICO-LITERARIA

OMNIUM

ANTIQUITATIS ROMANAE

MONUMENTORUM

EXTRA LIBROS JURIS ROMANI

SPARSORUM

QUOTQUOT IN AERE, LAPIDE, ALIAVE MATERIA, VEL APUD VETERES AUCTORES EXTRANEOS, ETIAM ECCLESIASTICOS, PARTIM INTEGRA, PARTIM MUTILA, SED GENUINA SUPERSUNT.

A.

PRAEMONITA.

a.

De varietate monumentorum juris Romani extra libros ejus sparsorum.

Sunt vel: I. *Monumenta legalia,* vel II. *alia, jus Romanum illustrantia,* v. c. tabulae negotiorum forensium; etc.

b.

De fontibus antiquis, per quos monumenta, quae non amplius sigillatim exstant, ad nostram memoriam pervenerunt.

aa.

Universe de varietate horum fontium.

I. Auctores veteres extranei, i. e. qui ad libros juris haud pertinent.
II. Inscriptiones in tabulis aeneis, marmoreis etc.
III. Instrumenta in papyro nobis servata.

Auctores veteres extranei dispescuntur in eos, qui classicorum nomine veniunt vel cum iis junguntur; tum in Acta conciliorum, similesque collectiones ecclesiasticorum monumentorum antiquas.

Inscriptiones vero et instrumenta reliqua insunt plerumque Collectionibus recentioribus, a viris doctis nostri aevi editis.

bb.

Sigillatim.

A.

AUCTORES IN SPECIE SIC DICTI.

I. M. PORCIUS CATO.

de re rustica cap. 14. 144 — 150, ubi formulae contractuum in re rustica obviorum exhibentur.

II. POLYBIUS.

I. Leges enotatae: I. 69, 5. (lex servum necat fugitivum), II. 21, 7. sq. (lex de dividendis agris a C. Flaminio lata, magnorum causa malorum), VI. 14, 10. 16, 3. (legum sanciendarum arbiter populus.)

II. Foedera Romanorum. Eorum tabulae aeneae servantur in Jovis Capitolini templo, in aerario aedilium: III. 26, 1.

— cum Aetolis. XI. 6, 5. XXII. 15.

— cum Antiocho. XXI. 14. XXII. 26.

— cum Carthaginiensibus. Antiqua ante primum bellum Punicum. III. 22 — 25.

Post primum bellum Punicum vel Siculum. I. 62 sq. III. 27.

Post bellum Africum foedus, de Sardinia Romanis concedenda. I. 88. III. 27, 8.

Cum Asdrubale in Hispania de Ibero non transgrediendo. II. 13, 7. III. 27, 9. seq.

Post bellum Punicum secundum, victo Hannibale in Africa. XV. 18.

Cum Hierone. I. 16, 9.

Cum Philippo. XVIII. 27.

Cum Teuta. II. 12.

Conf. *Christ. Glob. Heynii* Pr. I. II. Foedera Carthaginiensium cum Romanis super navigatione et mercatura facta illustrantur. Goett. 1780. f. in *Ejusdem* Opuscul. academ. Vol. III. p. 39 — 78.

III. M. TERENTIUS VARRO.

de re rustica II. 2. §. 5. 6. ubi veteres formulae in emtionibus ovium frequentatae exhibentur.

IV. M. TULLIUS CICERO.

Lex agraria Servilii Rulli. Agr. II. 7. sqq.

Caput legis de majori parte judicum. *Coelius* ad *Cicer*. ad Divers. VIII. 8.

Auctoritas Senatus I. } Ibid.
Auctoritas Senatus II. }

V. DIONYSIUS HALICARNASSENSIS

Foedus latinum. VI. 95.

VI. T. LIVIUS.

de formulis foederum. I. 24.

de tabula aenea. II. 33. VIII. 11. XXV. 39.

Foedus Ardeatinum. IV. 7.

Foedus Neapolitanum. VIII. 26.

Senatus consulta. XXIII. 25. XXIV. 11. XXVI. 1. XXVII. 7. XXXI. 8. XLI. 9.

Foedus cum Aetolis. XXXVIII. 11.

Foedus cum Antiocho. XXXVIII. 38.

Decretum a Praetore Samnitibus redditum. VIII. 2.

VII. FLAVIUS JOSEPHUS.

Decretum Senatus de societate et benevolentia erga gentem Judaeorum. A. U. 594. — in Antiquit. XII, 10, 6.

Decretum Senatus, quo amicitia Romanorum cum Judaeis renovata est. A. U. 629. — Ibid. XIII. 0, 2.

Decretum Senatus ejusdem argumenti. A. U. 630. Ibid. XIV. 8, 5.

Decretum C. Jul. Caesaris in gratiam Judaeorum factum. A. U. 707. — Ibid. XIV. 10, 2.

Decretum ejusdem in eorundem gratiam. Anno eodem. Ibid. XIV. 10, 6.

Decretum ejusdem in eorundem gratiam. A. U. 708. Ibid. XIV. 10, 6.

Decretum ejusdem in eorundem gratiam. A. U. 710. Ibid. XIV. 10, 7.

Vide *Jo. Tob. Krebsii* Decreta Romanorum pro Judaeis.

VIII. C. CORNELIUS TACITUS.

Mandatum secretum. Annal. III. 16.
Codicilli Pisonis. Annal. III. 16.

IX. SEX. JULIUS FRONTINUS.

Legis de aquaeductu fragmenta. De aquaed. art. 94—97.

SCta sex de aquaeductibus. Ibid. art. 100. 104. 106. 108. 125. 127.

Lex Quinctia. Ibid. art. 129.

Caput mandatorum. Ibid. art. 110.

X. C. PLINIUS SECUNDUS CAECILIUS IUN.

In epistolarum Libro X. occurrunt, omissis iis, quae gratulationis, amicitiae aut pietatis, non petitionis vel officii causa scriptae sunt, relationes Plinii et rescripta Trajani, quae sequuntur. Sunt vero omnes scripta intra A. U. 851. C. 98 et A. U. 858. C. 105.

Ceterum *Jo. Aug. Bachius* Praef. praemissa *Ipsius* Trajano. p. XV. sq. ait, se voluisse rescripta Trajani ad Plinium huic libello adjecta explicare, sed festinantibus typothetis se id consilium in aliud tempus distulisse.

Enumeravi ea secundum ordinem utriusque editionis a *Glieb. Erdm. Gierigio* curatae. Numerus in parenthesi adjectus respondet antiquioribus Gierigianis editionibus.

A. Epistolae ante Bithyniae administrationem scriptae [1]).

A. C. 98. 1. Plinii ad Traianum Epistola. X. 3.
»Indulgentia tua, Imperator — tuis possim.«

A. C. 99. 2. Eiusdem ad eumdem. X. 4.
»Proximo anno, Domine — patrona, peto.«

---

1) Ergo ante A. V. 856. C. 103. quo Plinius missus est in Bithyniam, quam vsque ad A. V. 858. C. 105. administrauit.

3. Eiusdem ad eumdem. X. 5. (22.) A. C.
»Ago gratias, Domine — iusseras, misi.« 99.

4. Traiani Rescr. ad Plinium. X. 6. (23.) A. C.
»Civitatem Alexandrinam, secundum — meum, 99.
mittam.«

5. Plinii ad Traianum. X. 7. (5.) A. C.
»Exprimere, Domine, verbis — occurrere tibi.« 99.

6. Eiusd. ad eumdem. X. 8. (6.) A. C.
»Proxima infirmitas mea — patronis, peto.« 99.

7. Eiusd. ad eumdem. X. 9. (7.) A. C.
»Scio, Domine, memoriae — et attollit.« 99.

8. Eiusd. ad eumd. X. 10. (20.) A. C.
»Vt primum me — tuis cupiam.« 99.

9. Traiani Rescr. ad Plin. X. 11. (21.) A. C.
»Et civis et — fidem confido.« 99.

10. Plinii ad Traianum. X. 12. (24.) A. C.
»Quum divus pater — quinquagesimum lapidem.« 99.

11. Traiani Rescr. ad Plinium. X. 13. (25.) A. C.
»Et privatas multas — tuae videas.« 99.

12. Plinii ad Traianum. X. 15. (8.) A. C.
»Quum sciam, Domine — pietate privata.« 103.

B. Epistolae ex Bithynia datae cum Traiani Rescriptis.

13. Plinii ad Traianum. X. 19. (28.) A. C.
»Sicut saluberimam nauigationem — Maximo 103.
tracto.«

14. Traiani Rescr. ad Plin. X. 20. (29.) A. C.
»Cuperem sine querela — diligenter excutere.« 103.

15. Plinii ad Traianum. X. 21. (34.) A. C.
»Prusenses, Domine, balineum — nitor postulat.« 103.

16. Traiani Rescr. ad Plin. X. 22. (35.) A. C.
»Si instructio noui — necessarias erogationes.« 103.

17. Plinii ad Traianum. X. 23. (75.) A. C.
»Quaerenti mihi, Domine — potuerit, requirentur.« 103.

18. Traiani Rescr. ad Plinium. X. 24. (76.) A. C.
»Possumus apud Prusenses — occupauit solum.« 103.

19. Plinii ad Traianum. X. 25. (32.) A. C.
»Gabius Bassus, Praefectus — supra numerum.« 103.

A. C. 20. Traiani Rescr. ad Plinium. X. 26. (33.)
103. »Et mihi scribit — signis absint.«

A. C. 21. Plinii ad Traianum. X. 28. (85.)
103. »Cum Prusae ad — defenditur, deliberare.«

A. C. 22. Traiani Rescr. ad Plin. X. 29. (86.)
103. »Potuisti non haerere — debent recusare.«

A. C. 23. Plinii ad Traianum. X. 33. (48.)
103. »Theatrum, Domine, Niceae — addendum est.«

A. C. 24. Traiani Rescr. ad Plin. X. 34. (49.)
103. »Quid oporteat fieri — soliti sint.«

A. C. 25. Plinii ad Traianum. X. 35. (42.)
103. »Quum diversam partem — tam paucos.«

A. C. 26. Traiani Rescr. ad Plin. X. 36. (43.)
103. »Tibi quidem secundum — hoc vti.«

A. C. 27. Plinii ad Traianum. X. 39. (30.)
103. »Rogo, Domine, consilio — posse confidunt.«

A. C. 28. Traiani Rescr. ad Plin. X 40. (31.)
103. »Nihil opus est — avocandos esse.«

A. C. 29. Plinii ad Traianum. X. 41. (38.)
103. »Sempronius Caelianus, egregius — ad exemplum.«

A. C. 30. Traiani Rescr. ad Plin. X. 42. (39.)
103. »Secundum mandata mea — suae exigit.«

A. C. 31. Plinii ad Traianum. X. 43. (40.)
103. »Salua magnitudine tua — sine auctore.«

A. C. 32. Traiani Rescr. ad Plin. X. 44. (41.)
103. »Memineris, idcirco te — vicorum dari.«

A. C. 33. Plinii ad Traianum. X. 45. (44.)
104. »Sollemnia voto pro — semperque signari.«

A. C. 34. Traiani Rescr. ad Plin. X. 46. (45.)
104. »Et soluisse vos — litteris tuis.«

A. C. 35. Plinii ad Traianum. X. 47. (46.)
104. »In aquaeductum, Domine — esse dignissimam.«

A. C. 36. Traiani Rescr. ad Plin. X. 48. (47.)
104. »Curandum est, vt — notitiam meam.«

A. C. 37. Plinii ad Traianum. X. 49. (60.)
104. »Diem, Domine, quo — pietate, iurantibus.«

A. C. 38. Traiani Rescr. ad Plin. X. 50. (61.)
104. »Quanta religione ac — litteris tuis.«

39. Plinii ad Traianum. X. 51. (36.) A. C.
»Maximus, libertus et — rogo rescribas.« 104.

40. Traiani Rescr. ad Plin. X. 52. (37.) A. C.
»Nunc quidem proficiscentem — quem adiuvat.« 104.

41. Plinii ad Traianum. X. 53. (56.) A. C.
»Cum vellem Apameae — partes videar.« 104.

42. Traiani Rescr. ad Plin. X. 54. (57.) A. C.
»Libellus Apameorum, quem — esse facturum.« 104.

43. Plinii ad Traianum. X. 55. (16.) A. C.
»Apuleius, Domine, miles — aposphragisma, quadriga.« 104.

44. Eiusd. ad eumdem. X. 57. (52.) A. C.
Requirenti mihi Byzantiorum — emendare digneris.« 104.

45. Traiani Rescr. ad Plin. X. 58. (53.) A. C.
»Optime fecisti, Secunde — sumtuose coluerint.« 104.

46. Plinii ad Traianum. X. 59. (54.) A. C.
»Diplomata, Domine, quorum — necessaria impediam.« 104.

47. Traiani Rescr. ad Plinium. X. 60. (55.) A. C.
»Diplomata, quorum praeteritus — desiderari possint.« 104.

48. Plinii ad Traianum. X. 61. (58.) A. C.
»Ante aduentum meum — non impedit.« 104.

49. Traiani Rescr. ad Plinium. X. 62. (59.) A. C.
»Potes, mi Secunde — nostro iure.« 104.

50. Plinii ad Traianum. X. 63. (62.) A. C.
»Pecuniae publicae, Domine — vsura constituta.« 104.

51. Traiani Rescr. ad Plin. X. 64. (63.) A. C.
»Et ipse non — nostrorum temporum.« 104.

52. Plinii ad Traianum. X. 65. (64.) A. C.
»Summas, Domine, gratias — litteris subieci.« 104.

53. Traiani Rescr. ad Plin. X. 66. (65.) A. C.
»Quid in personam — contumacia elusit.« 104.

54. Plinii ad Traianum. X. 67. (66.) A. C.
»Cum citarem indices — litteris subieci.« 104.

55. Eiusd. ad eumdem. X. 68 (67.) A. C.
»Flauius Archippus per — statuendum putares.« 104

A. C. 104. 56. Traiani Rescr. ad Plin. X 69. (68.)
»Potuit quidem ignorasse — iunxeras, legi.«

A. C. 104. 57. Plinii ad Traianum. X. 70. (50.)
»Intuenti mihi et — coeperant reges.«

A. C. 104. 58. Traiani Rescr. ad Plin. X. 71. (51.)
»Potest nos sollicitare — operum, mittam.«

A. C. 104. 59. Plinii ad Traianum. X. 72. (69.)
»Tu quidem, Domine — idoneum mitteret.«

A. C. 104. 60. Traiani Rescr. ad Plin. X. 73. (70.)
»Manifestum est, mi — artificibus carent.«

A. C. 104. 61. Plinii ad Traianum. X. 74. (71.)
»Magna, Domine, et — esse credebam.«

A. C. 104. 62. Traiani Rescr. ad Plin. X. 75. (72.)
»Quaestio ista, quae — pretio alimentorum.«

A. C. 104. 63. Plinii ad Traianum. X. 76. (73.)
»Petentibus quibusdam, vt — me velis.«

A. C. 104. 64. Traiani Rescr. ad Plin. X. 77. (74.)
»Durum est iniungere — aut negandum.«

A. C. 104. 65. Plinii ad Traianum. X. 78. (77.)
Postulantibus quibusdam, vt — me velis.«

A. C. 104. 66. Traiani Rescr. ad Plin. X. 79. (78.)
»Si mihi SCtum — suis restituendis.«

A. C. 104. 67. Plinii ad Traianum. X. 80. (79.)
»Julius, Domine, Largus — eligere debeam.«

A. C. 104. 68. Traiani Rescr. ad Plin. X. 81. (80.)
Julius Largus fidem — existimaveris, sequere.«

A. C. 104. 69. Plinii ad Traianum. X. 82. (81.)
»Prouidentissime, Domine, fecisti — transitum praebent.«

A. C. 104. 70. Traiani Rescr. ad Plin. X. 83. (82.)
»Ea conditio est — mihi scribes.«

A. C. 104. 71. Plinii ad Traianum. X. 84. (83.)
»Cautum est, Domine — litteris subieci.«

A. C. 104. 72. Traiani Rescr. ad Plin. X. 85. (84.)
»Interpretationi tuae, mi — legi posse.«

A. C. 104. 73. Plinii ad Traianum. X. 86. (87.)
»Rogatus, Domine, a — epistolae iunxi.«

74. Traiani Rescr. ad Plin. X. 87. (88.) A. C.
»Nicensibus, qui intestatorum — credideritis, 104.
statuatis.«

75. Plinii ad Traianum. X. 90. (91.) A. C.
»Sinopenses, Domine, aqua — coloniae indul- 104.
seris.«

76. Traiani Rescr. ad Plin. X. 91. (92.) A. C.
»Vt coepisti, Secunde — collatura sit.« 104.

77 Plinii ad Traianum. X. 92. (93.) A. C.
»Amisenorum civitas et — prohibendum pu- 104.
tares.«

78. Traiani Rescr. ad Plin. X. 93. (94.) A. C.
»Amisenos, quorum libellum — prohibenda est.« 104.

79. Plinii ad Traianum. X. 94. (95.) A. C.
»Suetonium Tranquillum, probissimum — medio- 104.
criter cuperem.«

80. Traiani Rescr. ad Plin. X. 95. (96.) A. C.
»Quam parce haec — meos iussi.« 104.

81. Plinii ad Traianum (de Christianorum in Bithy- A. C.
nia rebus). X. 96. (97.) 104.
»Sollemne est mihi — poenitentiae locus.«

82. Traiani Rescr. ad Plin. (de iisdem). X. 97. (98.) A. C.
»Actum, quem debuisti — seculi est.« 104.

83. Plinii ad Traianum. X. 98. (99.) A. C.
»Amastrianorum civitas, Domine — quam ne- 104.
cessario.«

84. Traiani Rescr. ad Plin. X. 99. (100.) A. C.
»Rationis est, mi — certum habeo.« 104.

85. Plinii ad Traianum. X. 100. (101.) A. C.
»Vota, Domine, priorum — honore meruisti.« 105.

86. Traiani ad Plin. X. 101. (102.) A. C.
»Soluisse vota diis — litteris tuis.« 105.

87. Plinii ad Traianum. X. 102. (103.) A. C.
»Diem, in quem — et gaudia.« 105.

88. Traiani Rescr. ad Plin. X. 103. (104.) A. C.
»Diem imperii mei — litteris tuis.« 105.

89. Plinii ad Traianum. X. 104. (105.) A. C.
»Valerius, Domine, Paullinus — Valerius Aper.« 105.

A. C. 105. 90. Traiani Rescr. ad Plin. X. 105. (106.)
»Quum honestissime iis — quibus petieris.«

A. C. 105. 91. Plinii ad Traianum. X. 106. (107.)
»Rogatus, Domine, a — humanitatemque praestare.«

A. C. 105. 92. Traiani Rescr. ad Plin. X. 107. (108.)
»Libellum P. Accii — nisi tibi.«

A. C. 105. 93. Plinii ad Traianum. X. 108. (109.)
»Quid habere iuris — contingat auctoritas.«

A. C. 105. 94. Traiani Rescr. ad Plin. X. 109. (110.)
»Quo iure vti — non oportebit.«

A. C. 105. 95. Plinii ad Traianum. X. 110. (111.)
»Ecdicus, Domine, Amisenorum — sequendum putares.«

A. C. 105. 96. Traiani Rescr. ad Plinium. X. 111. (112.)
»Sicut largitiones ex — consultum volo.«

A. C. 105. 97. Plinii ad Traianum. X. 112. 113.
»Lex Pompeia, Domine — debetur aeternitas.«

A. C. 105. 98. Traiani Rescr. ad Plin. X. 113. (114.)
»Honorarium decurionatus omnes — ceteris praeferatur.«

A. C. 105. 99. Plinii ad Traianum. X. 114. (115.)
»Lege, Domine, Pompeia — litteris subieci.«

A. C. 105. 100. Traiani Rescr. ad Plin. X. 115. (116.)
»Merito haesisti, Secunde — est perturbari.«

A. C. 105. 101. Plinii ad Traianum. X. 116. (117.)
»Qui virilem togam — incidere videantur.«

A. C. 105. 102. Traiani Rescr. ad Plin. X. 117. (118.)
»Merito vereris, ne — essent profutura.«

A. C. 105. 103. Plinii ad Traianum. X. 118. (119.)
»Athletae, Domine, ea — ipse digneris.«

A. C. 105. 104. Traiani Rescr. ad Plin. X. 119. (120.)
»Iselasticum tunc primum — non revocantur.«

Incerti tempor.
105. Plinii ad Traianum. X. 121.
»Vsque in hoc — sero fecissem.«

106. Traiani Rescr. ad Plin. X. 122.
»Merito habuisti, Secunde — sui augere.«

XI. C. SUETONIUS TRANQUILLUS.

Ex testamento Augusti. Tiber. c. 23.
Ex testamento Julii Caesaris. Caes. c. 83.
Testamentum Tiberii. Tiber. c. ult.
SCtum de philosophis et rhetoribus. De clar. rhet. 1.
Edictum censorium de coërcendis rhetoribus latinis. Ibid.

XII. PLUTARCHUS.

XIII. JUSTINUS MARTYR.

E Justini Martyris Apologia I. servatae sunt constitutiones, quae sequuntur:

Cap. 69. Hadriani pro Christianis epistola ad Minucium Fundanium; in: Bibliotheca veterum patrum antiquorumque scriptorum ecclesiasticorum graeco-latina in XIV Tomos distributa, cura et studio *Andr. Gallandii* T. I. (Inest huic Tomo Justini Martyris Apologia I. p. 413 — 460.) Venet. 1788. f. p. 455.

Cap. 70. p. 455. sq. Antonini epistola ad Commune Asiae.

Cap. 71. p. 456 — 458. Marci Imp. Epistola ad Senatum.

XIV. A. GELLIUS.

I. *Decreta et Edicta.*
Decreta Tribunitia. VII. 19.
Decretum D. Hadriani. III. 16.
— Senatus de mutuitatione. II. 24.
Edictum Consulum de comitiis centuriatis. XIII. 14.
— tralatitium Coss. III. 18.
— Censorium de coercendis rhetoribus. XV. 11.

II. *Leges.*
Lex Aemilia sumtuaria. II. 24.
— Antia. II. 24.
— Ateria. XI. 1.
— Atinia. XVII. 7.
— Arrogationis. V. 19.

Lex belli indicendi. XVI. 4.
— Censoria. IV. 20.
— compitalium concipiendorum. X. 24.
— Cornelia. II. 24.
— Ebutia. XVI. 10.
— Fannia. II. 24.
— Horatia. VI. 7.
— Hortensia. XV. 27.
— Julia de donanda civitate universo Latio. IV. 4.
— Julia de judiciis. XIV. 2.
— Julia sumtuaria. II. 24.
— jurisjurandi militaris. XVI. 4.
— Licinia. II. 24. XV. 8. XVII. 21. XX. 1.
— Sempronia. X. 3.
— Vestalis virginis capiendae. I. 12.

III. *Senatus consulta:*
SC. de philosophis et rhetoribus Latinis. XV. 11.
— quod hastae Martiae monuissent. IV. 6.

XV. NONIUS MARCELLUS.

XVI. CENSORINUS.

de die natali; cap. 19.
Lex Plaetoria.

XVII. AELIUS LAMPRIDIUS SPARTIANUS.

(Idem, qui vulgo et *Lampridii* et *Spartiani* nomine celebratur, et sub quo etiam *Vulcatius Gallicanius* latere videtur. — Sub *Diocletiano.*)

I. *Apud Vulcatium Gallicanum:*
In *Avidio Cassio* c. 12.
Ex Orat. M. Antonini ad Senatum, et Acclamatio Senatus ad eundem.

II. *Apud Aelium Lampridium:*
In *Commodo Antonino.* c. 18. 19.
Acclamationes Senatus ad Commodum de Mario Maximo.
In *Pescennio Nigro.* c. 3.
Epistola Septimii Severi.

In *Alexandro Severo*. c. 56.
Ex actis Senatus.

XVIII. JULIUS CAPITOLINUS.

In *Clodio Albino*. c. 2.
Epistola Imperatoris Commodi ad Clodium Albinum.
Ibid. cap. 10.
Epistola M. Aurel. Antonini ad Praefectos.
Epistola ejusdem M. Avidii Cassii temporibus scripta.
Ibid. cap. 12.
Epistola Sept. Severi ad Senatum.
Ibid. cap. 14.
Epistola Commodi ad praefectos praetorio.
In *Opilio Macrino*. c. 6.
Ex Oratione Macrini et Diadumeni Impp. capita.
In *Maximinis*. c. 15.
Literae Senatus.
Ibid. c. 25.
Senatusconsultum.
In *Gordianis*. c. 11.
Senatusconsultum tacitum.
In *Gordiano* III. c. 24.
Epistola Misithei, soceri Gordiani ad ipsum.
Ibid. c. 25.
Epistola Gordiani III. ad Misitheum.
Ibid. c. 27.
Ex orat. Gordiani III. ad Senatum.
In *Maximo* et *Balbino*. c. 17.
Gratulatoria epistola Cos. de Pupieno et Balbino.

XIX. L. CAECILIUS LACTANTIUS.

De mortibus persecutorum.
Edictum Galerii, Constantini et Licinii. A. U. 1064. cap. 34.
Edictum Mediolanense Constantini M. et Licinii. Ibid. c. 48.

XX. EUSEBIUS CAESARENSIS.

I. Historiae Ecclesiasticae.

Lib. IV. c. 9. Epistola Hadriani, ne quis Christianorum indicta caussa puniretur [1]). Ad A. C. 126.
Μινουκίῳ Φουνδάνῳ — ἂν ἐκδικήσειας.

— c. 13. Epistola Antonini ad Commune Asiae.
Αὐτοκράτωρ Καίσαρ — ἐν τῷ κοινῷ τῆς Ἀσίας. Ad A. C. 176.
Est potius M. Aurelii, scripta XV. anno imperii, ergo A. U. 929. C. 176. — Sed spuria esse videtur ipsi Danzio Diss. 1. de fide Eusebii p. 125—127.

Lib. VIII. c. 17. Edictum Gallerii Valerii Maximiani et Flavii Valerii Constantini. Ad A. C. 311.
Αὐτοκράτωρ Καίσαρ Γαλέριος — ἐςία δυνηθῶσι.
E latina in graecam linguam conversum, vt addit Eusebius. Cf. Nicephori VII. 22. sq.

Lib. IX. c. 9. Epistola Jovii Maximini ad Sabinum.
Ἰόβιος Μαξιμῖνος Σεβασὸς — ὀφείλεις δηλῶσαι. Ad A. C. 312.
(E latino in graecum sermonem conversa.)

Lib. IX. c. 10. Edictum Carii Valerii Maximini pro Christianis. Ad A. C. 313.
Ἀυτοκράωρ Καῖσαρ — πάντες λάβωσιν.

Lib. X. c. 5. Ad A. C. 313.

1) Edictum (Mediolanense) Constantini ac Licinii e latino in graecum sermonem conversum.
Ἤδη μὲν πάλαι — λαθεῖν δυνηθῇ.

2) Epistola eorumdem Impp. ad Anulinum.
Χαῖρε Ἀνυλῖνε — ποθεινότατε ἡμῖν.

3) Epistola Constantini Imp. ad Miltiadem.
Κωνςαντῖνος Σεβαςὸς — ἔτεσι τιμιώτατε.

4) Epistola eiusdem ad Chrestum.
Κωνςαντῖνος Σεβαςὸς — πολλοῖς ἔτεσιν.

---

[1]) In Iustini Apologia 1. haec epist. primum latine legebatur. Cf. p. 100. ed. Thirlbii.

Lib. X. c. 6. Epistola Constantini Imp. ad Caecilianum.
Κωνςαντῖνος Αὔγουςος — πολλοῖς ἔτεσιν.
— c. 7. Eiusdem epistola ad Anulinum.
Χαῖρε Ἀνυλῖνε — ποθεινότατε ἡμῖν [2]).

II. De vita Constantini M.

Lib. II. c. 24 — 42. Epistola Constantini M. ad Provinciales Palaestinae data.
Νικητὴς Κωνςαντῖνος — ἀνατολικοῖς μέρεσιν.
Lib. II. c. 46. Epistola eiusdem ad Eusebium et reliquos Episcopos [3]).
Νικητὴς Κωνςαντῖνος — ἀδελφὲ ἀγαπητέ.
— c. 48 — 60. Eiusdem edictum ad Provinciales de falso cultu Deorum.
Νικητὴς Κωνςαντῖνος — ψυχαῖς ἐμπέπηγε.
— c. 64 — 72. Eiusdem Epistola ad Alexandrum et Arium [4]).
Νικητὴς Κωνςαντῖνος — τῷ κρείττονι.
Lib. III. c. 17 — 20. Eiusdem epistola ad Ecclesias de Synodo Nicaena [5]).
Κωνςαντῖνος σεβαςὸς — ἀδελφοὶ ἀγαπητοί.
— c. 30 — 32. Eiusdem epistola ad Macarium.
Ad A. 326.
Νικητὴς Κωνςαντῖνος — ἀδηλφὲ ἀγαπητὲ [6]).
— c. 52. 53. Eiusdem Epistola ad Eusebium.
Νικητὴς Κωνςαντῖνος — ἀδελφοὶ ἀγαπητοί.
— c. 60. Eiusdem Epistola ad Antiochenos.
Νικητὴς Κωνςαντῖνος — ἀδελφοι ἀγαπητοί.
— c. 61. Eiusdem Epistola ad Eusebium.
Νικητὴς Κωνςαντῖνος — ἀδελφὲ ἀγαπητέ.
— c. 62. Eiusdem Epistola ad Synodum Antiochenam.
Νικητὴς Κωνςαντῖνος — ἀδελφοὶ ἀγαπητοί.

---

[2]) Pertinent hae epistolae 1 — 7. omnes ad Concilium Romanum hoc anno habitum, sed ab Eusebio positae sunt perverso ordine, qui esse debet hic: 1) epistola ad Caecilianum, 2) ad Anulinum, 3) ad Miltiadem.
[3]) Cf. *Theodoritus* H. E. l. 15.
[4]) Cf. *Socratis* H. E. l. 7.
[5]) Cf. *Theodoriti* H. E. l. 10.
[6]) Cf. *Socratis* H. E. l. 9. *Theodoriti* H. E. l. 17.

Lib. III. c. 64. 65. Eiusdem constitutio adversus haereticos.

Νικητὴς Κωνςαντῖνος — προτεθήτω.

Lib. IV. c. 35. Eiusd. Epistola ad Eusebium de Paschate.

Νικητὴς Κωνςαντῖνος — ἀδελφὲ ἀγαπητὲ.

— c. 36. Eiusdem Epistola ad Eusebium de conficiendis iuris codicibus [7]).

Νικητὴς Κωνςαντῖνος — ἀδελφὲ ἀγαπητὲ.

— c. 42. Eiusdem Epistola ad Synodum Tyri congregratam [8]).

Νικητὴς Κωνςαντῖνος — ἀδελφοὶ ἀγαπητοί.

XXI. HILARIUS PICTAVIENSIS.

XXII. TREBELLIUS POLLIO.

In *Valeriano patre et filio.* c. 2.

Oratio Decii ad Valerianum de ejus censura habita.

In *XXX Tyrannis* c. 18.

Epistola Valeriani ad Ragonium Clarum.

Ibid. c. 30.

Epistola Aureliani.

In *Claudio.* c. 7.

Epistola Claudii ad Senatum.

Ibid. c. 14.

Epistola Valeriani ad Zosimionem Procurat. Syriae

Ibid. c. 15.

Epistola Valeriani ad A. Muraenam.

Ibid. c. 16.

Epistola Decii de Claudio.

Ibid. c. 17.

Epistola Gallieni.

XXIII. LIBANIUS.

---

7) Cf. *Theodoriti* H. E. l. 16.

8) Cf. *Theodoriti* H. E. l. 29.

XXIV. FLAVIUS VOPISCUS.

In *Aureliano*. c. 7.
Epistola Aureliani.
Ibid. c. 9.
Epistola Valeriani Imp. ad Ceionium.
Ibid. c. 11.
Epistola Valeriani ad Aurelianum.
Ibid. c. 12.
Epistola Valeriani ad Xifilium Praef.
Ibid. c. 17.
Epistola Claudii ad Aurelianum.
Ibid. c. 20.
Epistola Aureliani de libris Sibyllinis inspiciendis.
Ibid. c. 31.
Epistola Aureliani ad Ceionium.
Ibid. c. 47.
Epistola Aureliani ad Flavium Arabianum.
In *Floriano*. c. 5.
Epistola Senatus ad Curiam Cathaginensem.
Epistola Senatus ad Curiam Trevirorum.
In *Probo*. c. 4.
Epistola Valeriani ad Gallienum.
Epistola ejusdem ad P. P.
Ibid. c. 5.
Epistola Valeriani ad Probum.
Ibid. c. 6.
Epistola Gallieni ad Tribunos.
Epistola Aureliani ad Probum.
Ibid. c. 7.
Epistola Taciti ad Probum.
Ibid. c. 10.
Epistola Probi ad Capitonem.
Ibid. c. 11.
Oratio Probi ad Senatum cum SC.
Ibid. c. 15.
Probi literae ad Senatum datae

In *Firmo*. c. 5.
Edictum Aureliani.
In *Saturnio*. c. 8.
Adriani Epistola de Aegyptiis.
In *Bonoso*. c. 15.
Literae Aureliani.
In *Caro*. c. 6.
Literae Probi ad Senatum de Cari honoribus.

XXV. DONATUS.

XXVI. VALERIUS PROBUS.

XXVII. FLAV. CLAUD. IULIANUS, APOSTATA[1]).

In *Epistolis*

Ep. 6. ad Ecdicium Praefectum Aegypti de Athanasio ex urbe Alexandrina ejiciendo[2]).
Ep. 7. ad Artabium de Galilaeis non molestandis[3]).
Ep. 9. ad Ecdicium de Georgii bibliotheca comparanda[4]).
Ep 10. Edictum ad populum Alexandrinum[5]).
Ep. 11. ad Byzantios[6]).
Ep. 25. ad Judaeorum nationem[7]).
Lex de medicis[8]).
Ep. 26. Edictum ad Alexandrinos[9]).
Ep. 31. ad Aetium Episcopum[10]).
Ep. 35. ad Vettium Agorium Praetextatum, procon-

---

1) Imperavit annis C. 361—363,.sed Caesar renunciatus jam. a. 355. De chronologia Juliani vide *Tzschuckium* ad Eutrop. p. 797.
Optima editio Operum Juliani, cum not. *Dion. Petavii*, cura *Ez. Spanhemii* prodiit Lips. 1696. f. Leguntur epistolae p. 372—455. gr. et lat. interprete *Petro Martinio*. Petavii notae exhibentur. T. II. p. 110—124. Conf. *Ch. Glo. Einert* Comment. ad constit. Juliani Spec. 1. II. Lips. 1772. 4.

2) *Petav*. p. 111. *Einert* Sp. II. p. 15 sq.

3) *Einert* Sp. I. p. 9. sq.

4) Conf. ep. 36: *Petav*. p. 111. *Einert* Sp. II. p. 16. sq.

5) *Petav*. p. 111.

6) *Petav*. p. 111. sq. *Einert* Sp. II. p. 11—13.

7) *Petav*. p. 115. *Einert* Sp. I. p. 14—17.

8) *Petav*. p. 115. *Einert* Sp. II. p. 18.

9) *Einert* Sp. II. p. 15. sq.

10) *Einert* Sp. II. p. 18. sq.

sulem Achajae, missa A. 364. de controversia Argivorum cum Corinthiis [11]).

Ep. 36. ad Porphyrium de conquirenda Georgii bibliotheca [12]).

Ep. 42. Edictum, quo Christianos literas docere prohibuit [13]).

Ep. 43. ad Hecebolum [14]).

Ep. 44. ad Zenonem [15]).

Ep. 47. βασιλεῖ μὲν πρὸς — ἅπαντα χρόνον [16]).

Ep. 49. ad Arsacium Pontificem Galatiae [17]).

Ep. 51. Edictum ad Alexandrinos [18]).

Ep. 52. Edictum ad Bostrenos [19]).

Ep. 56. ad Ecdicium [20]).

Ep. 58. ad Alexandrinos, (integrior ap. *Fabricium* B. Gr. Vol. VI. p. 734. sq. e *Muratorii* Anecdotis.)

Ep. 62. a Juliano, ut pontifice Max. scripta [21]).

Ep. 63. ad Theodorum, qua hunc sacris Asiae praeficit. (Ap. *Fabric.* l. c. p. 735. e *Muratorio* [22]).

Ep. 64. ad populum adclamantem in Tychaeo seu templo Fortunae.

XXVIII. AMBROSIUS.

Omissae in Cod. Theodosiano et Justianeo constitutiones leguntur in Ambrosii Epist. 32.

XXIX. Q. AUREL. SYMMACHUS.

Symmachus floruit sub Theodosio I. s. Magno, qui

---

11) *Petav.* p. 116 — 122. *Einert* Sp. II. p. 13. 14.
12) *Einert* Sp. II. p. 16. sq.
13) *Fabric.* Bibl. Gr. Vol. VI. p. 721. sq. *Petav.* p. 123. *Einert* Sp. I. §. 2. p. 7. sq.
14) *Einert* Sp. II. p. 9.
15) *Petav.* p. 123. *Einert* Sp. II. p. 19.
16) *Petav.* p. 123. sq. *Einert* Sp. II. p. 10.
17) *Petav.* p. 124. *Einert* Sp. 1. p. 17 — 21.
18) *Einert* Sp. II. p. 15. sq.
19) *Petav.* p. 124. *Einert* Sp. 1. p. 5. sq. et p. 9. sq. p. 10 — 12. p. 12. sq. Sp. II. p. 20.
20) *Einert* Sp. I. p. 21. 22.
21) *Einert* Sp. II. p. 20. sq.
22) *Spanhemii* Praef. *Einert* Sp. II. p. 21. sq.

imperavit 383 — 393. in Oriente, et Valentiniano II, qui in Occidente 383 — 392, tum sub Theodosio I, qui in Oriente et Occidente imperavit una cum filiis Arcadio et Honorio 393 — 395, denique sub Honorio toto, qui 395 — 423. imperavit. — Secundum Adparatus *Susiani* ad Symmachum P. II. (Hamburg. 1817. 4.) p. 9. natus est A. C. 314. Postremis Constantii annis adolescens jam eloquentiae laude praestitit. A. 364. ab initio, Valentiniani I. imperio forum curiamque frequentavit. (*Majus* p. XII. ed Orat. Symmachi.) Secundum *Gothofredum* Praefecturae Urbanae a. 384 a Valentiniano II admotus est, ad quem spectat X liber Relationum. Tenuit praefecturam ab a. 384 — 386. A. 386. Maximi tyranni, qui caeso Gratiano in Galliis imperabat, partibus favere Symmachus coepit, a. 389. veniam a Theodosio I. impetravit, 391 Consul factus est a Theodosio I, 396 ad Honorium Imp. legatus missus, et videtur usque ad a. 410. vitam produxisse; secundum *Majum*. p. XIII.

E Q. AUREL. SYMMACHI Epistolarum Libris X. sec. ed. CASP. SCIOPPII. Mogunt. 1608. 4.

Lib. X.

1. Relatio Symmachi ad Theodosium I., seu secundum Sirmondum, ad Valentinianum II. seu sec. Reinesium, ad Honorium.
   »Quod apud germanum — usus antiquior.« X. 24.
2. Relatio eiusd. ad eumdem.
   »Inter praecipua negotiorum — gratuita praecepta.« X. 25.
3. Relatio eiusd. ad Theodosium et Arcadium.
   »Praecipua quidem beneficia — fine tribuetis.« X. 26.
4. Relatio eiusd. ad eosdem.
   »Kalendas, anni auspices — sola mereamini.« X. 27.
5. Relatio eiusd. ad eosdem.
   »Omnium beneficiorum, quae — dignitate sanxistis.« X. 28.

6. Relatio eiusd. ad eosdem.
»Gratias beneficiis vestris — non reliquit.« X. 29.
7. Relatio eiusd. ad eosdem. (Scripta A. C. 384. quo anno Praetextatus mortuus est. Sed non de hoc tempore certo constat.)
»Laetarum rerum index — refuderim magistratum.« X. 30.
8. Relatio eiusd. ad Valentinianum II.
»Licet arbitrer meas — omnium fecerit.« X. 31.
9. Relatio eiusd. ad Theodosium I. et Arcadium.
»Licet Vettius Praetextatus — quod perdidit.« X. 32.
10. Relatio eiusd. ad Theodosium I. vel ad Valentinianum II. (ex Rein. sent. ad Theodosium II. et a Symm. iun. a. 427. data.)
»Si divinae clementiae — spem reserva.« X. 33.
11. Relatio eiusd. ad Valentinianum II.
»Habent hoc publicae — vestra sedabitur.« X. 34.
12. Relatio eiusd. ad Valentinianum II. Theod. I. et Arcadium.
»Ab exortu paene vrbis — strenius deferenda.« X. 35.
13. Relatio eiusd. ad Theod. I.
»Profiteor vltro, quod — hortatus impulerit.« X. 36.
14. Relatio eiusd. ad Theod. I.
»Fidem meam convenit — legatis inuitos.« X. 37.
15. Relatio eiusd. ad Theod. I. vel ad Valent. II.
»Felicitas quidem vestra — secunda suffragia.« X. 38.
16. Relatio eiusd. ad Theod. I.
»Difficilis est exitus — definitione ponatis.« X. 39.
17. Relatio eiusd. ad eumdem. (ex Rein. sententia vel ad Theodosium II. vel ad Honorium et Theodosium II. vel ad Honorium solum.)
»Quum clementia vestra — aliena collatio.« X. 40.
18. Relatio eiusdem ad Theod. I. et Arcad. (vel ad Valent. II.) (ex Reinesii sent. ad Arcadium et Honorium.)
»Scio quidem naturae — non possunt.« X. 41.
19. Relatio eiusd. ad Theod. I.
»De Tribunatu vinarii — devotione remoneri.« X. 42.

20. Relatio eiusd. ad eumdem.
»Vnum levamen iniuriis — severitate defendant.« X. 43.
21. Relatio eiusd. ad eumdem.
»Per vices mensium — notitiam pervenire.« X. 44.
22. Relatio eiusd. ad eumdem.
»Iam quidem rescriptum — imperialibus instruatur.« X. 45.
23. Relatio eiusd. ad Theod. I et Arcad.
»Certum est quidem — operis consulatur.« X. 46.
24. Relatio eiusd. ad Theodos. I. (vel Valent. II.)
»Vt vestri numinis — divalibus indicare.« X. 47.
25. Relatio eiusd. ad Theodos. I.
»Quid possint iusti — dignabitur commodare.« X. 48.
26. Relatio eiusd. ad Theodos. I. (vel Valent. II.)
»Vendendis solidis, quos — remedium deferatur.« X. 49.
27. Relatio eiusd. ad Theodos. I. (vel Valent. II.)
»Palatini munerationum sacrarum — humana cunctatio.« X. 50.
28. Relatio eiusd. ad Theod. I.
»Moribus serenis familiare — non sinatis.« X. 51.
29. Relatio eiusd. ad eumdem.
»Difficile est, vt bona caussa sit — caussa constiterit.« X. 52.
30. Relatio eiusd. ad eumdem.
»In caussis appellationum — ore ponatis.« X. 53.
31. Relatio eiusd. ad Theod. I. et Arcadium (vel ad Valent. II., ex Rein. sententia ad Honorium et Theodosium II.)
»Omnes, qui ad amplissimos — moderatioribus temperastis.« X. 54.
32. Relatio eiusd. ad Theod. I. (vel Valent. II.)
»Felicitas quidem vestra — affluant bonitate.« X. 55.
33. Relatio eiusd. ad Theod. I.
»Dies noctesque sollicitor — cura tradiderit.« X. 56.
34. Relatio eiusd. ad eumdem.
»Soli omnium potestis — exspectat feliciter.« X. 57.

35. Relatio eiusd. ad eumdem.
»In negotiis tempore — augustior iudicaret.« X. 58.
36. Relatio eiusd. ad eumdem.
»Facit plerumque ratio — adstruat veritatem.« X. 59.
37. Relatio eiusd. ad eumdem. (vel Valent. II.)
»Vrbium populorumque luctamina — remedium deferatur.« X. 60.
38. Relatio eiusd. ad Valentinianum II. Theodosium et Arcadium (pro ara Victoriae).
»Vbi primum Senatus — non fecisse.« X. 61.
39. Relatio eiusd. ad Theodos. I.
»Certum atque dilucidum est — temporum iudicavi.« X. 62.
40. Relatio eiusd. ad eumdem.
»Petronianus vrbanarum dudum — sollemnis exornet.« X. 63.
41. Relatio eiusd. ad eumdem.
»Curae mihi est — devotio provocetur.« X. 64.
42. Relatio eiusd. ad eumdem.
»Cum mancipes salinarum — adiudicavit adsensus.« X. 65.
43. Relatio eiusd. ad eumdem.
»Devotione et more — referentis eloquium.« X. 66.
44. Relatio eiusd. ad eumdem.
»Etiam si prisca — vetus amputavit.« X. 67.
45. Relatio eiusd. ad eumdem.
»Bellorum quidem vestrorum — tributa praestetis.« X. 68.
46. Relatio eiusd. ad Theodos. I. (vel Valent. II.)
»Certa officia sunt — patietur audiri.« X. 69.
47. Relatio eiusd. ad Valentinianum II. Theodosium I. et Arcadium.
»Quid habent conditionis — sequenda iubeatis.« X. 70.

Adpendix.

Epistolae pertinentes ad schisma inter Eulalium Archidiaconum et Bonifacium post obitum Zosimi Anno 418. et 419. ortae. Cf. Baronii J. V. [1])

48. Relatio Symmachi P. V. ad Honorium. »Quaecumque in Vrbe — evidenter informet.« X. 71. — IV. Kal. Januar. (418.)

49. Rescriptum Honorii ad Symmachum, P. V. »Gestis omnibus recensitis — mysteria susceperunt.« X. 72. — III. Non. Januar. Rauennae. (419.)

50. Relatio Symmachi P. V. ad Honorium. »Vbi primum sacer — servanda constituit.« X. 73. VI. Id. Januar. (419.)

51. Suggestio Presbyterorum ex parte Bonifacii ad Honorium et Theodosium II. »Petimus clementiam vestram — vberes gratias.« — X. 74.

52. Rescriptum Honorii ad Symmachum P. V. »Post relationem sublimitatis — in futurum.« X. 75. — XVIII. Kal. Febr. (419.)

53. Relatio Symmachi P. V. ad Honorium. »Cum vir clarissimus — credidit temperandum.« X. 76. — VIII. Kal. Febr. (419.)

54. Rescriptum Honorii ad Symmachum P. V. »Magnarum deliberationum non — fomenta cessaverint.« X. 77.

55. Relatio Symmachi P. V. ad Constantium. »Quaecumque subito, nullo — pertinaciam censeatis.« X. 78. — X. Kal. Apr. (419.)

56. Rescriptum Constantii ad Symmachum P. V. »Vt certa possimus — non differat.« X. 79.

---

[1]) Sed noster certe Symmachus eo saltem tempore (A. 418. et 419.) non amplius in vivis fuit. Ergo, si genuina sunt haec monumenta, oportet ea filio adscribere.

Symmachum quemdam auctoritate *Codicis Vaticani*, vnde hae epistolae depromatae sunt, Praef. Vrbi A. C. 419. facit *Corsinius* de PP. V. p. 338.

Filium nostri suspicatur *Susius* Apparatus ad Symmachum. Partic. I. p. 16. et p. vbi omnino de origine huius Appendicis nonnulla exstant. Legitur haec Adpendix primum in edit. II. Jureti a. 1604.

57. Rescriptum Honorii ad Symmachum P. V. »Cum ad sanandum — maturavit effectum.« X. 80. — VIII. Kal. Apr.

58. Relatio Symmachi P. V. ad Constantium. »Vbi primum sacra — indiciis nunciabo.« X. 81.

59. Rescriptum Honorii ad Symmachum P. V. »Moderatione praecipua egit — solida compleatur.« X. 82. — III. Non. Apr.

60. Relatio Symmachi P. V. ad Honorium. »Quaecumque deo auctore — populoque concordiam.« X. 83.

XXX. AURELIUS, EPISCOPUS CARTHAGINIENSIS.

XXXI. S. AUREL. AUGUSTINUS.

Libr. II. *de conjugiis adulterinis*. cap. 7. [1])
Rescriptum Antonini: »Sane meae literae.«
Constantini Epist. ad Bobianum Proc. Africae, ap. Augustin. Ep. 68.

XXXII. RUFINUS AQUILEIENSIS.

In *hist. eccl.* habet latine, quae apud Eusebium exstant graece.

XXXIII. SEX. POMPEIUS FESTUS.

Foedus Gabiorum cum Romanis. p. 84, 4. Ed. *Andr. Dacerii.*
Foedus Latinum. 261, 11.
Leges Laurentum. 27, 12.
Lex annaria. 29, 13.
Lex Censoria. 379, 14.
Lex Papiria. 469, 15.
Lex rivalicia. 507, 4.
Lex Tribunitia prima. 467, 15.

---

[1]) Prodierunt hi libri separatim cum notis ICti celeberrimi (i. e. *Joan. Schilteri*) edente *Geo. Schubarto*. Jen. 1698. 4.

Lex unciaria. 595, 6.
Lex Siliorum. 392, 1.
Pontificum libri. 306, 11. 567, 7.
Rituales Etruscorum libri. 450, 19.

XXXIV. MAURUS SERVIUS HONORATUS.

XXXV. MACROBIUS AMBROSIUS THEODOSIUS.

SC. de mense Augusto, in *Saturnal.* I. 12.

XXXVI. FLAV. SOSIPATER CHARISIUS.

Ex Augusti testamento p. 80, 33. ed. *Putschii.*

XXXVII. THEODORETUS.

Historia ecclesiastica.

Epistola Constantini M. adversus Eusebium et Theogonium ad Nicomedienses scripta. L. I. c. 20.

Τις ἐςὶν — ἀδελφοὶ ἀγαπητοί.

Epistola Constantii ad Athanasium. L. II. c. 11.

K. N. — Ἐι καὶ τὰ μάλιςα — δυνηθῇς.

Epistola Impp. Valentiniani et Valentis ad Asianam dioecesin scripta de Consubstantiali; non ante a. 367. Lib. IV. c. 8.

Αὐτοκράτορες μέγιςοι — Συνόδυ — γεγεννημένος.

XXXVIII. S. LEO I. seu MAGNUS.

In *Opp.* Leonis editionis Balleriniorum:

Honorii et Theodosii rescriptum ad Palladium P. P. a. 418. T. III. p. 170.

Exemplar edicti propositi a Palladio P. P. T. III. p. 173.

Epistola Honorii et Theodosii ad Aurelium Carthaginensem episcopum. T. III. p. 174.

Decretum Imp. Constantii a. 421. ad Volusianum P. U. T. III. p. 181.

Exemplar edicti propositi a Volusiano. P. U. T. III. p. 182.

Constitutio Valentiniani III. de episcoporum ordinatione. T. I. p. 642.

Epistola Valentiniani Imp. ad Theodosium. T. I. p. 962.

Epistola Theodosii ad Valentinianum. T. I. p. 986.

— ejusdem ad Gallam Placidiam. T. I. p. 990.

— ejusdem ad Liciniam Eudoxiam. T. I. p. 992.

— Marciani Imp. ad Leonem. T. I. p. 1024. 1112. 1116.

Epistola Marciani ad Leonem. T. I. p. 1182.

— Valentiniani et Marciani. T. III. p. 213.

— eorundem ad Synodum in Nicaea. T. III p. 215.

Epistola eorundem ad eandem Synodum. Ibid.

Edictum Valentiniani et Marciani Impp. qua prohibentur disputationes de fide coram vulgo. T. III. p. 238 — 240.

Edictum Marciani de confirmatione Gestorum Chalcedonensis Synodi. T. III. p. 240 — 242.

Constitutio Valentiniani III. de Manichaeis ad Albinum. T. I. p. 626.

Valentiniani et Marciani Epistola ad Leonem de electione sua et de concilio celebrando. T. I. p. 1018.

Valentiniani ep. ad Anatolium. T. III. p. 213.

Glycerii Imp. edictum contra ordinationes Simoniacas. T. III. p. 677 — 679.

XXXIX. SOCRATES SCHOLASTICUS.

Historia ecclesiastica.

Constantini M. epistolae sex in causa Arii datae, quarum postrema legitur et apud Eusebium de vita Constantini M. III. 30. — Lib. I. c. 9.

Ejusdem ad Athanasium [1]) epistola: *ἔχων τοίνυν. Ibid.* c. 27.

Ejusdem epistola ad Synodum Antiochenam in causa Athanasii [2]). *Ibid.* c. 34.

---

[1]) Conf. *Sozomenum* II. 22.

[2]) Conf. *Sozomenum* II. 28. *Nicephorum* VIII. 50.

Νικητὴς Κωνςαντῖνος — ἐμβάλλȣσιν.

Constantini II. Caesaris epistola ad populum ecclesiae Alexandrinae [3]). Lib. II. c. 3.

Κωνςαντῖνος Καῖσαρ — Οὐδὲ τῆς — ἀδελφοὶ ἀγαπητοί.

Epistola (suspecta) Constantii ad Constantium fratrem. L. II. c. 22.

ὧδε μὲν εἰσι — θρόνȣς.

Tres epistolae Constantii ad Athanasium. Lib. II. c. 23. scilicet:

Epistola Constantii pro Athanasio.

Νικητὴς Κωνςάντιος — Οὐκ ἀπελείφθη — χάριτος ἀπολαύειν.

Epistola ejusdem ad Alexandrinos.

N. K. Σκοπὸν ποιȣ́μενοι — σπȣδάζετε.

Epistola ejusdem de abolendis, quae contra Athanasium acta fuerant.

N. K. Ἀεὶ μὲν — ἐκκλησίᾳ.

Epistola Juliani Imp. ad populum Alexandrinorum. Lib. III. c. 3.

Αὐτοκράτωρ Καῖσαρ — Ἐι μὴ τὸν — πολίταις Ἀλεξανδρεῦσιν.

XL. SALAMENES HERMIAS SOZOMENUS.

Historia ecclesiastica.

Constantii epistola ad Ecclesiam Antiochenam. L. IV. c. 14.

N. K. — Εὐδόξιος ὂν — ἐπίσκοποι.

Juliani Imp. Epistola ad Arsacium. Lib. V. c. 16.

Ἀρσακίῳ — Ἑλληνισμὸς — γενέσθαι.

XLI. GELASIUS CYZICENUS.
c. A. 476.

Commentarius Actorum Concilii Nicaeni, Libris III. gr. et lat. apud *Mansium* T. II. p. 759—964.

---

3) Conf. *Sozomenum* III. 2.

Continet plurimas Constantini epistolas, orationes etc. scilicet. L. II. c. 5. *Μανθάνω ἐκεῖθεν.*

cap. 7. *Πολλὰς μὲν πρὸς.*

cap. 36. *Τὲς πονήρες* etc. *Τελείαν παρὰ τῆς δείας* etc. *πεῖραν λαβὼν.*

Libro III. cap. 1. *Κακοὶ ἑρμηνεὸς* etc. *Τὸν δεσπότην θειὸν* etc. *Ὅση τῆς θείας.*

XLII. ANICIUS MANLIUS TORQUATUS SEVERINUS BOETHIUS.

XLIII. M. AUREL. CASSIODORIUS.

Pertinent huc *Variarum* Libri XII.

XLIV. PRISCIANUS.

XLV. PHILOXENUS.

XLVI. HORMISDA.

Pontifex Romanus sedit ab A. 514. 26 Jul. ad 6 Aug. 523. Relata est in Codicem canonicum Pseudo-Isidori Epistola Justini Aug. ad eum de restituenda eccles. cum responsione istius Hormisdae. (*Douiatius* Praenot. canon. T. I. p. 472. *Spittler* Gesch. des canon. R. p. 230.) Sedcf. Collect. genuinam Isidorianam P. II. nro. 89. *Spittler* ib. p. 212. *Mansi* T. VIII. Col. 179. *Aguirre* Collect. concilior. Vol. I.

XLVII. FULGENTIUS FERANDUS.

c. A. 527.

in *Breviatione Canonum.*

Constitutio Valentiniani de accusatione episcopi etc. (loco praefationis) XV. Kal. Januar. 430.

»Anselmus quidem sermonem — ecclesia constat.«

In Thesaur. *Meermann.* T. I. p. 152, ubi etiam p. 222. sqq. leguntur *Petr. Francisci Chiffletii* in hanc constitutionem notae.

XLVIII. PROCOPIUS.

XLIX. IO. LAURENTII LYDUS.

De magistratibus reipublicae Romanae.

Justininiani pragmaticum de Lydo. L. III. c. 29. p. 198—201.

L. LIBERATUS.
A. 553.

Breviarium causae Nestorianorum et Eutychianorum. (Separatim editum cum notis *Jo. Garnerii.* Paris. 1675. 8.

Meminit variarum constitutionum Imperatorum, c. 18. 16. 15. 13. 10. 4. 5. 6. 8. 11. 12. 17.

LI. EVAGRIUS SCHOLASTICUS.

Historia ecclesiastica.

Circulares literae Leonis Augusti. Lib. II. c. 9.
Αὐτοκράτωρ Καῖσαρ Λέων. — Δἰ εὐχῆς — δυνηθῶμεν.

Encyclica epistola Basilisci. Lib. III. c. 4.
Αὐτοκράτωρ Καῖσαρ Βασιλίσκος — Ὁπόσυς — τὰ ἀνθρώπινα.

Antencyclicae literae Basilisci. *Ibid.* c. 7.
Αὐτοκράτορες Καίσαρες — Τὴν ἄνωθεν — καθέστηκε.

Zenonis Henotium. ad A. C. 482. *Ibid.* c. 14.
Αὐτοκράτωρ Καίσαρ — Ἀρχὴν — ἐπαινεθήσεσθε.

Edictum de fide Justini II. — Lib. V. c. 4.
Ἐν ὀνόματι — χρόνον.

LII. ISIDORUS.

LIII. SUIDAS.

LIV. ZONARAS.

LV. MICHAEL GLYCAS.
A. 1150.

Incertae aetatis.

LVI. HYGENUS.

Lex Manilia. *De limitib.*

Legis agrariae fragmentum. *De conditionib. agrorum.*

B.

ACTA CONCILIORUM SIMILESQUE COLLECTIONES MONUMENTORUM ECCLESIASTICORUM ANTIQUAE.

I. *Auctor anonymus Actorum Felicitatis et Perpetuae.* *A. C.* 202.

II. *Purgatio Caeciliani coram Aeliano Proconsule.* *A. C.* 314.

III. *Gesta in causa Donatistarum* (de traditore Silvano) *conscripta.*

IV. *Gesta collationis Carthagini habitae Honorii Caesaris jussu inter Catholicos et Donatistas coram Marcellino.* *A. C.* 411.

V. *Acta concilii Ephesini.* *A. C.* 431.

VI. *Acta Constantinopolitana.* *A. C.* 449. *in actione pro Synodo Chalcedonensi.*

VII. *Acta concilii Chalcedonensis.* *A. C.* 451.

VIII. *Acta Concilii Constantinopolitani sub Mena.* *A. C.* 536.

IX. *Acta concilii Constantinopolitani II.* *A. C.* 553.

De constitutionibus Imperatorum christianorum in Collectionibus Epistolarum pontificiarum et conciliorum latentibus.

1. *Caes. Baronii* Annales ecclesiastici. Rom. 1588—1607. XII Tomi. Novissime ed. *Mansiorum.* Luccae 1738—59. XXXVIII. Tomi.

2. Epistolae Decretales Summorum Pontificum, collectoribus *Ant. Carafa* et *Ant. de Aquino.* Rom. 1591. f.

3. *Petri Coustantii* Epistolae Romanorum Pontificum et quae ad eos scriptae sunt. T. I. ab a. C. 67—440. Paris. 1721. f.

4. Pontificum Rom. Epistolae, ex rec. *Coustantii* et fratrum *Balleriniorum.* Curavit *Car. Traug. Glob. Schoenemann.* Goett. 1796. 8. T. I.

5. Collectio conciliorum *Mansii.* Tom. I—XXXI.

6. Opera S. *Leonis* editionis *Balleriniorum.* Venet. 1753. sqq. T. I—III.

Coustantius. (ed. Schoenemanni et Par.)	*Mansi.*		
p. 198 — 201. seu p. 324 — 328. ed. Paris.	II. 438—440.	1.	Exemplum epistolae Constantini Imp. ad Melchiadem, qua episcoporum concilium Romae fieri iubet pro vnitate et concordia ecclesiarum; gr. lat. (ex Eusebio Hist. Eccl. X. 5.) Ἐπειδὴ τοιοῦτοι χάρται etc.
p. 309 — 311. seu p. 471 — 474. ed. Paris.		2.	Constitutio Valentiniani Imp. ad Damasum. (Cod. Theod. Lib. XVI. tit. 2. l. 20.) »Ecclesiastici aut ex ecclesiasticis« etc.
p. 361 — 365. seu p. 530 — 534. ed. Paris.		3.	Rescr. Gratiani A. ad Aquilinum vicarium vrbis e Cod. Vatic. »Ordinariorum sententiae iudicum« etc.
p. 418. seu p. 639. sq. ed. Paris.	III. p. 654.	4.	Epistola Valentiniani Imp. ad Pinianum, qua Liricii Romani electionem adprobat. E Cod. Vatic. »Populum Vrbis aeternae.«
p. 419. sq. seu p. 640 — 642. ed. Paris.	III. p. 671. sq.	5.	Epistola Maximi Imper. ad Liricium Papam: E C. Cod. Vatic. »Accepimus litteras Sanititatis Tuae.«
ed. Schoenemanni vel p. 642. ed. Paris.	III. p. 673. sq.	6.	Alia eiusdem Maximi ad Valentinianum A. commemoratur a Coustantio p. 420. Inc. »Nisi clementiae nostrae.«
p. 552 — 555. seu p. 801 — 806. ed. Paris.	III. p. 1121 — 1124.	7.	Exemplum Sacrae Honorii A. missae ad principem Or. Arcadium. E Cod. Vatic. »Quamvis super imagine« etc.
p. 556 — 558. seu p. 805 — 808. ed. Paris.	III. p. 1101. sq.	8.	Honorii Imp. ad Arcadium A. E Palladio. »τρίτον γράφω πρὸς« etc.

	Coustantius.	Mansi.
9. Honorii Const. ad Agricolam praefectum. E Papirii Massonis Opere postumo. »Saluberrima magnificentiae tuae.«	p. 700—702. seu p. 977—979. ed. Paris.	
10. Rescr. Honorii A. ad Bonifacium Papam. E Cod. Vatic. »Scripta beatitudinis tuae.«	p. 731. sqq. seu p. 1027. sqq. ed. Paris.	IV. p. 393.
11. Const. Theodosii A. »Omni innovatione cessante.« E Cod. Th. XVI. 2, 45. et Cod. Just. I. 2, 6.	p. 732. sqq. seu p. 1029. ed. Paris.	
12. Exemplar epistolae Imp. Honorii ad Theodosium A. Ex Holstenii Collectione. »Omnibus quidem caussis.«	p. 733. sqq. seu p. 1029. sqq. ed. Paris.	
13. Rescr. Theodosii A. ad Honorium A. Ex Collect. Rom. »Dignum meretur iudicium.«	p. 734. sqq. seu p. 1030. sqq. ed. Paris.	

Quae a Coustantio absunt, et in solo Mansii Opere leguntur, Impp. epistolae:

1. Epistola Constantini ad episcopos. »Aeterna, religiosa« etc. T. II. p. 477. sqq. (ex adpend. ad Optatum ex ed. Paris. p. 283.) c. n. Jac. Sirmondi p. 487. sqq.

2. Epistola Constantini ad episcopos. »Ante paucos quidem dies.« T. II. p. 441.

3. Epistola Constantini A. ad vicarium Africae, vt Arelatem ad concilium ire iubeat etc. T. II. p. 463. »Jam quidem antehac.«

4. Epist. eiusd. ad Chrestum, Episc. Syracus. »Jam quidem et antea.« (Ex Eusebio II. E. X. 5.) ib. T. II. p. 466. — gr. et lat. ἤδη μεν πρότερον etc. (ex eod.) Alia versio ibid. p. 468.

5. Epistola Constantini ad Probianum. »Julianus praedecessor tuus.« T. II. p. 495. (ex August. et Baronio.)

6. Epistola Constantini ad Celsum, Vicarium Afri-

cac. »Perseverare Menalium eum.« T. II. p. 496. sq. (Ex Adpend. ad septem libros Optati Milesitani Ep. contra Parmenianum.)

7. Epistola Constantini ad Catholicam. »Quod fides debuit.« T. II. p. 497. sq.

8. Epistola Constantini ad episcopos Numidarum. »Quum summi Dei.« T. II. p. 498 — 500.

9. Constantini Or. ad concilium Nicaenum de pace. »Εὐχῆς μὲν ἐμοὶ.« T. II. p. 661. 662. Ex Euseb. Vit. Const. III. 12. Alia prolixior vid. infra ap. Gelasium II. 7. ibid. p. 807. sqq.

10. Ep. Constantini Imp. ad ecclesiam Alexandrinam. »Χαίρετε ἀγαπητοὶ ἀδελφοί. τελείαν παρὰ τῆς.« T. II. p. 723 — 726. Ex Socr. I. 9.

11. Constantini Edictum ad Antiochenos. »Ὡς κεχαρισμένη γε τῇ τοῦ κόσμου.« T. II. p. 1087. sqq. Ex Eusebio Vit. Const. III. 60. 61. et 62.

12. Constantini ad Eusebium litterae: »Ἀνέγνων πληρέστατα τὴν.« T. II. p. 1091. sqq. Ex Eusebii l. c.

13. Ej. Epistola ad Synodum: »Ἀνέγνων τὰ γραφέντα.« T. II. p. 1093. sq. Ex Eusebii l. c.

14. Ej. Epistola ad Catholicos Alexandrinae ecclesiae. »Ἀγαπητοὶ ἀδελφοὶ, προσαγορεύω ἡμᾶς.« T. II. p. 1131 — 1134.

Omnino plurimas Constantini Epistolas, Orationes etc. continet Gelasii Cyziceni Commentarius actorum Concilii Nicaeni, Libris III. gr. et lat. apud Mansium T. II. p. 759 — 946. sc. Lib. II. c. 5. p. 801. sqq. (Μανθάνω ἐκεῖθεν) c. 7. p. 807. (πολλὰς μὲν προς) c. 36. (τοὺς πονηροὺς etc. τελείαν παρὰ τῆς θείας etc. πεῖραντα βιὸν etc.) p. 919 — 926. Lib. III. c. 1. p. 929 — 940. (κακοὶ ἑρμηνεὸς) p. 939 — 944. (τὸν δεσπότην θειὸν) p. 945. sqq. (Ὅση τῆς θείας.)

15. Constantini Ep. ad Athanasium. »Τοῖς παρὰ τῆς.« T. II. p. 1133. sq.

16. Ej. Ep. de Synodo Tyri celebranda. (Ἦν μὲν ἴσως.) T. II. p. 1139. sq. ex Eusebio de Vita Constantini M. IV. 42. et Theodoreto I. 29.

17. Ej. Ep. ad Arium. *Πάλαι μὲν ἐδηλώθη.* T. II. p. 1155. sq. Ex Socrate I. 25.

18. Constantii Imp. Epistolae tres ad Athanasium; T. II. p. 1237 — 1239. *ἐπὶ πολύ σε* etc. *εἰ καὶ μάλιϛα* etc. *ἥνικα ἐν νῆ.*

19. Constantii Ep. ad Alexandrinos Clericos; *Οὐκ ἀπελείφθη* etc. T. II. p. 1239. sq.

20. Ej. Ep. ad populum Alexandrinum. *Σκοπὸν ποιούμενοι.* T. II. p. 1240. sq.

21. Ej. Ep. ad praefectos Thebaidis et Africae. *Ἕν τι ποτὲ πρὸ.* T. II. p. 1241. sq.

22. Ej. Ep. ad Athanasium. *Εὐχὴν αἐὶ μοι* etc. T. II. p. 1242.

23. Constantini min. Ep. ad populum Alexandrinum. *Οὐδὲ τὴν τῆς ὑμετέρας.* T. II. p. 1273. sq.

24. Epist. Constantii ad Synodum Ariminensem. »Continent priora instituta.« T. III. p. 297. Ex Hilario.

25. Eiusd. ad eamdem. *Ἀεὶ μὲν προηνουμένην.* T. III. p. 307. sq. Ex Socrate II. 29.

26. Ep. Impp. Valentis et Valentiniani ad Asianos. *συνόδου τηλικαύτης.* T. III. p. 389 — 392. E Theodoreto IV. 6.

27. Ep. Arcadii Imp. ad Innocentium. *Πάντες ἄνθρωπον ἴσασιν.* Inter apocryphas. T. III. p. 1119 — 1122.

28. Ep. Honorii A. ad Arcadium Imp. *Οὐκ οἶδα ποῖα.* T. III. p. 1123. sq.

29. Ep. Arcadii A. (apocrypha) *Ὅλως οὐδὲν.* T. III. p. 1125. sq.

30. Constitutiones Honorii Imp. adversus Donatistas. (L. 52. 54. et 55. C. Th. de Haeret.) c. n. Phil. Labbei. T. IV. p. 283 — 285.

31. Rescr. Impp. Honorii et Theodosii ad Palladium P. P. a. 418. e Mss. T. IV. p. 444. sq. Inc. »Ad conturbandum Catholicae.«

32. Exemplar edicti propositi a Palladio P. P. »Junius Quartus Palladius« etc. T. IV. p. 446. a. 418.

33. Ep. Honorii et Theodosii ad Aurelium, Carthag. Episcopum, a. 419. »Dudum quidem fuerat.« T. IV. p. 446.

? 33 [b]) Honorii et Theodosii Rescriptum de Pelagianis est apud Baronium, Annalium ad A. 420. sed emendatius e Cod. edidit Salmasius Eucharist. de Suburbic. reg. et eccles. p. 288. sq. Est autem solius Honorii proprie. Idem tamen eodem exemplo Theodosius etiam ad Praef. Orientis misit edictis promulgandum. Hinc Salmasius p. 291. edictum quatuor Praef. Praet. e Codd. Mss. exhibet. (Idem videtur esse cum num. 31.) Cf. Zirardini Nov. Th. p. 356.

34. Decretum Impp. Constantii a. 421. ad Volusianum P. V. »Quae cum praeteritae.« T. IV. p. 448. E Ms.

35. Exemplar edicti propositi a Volusiano P. V. »Hactenus Caelestium.« T. IV. p. 448. E Ms.

36. Valentiniani III. Constitutio de diversis ecclesiasticis capitibus, a. 425. s. L. 47. C. Th. de Episc. et Cler. et L. 64. C. Th. de Haeret. Inc. »Privilegia ecclesiarum.« c. n. Jac. Sirmondi. T. IV. p. 529 — 532.

37. Sacra Theodosii Jun. ad Cyrillum. *Μέλει πλεῖϛον.* T. IV. p. 1109 — 1112.

38. Sacra eiusd. Imp. ad Cyrillum etc. *Ἤρτηται τῆς εἰς θεόν.* T. IV. p. 1111 — 1116.

39. Sacra eiusd. ad S. Synodum (Ephesinam) missa per Candidianum. *Πάντων μὲν τῶν κοινῇ.* T. IV. p. 1117 — 1120.

40. Imperiales litterae (Theod. iun.) quae Ephesum per Palladium Magistrianum missae sunt. Inc. *Τοῦ μεγαλοπρεπεϛάτου.* T. IV. p. 1377 — 1380. Exstat etiam latine T. V. p. 567. sq.

41. Exemplum sacrae (Theod. iun.) per Joannem, Sacrorum Comitem, ad S. Synodum missae. *Ὅσον περὶ τὴν εὐσέβειαν.* T. IV. p. 1395 — 1398.

42. Divinae litterae ad Synodum Ephesinam missae. *Ἡμεῖς τὴν τῶν ἐκκλησιῶν.* T. IV. p. 1465. sq. E Ms.

43. Decretum imperatorium, scriptum ad Isidorum

P. P. de exsilio Nestorii. *Εἰ καὶ τὴν τῶν* etc. (Antigraphum interpretationis) T. V. p. 255. sq. latine ex alia vers. ibid. p. 660.

44. Const. Theodosii iun. ad Joannem Episcopum Antioch. »*Σκοπὸς ἡμῖν τῆς εἰρήνης.*« T. V. p. 277 — 282. Alia vers. lat. duplex ibid. p. 663. sqq. suppleta a Ballerinis.

45. Litterae Impp. (Theodos. iun. et Valent.) ad Simeonem Styliten. »*Ὅλον τὸν τῆς σῆς*« etc. T. V. p. 281 — 284.

46. Exemplum Sacrae ad Acacium et Simeonem. *οὐδὲν παντελῶς ἡμῖν.* T. V. p. 283. sqq.

47. Exemplum Sacrae Legis Theod. et Valent. contra Nestorium. Inc. *τὸ τῇ εὐσεβεςάτης.* T. V. p. 413. sqq. Est a. 435. et latine versa occurrit in Cod. Th. vbi NB. additur: »hanc legem Romano simul et graeco sermone edidimus, quo omnes illam perspicue intelligere queant.« Alia versio exstat ibid. T. V. p. 660 inc. »Debita a nobis.« L. 66. C. Th. de Haeret. L. 6. C. Just. eod.

48. Edictum praefectorum de Nestorii libris non legendis: *οὐδὲν οὕτω φίλον* etc. cohaeret cum L. 3. C. de S. Trinit. T. V. p. 415 — 418. Alia versio Lat. inc. »Nihil ita earum,« ibid. p. 661. sqq.

49. Exemplum S. legis Theodosii adversus Porphyrium ac Nestorianos. *Πρέπειν ἡγούμεθα.* (L. 3. C. de S. Trinit.) T. V. p. 417 — 420. gr. et lat. »Regiam nostram maiestatem decere arbitramur.« Inter acta Concilii Ephesini primi.

50. Edictum propositum a Praefectis cum sacra pragmatica adversus Porphyrium et Nestorium. »*Καὶ νόμων, καὶ αὐτῆς.*« T. V. p. 419. sqq.

51. Edictum de his, qui ad ecclesiam confugiunt (Theodosii et Valent.) Inc. *Ἀρχαῖα μὲν καὶ ἀπὸ τῶν καιρῶν* etc. T. V. p. 437 — 446. (sine notis, sed multo prolixior, quam in Codd. editis.) Ex Act. Conc. Ephes. L. 4. C. Th. de His, qui ad eccles. confug. (IX. 45.) seu L. 3. C. Just. eod. (IX. 45.) anni 431.

52. Const. Valentiniani III. de episcoporum ordinatione, a. 445. c. n. Ballerinorum. Ad Aetium. Inc. »Certum est et nobis.« T. V. p. 1252 — 1254. (Inter Nov. Theodos. n. 24.) Ceterum hac occasione p. 1256. Jac. Sirmondus in Notis postumis monuit, Placidi Valentiniani Novellas haud raro cum Theodosianis confundi.«

Notae Ballerinorum sc. breviores, non aeque fusiores, insertae sunt ex eorum editione Opp. S. Leonis, cuius epistolae a Mansio receptae Tomo V. a p. 1206 — 1430. et Tomo VI. a p. 1 — 431.

53. Epist. Valentiniani Imp. ad Theodosium A. (inter Epp. Leonis M. 55.) »*Παραγενομένου μοῦ ἐν τῇ πόλει.*« T. VI. p. 49 — 52.

54. Ep. Theodosii ad Valentinianum (inter Epp. Leonis 62. — reponsio ad praeced.) T. VI. p. 67. 68. *Καὶ ἐν τῇ Ῥώμῃ.*

55. Ep. Eiusd. ad Gallam Placidiam (ib. n. 63.) »*Ἐκ τῶν γραμμάτων.*« T. VI. p. 69. 70.

56. Ep. Eiusd. ad Licinium Eudoxiam. (ibid. n. 64.) »*Ἀεὶ μὲν οὖν.*« T. VI. p. 69. 70.

57. Ep. Marciani Imp. ad Leonem. (ibid. n. 76.) »*Περὶ τῆς σπουδῆς.*« T. VI. p. 97 — 100.

58. Ep. Marciani Imp. ad Leonem. (ib. n. 100.) »Divina humaque scripta.« T. VI. p. 166 — 168. — Eiusdem epistolae Graecum exemplar c. nova interpr. latina. »*Αἱ θεῖαι καὶ ἀνθρώπινοι*« etc. ibid. T. VI. p. 167 — 170.

59. Ep. Marciani ad Leonem. (ib. n. 110.) »*Τὴν μακαριότητα*« etc. T. VI. p. 215 — 218.

60. Ep. Valentiniani et Marciani. »*Τῶν πραγμάτων ἁπάντων.*« T. VI. p. 551 — 554. — Eadem prolixior; ibid. p. 553. 554. [1])

---

[1]) Latine inc. Omnibus negotiis diuinae res praeponendae sunt; in Opp. Leonis T. III. p. 213. sqq.

61. Ep. Valentiniani et Marciani ad Synodum in Nicaea. »Studii nostri est.« T. VI. p. 553. 554.

62. Ep. Valentiniani et Marciani ad eamdem Synodum. »Σπεύδοντας ἡμᾶς.« T. VI. p. 557. 558. [1])

63. Alia eorumd. ad eamd. Ep. »Ἤδη μὲν καὶ δι' ἑτέρων.« T. VI. p. 559 — 561.

64. Ep. Theodosii ad Dioscorum Alexandriae Episcopum. »Ἅπασι δῆλον καθέστηκεν.« T. VI. p. 587 — 590.

65. Alia eiusd. ad eumd. »Ἦλθεν εἰς ἀκοάς.« T. VI. p. 593. 594.

66. Alia eiusd. ad Barsumam. »Οὐκ ἔλαθε.« T. VI. p. 593. 594.

67. Sacrum commonitorium (Theodosii), datum Elpidio Viro spectabili, Comiti Sacri Consistorii: »Τῆς μὲν ἤδη γενομένης.« T. VI. p. 595. sq.

68. Imperatoris (Theodosii) Epistola ad Prolum Procons. Asiae. »Τῆς μὲν ἤδη γενομένης.« (paullo brevior praecedente) T. VI. p. 597. sq.

69. Imperatoris (Theodosii) Ep. ad Synodum Ephesinam secundam. »Ἐβουλόμεθα μὲν ἔξω πάσης ταραχῆς.« T. VI. p. 597. sq.

70. Imperatoris (Theodosii) Ep. ad Dioscorum Alexandrinum. »Πρώτον μὲν Θεοδώρητον.« T. VI. p. 599 — 606. vbi latina pleniora sunt graecis.

71. Edictum Valentiniani et Marciani Impp. quo prohibentur disputationes de fide coram vulgo. »Μόλις ποτὲ τὸ διὰ« etc. — Μηδεὶο οὖν κληρικὸς, ἢ γοῦν στρατευόμενος, ἢ γοῦν ἑτέρας αἱρέσεως etc. Tandem aliquando etc. — Est L. 4. C. de S. Trinit. I. 1. anni 452. — T. VII. p. 475 — 478. [2])

72. Edictum Imp. Marciani, propositum Cpoli, de confirmatione gestorum Chalcedonensis Synodi et eorum observatione. Τὴν εὐαγῆ τῆς καθολικῆς τῶν ὀρθοδόξων πίστεως etc. *Venerabilem catholicae orthodoxorum*

---

[1]) Cf. Allocutio Imperatoris in Leonis Opp. T. III. p. 215.
[2]) Latine in Opp. Leonis T. III. p. 238 — 240. Ex Actis Conc. Chalcedonensis.

fidei sanctitatem. In Actis Conc. Chalced. T. VII. p. 477 — 480. anni 451. [1]) Ceterum conserenda haec constitutio praecedenti, quam repetit et confirmat. Ergo falsa sit, necesse est, anni nota a Mansio addita. — Eodem exemplo scripta dicitur haec constitutio ad Palladium P. P. Or. p. 479.

73. Exemplar epistolae scriptae ab Imp. Marciano Alexandrinis Monachis per Joannem Decurionem. »Τὸ μηδὲν μηδαμῶς ἁμαρτεῖν« etc. T. VII. p. 481 — 484. (latinus textus graeco integrior, et inc. »*In nullo quolibet modo delinquere.*«) (In Act. Conc. Chalced.)

74. Epistola ἀκέφαλος Marciani A. pro Juvenali contra Theodosium, ad Macarium Episcopum et Sinaitas Monachos. Inc. »Παρ' ἐκείνου πεμφθεὶς« etc. In Actis Concil. Chalc. T. VII. p. 483 — 488.

75. Exemplar sacrae epistolae missae a Sacratissimo et piissimo domino nostro Marciano — ad Archimandritas, monachos et reliquos habitantes in Aelia, et circa eam. Ἐντυχὸν τὸ ἡμέτερον κράτος. In Act. Con. Chaced. T. VII. p. 487 — 496.

76. Interpretatio legis a Theodosio min. quum seductus fuisset a Chrysachio, adversus Flavianum et socios pro Eutyche promulgata, quam Marciani lex subsequuta destruxit. Inc. »*Olim — quidem prius Nestorius.*« T. VII. p. 495 — 498.

77. Valentiniani et Marciani ad Palladium P. P. Or. Valentianum, P. P. Illyrici, Tatianum P. V. et Vincomalum, Magistrum divinorum officiorum et Cos. design. Ουδέποτε δόξα τῷ θανάτῳ τῶν etc. Dat. CPoli pridie Nonas Julii, Sporacio Viro Clarissimo, et qui fuerit nunciatus, Coss. (A. 452.) T. VII. p. 497 — 500. Eius epitome est L. 23. C. de Episc. et Cler. I. 3.

78. Valentiniani et Marciani Const. ad Palladium P. P. de confirmandis, quae a S. Synodo Chalcedonensi contra Eutychem et eius monachos constituta sunt. Dat. V. Kal. Aug. Cpoli, Sporatio V. C. et qui

[1]) Latine in Opp. Leonis T. III. p. 240 — 242.

fuerit nunciatus, Coss. (a. 452.) Inc. »*Μεγίςας τῷ παντοκράτορι* etc. — T. VII. p. 501—506.

79. Exemplum sacrarum litterarum Imp. Marciani ad S. Synodum in Palaestina congregatam. Inc. »*Τὸ περὶ τὴν πίςιν* etc. T. VII. p. 513 — 518.

80. Sacra Marciani Imp. contra Haereticos. Dat. Kal. Aug. Cpoli, Divo Valentiniano VIII. et Anthemio VV. CC. Coss. (a. 455.) »Licet iam etiam sacratissima etc. — Est L. 8. C. de Haeret. et Manich. T. VII. p. 517 — 520.

81. Exemplar epistolae Leonis Imp. I. ad Anatolium, Episcopum Cpolitanum. Inc. »Votum quidem meae pietatis fuit etc. T. VII. p. 521. sq.

82. Const. sacra Justiniani Imp. contra Anthimum, Severum, Petrum et Zoaram, ad Mennam Patriarcham. Inc. *Πρᾶγμα οὐκ ἄηθες.* Data VIII. Id. Aug. CP. post Cslat. Belisarii. (a. 536.) T. VIII. p. 1149—1156. — Est Novella Justin. 42.

83. Glycerii Imp. Edictum contra ordinationes Simoniacas. (E Ballerinii Adpendice Opp. S. Leonis) T. VIII. p. 1261. sqq.

Tomus IX. a p. 1027. vsque ad finem continet Gregorii M. Epistolarum Lib. I — IV. — et Tom. X. a p. 1 — 414. earumdem Lib. V. — usque ed fin.

84. Rescriptum Theodosii pro Marcellino et Faustino. Inc. »Salve, Cynegi Carissime Nobis. Etsi nulla humanis pectoribus.« In *Andr. Gallandii* Bibliotheca veterum patrum antiquorumque scriptorum ecclesiasticorum Graeco-Latina. Ed. nova. (Venet. 1788. XIV. Voll. f.) T. VIII. p. 473. sqq.) — a. 383.

In Opp. S. Leonis ex ed. Balleriniorum.

T. I.

85. Constitutio Valentiniani III. de Manichaeis ad Albinum (inter Nov. Theod.) inc. »Superstitio Paganorum« etc. T. I. p. 626.

86. Valentiniani et Marciani Ep. ad Leonem de

electione sua et de concilio celebrando. Inc. εἰς τοῦτο τὸ μέγιϛον. T. I. p. 1018.

Tom. III.

? 87. Ep. Valentiniani et Marciani ad Anatolium Episcopum Cpolitanum. Inc. »Omnibus negotiis divinae res« etc. T. III. p. 213. sqq. Cf. supra n. 60.

? 88. Allocutio piissimi Imperatoris (Marciani) ad Synodum Chalcedonensem. Inc. »Vbi primum divino iudicio ad imperium summum electi« etc. T. III. p. 215—217. Cf. supra n. 61. 62.

In Epistolarum Decretalium Summorum Pontificum (Collectoribus ANT. CARAFA *et* ANT. *de* AQUINO. *T. I—III. Rom. 1591. Fol.)*

Tomo I. Parte II.

89. Epistola Imp. Honorii ad Bonifacium I. ex Cresconio. »Scripta Beatitudinis tuae debita reverentiae gratulatione — nulli partium sua studia profutura.« p. 110. sq.

90. Epist. Anastasii Imp. ad Hormisdam, data prid. Id. Jan. CPoli, et accepta Anthemio et Florentio VV. CC. Conss. V. Kalend. April. per Patritium. Ex vetusto Codice Vaticano.« Beatitudini Vestrae non putamus ignotum — frequenti paginarum adloquutione nostri memores fueritis.« p. 437.

91. Epist. Anastasii Imp. ad Hormasdam, data V. Kal. Ianuar. CPoli, Senatore V. C. Cons. Accepta prid. Id. Maias, Florentio V. C. Cons. Ex Codice Vaticano. »Omnibus negotiis divinae res praeponendae sunt — intra diem Kalendarum Juliarum venire dignetur.« p. 440. sq.

92. Exemplum Sacrae Anastasii Augusti Hormisdae Papae per Enodium et Fortunatum Episcopos, Venantium Presbyterum, Vitalem Diaconum et Hilarum Notarium. Ex vetusto Cod. Vaticano. »Gratias omnipotenti Deo refecimus — pacem meam dimitto vobis.« p. 443. sq.

93. Epistola Anastasii Imp. ad Hormisdam Papam per Theopompum et Severianum, Dat. XVII. Kal. Aug. CPoli Petro V. C. Cons. »Omnia, quae benignitas conceperit animorum — celesti misericordiae credimus placuisse.« p. 445.

94. Anastasius Aug. Senatui Vrbis Romae per Theopompum et Severianum VV. CC. Dat. V. Kal. Augusti Chalcedone, Petro Cons. Ex vetusto Codice Vaticano. : »Si vos liberique Vestri valetis, bene est: — adipisci Deo auspice feceritis.« p 446. sqq.

95. Anastasius Aug. Hormisdae Papae. Dat. V. Id. Jul. CPoli, Anastasio et Agapito VV. CC. Consul. Ex Vet. Cod. Vatic. »Etsi magnum aliquid taciturnitas iudicatur — iuberi non possumus.« p. 470.

96. Justinus Aug. Hormisdae Papae. Dat. Kal. Aug. Constantinop. Magno V. C. Cons. Ex V. C. Vatic. »Dei beneficia, licet multis — et vos decet implere.« p. 477. Cf. von *Savigny* Geschichte des Röm. R. im Mittelalter. Tom. II. p. 281.

97. Ep. Justini Aug. ad Hormisdam P. Ex. V. C. Vatic. »Scias effectum nobis, Pater religiosissime, quod diu summis — iugi perpetuitate servari adnuet.« p. 495. sqq.

98. Justinus Aug. Hormisdae Papae. Dat. XIV. Kal. Febr. CPoli, Vitaliano et Rustico Coss. Ex Vet. Cod. Vat. »Quanto flagramus studio — divinitatem summam dignemini.« p. 529.

99. Justinus Aug. Hormisdae Papae. Dat. VII. Id. Jun. CPoli, Vitaliano et Rustico Coss. Ex V. C. Vat. »Quum in animo nobis sit, pater religiosissime — vestris exoretur precibus.« p. 534.

100. Justinus Aug. Hormisdae Papae — Data VII. Id. Julii CPoli Vitaliano et Rustico Coss. Ex V. C. Vat. »Summa quidem habenda vobis est gratia — incolumi statu reipublicae.« p. 534. sqq.

101. Sacra Justini Aug. ad Hormisdam P. Dat. prid. Kal. Sept. CPoli, Accepta Rom. Kal. Octobris Rustico V. C. Cons. Ex V. C. Vat. »Dum beatissi-

mum Germanum Episcopum — orationibus suis dignetur adquirere.« p. 545. sqq.

102. Justinus Aug. Hormisdae Papae. Data V. Id. Sept. Chalcedone. Rustico V. C. Cos. Acc. prid. Kal. Dec. Cos. supra scripto. Ex V. C. Vat. »Quo fuimus semper, et quo simus studio — laetior mundus exsistat.« p. 547. sq.

103. Justinus Aug. Hormisdae Papae. Dat. Kal. Mai. CPoli, Justiniano et Valerio VV. CC. Coss. Ex V. C. Vat. »Vt quod in Paullo viro reverendissimo — praesidium dignetur adquirere.« p. 562.

104. Epistola Joannis Papae II. ad Justinianum Aug. incipiens: »Inter claras sapientiae« etc. cui inserta Ep. Justiniani Aug. ad Joannem, incip. »Reddentes honorem Apostolicae Sedi etc. Ex V. C. Vatic. et habetur in L. 3. C. de Summa Trinit. p. 574—578.

105. Exemplar libelli piissimi D. N. Justiniani Imp. quem dedit Agapeto Papae apud CPolin de fide. Dat. XVIII. Kal. April. CPoli, H. Belissario V. C. Cos. Ex V. C. Vat. »Prima salus est certae fidei regulam custodire — ecclesia suam habeat firmitatem.« »Divinitas te servet« etc. p. 591.

106. Epist. Justiniani ad Agapetum, Dat. prid. Id. Mart. CPoli H. Belissario V. C. Cos. E V. C. Vatic. »Ante tempus in hac regia vrbe — donec statutis Sanctitatis Vestrae obtemperent.« p. 592. sq.

Ex Adpendice

Epistolarum Romanorum Pontificum et quae ad eos scriptae sunt — studio *Pet. Coustant.* Tom. I. (Paris 1721. f.)

Quae Adpendix complectitur

adulterina scripta vel gesta, Pontificibus in hoc Tomo recensitis falso attributa, et a Schoenemanno omissa est.

107. Epist. Arcadii Imp. ad Innocentium Papam, ex Glyca Annal. P. IV. p. 259. *Πάντες ἄνθρωποι ἴσασιν*« etc. p. 107 sqq.

108. Epist. Arcadii Imp. ad Innocentium Papam, ex Baronio ad a. 407. Inc. »Omnino, o Pontifex Dei etc. p. 109. sqq. — Monitum Coustantii ad utramque epistolam p. 101 — 106.

PASSIM APUD ALIOS:

109. Rescriptum Constantii, Valentiniani III. patris, ap. Baronium Annal. ad A. C. 420. Sed correctius e Cod. cum Edicto Praef. V. apud Salmasium Eucharist. de Suburbicariis Regionibus p. 283.

Apud Amadutium

in Legibus novellis quinque anecdotis Impp. Theodosii min. et Valentiniani III. p. 115 — 130. sub titulo:

Constitutiones Valentiniani III. Imp. iam ab aliis antea editae, quae in Codice Theodosiano desiderantur.

110. Commonitorium Valentiniani III. pro quodam homine Siciliam misso ad componendos reditus Ecclesiae Ravennatis et ad conductorum pensiones colligendas. p. 117 — 122.

111. Eiusd. Epistola ad conductores et actores ecclesiae Ravennatis in agro Siculo. p. 123 — 124.

112. Eiusd. Epistola altera ad suprascriptos. p. 125. 126.

113. Descriptio nominum ex pensionibus soluendis. p. 127 — 130.[1])

In: (Münchner) Neuen Litterarischen Anzeiger:

114. Epistola authographa Glycerii Imperatoris ad Widimerum Ostrogothorum Regem.

Jo. Ad. L. B. de *Ickstadt* Obss. historico-criticae in Epistolam autographam Glycerii Imp. ad Widimerum Ostrogothorum Regem. Monachii (prostat in Bibliopol. Elect. academ.) S. a. 4.

---

[1]) De hoc instrumento, quod falso audit Commonitorium Valentiniani, videas *Jur. Rom. tabul. negot. forens.* a me editas, pag. 365—372. *Sp.*

Diplomatische Abhandlung über ein zu München aufbewahrtes Fragment eines Sendschreibens des Kaisers Glycerius an den Ostgothischen Feldherrn Widemir, als die einzige bisher bekannte Occidentalisch-Kaiserliche Urkunde und zugleich eines der ältesten jetzt noch vorhandenen Diplome. (Im Neuen litterar. Anzeiger 1806. Nro. 2. 3. nebst Zusätz.)

Ex Adpendice (spuria) Codicis Theodosiani a Jac. Sirmondo. Paris 1631. 8. *edita:*

n. 1. intra a.326-333. 115. Imp. Constantinus Aug. Ablavio Praef. Praet. »Religionis est, clementiam nostram« etc.

n. 2. a.405. 116. Impp. Arcadius, Honorius et Theodosius AAA. Hadriano P. P. »Vt veneratio Sacerdotibus debetur innoxiis« etc. — Cf. L. 35. C. Th. de Episcop.

n. 3. ante a.385. 117. Impp. Valentinianus, Theodosius et Arcadius AAA. ad Optatum Praefectum Augustalem. — »Graviter admodum mota est nostra clementia.«

n. 4. a.336. 118. Imp. Constantinus Aug. ad Felicem Praef. Praet. — »Jam dudum quidem constitutionis nostrae.« — L. 1. C. Th. Ne Christ. mancip. L. S. C. Th. de Judaeis.

n. 5. a.419. 119. Impp. Honorius et Theodosius AA. ad Proiectum Consularem. — »Inverecunda arte defenditur.«

n. 6. a.425. 120. Impp. Theodosius et Valentinianus Caesar Amatio Viro Illustri. Praef. Praet. Galliarum. — »Privilegia Ecclesiarum vel Clericorum« etc. — L. 47. C. Th. de Episcop. L. 64. C. Th. de Haeret.

n. 7. incerti temp. 121. Impp. Valentinianus, Theodosius et Arcadius AA. ad Eutropium Praef. Praet. — »Placida beneficia lenitatis, Dei omnipotentis« etc. —

n. 8. a.386. 122. Impp. Valentinianus, Theodosius et Arcadius AA. Antiochino. — »Studii nostrae Serenitatis, quibus« etc.

n. 9. a.408. 123. Impp. Arcadius et Honorius AA. Theodoro II. Praef. Praet. — »Utinam quidem hi tantum Clericorum.« — L. 39. C. Th. de Episcop.

124. Impp. Honorius et Theodosius AA. Palladio Praef. Praet. — »Religiosi Sacerdotis fida suggestio« etc. — L. 44. C. Th. de Episc. L. 3. C. Th. de Raptu vel matrim. Sanctim. virg. n. 10. a. 420.

125. Impp. Honorius et Theodosius AA. Melitio Praef. Praet. — »Recte clementiam nostram, sacrosanctae« etc. — L. 10. C. Th. de Episc. n. 11. a. 412.

126. Impp. Honorius et Theodosius Augg. Curtio Praef. Praet. — »Profanos haereticorum spiritus« etc. — L. 43. C. Th. de Haeret. L. 19. C. Th. de Pagan. n. 12. a. 408.

127. Impp. Honorius et Theodosius Pii Augg. — »Conuenit nostris praestita temporibus.« n. 13. a. 419.

128. Impp. Honorius et Theodosius Augg. Theodoro Viro Inl. Praef. Praet. — »Dubium non est, conhibentia iudicum« etc. — L. 46. C. Th. de Haeret. n. 14. a. 412.

129. Impp. Honorius et Theodosius ad Melitium Virum Ill. Praef. Praet. — »Non cassum veterum prudentia constituit« etc. — L. 41. C. Th. de Episcop. n. 15. a. 412.

130. Imp. Honorius ad Theodorum V. Inl. Praef. Praet. — »Punitis auctoribus mali publici« etc. — L. 2. C Th. de Postlimin. n. 16. a. 408.

131. Imp. Constantinus Aug. — »Judex pro sua sollicitudine« etc. n. 17. a. 318.

132. Impp. Arcadius, Honorius et Theodosius AAA. Theodoro P. P. — »Episcopale iudicium ratum sit omnibus.« — L. 8. C. Inst. de Episcop. audientia. n. 18. a. 408.

133. Imp. Honorius Aug. ad Constantium Virum Ill. Patricium. — »Inter publicas necessitates etiam hoc.« n. 19. a. 417.

134. Impp. Theodosius et Valentinianus Augg. ad Virum Praef. Praet. — »Audemus quidem sermonem facere« etc. n. 20. a. 430.

135. Impp. Arcadius, Honorius et Theodosius AA. Hadriano Praef. Praet. — »Aduersarios Catholicae fidei exstirpare huius decreti« etc. — L. 4. C. Th. Ne sacr. bapt. iter. n. 21. a. 405.

136. Confessio fidei Justiniani a. 534. orta, seu L. 6. de S. Trinit. *Τὸν σωτῆρα καὶ δεσπότην* etc.

c.

De recentioribus corporibus monumentorum nostri generis, ceterisque scriptoribus, qui ad ea vel collecta vel singula commentati sunt.

aa. *Edita.*

1. Nic. *Cusae (Cusani)* Concordiae catholicae Libri III. in Opp. 1) T. I. II. s. l. et a. fol. 2) Paris. 1514. f. 3) Norimb. cod. fol. 4) Basil. 1565. f.

2. Opusculum de mirabilibus novae et veteris urbis Romae, auct. *Franc. de Albertinis*, Clerico Florentino. Rom. per Jac. Mazochium 1510. 4.

Panzer T. XI p. 500. n. 68. adfert: »Mirabilia Romae.« Romae per Marcellum Silber, alias Franck, 1513. 8.

3. *Jac. Bracellei* Lucubrationes. Paris. 1520. 4.

4. Epigrammata antiquae urbis. Romae in aedibus Jac. Mazochii. 1521. f. [1])

5. *Iac. Merlini* Tomus I. quatuor Conciliorum generalium, quadraginta septem Conciliorum provincialium etc. Paris. 1523. f. T. II. Conciliorum generalium etc. ib. 1524. f. 2) Colon. 1530. f. 3) Paris. 1535. 8. [2])

6. *M. Valerius Probus* de notis Romanorum etc. Inscriptiones antiquae variis in locis repertae, atque aliae, quam quae in Romano Codice continentur. Haec omnia primum edita. Venet. in aedibus Jo. Tacuini Tridinensis m. Febr. 1525. 4.

7. Ex venerandis antiquitatis reliquiis Exemplum instrumenti Romani etc. Basil. s. a. [3])

---

[1]) De exemplo huius collectionis, manu *Jo. Metelli* emendato et aucto, quod etiamnum servatur in Bibliotheca Vaticana, *Caiet. Marinius* retulit ad *Jo. Andresium*, vt hic narrat in Praef. ad *Ant. Augustini* Epistolas p. 54. sqq.

[2]) Vid. *Jo. Alb. Fabricii* Bibliothecae graecae Vol. XII. p. 293. ed. *Harles.*

[3]) Sub hoc titulo *Fabricius* Lib. IV. Biblioth. latinae c. 3. §. 6. T. III. p. 310. ed. *Ernest.* ait prodiisse Decretum arbitrorum

8. Inscriptiones sacrosanctae vetustatis, non illae quidem Romanae, sed totius fere orbis etc. Per *Pet. Apianum* et *Barth. Amantium.* Ingolst. 1534. f.

9. Concilia omnia tam generalia, quam particularia, etc. Ed. *Pet. Crabbius.* 1) T. I. II. Colon. 1538. f. 2) auct. T. I — III. ib. 1551.) f. [4]).

10. *Divi Clementis* Opera, quae ad hunc usque diem exstare comperta sunt etc. *Rufino Torano* Aquileiensi interprete. — Adiecimus insuper selectissimas vetustissimorum Praesulum — epistolas ad fidem veterum exemplarium Victorinorum restitutas. — (Paris.) ap. Hug. et heredes Aemonis a Porta 1544. f. [5])

11. *Ge. Fabricii* Antiquitatis Monumenta insignia ex aere, marmoribus, membranisve veteribus collecta. 1) Argent. per Blasium Fabricium ante a. 1549. 8. [6]). 2) »Nunc multis adcessionibus auctiora edita etc. Haec omnia distributa in Libros II.« Basil. s. a. sed c. annum 1549. 8. bis; cum Notitiae Imperii particula et sine ea. 3) ibid. 1551. 8. 4) ibid. 1560. 8. 5) Antiquitatum Libri III ex aere, marmoribus etc. ibid. 1587. 8. [7])

12. *Barn. Brissonii* Selectarum ex iure civili

---

finium regundorum inter Genuates et Veiturios, cum aliis Monumentis, sed fictitiis, nec propterea huius loci. Sed a meo quidem exemplo, (cui titulus: »Ex reliquiis venerandae antiquitatis Lucii Cuspidii Testamentum. Item Contractus venditionis, antiquis Romanorum temporibus initus.« Lugd. ap. Gryphium 1532. 8.) abest Decretum illud; neque inest alii editioni, quam *Ge. Wolfg. Panzerus* (Annal. typographic. Vol. VII. p. 60. sq. num. 21.) tradit prodiisse Friburgi 1533. 8.

4) Vid. *Fabricii* B. G. Vol. XII. p. 293. sq.

5) In calce f. 195b). »Parisiis excudebat Carola Guillard anno Salutis 1544.« Ceterum leguntur ibi Martiani etc. constitutiones f. 112. sq.

6) Ita — — — Sed Biblioth. *Franc. Car. Conradi* T. II. Sect. V. num. 304. p. 129. hunc exhibet titulum: »*G. Fabricii* Antiquitat. aliquot monumenta insign. ex aere etc. collecta. Argent. 1549. 4. Conf. et: Vita clarissimi viri *Georgii Fabricii* Chemnicensis e monumentis istius literariis epistolisque Mss. nec non aliorum, qui ejusdem cum Fabricio aetatis fuerunt, doctorum virorum libris eruta et commentatione peculiari descripta, studio M. *Joh. Davidis, Schreberi.* Lips. 1717. 8.

7) Haec collectio semper adhaeret Auctoris *Romae.*

Antiquitatum 1) Lib. I. II. Paris. 1556. 8. (Lib. III. IV. ib. 1557. 8.) 2) Libri IV. Lugd. 1558. 4. 3) iidem. Antverp. 1585. 8. et saepius; tum cum adcessionibus postumis in *Brissonii* Opp. variis (Paris. 1606. 4.) p. 1 — 147. et scorsim cum adnott. *Alb. Diet. Trekell.* Lips. 1741. 4. et cum notis *Eiusd.* repetitae praelectionis in *Brissonii* Operibus minoribus p. 1 — 110. ed *Trekell.*

13. *Franc. Balduini* Commentarius ad edicta veterum principum Romanorum de Christianis. 1) Basil. 1557. 8. 2) adi. *Eiusd.* Constantino M. in ed. Hal. (Hal. et Lips. 1727. 8.) 3) in *Jo. Glieb. Heineccii* Jurisprudentiae Romanae et Atticae T. I. p. 1376—1427.

14. *Onuphrii Panvinii* Fastorum et Triumphorum Romanorum a Romulo rege usque ad Carolum V. etc. Libri V. cum Commentariis in eosdem. 1) Venet. 1558. f. 2) Heideldergae 1588. f.

15. Centuriatores Magdeburgenses, seu Centuria I — XIII. Historiae ecclesiasticae. 1) T. I — VIII. Basil. 1559 — 74. f. 2) T. I — VI. (usque ad Sec. V.) Norimb. 1757 — 65. 4. [8])

16. *Car. Sigonii* a) de antiquo iure civium Romanorum Libri II. Venet. 1560. 4. b) de antiquo iure Italiae Libri III. ib. eod. 4. et cum aliis *Eiusdem* scriptis, quae infra num. 23. indicabuntur.

? 17. *Claud. de Sainctes* ad edicta principum de licentia sectarum. Paris. 1561. 8.

18. Orthographiae ratio ab *Aldo Manutio* collecta ex libris antiquis, grammaticis, etymologia, graeca consuetudine, numis veteribus, tabulis aereis, lapidibus amplius MD. etc. 1) Venet. 1561. 8. (nondum

---

[8]) Huc spectat in primis Centuria V. sub titulo: »Quinta Centuria ecclesiasticae historiae, continens descriptionem amplissimarum rerum in regno Christi, quae quinto post eius nativitatem Seculo adciderunt.« (Auctoribus *Matthi. Flacio*, Illyrico, *Jo. Vigando* et *Matthaeo Judice.*) Basil. per Jo. Oporinum s. a. sed in calce: »Basileae ex officina Jo. Oporini anno 1562. m. Martio.«

ibi exstant monumenta.) 2) ib. 1566. 8. 3) ib. 1591. 8. (Ed. II. et III. continent monumenta.)

[Huc referendum etiam opus *Mart. Smetii*, iam anno 1565 absolutum, quamquam demum a. 1588 in lucem prodiit; unde demum infra num. 35. recensebitur.]

19. *C. Julii Caesaris* Testamentum — edidit *Pet. Hamo.* 1566.

20. Concilia omnia tum generalia, tum provincialia atque particularia etc. — edid. *Laur. Surius.* T. I — IV. Colon. 1567. f. [9])

21. *Car. Sigonii* de antiquo iure provinciarum Libri III. Venet. 1567. 4. et cum aliis eiusdem Auctoris scriptis, quae infra num. 23. vide.

[Constitutiones Imperatorum veterum, Theodosii II. et Justiniani I. continentes piam de Deo et de filio Dei domino nostro Jesu Christo et de duabus illius naturis confessionem et prohibitionem severam, ne libri haereticorum aliud sentientium habeantur aut spargantur, editae in gratiam studiosae iuuentutis anno Christi 1568. Vitebergae. Hoc tempore et lectu vtilissimae et exemplo necessariae (gr. et lat.) Viteb. excudebat Joannes Crato. 1568. 8. [10]) folia non numerata 12. — Non huc pertinet.]

22. *M. Tullii Ciceronis* Epistolae ad Atticum, ad M. Brutum, ad Q. Fratrem. E bibliotheca *Pet. Victorii.* Excusum in fine libri est vetustissimum SC. Romae inuentum etc. Florent. ap Juntas 1571. 8.

23. *Car. Sigonii* de iudiciis Libri III vna cum prioribus Tractatibus recognitis. Bonon. 1574. f. — Iidem cum num. 16. et 21. tamquam XI Libri iunctim

---

[9]) Cf. *Fabricii* B. G. Vol. XII. p. 294.

[10]) Catal. Bibl. Upsaliensis p. 204. Continet 1) Const. *Θεςπίζομεν πάντα ὅσα Πορφύριος* etc. Jubemus, vt omnia, quaecunque Porphyrius etc. (L. 3. C. de Summa Trinit.) 2) Const. *Πρέπειν ἡγούμεθα* etc. Existimamus decere etc. (ead. L.) 3) Const. *Τῆς ὀρθῆς καὶ ἀμωμήτης πίςεος* etc. Cum recta et inculpata religio etc. (L. 5. C. eod.) 4) *Τὸν σωτῆρα καὶ δεσπότην τῶν ὅλων* etc. Servatorem et Dominum omnium etc. (L. 6. C. eod.)

repetiti. Paris. 1576. f. Frf. 1593. f. et Hanov. 1609. f. tum cum obss. *Latini Latinii* et animadvv. *Jo. Ge. Graevii*, in *Hui*. Thes. T. I. p. 39 — 190. et T. II. p. 1379 — 1824. iunctis Praefationibus utriusque Tomi; unde denuo typis descripti sunt sub tit. »de antiquo iure populi Romani Libri XI.« T. I. II. Lips. et Hal. 1715. 8. Optima vero editio cum eorundem virorum doctorum et *Jo. Maderni* notis, nec non cum praefatt. *Lud. Voigtii* exstat in *Sigonii* Opp. T. V. (Mediol. 1736. f.)

24. *C. Cornelii Taciti* Opera c. notis *Justi Lipsii*. 1) Antverp. 1574. 8. et saepius; postrema editio inter eas, quae vivo Lipsio prodierunt, lucem vidit Antuerp. 1607. f. Nouissime *Lipsii* notae exhibentur in editione, quam curavit *Jer. Jac. Oberlinus*. T. I. II. Lips. 1801. 8.

25. Acta Concilii Ephesini ex antiqua latina versione. Ed. *Ant. Contius*. Paris. 1574. 8. [11])

26. *Jos. Scaligeri* Lectionum Ausonianarum Libri II. 1) L. B. 1574. 16. 2) Heidelb. 1588. 8. 3) c. n. *El. Vineti*. Burdigal. 1597. 4. et saepius.

27. Acta Concilii Ephesini. Latine, *Theodoro Peltano* interprete. Ingolst. 1576. 4.

28. *Abr. Ortelii* Theatri orbis terrarum Parergon, sive veteris geographiae Tabulae, commentariis geographicis et historicis illustratae. 1) Antverp. 1577. f. 2) ibid. 1624. f.

29. *Adr. Turnebi* Adversariorum Libri XXX. 1) Paris. 1580. f. 2) Basil. 1581. f. 3) Argent. 1599. f. 4) Aureliop. (Genev.) 1604. 4.

30. *Jo. Bapt. Fonteii* de prisca Caesiorum gente Libri II. Bonon. 1582. f.

31. *Barn. Brissonii* de formulis et sollemnibus populi Romani verbis Libri VIII. 1) Paris. 1583. f. [12])

---

11) Secundum Catal. *Dubois*. T. III. p. 434. titulus est hic: »Concilium Ephesinum ex bibliotheca *Ant. Contii*.« Paris. Nivell. 1574. 8.

12) Dedicatio principi editioni praemissa est Non. Dec. 1582. privile-

2) Frf. 1592. 4. 3) Mogunt. 1649. 4. 4) ex rec. *Franc. Car. Conradi.* Hal. et Lips. 1731. f. 5) ex eadem c. n. *Jo. Aug. Bachii.* Lips. 1754. f. [13])

32. *Ant. Augustini* de Legibus et Senatusconsultis Liber. Adiunctis Legum antiquarum et Senatusconsultorum fragmentis cum notis *Fulvii Usini.* 1) Rom. 1583. 4. 2) Paris. 1584. f. 3) in *Augustini* Opp. T. I. p. 1 — 164. [14])

33. Leges, SCC., Plebiscita et sanctiones, quae historiae aliquid lucis adferre visae sunt; adi. *Dionysii Halicarnassensis* editioni a *Fried. Sylburgio* curatae (T. I. II. Frf. 1586. f. [15]) et recusae Lips. 1691. f.), indeque in eiusdem scriptoris editionem, quam vulgavit *Jo. Jac. Reiskius*, Vol. IV. p. 2381 — 2388 translatae.

34. Dialogos de medallas, inscriciones y otras antiguedades. Ex bibliotheca *Ant. Augustini.* a) *Hispanice*: 1) Tarracone 1587. 4. 2) (por mano de *D. Sebastian de la Quadra)* Madrit. 1744. 4. b) *Ital.* 1) s. l. et a. sed Venet. 1592. 4. 2) Rom. eod. f. 3) ib. 1600. f. 4) ib. 1625. f. 5) ib. 1650. f. 6) ib. 1736. f. c) *Latine* auctore *Andr. Schotto*, sub titulo:

---

gium d. d. 20. Apr. 1582. In calce leguntur haec: »Luteliae excudebat etc. pridie Non. Dec. 1582.«

[13]) Judicium *Jos. Scaligeri* de hoc opere vid. in Scaligeranis II. v. *Brissonius* p. 38. ed. Groning. 1669. 12.

[14]) Solis his tribus operis Augustiniani editionibus, non item reliquis, adhaeret *Ursini* Adpendix sub titulo: »Leges et Senatusconsulta, quae in veteribus quum ex lapide, tum ex aere monumentis repeRiuntur« (quae fragmenta penes *Vrsinum* iam a. 1581. fuisse, patet ex *Eius* ad *Festum* notis vv. *Publica pecunia* et *Sacramentum*). Reliquae editiones sine *Vrsino* prodierunt Lugd. 1592. 4. ib. 1606. 4. et in Thes. *Graev.* T. II. p. 1139 — 1378. *Augustini* Liber scribi coeptus est, quum auctor adhuc Bononiae commoraretur, anno 1544. Cf. Vita *Ant. Augustini* auctore *Greg. Maiansio* p. XLVIII. et p. LXXXIX. sq. praem. Opp. T. II. Epistola autem *Augustini* ad *Hieronymum* fratrem, cui opus hoc prius dedicaverat, exstat in *Augustini* Opp. T. VII. p. 188. nec non in *Eiusd.* Epistolis a *Jo. Andresio* editis p. 227 — 231. cui iung. *Andresii* Praefatio p. 80. sq.

[15]) Scil. T. I. p. 788 — 792. vbi p. 788. haec leguntur: »Hactenus leges regiae et decemvirales; — sequuntur aliquot aliae cum SCC. quibusdam, plebiscitis et Sanctionibus, quae historiae aliquid lucis adferre

»Antiquitatum Romanarum Hispanarumque in numis veterum Dialogi XI.« 1) Antverp. 1617. f.

35. Inscriptionum antiquarum, quae passim per Europam, Liber. (Collegit *Mart. Smetius.*) Adcessit Auctarium a *Justo Lipsio.* L. B. ex offic. Plantin. 1588. f. (*Smetii* opus iam a. 1565 absolutum.)

36. *Caesaris Baronii* Annales ecclesiastici. 1) T. I — XII. Rom. 1588 — 1607. f. Novissime cum subiuncta *Ant. Pagi* Critica, Continuatione *Oder. Reynaldi* et animadvv. *Domin. Georgii* et *Jo. Domin. Mansii.* T. I — XXXVIII. Luccae 1738 — 1759 f. [16])

37. Gesta Collationis Carthagini habitae Honorii Caesaris iussu inter Catholicos et Donatistas coram Marcellino. Opera *Papirii Massoni.* Paris. 1589. 8. Repetita in edit. Operum *S. Optati* cura *Gabr. Albaspinaei.* Paris. 1631. f. e bibliotheca *Pet. Pithoei;* et in sequentibus *Optati* editt. [17])

38. Acta Concilii Ephesini. Graece. Heidelb. 1591. f. [18])

39. Epistolarum decretalium Summorum Pontificum T. I — III. Rom. 1591. f. (Collectores *Ant. Carafa* et *Ant. de Aquino.*)

40. Antiquitatum Romanarum Pars III et IV. seu Inscriptionum et Monumentorum, quae Romae in saxis et marmoribus visuntur, T. I. et II. auctore *Jano. Jac. Boissardo.* Francof. 1597. 98. f. [19])

41. *Hilarii* Pictaviensis Episcopi, Fragmenta ex opere historico numquam antea edita ex bibl. *Pet. Pithoei,* et eiusdem *P. Pithoei* Vita, stud. *Nic. Fabri.* Paris. 1598. 8. Omnium optime in Collect. Concil. Galliae T. I. (Paris. 1789. f.) p. 145 — 185.

---

[16]) Historiam operis enarravit *Jo. Ge. Meuselius* Biblioth. histor. Vol. I. P. I. p. 102 — 105.

[17]) Vid. *Car. Traug. Glob. Schoenemann,* Bibliothecae histor. litter. Patrum latinorum. T. I. p. 350.

[18]) Princeps quo ad graecum textum nonnullarum constitutionum.

[19]) Secundum *Ebertum* (Bibliogr. Lexicon) totum Opus constat *Partibus sex.* Frf. 1597 — 1602. f.

42. *Pet. Saxii* Pontificium Arelatense, seu Historia Primatum S. Arelatensis Ecclesiae. Aquis Sextiis 1600. 4. et in *Jo. Burc. Menckenii* Scriptoribus rerum Germanicarum T. I. p. 107 — 380.

43. Inscriptiones antiquae totius orbis Romani in Corpus absolutissimum redactae, cura *Jani Gruteri.* 1) Heidelb. 1603. f. 2) curis secundis Gruteri et c. n. *Marqu. Gudii*, cura *Jo. Ge. Graevii.* T. I. II. Amst. 1707. f.

44. *Steph. Vinandi Pighii* Annalium Romanorum Tomus III. cura *Andr. Schottii.* Antverp. 1615. f. [20])

45. Concilia generalia et provincialia, quotquot reperiri potuerunt. Edidit *Severinus Binius.* T. I — IV. 1) Colon. 1606. f. (Solus contextus latinus.) 2) sub tit. »Concilia generalia et provincialia graeca et latina. ib. 1618. f.« (Hic primum adcessit contextus graecus.) 3) Paris. 1638. f. [21])

46. *Jul. Caes. Capaccii* Antiquitatum et historiarum Neapolitanarum Libri II. 1) Neap. 1607. 4. 2) T. I. II. ib. 1771. 4. et in Thes. Antiq. Ital. Tom. IX.

47. Concilia generalia ecclesiae catholicae Pauli V. Pontif. Max. auctoritate edita. Gr. et lat. T. I — IV. Rom. 1608 — 12. f. [22])

48. *Jo. Papirii Massoni* Historia calamitatum Galliae, quas sub aliquot principibus Christianis invita pertulit; in *Andr. Duchesne* Scriptoribus historiae Francorum T. I. (Par. 1636. f.) p. 83 sqq. [23])

49. *Flodoardi* Historiae ecclesiae Remensis Libri IV — cum Adpendice Anonymi et aliis Opusculis ad eamdem ecclesiam spectantibus. Stud. *Jac. Sirmondi.* Paris. 1611. 8.

50. Collectio constitutionum Imperialium, h. e.

---

[20]) Auctor obiit a. 1604. T. I. et II. nihil ad nostram rem conducunt.

[21]) Cf. *Fabricii* Bibliotheca graeca Vol. XII. p. 295.

[22]) Editor *Jac. Sirmondus.* Ed. princeps contextus graeci nonnullorum constitutionum. Cf. *Fabricii* l. l. Vol. XII. p. 295.

[23]) Auctor obiit a. 1611.

DD. NN. Imperatorum, Caesarum ac Regum Augustorum Sacri Imperii Germano - Romani Recessus, Ordinationes, Decreta, Rescripta, Mandata et Edicta cet. Industria atque studio *Melch. Goldasti Haiminsfeldii.* T. I. Frf. ad M. 1613. f. T. II. Hanov. 1609. f. T. III. Offenbach. 1610. f. [24])

51. *Sidonii Apollinaris* Opera c. n. *Jac. Sirmondi.* 1) Paris. 1614. 8. 2) ibid. 1652. 4.

52. Auctores finium regundorum cum *Nic. Rigaltii* observationibus et notis. Paris. 1614. 4.

53. Maxima Bibliotheca veterum Patrum et antiquorum scriptorum ecclesiasticorum, primo quidem a *Margarino de la Bigne* in lucem edita. T. I — XXVII. Lugd. 1617. f.

54. *Claud. Salmasii* Eucharisticon de regionibus suburbicariis. Paris. 1621. 4.

55. *Jac. Gutherii* de officiis domus Augustae Libri III. 1) Paris. 1628. 4. 2) Lips. 1672. 8. 3) in Thes. Sallengr. T. III. p. 285—624.

56. Concilia antiqua Galliae cum epistolis Pontificum, Principum constitutionibus et aliis Gallicanae ecclesiae monumentis, opera *Jac. Sirmondi.* T. I — III. Paris. 1629. f.

57. Charta donationis (ecclesiae Cornutianae factae). A. C. 471. XV. Kal. Mai. subscriptae. Edid. *Jos. Maria Suaresius* post libellum, cui titulus: »Ex libris Tertulliani de exsecrandis gentilium diis Fragmentum erutum e bibliotheca Vaticana a *Jos. Mar. Suaresio.*« 1) Rom. 1630. 4. [25]) 2) Paris. ap. Sebast. Cramoisy. 8. pagg. 6.

58. Adpendix Codicis Theodosiani novis constitutionibus cumulatior cum epistolis aliquot veterum conciliorum et Pontificum Romanorum nunc primum editis.

---

[24]) Huc spectant Tomus I. et III.

[25]) In Catalogo Bibliothecae Thuanae (Paris. 1679. 8.) T. I. p. 47. exstat »*Tertulliani* Fragmentum de exsecrandis gentium diis.« Rom. 1630. 4.— Ceterum verus titulus Adpendicis est: Charta donationis anno a Christo nato 471. subscriptae vindicata prolataque a *Jos. Maria Suaresio.* pagg. 8. in Oct.

Opera et studio *Jac. Sirmondi.* 1) Paris. 1631. 8. 2) Frf. ad M. 1642. 8. 3) in *Sirmondi* Opp. variis T. I. (Paris. 1696. f.) p. 705 — 816. 4) in Cod. Th. ed. Jo. Dan. Ritteri T. VI. P. II. (Lips. 1745. f.) ad calcem; iunct. T. VI. P. I. (ib. 1743. f.) p. 339 — 350.

59. *Franc. Maria Torrigio* Le sacre Grotte Vaticane. Rom. 1635. 8.

60. *Jac. Usserii* Historia Pelagianae haereseos; in *Ei.* Antiquitt. et primordiis ecclesiarum Britannicarum. 1) Dublini 1639. 4. 2) Lond. 1687. f. c. 50.

61. *Thomae Reinesii* Variarum Lectionum Libri III. Frf. et Lips. 1640. 4.

62. *Auberti Miraei* Opera diplomatica et historica, auct. et corr. c. n. et indd. *Jo. Franc. Foppens.* T. I. II. Bruxell. 1723 — 48. f. [26])

63. Instrumentum plenariae securitatis scriptum anno Justiniani Imp. 38. id est, Instrumentum, quo transigit Gratianus tutor cum Stephano pupillo, e bibliotheca Cardinalis a Balneo prolatum. (Editor *Gabr. Naudaeus.*) Rom. 1641. 4.

64. Acta Sanctorum etc. Collegit, digessit, notis illustravit *Jo. Bollandus.* 1) T. I — LI. Antverp. 1643 — 1780. f. 2) T. I — XL. Venet. 1734 — 56. f. [27]) (Dissertationes seorsim editae sub titulo: »Acta Sanctorum Bollandiana apologeticis libris in unum volumen contractis vindicata.« Antverp. 1755. f.)

65. *Ferd. Ughelli* Italia sacra, seu Historia Episcoporum Italiae et adiacentium insularum. 1) T. I — IX. Rom. 1644 — 62. f. 2) emend. cura *Nic. Coleti.* T. I — X. Venet. 1717 — 22. f.

66. Conciliorum omnium generalium et provincialium Collectio Regia. T. I — XXXVII. Paris. 1644. f. [28])

67. *Sam. Petiti* Diatriba de iure principum edictis ecclesiae quaesito, nec armis adversus temerantes aut

---

[26]) Ob. *Miraeus* a. 1640.

[27]) De Actis SS. vid. *Joh. Ge. Meuselii* Biblioth. historica Vol. I. P. I. p. 306 — 309.

[28]) Cf. *Fabricii* Biblioth. graeca Vol. XII. p. 295. sqq.

antiquantes vindicato. Amst. 1649. 8. (c. 3 — 8. p. 20 — 84.)

68. *Fulgentii Ferandi* Opera, iunctis *Fulgentii* et *Cresconii*, Africanorum Episcoporum, Opusculis relativis. C. n. *Pet. Franc. Chiffletii*. Divione 1649. 4. et in Thes. *Meerm.* T. I. p. 143—238.

69. *Marcellini* et *Faustini* Libellus precum ad Impp. nunc primum editus, opera *Iac. Sirmondi*. Paris. 1650. 8. et in *Sirmondi* Opp. T. I.

70. *Jo. Jac. Chiffletii* Disquis. de ampulſa Remensi. Antverp. 1651. f. et in *Chiffletiorum* Opusc. variis (T. I — VII. Amst. 1688. f.)

71. *Jac. Sirmondi* Opera varia nunc primum collecta. T. I — V. Paris. 1696. f. [29])

72. *Gfr. Henschenii* Diatr. de tribus Dagobertis, Francorum regibus. Antverp. 1655. 4.

73. Veterum aliquot scriptorum, qui in Galliae bibliothecis, maxime Benedictinorum, latuerant, Spicilegium. Opera ac studio *Luc. d' Achery*. 1) T. I — XIII. Par. 1655 — 77. 4. 2) adcur. per *Lud. Franc. Jos. de la Barre*. T. I— III. Paris. 1723. f.

74. Gallia Christiana. 1) Studio *Scaevolae* et *Lud. Sammarthanorum*. T. I — IV. Paris 1656. f. 2) auct. opera et stud. *Dion. Sammarthani* et aliorum. T. I — XIII. Paris 1716 — 85. f.

75. *Phil. Labbei* Nova Bibliotheca MSS. librorum, historias, chronica — ac similia antiquitatis praesertim Francicae monumenta — repraesentans. T. I. II. Paris. 1657. f.

76. *Thom. Reinesii* ad Casp. Hoffmannum et Christ. Ad. Rupertum Epistolae. Lips. 1660. 4.

77. Epigraphica, sive Elogia inscriptionesque quodvis genus pangendi ratio. Auctore *Octauio Boldonio*. Augustae Perusiae 1660. f.

78. Collectio Romana bipartita veterum aliquot historiae ecclesiasticae monumentorum edi coepta a

---

[29]) *Sirmondus* ob. 1651.

Luca Holstenio, absoluta post eius obitum; notis ipsius postumis adiunctis. Rom. 1662. 8. [30])

79. *Luc. Holstenii* Codex regularum monasticarum et canonicarum cum notis *Mariani Brockii*. T. I — VI. Aug. Vind. 1759. f.

80. *Thom. Reinesii* Syntagma inscriptionum antiquarum quum primis Romae veteris. Lips. et Frf. 1682. f. [31])

81. Decii Imperatoris Edictum adversus Christianos nunc primum editum a *Bern. Medonio*. Tolos. 1664. 4.

82. *Car. Cointii* (*le Cointe*) Annales ecclesiastici Francorum ab a. 235. usque ad a. 845. T. I — VIII. Paris. 1665 — 83. f.

83. *Guil. Marlot* Metropolis Remensis Historia. T. I. Insulis 1666. T. II. Remis 1679. f.

84. Conciliorum antiquorum Galliae a *Jac. Sirmondo* editorum Supplementa. Opera *Pet. de la Lande*. Paris. 1666. f.

85. *Thom. Reinesii* Epistolae ad Christ. Daumium. Jen. 1670. f. [32])

86. *Frid. Brummeri* Commentarius ad legem Ciciam. Paris. 1668. 4. et in Opuscc. p. 1 — 262.

87. Acta Sanctorum Ordinis S. Benedicti in seculorum classes distributa. Collegit *Lucas d'Achery*, ac cum eo edidit *Jo. Mabillon*. T. I — IX. Paris 1668 — 1701. f.

88. *Salviani Massiliensis* et *Vincentii Li-*

---

30) Editor *Holstenius* ob. a. 1661.

31) Jam a. 1662. opus hoc prelo fuisse commissum, certe dedicationem eius datam de 24. Maii. 1662., praefationem autem d. 13. Dec. 1664. discimus e Bibliothecae *Franc. Car. Conradi* T. II. num. 7893. p. 85. sq.

De hoc opera vide, quae novissime narravit *Fried. Christ. Matthiae* in: »Nachricht von Hiob Ludolfs literarischem Briefwechsel« (Francof. ad Moen. 1818. 4.) p. 13 sq., ubi etiam exstat epistola *Nic. Heinsii* (p. 17. sq.), qua nonnulla de *Pyrrho Ligorio*, ejusque collectione Inscriptt. traduntur.

32) *Reinesius* ob. 1667. unde temporis ratio poscit, vt num. 85. hic. collocetur.

rinensis Opera. *Steph. Baluzius* ad fidem veterum codd. MSS. emendavit notisque illustravit. Ed. II. Paris 1669. 8. [33])

89. *Jo. Bapt. Donii* Inscriptiones antiquae nunc primum editae notisque illustratae ab *Ant. Franc. Gorio.* Florent. 1731. f. [34])

90. *Aegid. Lacarry* Historia Galliarum sub Praefectis Praetorio Galliarum. Claromonti 1672. 4.

91. *Marii Mercatoris* Opera quaecumque exstant. Prodeunt nunc primum stud. *Jo. Garnerii*, qui notas etiam ac dissertationes addidit. Paris 1673. f. [35])

92. Historia Pelagiana et Diss. de Synodo V. oecumenica, — auctore *Henr. de Noris.* Patav. 1673. f. et in *Norisii* Opp. T. I. (Veron. 1729. f.) p. 1—538.

93. *Jo. Lucii* Inscriptiones Dalmaticae. Venet. 1673. 4.

94. *Jo. Pet. Bellorii* Fragmenta vestigii veteris Romae ex lapidibus Farnesianis primum in lucem edita. 1) Rom. 1673. f. et saepius; etiam in Thes. *Graev.* T. IV. p. 1955 sqq. 4) cura *Jo. Chph. Amadutii.* Rom. 1764. f. sub tit. »Ichnographiae veteris Romae XX tabulis comprehensae.«

95. Sacrosancta Concilia ad regiam editionem exacta, quae nunc quarta parte prodit auctior, cura *Phil. Labbei* et *Gabr. Cossartii.* T. I-XVIII. Paris. 1674. f. [36])

96. *S. Leonis* Opera omnia nunc primum epistolis XXX etc. auctiora; — adpendicibus, dissertationibus, notis observationibusque illustrata. — Una prodit e tenebris genuinus Codex canonum et constitutorum Sedis Apostolicae. T. I. II. 1) Paris. 1675. 4. 2) Lugd. 1700. f. [37])

---

[33]) A prima anni 1663. et tertia anni 1684. abest Adpendix Pelagiana.

[34]) *Donius* ob. a. 1669.

[35]) Propter *Io. Garnerii* Diss. de constitutionibus Imperatorum in caussa Pelagianae haeresis ab a. 418. ad 430. quae Diss. in Adpendice II. ad primam Partem Operum *Marii Mercatoris tertia* est et p. 238 — 262. legitur. Cf. infra num. 114.

[36]) *Fabricii* l. l. Vol. XII. p. 296.

[37]) Editor est *Paschasius Quesnel*, et Codex canonum etc. exstat initio Tomi II. qui inscribitur: »Ad S. Leonis M. Opera Adpendix,

97. *Jo. Mabilonii* Vetera Analecta, sive Collectio veterum aliquot operum et opusculorum omnis generis etc. 1) T. I—IV. Paris. 1675—85. 8. 2) auct. Paris. 1723. f. [38])

98. *Steph. Baluzii* Miscellaneorum Libri VII. h. e. Collectio veterum monumentorum, quae hactenus latuerant in variis codd. ac bibliothecis. Paris. 1678 — 1715. 8.

99. *Jo. Launoii* Opera ad selectum ordinem revocata, ineditis opusculis — variis monumentis — aucta et illustrata. T. I.—V. Colon. Allobr. 1731. f. [39])

100. *Jac. Sponii* Miscellanea eruditae antiquitatis. 1) Lugd. 1679. f. 2) ib. 1683. f. 3) ib. 1685. f.

101. *Jo. Mabillonii* de re diplomatica. Libri VI. 1) Paris. 1681. f. — Supplementum. ib. 1704. f. 2) cura *Theod. Ruinarti.* ib. 1709. f. 3) Ed. III. dissertationibus variis locupletata notisque nunc primum illustrata a *Jo. Adimari.* C. fig. T. I. II. Neap. 1789. f. mai.

102. Nova Collectio Conciliorum cura *Steph. Baluzii.* T. I. [40]) 1) Paris. 1683. f. 2) sub titulo: »Nova Collectio Conciliorum, seu Supplementum ad Collectionem *Phil. Labbei.* Ed. *Steph. Baluzius.*« ib. 1707. f. [41])

103. *Jo. Mabillonii* de liturgia Gallicana Libri III. Paris. 1685. 4.

104. *Jo. Garnerii* Opera postuma, seu Dissertatt.

---

seu Codex canonum et constitutorum Sedis Apostolicae. Dissertationes, lectiones variae, notae, observationes, indices. Tomus II.« — Dissertationum sunt XVI, quarum quinque posteriores ad *Codicem canonum* spectant. — Migravit haec Collectio canonum cum aliis monumentis antiquissimi iuris canonici, sed auctior et emendatior, additis multis novis monumentorum adcessionibus ex aliis codd. in Tomum III. editionis *Ballerinianae.*

[38]) Diversos utriusque editionis titulos adcuratius sistit *Ge. Chph. Hamberger in den zuverlässigen Nachrichten von den vornehmsten Schriftstellern, dritte vorläuf. Abhandl.* T. I. p. 180.

[39]) Auctor ob. 1678.

[40]) Plures Tomi prodierunt.

[41]) Cf. *Fabricii* B. G. Vol. XII. p. 296 — 300.

variae ad historiam ecclesiasticam et ad scripta quorumdam patrum graecorum. Francopoli 1685. f.

105. *Salviani Massiliensis* Opera et *Vincentii Lirinensis* Commonitorium c. comm. *Conr. Rittershusii* etc. cura *Ger. a Mastricht*. Brem. 1688. 4.

106. Acta primorum Martyrum sincera et selecta ex libris quum editis tum MSS. collecta, eruta vel emendata notisque et observationibus illustrata. Opera et studio *Theodorici Ruinarti*. 1) Paris. 1689. 4. 2) auct. Amst. 1713. f. [42])

107. Antiquae Inscriptiones quum graecae tum latinae, olim a *Marqu. Gudio* collectae, nuper a *Jo. Koolio* digestae, hortatu consilioque *Jo. Ge. Graevii* nunc a *Franc. Hesselio* editae cum adnotationibus eorum. Leovard. 1731. f. [43]).

108. *Guil. Fleedwood* Inscriptionum antiquarum Sylloge. Lond. 1691. 8.

109. *Jo. Ciampini* de sacris aedificiis a Constanstantino M. constructis. Rom. 1693. f.

110. *Raph. Fabretti* Inscriptionum antiquarum, quae in aedibus paternis adseruantur, Explicatio et Additamentum. Rom. 1699. f.

111. *S. Georgii Florentii Gregorii* Opera omnia, opera et studio *Theod. Ruinarti*. Paris. 1699. f.

112. Monumenta vetera ad Donatistarum historiam pertinentia, in quibus exhibentur Acta Conciliorum et Collationum episcopalium, Epistolae Episcoporum, Edicta et Epistolae Imperatorum, Gesta Proconsularia, nec non Acta Martyrum, quae ad Donatistas spectant. Adi. *S. Optati Aferi*, Milenitani Episcopi, de schismate Donatistarum Libri VII — opera et studio *Lud. Ellies du Pin* (Paris. 1700. f.) p. 223 — 520. [44])

---

[42]) Ab A. C. 61 — 397.

[43]) *Gudius* ob. a. 1689.

[44]) Ipsa haec Collectio iam in antiquioribus *Optati* editionibus exstat. Certe Gesta Purgationis Caeciliani et Felicis Aptungitani, nec non variarum epistolarum Constantini Imp. ad Donatistas pertinentium Sylloge prius a *Pap. Massono* Paris. 1589. 8. separatim sunt edita (vid. num. 37.), tum e bibliotheca *Pet. Pithoei* (cf. Vita

113. *Bern. de Montfaucon* Diarium Italicum, sive Monumentorum veterum, Bibliothecarum, Museorum etc. Notitiae singulares in Itinerario Italico collectae. Paris. 1702. 4.

114. Adpendix Augustiniana, seu Tomus XII. Operum *S. Augustini.* Antverp. (potius Amstelod. 1703. f. [45])

115. *Jo. Mabillonii* Annales Ordinis S. Benedicti. T. I — V. Paris. 1703 — 1713. f.

116. *Agnelli* Liber pontificalis, sive Vitae Pontificum Ravennatum, cum Adpendice Monumentorum. Ediderunt 1) *Bened. Bauhinius.* Mutinae 1708. 4. 2) auct. et emend. *Lud. Ant. Muratorius;* in Scriptoribus rerum Italicarum T. II. P. I. p. 1 —

117. Anecdota graeca, quae ex MSS. codicibus nunc primum eruit, Latio donat, notis et disquisitionibus auget *Lud. Ant. Muratorius.* Pataui 1709. 4. [46])

118. Decreta Romana et Asiatica pro Judaeis ad cultum divinum per Asiae minoris urbes secure obeundum ab *Josepho* collecta in Libro XIV. Archaeologiae, sed male interversa et expuncta, in publicam lucem utilitatemque restituta — a *Jac. Gronovio.* L. B. 1712. 8.

119. *Phil. a Turre* Diss. apologetica de annis imperii M. Aurelii Antonini Elagabali. Patav. 1713. 4.

Pet. Pithoei auct. *Jo. Boivin* p. 96.) in editionibus *S. Optati* cura *Gabr. Albaspinaei* (Paris. 1631. f. vid. num. 37.) et *Phil. Priorii.* (Paris. 1679. f.) Cf. *Fabricii* Biblioth. gr. Vol. XII. p. 298. p. 573. et in primis p. 626. sqq. nec non *Car. Traug. Glob. Schoenemann* Bibliotheca historico-litteraria Patrum Latinorum T. I. p. 343—357. vbi etiam repetitt. horum Monumentorum in edd. Amst. a. 1701. Antverp. a. 1702. (p. 143 — 332.) *Andr. Gallandii* (T. V. Biblioth. PP. p. 510 — 675. utriusque ed. Venet. 1769. et 1788. f. (ubi in primis Gesta Collationis Carthag. insunt T. V. p. 571 — 673.)) et Herbipolitane T. II. (1791. 8.) commemorantur.

45) Propter *Jo. Garnerii* Dissertationes pertinentes ad Historiam Pelagianam (supra num. 91.), quae ibi sunt repetitae.

46) In primis ob aliquot ineditas Imp. *Juliani* epistolas, quae ibi leguntur p. 326. sqq. et inde in *Fabricii* B. G. Vol. VI. p. 734 — 736.

120. Collectio maxima conciliorum generalium et provincialium, decretalium et constitutionum Summorum Pontificum, cura *Jo. Harduini.* T. I — XI. Paris 1715. f. [47])

121 *Christ. Gfr. Hoffmanni* Historiae iuris Romano-Justinianei Vol. I 1) Lips. 1718. 4. 2) ib. 1734. 4. [48])

122. Epistolae Romanorum Pontificum et quae ad eos scriptae sunt, ad veterum codd. fidem recognitae et emendatae, praeviis admonitionibus, ubi opus fuit, notis criticis ac dissertationibus illustratae. Studio *Pet. Coustant.* T. I. (ab a Chr. 67. ad a. 440.) 1) Paris. 1721. f. 2) sub titulo: »Pontificum Romanorum a Clemente I. usque ad Leonem M. Epistolae genuinae et quae ad eos scriptae sunt, quotquot hactenus reperiri potuerunt. Ex recens. et c. n. *Pet. Coustantii* et Fratrum *Balleriniorum.* Curavit *Car. Traug. Glob. Schoenemann.*« T. I. Gott. 1796. 8.

123. *Sex. Julii Frontini* de aquaeductibus urbis Romae Commentarius. Antiquae fidei restitutus atque explicatus opera et studio *Jo. Poleni.* Patav. 1722. 4.

124. *Jo. Nic. Funccii* Tract. de adolescentia latinae linguae. Marb. 1723. 4.

125. Corpus Mediolanense, seu rerum Italicarum Scriptores ab A. C. 500 — 1500. edit. cura *Lud. Ant. Muratorii.* T. I—XXVIII. Mediol. 1723—51. f.

126. Istoria diplomatica, che serve d'introduzione all' arte critica in dal materia. Conraccolta de' documenti non ancor divulgati, che rimangono in papiro Egizio. (Auct. *Scip. Maffei.*) Mantova 1727. 4.

127. *Alexii Symmachii Mazochii* Comm. in mutilum Campani amphitheatri titulum. Neap. 1727. 4. et in *Jo. Poleni* Supplementis utriusque Thesauri Antiquitatum T. V.

---

[47]) Cf. *Fabricii* B. G. Vol. XII. p. 301.
[48]) Alterum Volumen huc non spectat.

128. Inscriptionum antiquarum Graecarum et Romanarum, quae exstant in Etruriae urbibus, P. I — III. cum notis *Ant. Mariae Salvinii*, cura et studio *Ant. Franc. Gorii.* Florent. 1727 — 43. f

129. Histoire ecclésiastique et civile de Lorraine — par *Augustin Calmet.* T. I — III. Nancy 1728. f.

130. *Nic. Coleti* Sacrosancta Concilia ad Regiam editionem exacta. T. I — XXIII. Venet. 1728 — 33. et Adparatus T. I. II. ibid. 1728 — 33. f. [49])

131. Antiquitates Asiaticae Christianam aeram antecedentes. Per *Edm. Chishull.* Lond. 1728. f.

132. SC. de Bacchanalibus, seu aeneae vetustae tabulae Musei Caesarei Vindobonensis Explicatio, auctore *Matth. Aegyptio.* Neap. 1729. f. [50]) et in *Poleni* Supplem. utriusque Thesauri T. I. p. 735 — 908.

133. Histoire générale de Languedoc par deux Réligieux Bénédictins (*Claude de Vic et Jos. Vaissette*) T. I — V. Paris. 1730 — 45. f. [51])

134. Salutaris Lux evangelii toti orbi per divinam gratiam exoriens, sive Notitia historico-chronologica, literaria et geographica propagatorum per orbem totum Christianorum sacrorum, delineata a *Jo. Alb. Fabricio.* Hamb. 1731. 4. [52])

135. *Henr. Cannegieteri* Diss. de aetate et stilo Flav. Aviani; adi. *Ei.* editioni Fabularum Aviani (Amst. 1731. 8.) p. 231 — 324.

136. *Scip. Maffeii* Verona illustrata. P. I — IV. Verona 1731. 32. f. et 8.

137. *Leop. Andr. Guadagni* Lettera delle leggi censorie. Firenze 1731. 4.

138. Histoire de l'église de Meaux avec des notes ou dissertations — par *Dom Toussaints du Plessis.* T. I. II. Paris. 1731. 4.

---

49) Cf. *Fabricii* B. G. Vol. XII. p. 302.

50) In compendium misit hoc opusculum *Arn. Drakenborchius*, T. VII. editionis *Livii* p. 197 — 218.

51) Sola duo Voll. priora ad rem nostram faciunt.

52) Continet etiam p. 316 — 338. ineditas aliquot *Juliani* Imp. Epistolas.

139. Galliae Antiquitates quaedam selectae atque in plures epistolas distributae. Auct. *Scip. Maffeio.* 1) Paris 1733. 4. 2) Veronae 1734. 4.

140. *Jean-Bapt. du Bos* Histoire critique de l'établissement de la monarchie Françoise dans les Gaules. T. I — III. Amst. 1735. 12.

141. Antiquae inscriptiones duae, graeca altera et altera latina, cum breui notarum et coniecturarum specimine. Ed. *Mich. Maittaire.* Lond. 1736. f.

142. A Copy of an ancient chirograph, or conveyance of part of a sepulchre cut in marble, lately brought from Rome, and now in the possession of Sir Hans Sloane, with some observations upon it. (Auct. *Rogerio Galeo.*) In Transactionibus Philosophicis anni 1736. T. XXXIX. num. 441. p. 211—219.

143. *Scip. Maffei* Osservazioni letterarie. T. I — VI. Veron. 1737 — 40. 8.

144. *Franc. Car. Conradi* Parergorum (Lib. I. II. Helmst. 1735—37.) Lib. III. IV. ib. 1738. 1739. 8. et iunctim sub titulo: Parergorum Libri IV. cum Praefat. nova. ib. 1740. 8.

145. *Lud. Ant. Muratorii* Antiquitates Italicae medii aevi. T. I — VI. Mediol. 1738 — 42. f.

146. Recueil des Historiens des Gaules et de la France par *Mart. Bouquet.* (Rerum Gallicarum et Francicarum Scriptores.) T. I — XIII. Paris 1738 — 86. f. [53])

147. Bibliotheca bibliothecarum manuscriptorum nova, auctore *Bern. de Montfaucon.* T. I. II. Paris 1739. f. [54])

148. Histoire des anciens traités, ou Recueil historique et chronologique des traités repandus dans les auteurs gr. et lat. et autres monumens de l'antiquité depuis les tems les plus reculés jusqu'à l'Empereur Charlemagne. Par M. *Barbeyrac.* T. I. II. Amst. 1739. f.

---

53) Inprimis T. I. IV. et V.
54) Huc spectat T. I.

149. *Lud. Ant. Muratorii* Novus Thesaurus veterum inscriptionum, in praecipuis earumdem Collectionibus hactenus praetermissarum. T. I — IV. Mediol. 1739 — 42. f. [55])

150. *Sex. Jul. Frontini* de aquaeductibus urbis Romae loca desperatissima, quae a criticis et interpretibus omnibus intentata relicta sunt, ope MSS. ad veram lectionem restituta ab *Jo. Franc. Conradino de Allio.* Venet. 1742. 4.

151. Sacrosanctorum Conciliorum et Decretorum Collectio nova, seu Collectionis Conciliorum a PP. *Phil. Labbeo* et *Gabr. Cossartio* primum vulgatae, deinde emendatae et amplificatae opera *Nic. Coleti.* Supplementum. Ed. *Jo. Domin. Mansi.* T. I — VI. Lucae 1743 — 52. f. [56])

152. *Jo. Lamii* in antiquam tabulam aheneam Decurionum nomina et descriptionem continentem, et in privato — *Vincentii Mar. Riccardii* — Museo adseruatam Observationes. Florent. 1745. f.

153. Lettere critiche scritte da un' Accademico Fiorentino a un Accademico Etrusco sopra l'osservazioni fatte a una tavola di metallo scritta, che si conserva in Firenze nel Museo Riccardiano. (Auctore *Ant. Franc. Gorio.*) In Lucca 1745. 4.

154. *Jo. Casp. Hagenbuchii* Epistolae epigraphicae. Tiguri 1747. 4.

155 Tre Lettere del *Scip. Maffei* sopra il primo Tomo di Dione, le nuove scoperte d'Ercolano, il principio della grand' Iscrizione nel Placentino. Verona 1748. 4.

156. Symbolae litterariae, opuscula varia philologica etc. nunc primum edita complectentes. Editore *Ant. Franc. Gorio.*) Dec. I. Vol. I — X. Dec. II. Vol. I — X. Florent. et Rom. 1748 — 54. 8. [57])

---

[55]) Vid. *Aug. Fabronii* Vitae Italorum doctrina excellentium T. X. p. 263 — 278.

[56]) Vid. *Fabricii* B. G. Vol. XII. p. 302.

[57]) Dec. I. Vol. V. (1749.) inest Tabula Traiani alimentaria.

157. Exemplar Tabulae Traianae ex aere — pro pueris et puellis reipublicae Velleiatium, cura et ex rec. *Ant. Franc. Gorii.* Flor. 1749. f.

158. Dell' insigne tavola di bronzo spettante ai fanciulli e fanciulle alimentari di Trajano Augusto nell' Italia — da *Lod. Ant. Muratori.* In Firenze 1749. 8.

159. *Scip. Maffeii* Museum Veronense, h. e. Antiquarum inscriptionum atque anaglyphorum Collectio etc. Veronae 1749. f.

160. *Theoph. Ludolphi Münteri* Parerga historico-philologica. Gott. 1749. 8.

161. *Jo. Nic. ab Hontheim* Historia Trevirensis diplomatica et pragmatica, inde a translata Treveri Praefectura Praetorio Galliarum ad haec usque tempora. T. I — III. Aug. Vind. et Herbip. 1750. f. [58])

162. Veteris iurisprudentiae Romanae Monumenta, quae exstant, integra aut fere integra (num. CIX.), seu Leges, Senatusconsulta, Plebiscita, Decreta, Interdicta, Formulae libellorum et contractuum, Instrumenta et Testamenta, quae in veteribus quum ex aere, marmore et lapide, tum ex membrana et cortice monumentis reperiuntur. — Ad calcem Operis: »Histoire de la jurisprudence Romaine par *Ant. Terrasson.*« Paris. 1750. f. [59])

163. *Jo. van Nispen* Diss. ad fragmenta, quae in Digestis ex Herennii Modestini novem Libris Differentiarum supersunt. L. B. 1750. 4. et in *Ger. Oelrichs* Thes. Dissertt. Belgg. Vol. I. T. I.

164. Nouveau Traité de Diplomatique, par deux Réligieux Bénédictins de la Congrégation de St. Maur (i. e. par le P. *Tassin* et le P. *Toustain*). T. I — VI. Paris. 1750 — 65. 4.

---

58) Tomus I. ab a. 418 — 1301. solus huc spectat.

59) Huius operis versio Italica c. a. 1806. prodiit, quae an etiam Adpendicem monumentorum exhibeat, nos latet. Quidquid enim de ea nobis innotuit, debemus Indici in Tomos XXXI priores Commentariorum: »Giornale dell' Italiana letteratura,« qui Patavii eduntur.

165. Marmora Salonitana a *Franc. Ant. Zacharia* in ordinem digesta ac brevibus observationibus illustrata. s. l. 1752. f.

166. *Jos. Blanchinii* Demonstratio historiae ecclesiasticae quadripartita, comprobata monumentis ad fidem temporum et gestorum. Rom. 1752. f.

167. *S. Leonis M.* Opera, post *Paschasii Quesnelli* recensionem ad complures et praestantissimos MSS. codd. exacta, emendata et ineditis aucta, praefationibus, admonitionibus et adnotationibus illustrata,, curantibus *Pet.* et *Hieron.* Fratribus *Balleriniis.* T. I — III. Venet. 1753 — 57. f.

168. *Franc. Ant. Zachariae* Excursus litterarii per Italiam ab a. 1742. ad a. 1752 Vol. I. Venet. 1754. 4. [60])

169. *Alexii Symmachi Mazochii* Commentariorum in Regii Herculanensis Musei aeneas tabulas Heracleenses P. I. II. Neap. 1754. 55. f.

170. *Scip. Maffeii* Artis criticae lapidariae quae exstant, ex Eiusdem authographo ab Eruditiss. Viro, *Jo. Franc. Seguierio*, Nemansensi, fideliter exscripta, et a *Sebast. Donato*, Presbytero Lucensi, edita variisque observationibus illustrata et aucta. Opus postumum etc. Lucae 1765. f. [61])

171. *J. G. S.* (i. e. *Jo. Gfr. Senfii*) Comm. ad SCC. Cn. Hosidio Geta etc. de aedificiis negotiationis caussa non diruendis. Lips. 1756. 4.

172. *Leop. Metastasii* Lib. sing. de Lege Regia, seu Tabula aenea Capitolina, notis, animadversionibus et variis quaestionibus illustrata. Rom. 1757. 4.

173. *Cph. Saxii* Observationes antiquario-philologicae ad vetus chirographum Thesauri Muratoriani, mancipationis formulam continens. Trai. ad Rh. 1757. 4.

174. *Christ. Wilh. Küstner* Schreiben an den Herausgeber der Unpartheyischen Kritik über juri-

---

60) Volumen alterum, cui titulus: »Iter litterarium per Italiam ab a 1753. ad a. 1757.« Venet. 1762. 4. nihil ad rem nostram confert.

61) Auctor obiit a. 1755.

stische Schriften; in der Unpartheyischen Kritik u.s.w. B. VI. (Leipz. 1758. 8.) p. 170 — 178. et *Cph. Saxii* Responsio ad has litteras (Antwort auf *Küstner's* Schreiben u. s. w.) ibid. p. 392 — 404.

175. Lettre ragionate di un Accademico oscuro ad un amico in villa. Lucca 1759. 8. (Ep. III. Sulla famosa tavola Trajana Piacentina.)

176. Sacrorum Conciliorum Nova et Amplissima Collectio, in qua praeter ea, quae *Phil. Labbeus* et *Gabr. Cossartius* et novissime *Nic. Coleti* in lucem edidere, ea omnia insuper suis in locis optime disposita exhibentur, quae *Jo. Domin. Mansi* evulgavit. Editio novissima ab eodem Patre *Mansi* curata, novorum Conciliorum, novorumque documentorum additionibus locupletata, ad MSS. codices Vaticanos, Lucenses aliosque recensita et perfecta. T. I — XIII. Florent. 1759 — 67. T. XIV — XXXI. Venet. 1769 — 98. f. [62])

177. Dissertazioni del Padre D. *Gianstefano Remondini* I. sopra una singolare Iscrizioni Osca, II. sopra il celebre Avvenimento di Cassandra in Troja rappresentato in un antico vaso Etrusco. In Genova 1760. f.

178. *Thom. Jo. Pigeaud* (potius *Jo. Henr. Jungii*) Diss. de Vespasiano Imperatore eiusque iurisprudentia. L. B. 1762. 4.

179. *Jos. Finestres et de Monsalvo* Sylloge inscriptionum Romanarum, quae in principatu Catalauniae vel exstant, vel aliquando exstiterunt, notis et observationibus illustratarum. Cervariae Laçetan. 1762. 4.

180. Sylloge inscriptionum veterum Sicularum et aliarum graecarum et latinarum ex schedis *Jac. Phil. d'Orville* edita; in *Huius* Siculorum P. II. (Amst. 1764. f.)

.181. Veterum Inscriptionum graecarum et latinarum Novississimus Thesaurus secundis curis auctus

---

62) Vid. *Fabricii* B. G. Vol. XII. p. 302. sq.

et expolitus, sive ad Novum Thesaurum veterum inscriptionum Clarissimi Viri *Lud. Ant. Muratorii* Supplementum. Auctore *Sebast. Donato.* T. I. II. Lucae 1765 — 75. f.

182. Leges novellae V anecdotae Impp. Theodosii iun. et Valentiniani III. — quibus adcedunt aliae Valentiniani III. constitutionis iam editae, quae in Cod. Theod. desiderantur — opera et studio *Jo. Cph. Amadutii.* Rom. 1767. f.

183. Delle Antichità di Ercolano. T. V. De' bronzi di Ercolano e contorni etc. Nap. 1767. fol. max.

184. Decreta Romanorum pro Judaeis facta e Josepho collecta et commentario historico-grammatico-critico illustrata — a *Jo. Tob. Krebsio.* Lips. 1768. 8. [63])

185. *Pet. van Spaan* Diss. de SC. de imperio Vespasiani apud *Gruterum* T. II. p. CCXLII. spurio. L. B. 1768. 4.

186. *Hier. Zanetti* Dichiarazione di un antico papiro scritto nell' anno settimo dell' impero di Giustino il giovine, ora per la prima volta correttamente e interamente publicato dall' originale. Venezia 1769. f.

187. Bibliotheca veterum Patrum antiquorumque scriptorum ecclesiasticorum graeco-latina in XIV Tomos distributa — cura et studio *Andr. Gallandii.* T. I—XIV. 1) Venet. 1769. f. 2) auct. ib. 1788. f.

188. *Jos. Toscani Mandatoritii* Juris publici Romani Arcana sub regibus atque in eius conversionibus sub Augusto, Hadriano, Constantino, Justiniano detecta. Tomi II. P. I. Neap. 1770. 4.

189. *C. Cornelii Taciti* Opera. Recognovit, emendavit, supplementis explevit, notis, dissertationibus, tabulis geographicis illustravit *Gabr. Brotier.* 1) T. I — IV. Paris 1771. 4. 2) T. I — VII. ibid. 1776. 12. [64])

---

63) Vid. *Fabricii* B. G. Vol. V. p. 46.

64) In primis propter Adpendicem chronologicam, quae inest Tomo IV. p. 419 — 467. ed. I. et Tomo VI. ed. II.

190. *Christ. Glob. Einert* Commentationum ad constitutiones Juliani Imp. Spec. I. II. Lips. 1771. 4.

191. *Christ. Octav. Boari* Dissertatio de C. Plinii Caecilii Secundi testamentaria inscriptione Mediolanensibus adserta et illustrata. Mantuae 1773. 4.

192. Anecdota litteraria ex MSS. codd. eruta. Ed. *Jo. Cph. Amadutius.* Vol. I — IV. Rom. 1773 — 83. 8.

193. Dell' edificio di Pozzuolo, volgarmente detto il Tempio di Serapide. Opera di un membro dell' Accademia reale delle iscrizioni e belle lettere di Parigi, e dell' Accademia Etrusca di Cortona. In Roma 1773. 8. [65])

194. Musei Capitolini antiquae Inscriptiones a *Franc. Eugen. Guasco* nunc primum coniunctim editae notisque illustratae. T. I — III. Rom. 1775. f.

195. *Guid. Ant. Zanetti* Nuova Raccolta delle monete e zecche d'Italia. T. I. II. Bologna 1775 — 89. f.

196. Dichiarazione di una Tavola ospitale ritrovata in Roma sopra il Monte Aventino. (Auctore *Gius. Spalletti.*) Rom. 1777. 4.

197. *Joh. Primisser* Kurze Nachricht von dem K. K. Raritäten-Cabinet zu Ambras in Tirol. Mit 158 Lebensbeschreibungen. Insbruck 1777. 8.

198. *Steph. Schoenwisner* in Romanum iter per Pannoniae ripam Commentarius geographicus. Budae 1780. 4. [66])

199. Congetture di un Socio Etrusco sopra una carta papiracea dell' archivio diplomatico di S. A. R. il Ser. Pietro Leopoldo, Granduca di Toscana. Firenze 1781. 4. [67])

200. *Steph. Ant. Morcelli* de stilo inscriptio-

---

[65]) Cap. I. p. 11. sqq. et c. 3. p. 35 — 38. tum in Adpend. Num. 1.

[66]) P. II. p. 121. tabula missionis Antonini Pii.

[67]) Auctor *Ferd. Fossius*

num latinarum Libri III. 1) Rom. 1781. 4. 2) auct. et emend. Patav. 1819 — 22. 4. [68])

201. *Steph. Weszpremi* Succincta medicorum Hungariae et Transsilvaniae Biographia. Tomus II. et III. Vindob. 1781. 8. [69])

202. Antiquorum monumentorum Sylloge I. et II. Collegit, partim interpretatus est atque edidit *Ge. Henr. Martini.* Lips. 1783 — 87. 8.

203. *Andr. Guil. Cramer* D. Vespasianus, sive de vita et legislatione T. Flavii Vespasiani Imp. Commentarius. Jen. 1785. 8.

204. Iscrizione antiche delle ville e de' palazzi Albani, raccolte e publicate con note dall' Abate *Gaet. Marini.* Rom. 1785. 4.

205. *Jos. Eckhel* Sylloge I. numorum veterum anecdotarum Thesauri Caesarei cum commentariis. Vindob. 1786. 4.

206. *Mich. Archang. Lupuli* in mutilam veterem Corfiniensem inscriptionem Commentarius. Neap. 1786. 8.

207. Bibliothek der alten Literatur und Kunst, herausgeg. von *T. C. Tychsen* und *A. H. L. Heeren.* St. I — X. Göttingen 1786 — 94. 8. [70])

208. Bibliotheca *Maphaei Pinellii* — a *Jac. Morellio* descripta et adnotationibus illustrata. T. I — VI. Venet. 1787. 8. [71])

209. *Ant. Giac. Cara de Canonico* Dei paghi dell' agro Velejate nominati nella tavola Trajana alimentaria, che si conserva nel R. Museo di Parma. Vercelli 1788. 8.

---

[68]) Liber I. exhibet multas antiquas inscriptiones.

[69]) Tomus II. p. 148. continet tabulam missionis Antonini Pii; Tomus III. p. 437. sqq. et in primis p. 442. (duae tabulae missionum, altera M. Aurelii et L. Veri, reperta circa 1765. prope Ofen vel hodienum Buda, altera mutilata Hadriani.) Cf. *Jos. Vernazza di Freney* Diploma di Adriano spiegato; in Memorie delle Reale Accademia delle scienza di Torino T. XXIII. Class. philolog. p. 85. p. 141. et p. 145 — 147.

[70]) In primis St. X. 1794.

[71]) Propter Tomum III.

210. Delle Antichità Italiche. (Auctore *D. Gianrinaldo Conte Carli*) P. I — IV. Milano 1788 — 90. 4.

211. Conciliorum Galliae tam editorum, quam ineditorum Collectio, temporum ordine digesta, ab A. C. 177. ad A. 1563. cum epistolis Pontificum, Principum constitutionibus et aliis ecclesiasticae rei Gallicanae monumentis, opera et studio Monachorum Congregationis S. Mauri. T. I. Paris. 1789. f.

212. *Friedr. Münter*, Nachrichten von Neapel und Sicilien auf einer Reise in den Jahren 1785 und 1786 gesammelt. Kopenhagen 1790. 8.

213. Della celebratissima Tavola alimentaria di Trajano scoperta nel territorio Piacentino l'anno 1747. Spiegazione fatta da *Secondo Guiseppe Pittarelli*. Torino 1790. 4.

214. Diplomata, chartae, epistolae et alia documenta ad res Francicas spectantia, ex diversis regni exterarumque regionum archivis ac bibliothecis iussu Regis Christian. multorum eruditorum curis, plurimum ad id conferente Congregatione S. Mauri, eruta. Notis illustrarunt et ediderunt *L. G. O. Feudrix de Bréquigny* et *F. J. G. La Porte du Theil*. P. I. quae diplomata, chartas et alia id genus instrumenta complectitur. T. I. (Aetas Merovingica.) Paris. 1791. f.

215. *Steph. Schoenwisner* Antiquitatum et Historiae Sabariensis ab origine usque ad praesent. tempus Libri IX. Pestini 1791. 4.

216. *Sex. Julii Frontini* de aquaeductibus urbis Romae Commentarius, adspersis *Jo. Poleni* aliorumque notis una cum suis editus a *Ge. Christ. Adler*. Altonae 1792. 8.

217. Gli Atti e Monumenti de' Fratelli Arvali di *Gaetano Marini*. P. I. II. Rom. 1795. 4.

218. Civilistisches Magazin von *Gust. Hugo*. T. II. 1) Berlin 1797. 8. 2) ib. 1804. 8. T. III. ib. 1812. 8.

219. Monumenti Gabini della villa Pinciana descritti da *Ennio Quirino Visconti*. Rom 1797. 8.

220. *Jos. Par. Vernazza di Freney* Exercitatio in antiquitate Romana. Taurini ex officina Ign. Calossi 1799. [72])

221. Codex für die praktische Diplomatik, herausgegeben von *Carl Traug. Glob. Schoenemann*. Th. I. Gött. 1800. 8.

222. Monumenti Ravennati de' secoli di mezzo per la maggior parte inediti. T. I — VI. Venezia 1801 — 1804. 4. [73])

223. De' lavori dell' Instituto Ligure. Discorso recitato dal cittadino *Francesco Carrega* a' 15. Decembre 1802. anno VI. in 8. pagg. 23. Paris, chez Tourneissen et à Cassel [74])

224. Dell' ordine Dorico — di S. Luigi da Don *Pietro Marquez*, con appendice sopra un' antica tavola di Pozzuolo. Rom. 1803. 8.

225. Codice diplomatico Sant' Ambrosiano delle carte dell' ottavo e nono Secolo illustrate con note da *Angelo Fumagalli* già Abate di S. Ambrogio. — Opera postuma publicata da *Carlo Amoretti*. Milano 1805. 4. [75])

226. J. Papiri diplomatici raccolti ed illustrati dall' Abate *Gaetano Marini*. Rom. 1805. f.

227. *Fried. Aug. Wolf* Vorlesung von einer milden Stiftung Trajans, vorzüglich nach Inschriften. Nebst der lateinischen Stiftungs - Urkunde. Berlin 1808. 4.

228. Memorie dell' Accademia Imperiale delle Scienze e Belle Arti di Genova. Vol. II. Genova 1809. 4. [76])

---

[72]) Ad tabulam missionis Claudii. Impensis auctoris typis descripta, neque in bibliopoliis venalis.

[73]) Editor *Marco Fantuzzi*. Incipit a Sec. VII.

[74]) Ad Decretum finium regundorum inter Genuates.

[75]) Inc. ab a. 721.

[76]) Continet p. 89 — 137. »*Girol. Serra* Discorso sopra un antico monumento trovato nella Valle della Polcevera l'anno 1506.«

229. *Henr. Ed. Dirksen* Diss. proponens Observationes ad selecta legis Galliae Cisalpinae capita. Berol. 1812. 4.

230. *Sam. Lyson* Reliquiae Britannico-Romanae, containing figures of Roman antiquities, discovered in various parts of England. T. I. P. I — IV. Lond. 1813. f.

231. Archaeologia, or Miscellaneous Tracts relating to antiquities, published by the Society of Antiquaries at London. Vol. XVIII. P. I. Lond. 1817. 4.

232. Fragmentum legis Romanae in aversa Tabulae Heracleensis parte. Notis criticis et commentario illustravit *Gust. Theod. Lud. Marezoll.* Gotting. 1816. 8.

233. *Fried. Carl v. Savigny* Abhandlungen, in der Berliner Akademie vorgelesen in den Jahren 1814 und 1815. Berlin 1817. 4.

234. Observationes ad Tabulae Heracleensis Partem alteram, quae vulgo aeris Neapolitani nomine venit. Auctore *Henr. Ed. Dirksen.* Berol. 1817. 8.

235. Iconographie Romaine par le Chev. *E. Q. Visconti.* T. I. Paris. 1817. 4.

236. Memorie della Reale Accademia delle Scienze di Torino. Tomo XXIII. Torino dalla stamperia Reale 1818. 4. [77])

237. *Theod. Alex. Platzmann*, Praes. *Christ. Glieb. Haubold,* Diss. juris Romani, testimoniis de militum honesta missione, quae in tabulis aeneis supersunt, illustrati Specimen. Lips. 1818. 4.

238. *Jo. Phil. Gabler* Pr. quo in *αὐθεντίαν* epi-

---

[77]) Continet in »Classe delle scienze morali, storiche e filologiche« p. 83 — 159. »Diploma di Adriano spiegato dal Barone (Gius.) *Venazza di Freney*« (addè 15. di Marzo 1817.), cum Adpend. I. »Diplomata Imperatorum et fragmenta diplomatum, quaecumque sunt edita in diem XV. Martii a. 1817. Del medesimo;« (haec Adpend. I. complectitur XXI eiusmodi tabulas a p. 128 — 151.) et Adpend. II. Classiariae inscriptiones selectae. Del medesimo. (Cum tabula missionum Hadrianea in aes incisa.)

stolae Publii Lentuli ad Senatum Romanum de Jesu Christo scriptae denuo inquiritur. Jen. 1819. 4.

239. Tavola alimentaria Velejate detta Trajana, restituita alla sua vera lezione da D. *Pietro de Lama* — con alcune osservazioni del medesimo. Parma, della stamperia Carmignari, 1819. 4. [78]).

240. Ara antica scoperta in Hainburgo dal Sign. *Stefano Nobile de Mainoni*, pubblicata con alcune spiegazioni dal Dott. *Giov. Labus.* Milano 1820. 4.

241. Civilistische Abhandlungen von *Heinr. Ed. Dirksen.* Th. II. Berlin 1820. 8. [79])

242. Tavola legislativa della Gallia Cisalpina ritrovata in Veleja — e restituita alla sua vera lezione da D. *Pietro de Lama* colle osservazioni ed annotazioni di due celebri Giureconsulti Parmigiani. Parma 1820. 4. pagg. 88.

242. a. Frammenti di Fasti Consolari etc. da *Car. Fea.* Roma 1820. 4.

243. Historiae ecclesiasticae veteris monumenta praecipua collegit *Herm. Olshausen.* Praefatus est *Aug. Neander.* Vol. I. tria priora secula continens. P. I. II. Berolini 1820—22. 8. [80])

244. *Henr. Car. Abr. Eichstadii* Exercitationes Antoninianae I — III. Jen. 1821. f. et 4.

245. Juris Romani Tabulae negotiorum sollemnium, modo in aere, modo in marmore, modo in charta superstites. Collegit etc. *Ern. Spangenberg.* Lips. 1822. 8.

246. *Heinr. Ed. Dirksen* Versuche zur Kritik und Auslegung der Quellen des Römischen Rechts. Leipz. 1823. 8.

[247. Silloge d'iscrizioni antiche inedite, corredate di qualche commento dalli Signori Monsignore G. *Melchiorri* e Cav. *P. Visconti.* Rom. 1823. 8.

---

78) Inest §. IX. p. 80—107. singularis observatio: »Osservazioni sull' uso di scrivere sul rame presso gli antichii.«

79) Tomus I. huc non spectat.

80) In primis Cap. II. Num. 6. 20. 24. 27. 28. 31. 32. 33.

248. *Heinr. Ed. Dirksen* Beiträge zur Kunde des Römischen Rechts. Leipz. 1825. 8.

249. Rheinisches Museum für Philologie, Geschichte und Griechische Philosophie. Herausgegeben von *A. Boeckh, B.G. Niebuhr* und *Ch. A. Brandis.* Jahrg. I. II. (Bonn 1827. 1828.) 8.

250. Inscriptionum Latinarum selectarum amplissima collectio ad illustrandam Romanae antiquitatis disciplinam accommodata ac magnarum collectionum supplementa complura emendationesque exhibens. Cum ineditis *Jo. Casp. Hagenbuchii* suisque adnotationibus edidit *Jo. Casp. Orellius.* Insunt lapides Helvetiae omnes. Accedunt praeter *Fogginii* Kalendaria antiqua, *Hagenbuchii, Maffeji, Ernestii, Reiskii, Seguerii, Steinbruechelii* epistolae aliquot epigraphicae nunc primum editae. Volumen primum. Turici. 1828. 8. max.] *Sp.*

bb. *Inedita.*

De antiquissimis Collectionibus Inscriptionum latinarum in Germania editis vid. Rheinische Beiträge zur Gelehrsamkeit Jahrg. I. (Manheim 1777. 8.) T. I. p. 80 — 84.

1. De MS. Sec. XV. exemtis sub tit. »*Antiquitates urbis Romae ac ceterorum per orbem terrarum locorum,*« Romae descripto a Jo. Straebero quodam, vid. Rheinische Beiträge zur Gelehrsamkeit Jahrg. I. T. I. p. 84 — 87.

2. *Pyrrhi Ligorii* Opere antiquarie, cuius prototypa latent Neapoli in Bibl. Regia, exempla in bibliothecis Taurinensi et Vaticana, vid. novissime *Car. Fea* in Prefaz. de' Frammenti di Fasti Consolari etc. (Rom. 1820. 4. p. XII. nota 2.)

3. Monumentorum veterum et Inscriptionum, quae quum Mediolani, tum in eius agro adhuc exstant, Collectanea. *Andr. Alciato* auctore. — Codex scriptus, antiquis lapidum titulis picturisque elegantibus refertus, haud mediocri olim aere emtus. Me-

morabile exemplar. Insunt Inscriptiones ineditae. fol. (Fuit in Bibliotheca *Chph. Saxii*, teste Catalogi T. I. p. 158. num. 256. [1])

4. Inscrizioni antiche Manoscritte fol. MS. quod in Italia collectum primum *J. Wittius*, dein *Graevius*, nunc *P. Burmannus II.* possidet, ineditis ad LXX. numero marmoribus, reliquis editis quidem, sed hic adcuratius descriptis, insigne, descriptum a *R. M. van Goens* in Epist. ad *Ant. de Rooy*, Trai. ad Ph. d. 28. Jul. 1764. data, quam inseruit *Glieb. Christ. Harlesius* Supplemm. ad Breviorem Notitiam litteraturae Romanae in primis Scriptorum Latinorum P. II. (Lips. 1801. 8.) p. 126 — 141. unde depromtum p. 132. marmor continens *nomina Collegii Fabrum*, in quo occurrunt *Patroni, Decuriones* et *Biselliarius* ad similitudinem Albi Canusinorum.

5. *Jac. Grimaldi* Opusculum de Sacrosancto Veronicae sudario, ac lancea, qua Salvatoris nostri Jesu Christi latus patuit, in Basilica Vaticana maxima veneratione adservatis. (Anni 1618.)

Cf. *Muratorii* Antiquitt. medii aevi T. II. p. 783. Exstat in Bibliotheca Basilicae Vaticanae, teste *Franc. Cancellierio* de Secretariis Novae Basilicae Vaticanae T. IV. p. 1742.

6. Instrumenta authentica translationum Sanctorum corporum et Sacrarum reliquiarum e veteri in novum templum S. Petri sub Paulo V. P. M. cum multis memoriis, epitaphiis et inscriptionibus Basilicae eiusdem, per *Jac. Grimaldum* — fideliter adcurateque scripta et publicata A. 1621. fol.

Exstat in Bibliotheca Basilicae Vaticanae, teste *Cancellierio* l. l.

---

1) Cf. de variis huius Collectionis Codd. in primis *Christ. Octavii Boari* Diss. de C. Plinii Caecilii Secundi testamentaria inscriptione Mediolanensibus adserta et illustrata (Mantuae 1773. 4.) §. 6. p. 27. sq.

B.

NOTITIA SINGULORUM MONUMENTORUM

AD TEMPORIS RATIONEM EXACTA.

Inter constitutiones Principum et relationes, quae eas praecesserant, delectus est habitus; cum quae in Plinii et Symmachi epistolis, similiter, quae apud Eusebium exstant, deinde et ea quae apud alios auctores ecclesiasticos tum in collectionibus Conciliorum servatae sunt, pro parte, quae vero in Cassiodori Variis reperiuntur, plane omnes omissae sint. [1])

I. * *Lex Silia de publicis ponderibus.* A. U. 510.
»Ex ponderibus — voluerit liceto.«
E Festo.

II. * *Lex Papiria de sacramento.* Fortasse A. U. 511.
»Quicumque Praetor — oportet.«
E Festo.

III. * *SCtum de Bacchanalibus.* A. U. 568.
»Marcius L. F. — in agro Teurano.«
E tabula aenea.

IV. * *SCtum de philosophis et rhetoribus.* A. U. 593.
»C. Fannio Strabone — nec essent.«
E Suetonio de clar. rhet. 1. et Gellio. N. A. XV. 11.

---

[1]) Quae hic asterisco notata monumenta, ea occurrunt in ipsa Collectione Monumentorum legalium.

V. *Decretum Senatus Romani de societate et benevolentia erga gentem Judaeorum.* A. U. 594.

Μηδένα τῶν ὑποτεταγμένων — Σίμωνος τȣ̃ ἀδελφȣ̃ αὐτȣ̃.

E Josephi Antiquitt. XII. 10, 6.

VI. *Decretum Senatus Romani, quo amicitia Romanorum cum Judaeis renovata est.* A. U. 629.

Φάνιος Μάρκȣ υἱὸς στρατηγὸς — καὶ ὑπὸ δήμου πεμφθέντας ἀγαθοῦ.

E Josephi Antiquitt. XIII. 9, 2.

VII. *Decretum Senatus Romani, quo amicitia Romanorum cum Judaeis renovata est.* A. U. 630.

Λεύκιος Οὐαλέριος Λευκίȣ υἱὸς — ἀσπίδα προσδέξασθαι.

E Josephi Antiquitt. XIV. 8, 5.

VIII. *Decretum arbitrorum finium regundorum inter Genuates et Veiturios.* A. U. 637.

»Q. M. Minucieis Q. F. Rufeis — Peliani Pelioni F.«

E tabula aenea. Ap. *Spangenberg* Tabul. negot. nro. 80. Optime in Dissertazioni del Padre *D. G. Remondini.* Genova. 1760. f. p. 67—69.

E tabula aenea.

IX. * *Lex Thoria.* A. U. 647.

I. »um cavitu — ique ipse.«

II. »pium fuit pro tribu — ger locus publicus erit.«

III. »atus ac — re in ious a.«

IV. »in biduo proxsumo — s. fructus.«

V. »s.. eum agrum — quantum numer.«

VI. »um agrum — possessio.. d.«

VII. »ano ex h. l. — agrum fulcra eum.«

E tabula aenea.

X. * *Legis agrariae fragmentum Frontinianum, quod vulgo legis Mamiliae nomine venit.*

»K. L. III. Quae colonia hac lege deducta — lege damnas esto.«

E Hygeno de limitibus.

XI. * *Legis agrariae fragmentum adhaerens fragmento Frontiniano.*
»Quos agros — adsignabuntur.«
E Hygeno de conditionibus agrorum.

XII. * *Lex parieti faciundo.* A. U. 649.
»Ab colonia deducta — Ti. Crassicius.«
E tabula marmorea.

XIII. * *Lex Servilia repetundarum.* A. U. 654.
I. »mimive latini exterarumve — nsilium.«
II. »no nomin — satione primo quo.«
III. »multam suprema delea — sanctio. nei.«
IV. »ret quo — reo ap.«
V. »joudicium — quoi ex ha.«
VI. »proxim — atel.«
VII. »fecerit di — seiq.«
E tabula aenea.

XIV. * [*Legis fortasse Aciliae repetundarum fragmenta. Inter* A. 654 — 665.
»e in poplico. joudicio — se hoice leegei.«
E tabula aenea. *Sp.*]

XV. * *SCtum de Tiburtibus.* A. U. 664 vel 665.
»L. Cornelius Cn. F. Pr. — purgatos fore.«
E tabula aenea.

XVI. * *Edictum Censorium de coercendis rhetoribus latinis.* A. U. 658.
»Renunciatum est — nobis non placere.«
E Suetonio et Gellio ll. ll.

XVII. * *Fragmentum plebisciti antiqui vel potius sanctionem Legis, in qua de inferiis agitur, continens.*
»ritium comprensum — h. l. n. r.«
E lamina aenea

XVIII. * *Lex de Scribis, Viatoribus et Praeconibus.*
I. »Q. Urb. quei — capere liceto.«
II. »Cos. quei nunc — proxume ante hanc legem.«
E tabula aenea.

XIX. * *SCtum de hastis Martiis.* A. U. 655.
»Quod C. Julius — robus succederet.«
E Gellio N. A. IV. 6.

XX. * *Lex Pagi Herculanei.* A. U. 660.
»Pagus Herculaneus scivit — Ahenobarbo. Cos.«
E tabula marmorea.

XXI. * *SCtum de Asclepiade Clazomenio sociisque.* A. U. 676.
»eis libereis postereis — i. v. e. e. r. p. f. s. v. c.«
»Ἐπὶ ὑπάτων Κοίντυ Λυτατίυ — τῦ Ἐιρηναίυ Μιλησίυ.
E tabula aenea.

XXII. * *Tabula Heracleensis, variarum Legum fragmenta intra* A. U. 664 et 680. *conditarum exhibens.*
»quem h. l. ad Cos. profiterei — eisque obtemperetur.«
E tabula aenea.

XXIII. * *Lex de Thermensibus majoribus Pisidis. Post* A. U. 682.
»C. Antonius M. F. — vectigali transportabunt.«
E tabula aenea.

XXIV. * [*Legis repetundarum, fortasse Juliae fragmenta.* A. U. 694.
»nonti.. scripta sunt — n. judi.«
E tabula aenea. *Sp.*]

XXV. * *Lex dedicationis.* A. U. 695.
»L. Aienus L. F. Q. Baebatius — Coria Fanei sunto.«
E tabula marmorea.

XXVI. * [*Legis Pompejae de judiciis fragmenta.* A. U. 701.
»omnis jud.. si easque — opertebit un.«
E tabula aenea. *Sp.*]

XXVII. *Senatus Auctoritas I.* A. U. 703.
»SC. Auctoritas — plebemve ferrent.«
Ex Epist. Cicer. ad Div. VIII. 8.

XXVIII. *Senatus Auctoritas II.* A. U. 703.
»SC. Auctoritas — Pansa Trib. pleb.«
Ex Ep. Cic. ad Div. VIII. 8.

XXIX. * *Lex [Rubria] de Gallia Cisalpina.* A. U. 705.
»jussum judicatumve erit — in quo is, quoius.«
E tabula aenea.

XXX. *Decretum C. Julii Caesaris in gratiam Judaeorum factum.* A. U. 707.
Γαΐος Ἰȣ́λιος Καῖσαρ — ȣ̓ δοκιμάζω.
E Josephi Antiquitt. XIV. 10, 2.

XXXI. *Decretum ejusdem in eorundem gratiam.* A. U. 707.
Γαΐος Καῖσαρ αὐτοκράτωρ — πέμψαι πανταχȣ̃.
E Josephi Antiquitt. XIV. 10, 6.

XXXII. *Decretum ejusdem in eorundem gratiam.* A. U. 708.
Γαΐος Καῖσαρ αὐτοκράτωρ — τὸ δόγμα γένηται.
E Josephi Antiquitatt. XIV. 10, 6.

XXXIII. *Decretum ejusdem in eorundem gratiam.* A. U. 710.
Γαΐος Καῖσαρ αὐτοκράτωρ, δικτάτωρ — Χάρις ἀνταποδοθῇ.
E Josephi Antiquitt. XIV. 10, 7.

XXXIV. * *Monumentum Aphrodisiense et Plasarense, exhibens decretum, quo Senatus Romanus pro ratis et firmis habuit concessa a Dictatore Caesare triumviris Lepido, Antonio, Octaviano, Aphrodisiensibus et Plarasensibus beneficia* A. U. 714. *et M. Antonii triumviri epistolam, scriptam, ut videtur,* A. U. 717.
M. Ἀντώνιος αὐτοκράτωρ — ἐν ἑαυτοῖς κίρωσιν χρῶν.
E tabula marmorea.

XXXV. * *SCtum de mense Augusto. Post* A. U. 727.
»Cum imperator Caesar — Augustus appelletur.«
E Macrob. Saturnal. I. 12.

XXXVI. **SCti de ludis secularibus fragmenta.* A. U. 737.

»S. L. Cestius — II. conjugesque.«

»Cos. U. F. — inus C. Asinius Cn. F.«

E tabula marmorea.

XXXVII. * *Legis de aquaeductu fragmenta.*

»Ne quis privatus — humum accedit.«

»Ne quis aquam oletato — multa esto.«

E Frontin. de aquaeductibus. art. 94. 97.

XXXVIII. *Tabula hospitalis.* A. U. 742.

»P. Sulpicio Quirinio — cui. nas. Uzitensis.«

Ap. *Marinium* Atti. p. 782.

XXXIX — XLIV. * *SCta Sex de aquaeductibus.* A. U. 743.

I. »Quod Q. Ael. Tubero — ea praebenda locent.«

II. »Quod Q. Ael. Tubero — in usum populi funderent.«

III. »Quod Q. Ael. Tubero — quam quinariam.«

IV. »Quod Q. Ael. Tubero — accepissent aquam.«

V. »Quod Q. Ael. Tubero — paterent, darentur.«

VI. »Quod Q. Ael. Tubero — curatores aquarum.«

E Frontino de aquaeductibus art. 100. 104. 106. 108. 125. 127.

XLV. * *Lex Quinctia de poenis eorum, qui rivos, fistulas, castella, lacus aquarum publicarum violaverint.* A. U. 745.

»T. Quintius Crispinus — nihil abrogatur.«

E Frontin. de aquaed. art. 129.

XLVI. * *Legis de magistris aquarum fragmenta.*

»a. esto. a. d. — a. u. multa esto i. d. esto a. u.«

E Codice bibliothecae Barberiniae.

XLVII. XLVIII. * *Decreta duo Pisana in honorem Lucii et Caji Caesarum.* A. U. 756 et 757.

I. »D. XIII. Kal. Octobr. Pisis — exsequique permittat.«

II. »Pisis in foro — referenda curent censuere.»

E tabulis marmoreis.

XLIX. *Tabula hospitalis.* A. U. 760.
»A. Licinio Nerva — Sempronius Quartus Jasis.«
Ap. *Marinium* Atti. p. 783.

XLIX. a. *SCtum de tribus Janis,*
E tab. aenea ap. *Car. Fea* Frammenti di Fasti Consolari. Praef. ad p. XVI. editum. Conf. ejusd. operis p. CXXIV.

L. *Testamentum Augusti.* A. U. 767. Christi 14.
E Sueton. vita Augusti. c. ult. Conf. Charis. p. 80. ed. Putsch. *Zach. Huber* de testam. Caes. Aug. in Dissert. jurid. philolog. (Franeq. 1703. 4.) nro. 6. et in Diss. Amst. 1721. 4. junctim editis. Lib. II. Diss. V. p. 341 — 360.
Caeterum idem Huberus commentatus est ad Testamentum Julii Caesaris, quod Sueton. refert in ejus vita c. 83. Diss. juridic. et philologic. P. I. nro. 5. p. 123 — 149. et repetit. in Diss. Amstelod. editis. Lib. II. Diss. IV. p. 313 — 340. Tum ad Testamentum Tiberii, quod Sueton. refert in ejus vita cap. ult. in Diss. jurid. philol. P. I. nro. 7. p. 173 — 205.

LI. *Marmor a Corfiniensibus dicatum honori P. Mammii Aufidii Priscini. Intra* A. U. 767 — 790. C. 14 — 37.
»D. M. P. Mammio P. F. Aufidio Priscino HS. VIII. numos L. DDD.«
E *Mich. Archangeli Lupuli* in mutilam veterem Corfiniensem inscriptionem commentario. Neap. 1786. 8.

LII. *[*SCtum in honorem Germanici.* A. U. 772. C. 19.
»terque domestic — qu . . arent.«
»m. um, ratis. — rasset tri.«
E tabula aenea. *Sp.*]

LIII. * *Decretum Vejentanorum in honorem C. Julii Gelotis.* A. U. 779. C. 26.
»Centumviri municipii — Calvisio Sabino Cos.«
E tabula aenea.

LIV. *Tabula hospitalis.* A. U. 780. C. 27.

I. »M. Crasso Frugi — Boscharis F. Leg.«
II. »M. Crasso Frugi — Balithonis F. Sirni.«

Ap. *Reines.* p. 487. *Maffeium* Mus. Veron. p. 472. sq.

LV. * *Oratio Imperatoris Claudii de civitate Gallis danda.* A. U. 801. C. 48.

»max . rerum nostrar — magno experimento cognoscimus.«

E tabula aenea.

LVII. * *SCta duo de aedificiis negotiationis causa non diruendis.* A. U. 801 et 809. C. 48 et 56.

I. »Cn. Hosidio Geta — fuerunt CCCLXXXIII.«
II. »Volusio P. Cornelio — censuere in Senatu.«

E tabula aenea.

LVIII. LIX. * *Edicta duo graeca Cn. Virgilii Capitonis et Tiberii Julii Alexandri, ad statum Aegypti publicum spectantia.* A. U. 802 et 821.

I. *Ιȣλιος Δημητριος — πιφ.* I. B.
II. *Γναιος Ου . . λιος Καπιτων — και δεκατη.*

E lapide.

LX. *Tabula missionis ab Imp. Claudio concessae.* A. U. 805. C. 52.

Ap. *Marini* Atti p. 448. nro. 1. *Platzmann* Juris Rom. testimonia de militum honesta missione [1]). nro. I. *Spangenberg.* Adp. tab. I.

LXI. *Tabula missionis Galbae.* A. U. 821. C. 68.

Ap. *Marini* Atti. p. 449. n. 2. *Platzmann* n. II. *Spang.* tab. II.

LXII. *Alia Tabula missionis Galbae.* A. U. 821. C. 68.

Ap. *Marin.* p. 450. n. 3. *Platzm.* III. *Spang.* tab. III.

---

[1]) Auctius in *Hauboldi* Opuscul. acad. Vol. II. (1829.) p. 783—896. *Sp.*

LXIII. * *SCtum de imperio Vespasiani.* A. U. 823. C. 70.

»Foedusve cum quibus volet — apud se agi sinito.«

E tabula aenea.

LXIV. *Oratio Vespasiani in honorem Ti Plautii.*

E tab. aenea ap. *Feam* Frammenti di Fasti Consolari. p. CIII—CVI.

LXV. *Tabula missionis honestae Vespasiani.* A. U. 823. C. 70.

Ap. *Marini* Atti p. 452. n. 4. *Platzm.* IV. *Spang.* tab. IV.

LXVI. *Alia Tabula missionis ejusdem Imperatoris.* A. U. 824. C. 71.

Ap. *Marin.* p. 454. n. 5. *Platzm.* V. *Spangb.* tab. V.

LXVII. * *Decretum vel Herculanensium vel Pompejanorum in honorem Memmiorum.* Ante A. U. 832. C. 79.

»Pride K. Martias — decorem contulerunt.«

E lapide.

LXVIII. * *Sanctio pragmatica Vespasiani ad civitatem Saboram.* A. U. 832. C. 79.

»Imp. Caesar Vespasianus. Cum multis — F. C.«

E tabula aenea.

LXIX. * *Rescriptum Vespasiani ad rempublicam Vanacinorum. Intra* A. 822 — 832. C. 69 — 79.

»Imp. Caesar Vespasianus Augustus — M. Arruntio Aquila Cos. IIII. Idus Octobr.«

E lamina aenea.

LXX. * *Epistola Domitiani spectans ad litem inter Falerienses et Firmanos de subsecivis.* A. U. 835. A. C. 82.

»Imp. Caesar Divi Vespasiani F. Domitianus — P. Petronio Achille.«

E tabula aenea.

LXXI. *Tabula missionis honestae Domitiani.* A. U. 839. C. 86.

Ap. *Marini* Atti. p. 456. n. 6. *Platzm.* VI. *Spang.* tab. VI.

LXXII. *Alia Tabula missionis Domitiani.* A. U. 845. C. 92.

Ap. *Marini.* p. 462. nro. 7. *Platzm.* VII. *Spang.* tab. VII.

LXXIII. *Alia Tabula missionis ejusdem Imperatoris.* A. U. 846. C. 93.

Ap. *Marin.* p. 458. nro. 8. *Platzm.* VIII. *Spang.* tab. VIII.

LXXIV. * *Decretum municipale L. Arruntio Stella et L. Julio Marino Coss. Intra* A. U. 834—849. C. 81—96.

»L. Arruntio Stella — Quirinalis F.«

E tabula aenea.

LXXV. * *Edictum Nervae* A. U. 849 — 851. C. 96 — 98.

»Quaedam sine dubio Quirites — quae non habent.«

E Plin. Epist. X. 67.

LXXVI. [*Testamentum Dasumii, in marmore.*

»Testamentu — cum ornatu.«

Ap. *Puggaeum* in: Rheinisch. Museum für Philologie. Jahrg. I. Heft II. *Spang.*]

LXXVII. * *Caput mandatorum de aquaeductibus, fortasse Nervae vel Trajani. Intra* A. U. 849—852. C. 96—99.

»Caducam neminem volo — abluendarum.«

E Frontin. de aquaed. art. 110.

LXXVIII. *Tabula Trajani alimentaria.* c. A. U. 856. C. 103.

»Obligatio praediorum — accip. debet H. S. X.«

Ap. *Spangenberg* nro. 67.

LXXIX. *Tabula missionis Trajani prima.* A. U. 857. C. 109.

Ap. *Labus.* Ara antica. p. 33. e. *Lysonii* Reliq. Brit. Rom. Vol. I. p. IV. tab. II. [*Haubold* Opusc. acad. Vol. II. p. 868. 869. *Sp.*]

LXXX. * *Decretum decurionum Aquileiensium in honorem C. Minicii Itali conditum.* A. U. 858. C. 105.

»P. Tullius Ma — Quadrato II. Cos.«

LXXXI. *Tabula missionis Trojani altera.* A. U. 859. C. 106.

Ap. *Labus.* Ara antica, p. 35. e *Lysonii* Reliquiis. l. c. tab. I. [*Haubold* Opusc. acad. Vol. II. p. 870. 871. *Sp.*]

LXXXII. *Stipulatio in lapide sepulcrali.* A. U. 864. C. 111.

»eadem facere liceat — hoc fuit gratu.«

E *Donat.* Supplem. T. I. p. 165. n. 3. ap. *Spang.* nro. 46.

LXXXIII. *Tabula missionis Trajani tertia.* A. U. 865. C. 112.

E *Pyrrhi Ligorii* Comment. L. XXVII. dell' antichita. fogl. 20. Vol. XV. ap. *Vernazza* in Memorie della reale academia de Torino T. XXIII. Adp. I. num. IX. p. 138. [*Haubold* Opusc. T. II. p. 872. 873. *Sp.*]

LXXXIV. * *Monumentum cui additum decretum a decurionibus municipii Caeritum factum.* A. U. 867. C. 114.

»Vesbinus Aug. L. phetrium — dedicatum Kal. Aug. iisdem Cos.«

E tabula marmorea.

LXXXV. *Tabulae missionis Trajanae quartae fragmentum.* c. A. U. 870. C. 117.

In »Archaeologia or Miscellaneous Tracts relating to Antiquities. Vol. XVIII. P. I. (Lond. 1815. 4.) p. 438. sq.« [*Haubold* Opusc. T. II. p. 803. 804. *Sp.*]

LXXXVI. *Epistola Claudii Quartini ad civitatem Pompejonensem.* A. U. 872. C. 119.

»Claudius Quartinus — Aug. III. Cos.«

Ap. *Spon.* Miscell. p. 278. et *Spangenb.* nro. 68.

LXXXVII. * *Hadriani Rescriptum ad Minucium Fundanium pro Christianis.* A. U. 879. C. 126.

Μινυκιῳ Φυνδάνιῳ — ἄν ἐκδικήσειας.

Ex Euseb. hist. eccl. IV. 9.

LXXXVIII. *Tabula missionis Hadriani prima.* A. U. 882. C. 129.

Ap. *Marin.* p. 460. nro. 9. *Platzm.* IX. et *Spang.* tab. IX.

LXXXIX. *Tabula missionis mutila, Hadriani altera.* A. U. 882. C. 129.

Ap. *Marini* p. 463. nro. 10. *Platzm.* X. et *Spang.* tab. X.

XC. *Tabula missionis Hadriani tertia.* XVII. *Kal. Oct.* A. U. 887. C. 134.

Ap. *Vernazza* Memorie. T. XXIII. p. 83 — 127. et Adp. I. nro. XI. f. 140. sq. [*Haubold* Opusc. T. II. p. 878. 879. *Sp.*]

XCI. *Tabula missionis Hadriani quarta.* XVI. *Kal. Jul. anni tamen incerti.*

E *Steph. Weszpremii* succinctis Medicorum Hungariae et Transsilvaniae biographiis. T. III. (Vindobon. 1781. 8.) p. 438. ap. *Vernazza* Adp. I. nro. XII. p. 141. sq. [*Haubold* Opuscul. T. II. p. 880. 881. *Sp.*]

XCII. *Libellus vulgo Hadriani Imperatoris.* A. U. 889. C. 136.

»C. Jul. Caedus (*male:* Aelius Caesar duobus) — Samiari Doryphorion.«

Ap. *Spangenberg* nro. 25.

XCIII. * *Sententia Antonini Pii, praemissis et subjectis graecis.* A. U. 892. C. 139.

»Imp. Caesar II. Consul — Sasime — constitutionem.«

E lapide.

XCIV. *Rescriptum Antonini Pii.*

μεγίστῳ δεμαρ — χαίρειν.

Ap. *Spon.* Miscell. p. 353. seq.

XCV. * *Decretum decurionum Gabinorum.* A. U. 893. C. 140.

»In honorem memoriae domus Domitiae Augustae — de plano recte legi posset.«

In tab. aenea.

XCVI. *Tabula missionis Antonini Pii primae fragmentum.* A. U. 899. C. 146.

E *Weszpremio.* T. II. p. 148 et *Steph. Schoenwisner* Comm. geogr. in Romanor. iter per Pannoniae ripam (Budae 1780.) P. II. p. 121. ap. *Vernazza* Memorie. p. 101. Adp. I. nro. XIII. p. 142. [*Haubold* Opuscul. T. II. p. 882. 883. *Sp.*]

XCVII. *Stipulatio in marmore.* A. U. 899. C. 146.

»M. nomine concordiae — Sex. Frucio C.«

In: Antiquae Inscriptiones — olim a *Marq. Gudio* collectae, nuper a *Jo. Koolio* digestae, hortatu consilioque *J. Ge. Graevii* nunc a *Franc. Hesselio* editae. Leovard. 1731. f. p. CXLIV. 2.

XCVIII. *Lex Collegii Aesculapii et Hygieae.* A. U. 906. C. 153.

»Salvia C. F. Marcellina — C. Salvio Selenio.«

Ap. *Spon.* Miscell. p. 52. *Fabrett.* p. 724 — 726. Cap. X. n. 443.

XCIX. *Rescriptum Antonini Pii cum libello.* A. U. 908. C. 155.

»Velius Fidius — Sabiniano Cos.«

In lapide. Ap. *Spangenb.* nro. 70.

C. *Instrumentum venditionis bonorum in insula Elephantine sitorum*, A. U. 907. *celebratae.*

. . ατορος Καίσαρος Τίτυ Ἀιλίυ Ἀδριάνυ — Ἀμμώνιος . . ν . . ιόθην.

CI. *Tabula missionis Antonini Pii altera.* A. U. 908. C. 155.

Ap. *Marini* Atti. p. 464. nro. II. *Platzm.* XI. *Spang.* tab. XI.

CII. * *Decretum Tergestinum.* Intra A. U. 891 et 914. C. 138 et 161.

»Kl. Novembr. Hispanius Lentulus — perferat, censuerunt.«

In lapide.

CIII. *Tabula missionis Antonini* A. U. 918. C. 165.

Ap. *Marinium* p. 466. nro. 12. *Platzm.* XII. *Spang.* tab. XII.

CIV. *Tabula missionis M. Aurel. Antonini et L. Veri. a. d. Non. Maji forte* A. U. 918. C. 165.

E *Weszpremio* T. III. p. 442. ap. *Vernazza* Adp. I. nro. XVII. p. 145 — 147. Conf. Memorie. p. 85. [*Haubold* Opuscul. T. II. p. 888. 889. *Sp.*]

CV. * *Fragmentum e testamento L. Caecilii Optati.* Post A. U. 922. C. 169. (cum decreto Barcinonensium.)

»L. Caecilius L. F. Pap. Optatus — Tarracone.«

In lapide.

CVI. *Tabula marmorea continens legem dedicationis.* A. U. 922. C. 169.

»Veneri Verae Felici Gabinae — L. Sergio Paullo II. Cos.«

Inter Inscriptiones in antiquo Gabiorum municipio anno 1793 inventas, in: »Bibliothek der alten Literatur und Kunst, herausgegeben von *A. H. L. Heeren.*« St. X. (Goett. 1794. 8.) p. 3. sq. et ap. *Enn. Quir. Visconti* Monumenti Gabini della Villa Pinciana (Rom. 1797. 8. P. III. nro. 3.)

CVII. *Bassaei Rufi et Macrini Vindicis Epistola ad Magistratus Saepinatium.* A. U. 925. C. 172.

»Bassaeus Rufus — factum est.«

Ap. *Spangenberg.* nro. 72.

CVIII. *Monumentum, stipulationis et man-*

cipationis formulam continens. A. U. 927. C. 174.

»D. M. II. M. Herenni — Germano Cos.«

Ap. *Spangenberg.* nro. 22.

CIX. * *M. Aurel. Antonini Edictum pro Christianis.* A. U. 929. C. 176.

'Αυτοκράτωρ — τῆς 'Ασίας.

Ex Euseb. H. E. L. IV. c. 13.

CX. * *Sententia Impp. M. Aurelii Antonini et L. Aurelii Commodi de limitibus constitutis inter mercatores* et *mancipes.* Intra A. U. 929 — 933. C. 176 — 180.

»Imp. Caesar M. Aurel. Antonin. — semel duntaxat exigundo.«

In lapide.

CXI. *Exemplum literarum rationalium.* A. U. 946. C. 193.

»Exemplaria literarum — Sept. Romae Isdem Cos.«

In lapide. *Franc. Eug. Guasci* Mus. Capitolin. Inscriptt. (Rom. 1775.) T. III. ad num. 1142. Cap. VIII. p. 113. *Jo. Cph. Amadutii* Anecdot. literar. (Rom. 1783. 8.) p. 521. sq.

[CXII. *Sententia dicta inter compaganos Rivilarenses et Valer. Faventinam tribum* A. U. 946. C. 193.

Ap. *Spangenberg.* nro. 81. *Sp.*]

CXIII. *Libellus Adrasti ad Imp. Severum.* A. U. 946 — 951. C. 193 — 198.

»Libellus l. — subieri d.«

Ap. *Marini* Atti. p. 257. sq.

CXIV. *Exemplum apochae.* A. U. 964. C. 211.

»P. Aelius Chrestus — ped. s. n. s.«

Ap. *Reines.* Synt. Inscriptt. p. 486.

CXV. * *Imp. Antonini Caracallae rescriptum.* Intra A. U. 966 et 971. C. 213 et 218.

»Sane meae literae — vel causam facti tollere.«

Ex Augustin. L. II. de conjug. adulterin. ad Pollent. c. 7.

CXVI. *Album decurionum Canusinorum.* A. U. 976. C. 223.

»L. Mario Maximo — Tiberius Claudius Fortunatus.«

In *Jo. Lamii* in antiquam tabulam aheneam decurionum nomina et descriptionem continentem et in privato ampl. dynastae Senat. Equit. Vincent. Maria Riccardii Patric. Florent. museo adservatam Observationes. Florent. 1745. f. pagg. 20.

Similis tabulae sed nomina Collegii Fabrorum exhibentis fragmentum cum R. M. van Goens communicavit P. Burmannus II, quod legitur cum Goensii epistola ad Ant. de Roon in *Theoph. Cph. Harles* Supplem. ad plenior. notit. literaturae Romanae P. II. p. 132.

CXVII. * *Decretum municipale in honorem Nummiae Vajae.* A. U. 995. C. 242.

»C. Vettio Attico — viros censuer.«

In lapide.

CXVIII. *Tabula missionis Gordiani III.* A. U. 696. C. 243.

Ap. *Marini* Atti. p. 466. n. 13. *Platzm.* XIII. *Spang.* tab. XIII.

CXIX. *Interloquutio pertinens ad controversiam inter fullones et magistros fontanos.* A. U. 997. C. 244.

»Florianus d. — peregrino e.«

Ap. *Spangenb.* nro. 63.

CXX. *Tabula missionis Philippi.* A. U. 1000. C. 247.

Ap. *Marinium* Atti. p. 467. num. 14. *Platzm.* XIV. *Spang.* tab. XIV.

CXXI. *Alia tabula missionis Imp. Philippi.* A. U. 1001. C. 248.

Ap. *Marin.* p. 468. n. 15. *Platzm.* XV. *Spang.* tab. XV.

CXXII. *Instrumentum donationis.* A. U. 1003. C. 250.

»Monumentum quot est in via triumphale — atsignavi. Actum.«

Ap. *Spangenberg* nro. 23.

CXXII. a. * [*Rescriptum Valeriani et Gallieni.* c. A. U. 1010 — 1013. C. 257 — 260.

»*Αὐτοκράτωρ Καῖσάρ.* — Data V. Kal. Jun.«

In lapide. *Sp.*]

CXXIII. *Decretum municipii Sentini.* A. U. 1013. C. 260.

»P. Cornelio Saeculare — Veturi Celerian.«

Ap. *Guasc.* Inscriptt. Musei Capitolini. T. I. p. 231. sq.

CXXIV. * *Decretum decurionum Cumanorum.* A. U. 1042. C. 289.

»M. Marcio Basso — T. Fl. Coeliano Cos.«

CXXIV. a. * [*Diocletiani Edictum de pretiis rerum.* A. C. 303.

In lapide. *Sp.*]

CXXV. * *Edictum Impp. Galerii, Constantini et Licinii* A. U. 1064. C. 311. *ante Kal. Martias.*

»Inter cetera — in sedibus suis possint.« (Lact.)

Μεταξὺ — *δυνηθῶσι.* (Euseb.)

Lat. ap. Lactant. de mortib. persecut. c. 34. graece ap. Euseb. H. E. VIII. 17.

CXXVI. * *Impp. Constantini M. et Licinii Edictum Mediolanense.* A. C. 313.

»Cum feliciter — latere non possit.« (Lact.)

Ἤδη μὲν πάλαι — *λαθεῖν δυνηθῇ.* (Eus.)

Lat. ap. Lactant. l. c. c. 48. graece ap. Euseb. H. E. X. s.

CXXVII. * *Edictum Constantini M. de ordine judiciorum publicorum.* A. C. 314.

»odo judicio — munita securitatibus.«
E schedis bibl. Ambrosianae.

CXXVIII. *Diploma. d. d.* 28. *Apr.* 314.
»Petronius, Annianus — IV. Kal. Majas Triberis.«
Ap. *Spangenberg.* nro. 71.

CXXIX. *Constitutio Constantini M. manca.*
»Justum quippe est, ut ibi lex sancta.«
Ex *Anselmi Lucensis* Collect. Can. L. I. c. 94. ap. *Savignium* Gesch. des Röm. Rechts im Mittelalter. T. II. p. 281. — An edictum Mediolanense?

CXXX. *Constitutio Constantini M. manca.*
E Collect. Caesaraugustana inedita f. 11. ap. *Savignium* l. c. T. II. p. 284.

CXXXI. CXXXII. * *Edicta Aproniana duo.* A. C. 339.
I. »Ex auctoritate Turci Aproniani — mandatur.«
II. »Ex auctoritate Turci Aproniani — subjaceant.«
In tabula marmorea.

CXXXIII. * *Constitutio Impp. Gratiani Valentiniani II. et Theodosii M.* A. C. 381.
»mper. Augg. Eleutherio — Kal. Majas . . . CC. Coss.«
In lapide.

CXXXIV. *Testamentum S. Gregorii Nazianzeni.* A. C. 381.
Ap. *Spangenberg.* nro. 11.

CXXXV. *Theodosii I. Rescriptum pro Marcellino et Faustino ad Cynegium.* A. C. 383.
»Salve, Cynegi, carissime nobis. Etsi nulla humanis pectoribus etc.
Apud *Baronium* Annal. eccl. ad a. 388. Conf. *Hauboldi* Instit. jur. Rom. liter. T. I. §. 95.

CXXXVI. * *Constitutio Honorii et Theodosii II. ad Agricolam P. P. Gall. de agendo* *singulis annis Arelate conventu VII. provinciarum.* A. C. 418. *XV. Kal. Maj.*

»Saluberrima magnificentia tuae suggestione« etc.

CXXXVII. *Rescriptum Impp. Honorii et Theodosii ad Palladium P. P. Prid. Kal. Maj.* 418.

E Cod. Canonum ap. Ballerin. Opp. Leonis T. III. p. 170 — 173.

CXXXVIII. *Edictum Palladii P. P.* A. C. 418. *prid. Kal. Maj.*

E Cod. canonum ap. Ballerinios. Opp. Leonis. T. III. p. 173.

CXXXIX. *Epistola Impp. Honorii et Theodosii ad Aurelium, Episcopum Carthag. V. Id. Jun.* 419.

»Dudum quidem feceral« etc.

E Cod. canonum ap. Ballerin. Opp. Leonis T. III. p. 174 — 176.

CXL. *Constantii Rescriptum ad Volusianum. P. U.* A. C. 421.

»Cum praeteritae superstitionis.«

E Cod. canonum ap. Ballerinios Opp. Leonis. T. III. p. 181. Conf. *Hauboldi* Inst. jur. R. lit. §. 95.

CXLI. *Edictum Volusiani.* A. C. 421.

»Hactenus coelestium.«

E Cod. canonum ap. Ballerinios. Opp. Leon. T. III. p. 182.

CXLII. *Theodosii II. Edictum de his, qui ad ecclesias confugiunt.* A. C. 431.

Ἀρχαία τις καὶ ἀπὸ τῶν καιρῶν.

Ap. *Mansium* T. V. p. 437 — 446.

L. 4. C. Th. de his qui ad ecclesias confug. (IX. 45.) et L. 3. C. Just. eod. Conf. *Haubold.* l. c.

CXLIII. *Theodosii II. Constitutio adversus Nestorium.* A. C. 435.

Τὸ τῇ εὐσεβεστάτῃ.

Ap. *Mansium* T. V. p. 413. sq. et p. 660.

L. 66. C. Th. de haeret. (XVI. 5.) et L. 6. C Just. eod.

CXLIV. *Edictum Isidori (Bassi et Regini) P. P. P.* A. U. 435.

Οὐδὲν οὕτω φίλον.

Ap. *Mansium* T. V. p. 415 — 418. et p. 661. seq. Ex actis Concilii Ephesini. Cohaeret cum L. 3. C. de S. Trinit.

CXLV. *Papyrus Vaticana, Lauricii Ravennatis epistolas varias, cum commonitorio et nominum descriptione continens, vulgo sub appellatione Commonitorii Valentiniani III. nota.* A. C. 444.

»e ren . . non p — testimoniis adprobavit.«

Ap. *Spangenberg* nro. 73.

CXLVI. *Theodosii II. et Valentiniani III. constitutio adversus Porphyrium et Nestorianos.* A. C. 449.

Πρέπειν ἡγεμέθα.

Apud *Mansium* T. V. p. 417 — 420.

L. 3. C. Just. de S. Trinit. Conf. *Haubold.* l. c.

CXLVII. *Edictum propositum a Praefectis.* A. C. 449.

Καὶ νόμων, καὶ αὐτῆς.

Ap. *Mansium.* T. V. p. 419. seq.

CXLVIII. *Marciani Edictum, quo prohibentur disputationes de fide coram vulgo.* A. C. 452. VIII. *Id. Febr.*

Μόλις ποτὲ τὸ διὰ.

»Tandem aliquando.«

Latine in Cod. canonum ap. Ballerinios. Opp. Leonis T. III. p. 238 — 240. Graece ap. *Mansium* T. VII. p. 475 — 478. Est L. 4. C. de S. Trinit. Conf. *Haubold.* l. c.

CXLIX. *Constitutio Imp. Marciani ad Palladium. III. Id. Mart.* A. C. 452.

»Venerabilem catholicae.«

E Cod. Canon. ap. Ballerin. Opp. Leon. T. III. p. 240 — 242.

CL. *Marciani Edictum adversus Eutychetis haeresin.* A. C. 452. *pridie Non. Jul.*

Οὐδέποτε δόξα τῷ θανάτῳ τῶν.

Apud *Mansium.* T. VII. p. 497 — 500. Ejus epitome est L. 23. C. de Episc. et cleric. Conf. *Haubold.* l. c.

CLI. *Marciani Constitutio adversus Eutychetis et Apollinaris haeresin.* A. C. 455.

»Licet jam sacratissima.«

E Cod. canonum ap. Ballerinios. Opp. Leonis. T. III. p. 242 — 246. et apud *Mansium.* T. VII. p. 517 — 520. Conf. *Haubold.* l. c.

CLII. *Instrumentum donationis Theodosii.* A. C 471.

»illico quoque — scriptura servavi.«

E *Mabillonio* de re diplom. L. VI. nro. 1. *Spangenberg.* nro. 26.

CLIII. *Glycerii edictum contra ordinationes Simoniacas.* A. C. 473.

»Supernae majestatis admonitu — carissime atque amantissime.«

E Coll. canon. Vat. 1997. ap. Ballerinios. Opp. Leonis T. III. p. 677 — 679. Conf. *Haubold.* l. c.

CLIV. *Edictum Himeleonis (Dioscori, Aureliani atque Protatii), P. P. P.* A. C. 473.

»Felix Himeleo etc. Quemadmodum Dominus noster — poenam proprii subire peccati.«

E coll. canon. Vat. 1997. ap. Ballerinios. Opp. Leonis T. III. p. 679. sq. Conf. *Haubold.* l. c. §. 99.

CLV. *Testamentum Perpetui, Episcopi Turonensis.* A. C. 475.

»In nomine Jesu Christi Amen. Ego Perpetuus peccator — Ego Perpetuus in nomine tuo. Amen.«

Ap. *Spangenbergium* nro. 12.

CLVI. *Testamentum donationis.* A. C. 489.

»ano pe . . p. — Leo 8.«

Ap. *Marini* Papiri. n. 82. 83. *Spangenberg*. nro. 27.

CLVII. *Instrumentum donationis Gaudiosi. Saec. V.*

»tinus V. C. Domesticus — fel. Lct.«

Ap. *Marin.* Pap. nro. 110. *Spangenberg*. nro. 30.

CLVIII. *Testamentum donationis.* A. C. 491.

»praesenti — habita recognovi.«

Ap. *Marini* Papiri. n. 84. *Spangenberg*. n. 28.

CLIX. *Testamentum venditionis.* A. C. 504.

»u. l. Aurelio — possessus est adque.«

Ap. *Marini* Papiri. nro. 113. *Spangenberg*. nro. 48.

CLX. *Instrumentum donationis.* A. C. 523.

»possessiones — rogatur ab Hildewara.«

Ap. *Marini* Papiri nro. 85. *Spangenberg*. nro. 29.

CLXI. *Constitutio Justini ad Hormisdam. Intra* A. C. 518 — 523.

»Scias affectu nobis — sunt poenitentia correcti.«

Ex *Anselmi Lucensis* Collect. can. inedit. Lib. XII. c. 31. teste *Savignio* Gesch. des R. R. im Mittelalter. T. II. p. 281. — Integra exstat in *Ant. Carafa* et *Ant. de Aquino* Epistol. Decretal. Summ. Pontif. T. I. P. II. p. 495. sq.

CLXII. *Gesta de donatione Justini Imp.*

»Scm̄. Martinum — Rav. Eccl.«

Ap. *Marin.* Pap. nro. 87. *Spangenb.* nro. 32.

CLXIII. *Testamentum S. Remigii, Remorum episcopi.* A. C. 533.

»In nomine Patris et Filii — ossium componatur.«

E *Brequignii* Diplom. P. I. T. I. Num. XV. p. 29 — 31.

CLXIV. *Testamentum venditionis.* A. C. 539 *aut* 546.

». . galis . . in se — obsonator Eusebius.«

Ap. *Marin.* Papiri. nro. 114. *Spangenberg*. nro. 49.

CLXV. *Instrumentum venditionis.* A. C. 540.

»nunc in h. d. possidetur — his gestis edi.«

Ap. *Marin.* Papiri. nro. 115. *Spangenberg*. nro. 50.

CLXVI. *Instrumentum venditionis*. A. C. 540.
»Dominis praedicabilibus — testis subscribsi.«
Ap. *Marini* Papiri. nro. 116. *Spangenberg*. nro. 51.

CLXVII. *Instrumentum venditionis*. A. C. 540.
»Caballariae — suprascripto Gudilivo.«
Ap. *Marini* Papiri nro. 118. *Spangenb*. nro. 52. a.

CLXVIII. *Instrumentum venditionis*. A. C. 540.
»vel ab origine fuerunt — recognita subscribsi.«
Ap. *Marini* Papiri. nro. 117. *Spangenberg*. nro. 52.

CLXIX. *Testamentum S. Caesarii Arelatensis. Intra* A. C. 501 — 542.
Apud *Spangenberg*. nro. 13. Conf. Inst. jur. litter. T. I. p. 294.

CLXX. *Instrumentum venditionis*. A. C. 551.
»bus (ar) — Basilice Gothorum.«
Ap. *Marini* Papiri. nro. 119. *Spangenberg*. nro. 53.

CLXXI. *Testamentum c. a.* C. 552. *conditum*.
»o ... c. . . Johanne Aurelio — edidi.«
Ap. *Marini* Papiri. nro. 74. et 74. ap. *Spangenberg*. nro. 14.

CLXXII. *Instrumentum donationis*. A. C. 553.
»Aderitnis patris mei — p̃c. ssto.«
Ap. *Marini* Papiri nro. 86. *Spangenberg*. nro. 31.

CLXXIII. *Constitutio tutoris specialis facta Reate*. A. C. 557.
»Gundihil inl. f. — testes rogati ad hoc.«
Ap. *Marini* Papiri. nro. 79. *Spangenberg*. nro. 20.

CLXXIV. *Instrumentum de testibus interrogatis*. A. C. 557.
»illi reddi — tuas et possedit.«
Ap. *Marini* Papiri. nro. 140. *Spangenberg*. nro. 66. et in: »Archiv für civil. Praxis.« T. VI. p. 213. sqq.

CLXXV. *Instrumentum plenariae securitatis*. A. C. 564.
»qd. Collicti dixit — in sūpdta Germana.«
Ap. *Marini* Papiri. nro. 80. *Spangenberg*. nro. 21.

CLXXVI. *Edictum Justiniani. Intra* A. C. 527 — 565.

»Primum esse maximum mandatum.« etc.

Ex *Anselmi Lucensis* Collect. can. inedit. L. I. c. 92. teste *Savignio* Gesch. des R. R. im Mittelalter. T. II. p. 281. Sed deest continuatio a verbis: »libris et editis.«

CLXXVII. *Constitutio deperdita e Codice Justinianeo.*

»Hoc etiam cognitum correctione nostra« etc.

E Collect. Caesaraugustana inedita f. 70. ap. *Savignium* Gesch. des R. R. im Mittelalter. T. II. p. 284.

CLXXVIII. *Donatio S. Domnoli, Cenomanensis Episcopi.* A. C. 572. 6 Mart.

»Venerabili ecclesiae Cenomanice Clero Domnolus Episcopus. Congruum nobis fuit — Sennovetus Diac. subscripsit. Nox Diac. subscripsit.«

In *Jos. Mabillon* veterib. analectis. p. 252. Ed. II. Concil. Gall. *La Lande.* p. 57. ex Cod. bibliothecae L. Servinii Cathol. Advocati. Annal. Eccl. *Fr. Coint.* T. II. p. 129. ex origin. *de Brequigny* Diplom. P. I. T. I. nro. XXXVIII. p. 68. sq.

CLXXIX. *Testamentum Aredii, Abbatis Attanensis et Pelagiae, matris ejus.* A. C. 572. Oct. 31.

»In nomine Patris et Filii — Sign. + Nectarii testis.«

E *Brequignii* P. I. T. I. nro. XL. *Spangenberg.* nro. 17.

CLXXX. *Instrumentum donationis.* A. C. 572.

»odosio v. c. atque Melminiis — gestis edidi a.«

Ap. *Marin.* Papiri. nro. 88. et 88. a. *Spangenberg.* nro. 33.

CLXXXI. *Instrumentum venditionis.* A. C. 572.

»Imp. Dn. Justino — fu(a) terane.«

Ap. *Marini* Papiri. nro. 120. *Spangenberg.* nro. 54.

CLXXXII. *Testamentum.* A. C. 575.

»Ravennate ad omnia — πετρο.«

Ap. *Marin.* nro. 75. *Spangenberg.* nro. 18.

CLXXXIII. *Testamentum donationis.* A. C. 587.

»In nomine dei Salvatoris — transferri curavi.«

Ap. *Marini* Papiri. nro. 89. *Spangenberg.* nro. 34.

CLXXXIV. *Instrumentum venditionis circa fin. Saec.* VI.

»pomiferis fructiferis — custodia charcer.«

Ap. *Marini* Papiri. nro. 121. *Spangenberg.* nro. 55.

CLXXXV. *Instrumentum venditionis.* A. C. 591.

»Imp. Dno. n. Mauricio — complibi et absolvi.«

Ap. *Marin.* Papiri. nro. 122. *Spangenberg.* nro. 56.

CLXXXVI. *Instrumentum donationis. Saec. VI.*

„et in jur. . . omni — Marcatoris.«

Ap. *Marin.* Papiri. nro. 93. *Spangenberg.* nro. 38.

CLXXXVII. *Instrumentum permutationis. Saec. VI.*

»ex . . . re promi — Cessini comitis.«

Ap. *Marin.* Papiri. nro. 131. p. 197. sq. junct. p. 361. *Spangenberg.* nro. 75.

CLXXXVIII. *Instrumentum miscellanei argumenti Saec. VI.*

»suscepto ipsius Pienti — ad nomen Petri.«

Ap. *Marin.* Papiri. nro. 139. p. 205. sq. junct. p. 375. sq.

CLXXXIX. *Quinque fragmenta Instrumentorum venditionis. Intra* A. C. 616—619.

»ue in hd. — qui subscripsit et tradidit.«

Ap. *Marini* Papiri. nro. 123. *Spangenberg.* nro. 57.

CXC. *Testamentum Bertichrami (Bertranni) Episcopi Cenomanensis.* A. C. 615. 27. Mart.

In *Jo. Mabillon.* vet. analect. p. 255—264. Ed. II. *Corvaisieri* hist. des évêques de Mans. p. 184. Annal. Eccl. *Fr. Coint.* T. II. p. 681. sqq.

de Brequigny Diplom. Vol. I. T. I. nro. LVI. p. 99 — 115.

CXCI. *Gesta de instrumento donationis Deusdedit habita.* A. C. 625.

»anno quarto — de quas vero ss.«

Ap. *Marini* Papiri. nro. 94. *Spangenb.* nro. 39.

CXCII. *Testamentum Burgundofarae.* A. 632. Oct. 26.

»Anno quinto regnante domino Dagoberto — sub die VII. Octobris.«

Ap. *de Brequigny* Diplom. P. I. T. I. nro. LXXVII. p. 142. sq.

CXCIII. *Instrumentum emphyteuseus eos c. med. Saec. VII.*

»Sex unc. principal. — Legimus.«

Ap. *Marin.* Papiri. nro. 132. *Spangenberg.* nro. 61.

CXCIV. *Instrumentum donationis Paulacinis.* A. 639.

»Vitalianus — in Ind. ssto. tert. dec.«

Ap. *Marin.* nro. 95. *Spangenberg.* nro. 45.

CXCV. *Testamentum Hadoindi, Cenomanensis Episcopi.* d. 6. Febr. 642.

»In nomine domini Jesu Christi — subscripsi.«

Ap. *Brisson.* de formul. VII. 161. et *de Brequigny* Diplom. P. I. T. I. nro. CXIV. p. 190—192.

CXCVI. *Testamentum Desiderii, Catorcensis episcopi.* A. 653.

»De praesidio meo vestimenta — pastorem mutasse.«

Ap. *de Brequigny* Diplom. P. I. T. I. nro. CXXXII. p. 215. sq.

CXCVII. *Testamentum filii Iddanae.* c. A. 690.

»que decerno et juxta — vidi exemplar et subscripsi.«

Ap. *de Brequigny* Diplom. P. I. T. I. nro. CCXII. p. 316. sq.

CXCVIII. *Testamentum Erminethrudis.* c. A. 700.

»sacratissimus fiscus percipiat — relegi et subscr.«

Ap. *de Brequigny* Diplom. P. I. T. I. nro. CCL. p. 361 — 364.

CXCIX. CC. *Testamenta duo Wideradi Abbatis.* A. C. 721.

Ap. *de Brequigny* P. I. T. I. nro. CCV. et CCCXLVI. p. 426 — 429. p. 384 — 385. et in *Baluzii* Collect. maj. formularum. n. 28.

CCI. *Testamentum Adelae Abbatissae Palatioli juxta Treviros.* A. 732. April. 1.

»Adela in Christo domino — anno XII. Theoderici Regis.«

Ap. *de Brequigni* Diplom. P. I. T. I. nro. CCCXXXV. p. 463 — 464.

CCII. *Testamentum Abbonis.* A. C. 739. Maji 5.

»In nomine Patris et Filii — Vitalis Vir clarissimus.«

Ap. *de Brequigny* Diplom. P. I. T. I. nro. CCCXL. p. 468 — 477.

MONUMENTA PLANE INCERTAE AETATIS.

I. *Fragmentum testamenti M. Megonii Leonis.*

»M. Meconio M. Fil. — honorem pertinet.«

Ap. *Spangenberg.* nro. 4.

II. *Epistola Julii Paterni, Cataneae in Sicilia effossa.*

»aris suis Julius Paternus sal. — gistrai vellent in« —

Apud *Murator.* T. IV. p. 2017. 4.

III. *Tabula missionis honestae mutila.*
Ap. *Marini* Atti. p. 468. nro. 16. *Platzm.* XVI. *Spang.* Adp. nro. 16.

IV. *Fragmentum testamenti Nemausense.*
»Si quei — capitur.«
Ap. *Spangenb.* nro. 3.

V. *Testamentum in monumento expressum.*
»L. Cincius — possidere eos jubeo.«
Ap. *Spon.* Miscell. p. 59. et *Donat.* T. II. p. 231. nro. 3 *Spangenb.* nro. 9.

VI. *Libellus Decimi Secundini.*
»Decimus Secundinus — Opto bene valetis.«
Ap. *Spangenb.* nro. 79.

[V. *Fragmentum Testamenti Q. Laelii.*
»Vale conjux — coheredes sint.
Ap. *Spangenb.* nro. 1.

VI. *Caput ex testamento Cetraniae Severinae.*
»D. M. Cetraniae — committo.«
Ap. *Spangenb.* nro. 2.

VII. *Fragmentum e testamento Valerii.*
»Morte me Valerium — memores nostri.«
Ap. *Spangenb.* nro. 5.

VIII. *Fragm. e testamento.*
»cujus pater — alleget.«
Ap. *Spangenb.* nro. 8.

IX. *Gesta de aperiundo testamento.*
»tionem meam — codicellorum meorum.«
Ap. *Spangenb.* nro. 15.

X. *Codicillorum fragmenta.*
»item praecipio — captivo.«
Ap. *Spangenb.* nro. 19.

XI. *Donationis fragmentum.*
»inferendi in area — accessum suum.«
Ap. *Spangenb.* nro. 24.

XII. *Instrumentum donationis Jo. Spatarii.*
»qua praedictae eccl. Rav. — traditam vidi.«
Ap. *Marin.* Papiri. nro. 90. *Spangenb.* nro. 35.

XIII. *Instrumentum donationis Xanthippes.*
»noto rogatorioque — complevi et absolvi.«
Ap. *Marini* Pap. nro. 91. *Spangenb.* nro. 36.

XIV. *Instrumentum donationis Stephani.*
»me haec omnia — Sermisiani.«
Ap. *Marini* Pap. nro. 92. *Spangenb.* nro. 37.

XV. *Gesta de alleganda donatione Vigilio facta.*
»ad me ex parentum — publicum officium.«
Ap. *Marini* nro. 107. *Spangenb.* nro. 40.

XVI. *Fragmentum instrumenti donationis.*
»reliquit damnum — signum.«
Ap. *Marini* nro. 108. *Spangenb.* nro. 41.

XVII. *Instrumentum donationis Johannis et Stephaniae.*
»Attalianus Dom. — per sc̄a evangelia.«
Ap. *Marin.* Pap. nro. 109. *Spangenb.* nro. 42.

XVIII. *Fragm. instrumenti donationis Octatiani.*
»Actum Ravenna — contradidi.«
Ap. *Marin.* Pap. nro. 112. *Spangenb.* nro. 43.

XIX. *Fragm. donationis Wililianae.*
Ap. *Marini* Prefaz. Pap. p. XVII. *Spangenb.* nro. 44.

XX. *Fragm. instrumenti venditionis Mauri et Petroniae.*
»estis subscribsi — fundi Paonini.«
Apud *Marin.* nro. 124. *Spangenb.* nro. 58.

XXI. *Fragm. instrum. venditionis.*
»ingredi — dante, num.«
Apud *Marin.* nro. 125. *Spangenb.* nro. 59.

XXII. *Fragm. instrumenti venditionis, fil. Theodoracii.*
»ambo — tribu . . . plavi.«
Apud. *Marin.* nro. 128. *Spangenb.* nro. 60.

XXIII. *Instrumentum emphyteuseos.*
»Rav. Eccl. — temporib. monitione.«
Ap. *Marin.* nro. 130. *Spangenb.* nro. 62.

XXIV. *Chartula damnatae litis.*
»ex re promi — Andreas v. h. qui.«
Ap. *Marini* nro. 131. *Spangenb.* nro. 75.

XXV. *Gesta de manumissione servorum.*
»e . . oblac . . — nibus om.«
Ap. *Marini* nro. 141. *Spangenb.* nro. 76.

XXVI. *Sententia lata inter heredes Patulcii et Aelium Rufinum.*
»In his aedificiis — testatur marmor.«
Ap. *Spangenb.* nro. 82.

XXVII. *Complurium testamentorum capita e lapidibus*
Ap. *Spangenb.* Omissa. nro. 1 — 24.

XXVIII. *Constitutio servitutis habitationis.*
»In his praediis — feliciter.«
Ap. *Spangenb.* Omissa. p. 398. sq.

XXIX. *Instrumentum quoddam.*
»L. Servaeus Longinus — M. Castricius Mysticus.«
E *Melchiorrii* et *Viscontii* Silloge d'iscrizioni, ap. *Spangenberg.* »Lehre vom Urkundenbeweis.« Tom. II. p. 301.

XXX. *Tabula missionis honestae.*
»qui sunt in Britannia — singulas.«
In »Archaeologia or miscellaneous tracts relating to Antiquity, published by the Society of Antiquaries of London. Volume XVIII. (Lond. 1817. 4.). p. 438. *Haubold.* Opuscul. academ. T. II. p. 803.

XXXI. * *Legis incertae fragmentum.*
Ap. *Blumium* Itinere Italico. T. II. p. 87.]

Sp.

ANTIQUITATIS ROMANAE
MONUMENTA LEGALIA GENUINA
EXTRA LIBROS JURIS ROMANI
SPARSA.

INSUNT.

I.

FRAGMENTUM LEGIS SILIAE
DE PUBLICIS PONDERIBUS.
(A. V. C. 510.)

1. *Sex. Pompeji Festi* de Verborum significatione Libri XX. ex bibl. *Ant. Augustini* (Venet. 1559. 8.) v. *publica pondera;* et in *Augustini* Opp. T. VII. p. 608.
2. Iidem cum *Jos. Scaligeri* castigationibus (Paris. 1576. 8.) l. l.
3. Iidem cum notis *Fulvii Ursini* (Rom. 1581. 8.) l. l.
4. *Anton. Augustini* Lib. de Legibus; Opp. T. I. p. 86.
5. *Fulvii Ursini* Notae ad *Augustini* l. l. in *Huj.* Opp. T. I. p. 154. sq.
6. *Chr. Gfr. Hoffmanni* Histor. jur. Romano-Justinianei. Vol. I. P. I. (Ed. II.) p. 188.
7. *Terrasson* Hist. de la jurispr. Rom. (Paris. 1750. f.) Adp. p. 5.

Festus Lib. XIV. de verborum significatione v. *Publica pondera* p. 391. sq. ed. *Andr. Dacerii:* — »*Junius in* .... *quod duo Sillii P. et M. Tribuni PL. rogarint his verbis:* «

Ex ponderibus publicis, quibus hac tempestate populus oetier qui solet, vti coaequatur sedulum, vt hi. quadrantal vini octoginta pondo siet. congius vini decem P. IS. Sex sextarii congius siet vini. duodequinquaginta sextarii quadrantal siet vini. Sextarius aequus aequo cum librario siet. sex de quinque librae in modio sient. si quis magistratus adversus hac

D. M. pondera modiosque, vasaque publica, modica, minora, maioraue faxit iussitue re fieri, dolumue adduit, quod ea fiant, cum quis volet magistratus multare, dum minore patris familias taxat. liceto; siue quis in sacrum iudicare voluerit, liceto.

Idem Fragmentum ex restitutione *Jos. Scaligeri:*

Ex ponderibus pobliceis, quibus hac tempestate popolus oetier solet, vtei coaequetur se dolo m. quadrantal vinei octoginta pondo siet, congius vinei decem P. siet, sex sextari congius siet vinei, duodequinquaginta sextari quadrantal siet vinei. Sextarius aequus cum librario siet, sexdequimq. [1]) librae in modio sient.

Si quis magistratus aduersus haec d. m. [2]) pondera modiosque vasaq. poblica, modica, minora maioraue faxit iussitue [3]) fieri, dolumue adduit, quo [4]) ea fiant, eum quis volet magistratus multare, vtei dum minore patris [5]) familias taxat liceto, siue quis in sacrum iudicare [6]) voluerit, liceto.

---

[1]) i. e. *sexdecimque.* [2]) *dolo malo.* [3]) imo *iusseritue* propter sequens *re.* [4]) schedae: *quod.* [5]) schedae habent *patri familias;* unde *Fulv. Ursinus* certe emendauit: *parte familias.* [6]) forte *dedicare.*

II.

FRAGMENTUM LEGIS PAPIRIAE

DE SACRAMENTO.

(Forte A. V. C. 511.)

1. *Franc. Hotomani* Legum Romanarum Index v. *L. Papiria.* Opp. T. III. p. 223.
2. *Hadr. Turnebi* Lib. XXIX. Adversarior. (Paris. 1564. 65. 4.) c. 36.
3. *Petri Pithoei* Lib. I. Adversar. subsecivor. (Par. 1565. 4.) c. 18. Opp. p. 394 — 398.
4. *Jos. Scaligeri* Not. ad *Festi* Lib. XVII. de V. S. v. *sacramentum.*
5. *Ant. Augustini* Lib. sing. de Legibus; Opp. T. I. p. 75.
6. *Fulv. Ursini* Not. ad. *Augustini* l. l. in *Huj.* Opp. T. I. p. 155.
7. *Hoffmanni* l. l. p. 164. sq.
8. *Jo. Frid. Schreiteri* Diss. I. Sacramentorum in veteris Romae judiciis sollemnium antiquitates. (Lips. 1740. 4.) §. 7 — 9. p. 22 — 23.

Festus Lib. XVII. de V. S. v. *Sacramentum* p. 469. ed. Dacer. — »*qua de re lege L. Papirii Tribuni plebis sanctum est his verbis:*«

Quicumque Praetor post hoc factus erit, qui inter ciues ius dicet, tres viros (capitales) populum rogato, iique tres viri . . quicumque . . . . . . facti erunt, sacramenta ex . . . . iudicantoque, eodemque iure sunto, vti ex legibus, plebeique scitis exigere, iudicare, esseque oportet.

1*

Idem Fragmentum ex restitutione *Jos. Scaligeri:*

Queicumq. Praetor posthac factus erit, quei inter ceiveis ious dicet, tresuiros capitaleis popolum rogato, iiq tresuirei *capitaleis,* queicumq. *posthac* factei erunt, sacramenta *exigunto,* iudicantoq., eodemq. ioure sunto, vtei ex legib. plebeiq. sciteis exigere, iudicare esseq. oportet.

III.

SENATUSCONSULTUM

DE BACCHANALIBUS.

(A. V. C. 568.)

Repertum a. 1640. in vico quodam Calabriae (*Terra di Teriolo*), hinc Neapolin, et tandem in Museum Caesareo-Vindobonense translatum, ubi hodienum servatur. Editum 1) a *Jac. Gronovio* post Praefationem Ciceronis Opp. praemissam; 2) a *Fabretto* Inscriptt. c. 6. n. 1. p. 427 [1]); 3) a *Matth. Aegyptio* [2]) sub titulo: »SC. de Bacchanalibus, seu aeneae vetustae tabulae Musei Caesarei Vindobonensis explicatio.« Neap. 1729. f. et in *Poleni* Suppl. utriusque Thesauri T. I. p. 735 — 908; quod opusculum in compendium misit *Arn. Drakenborchius* T. VII. editionis Livii p. 197 — 218. Cum interpretatione maxime orthographica novissime descriptum est; 4) in *Geo. Frid. Grotefend*, lateinische Grammatik für Schulen. T. II.

---

[1]) *Gronovius* SCtum hocce primus edidit 1692. ex apographo, desumto e bibliotheca *Joh. de Wit*; *Fabrettus* 1699. ex altero apographo pictoris *Augustini Scillae*. Apographa illa pro fundamento erant editionum, in *Livio* Hearnii 1708. Tom. VI. p. 237. Clerici 1710. Tom. V. ad pag. 460, in *Scip. Maffei* Istoria diplomatica 1727. p. 125, in *Corn. van Bynckershoeck*, Comment. de cultu religionis peregrinae 1729. — *Aegyptii* editionem sequuntur praeterea *J. N. Funccius* in Orig. ling. lat. 1735. Tom. I. p. 326. *Muratorius* Thesaur. Inscript. 1739. Tom. II. Class. VIII. p. DLXXVII. *John Taylor*, Elements of the civil Law. Lond. 1755. 4. p. 546 — 584, qui amplum adjecit commentarium; tum *Terrasson*, Hist. de la jurisprudence Romaine. (Paris. 1750.) Adp. p. 3 — 5. *Sp.*

[2]) De Matthaeo Aegyptio, hujus tabulae editore et interprete conf. *Geo. Henr. Martini* in Exc. IX. ad *Jo. Aug. Ernesti* Archaeolog. literariam, p. 201. sq., ubi laudat opus: »Vicende della coltura nelle due Sicilie« di *Pietro Napoli Signoretti*. Vol. V. (Neap. 1786.), quod plura de illo viro doctissimo continet.

p. 297 — 302. Ed. III. (Francof. ad M. 1820. 8.); nec non 5) in *Franc. Fiedler*, Geschichte des römischen Staats und Volkes. (Leipz. 1821. 8.) p. 370. sq.

---

1. [1]) MARCIVS . L. F. S. POSTVMIVS . L. F. COS . SENATVM. CONSOLVERVNT . N. [2]) OCTOB . APVD . AEDEM
2. DVELONAI . SC. [3]) ARF. [4]) M. CLAVDI . M. F. L. VALERI. P. F. Q. MINVCI . C. F. DE . BACANALIBVS QVEI . FOIDERATEI
3. ESENT . ITA . EXDEICENDVM . CENSVERE . NEIQVIS . EORVM . SACANAL. [5]) HABVISE . VELET . SEI . QVES
4. ESENT . QVEI . SIBEI . DEICERENT NECESVS. [6]) ESE . BACANAL . HABERE . EEIS . VTEI . AD . PR . VRBANVM
5. ROMAM . VENIRENT . DEQVE EEIS . REBVS . VBEI . EORVM . VTR . A. [7]) AVDITA . ESENT . VTEI . SENATVS
6. NOSTER . DECERNERET . DVM . NE . MINVS . SENATORBVS. C. ADESENT. A RES . COS DLERETVR [8])
7. BACAS. [9]) VIR NE QVIS . ADIESE. [10]) VELET . CEIVIS. ROMANVS . NEVE . NOMINVS . LATIN NEVE . SOCIVM
8. QVISQVAM . NISEI . PR . VRBANVM . ADIESENT . ISQVE. DE . SENATVOS . SENTENTIAD . DVM . NE
9. MINVS . SENATORIBVS . C. ADESENT . QVOM . EA . RES. COSOLERETVR . IOVSISENT CENSVERE
10. SACERDOS . NE QVIS . VIR . ESET . MAGISTER . NEQVE VIR NEQVE . MVLIER . QVISQVAM . ESET
11. NEVE . PECVNIAM . QVISQVAM . EORVM . COMOINEM. ABVISE . VELET . NEVE . MAGISTRATVM
12. NEVE . PROMAGISTRATVO . NEOVE [11]) VIRVM . NEQVE MVLIEREM . QVIQVAM. [12]) FECISE . VELET
13. NEVE . POSTHAC . INTER . SED. [13]) CONIOVRASE . NEVE. COMVOVISE . NEVE . CONSPONDISE.

---

[1]) Excidit praenomen *Q.* [2]) *Nonis.* [3]) *Scribendo.* [4]) pro *adf.* i. e. *adfuerunt,* vt infra saepius, etiam lin. 24. in *avrorsum.* [5]) *Bacchanal.* [6]) *necessum.* [7]) error fabrilis pro *verba.* [8]) leg. *cosoleretur,* vt lin. 9. pro *consuleretur.* [9]) pro *Bacchanalibus.* [10]) *adesse* h. l. nam alias haec verbi forma respondet τῷ *adiisse,* vt lin. 8. *adiesent* pro *adiissent.* [11]) vitio scribentis pro *neque.* [12]) *quisquam.* [13]) pro *se,* vt rursus lin. 14.

14. NEVE. CONPROMESISE VELET NEVE. QVISQVAM. FIDEM INTER. SED. DEDISE. VELET
15. SACRA. IN. DQVOLTOD.[14] NE QVISQVAM. FECISE. VELET. NEVE. IN. POPLICOD. NEVE. IN
16. PREIVATOD. NEVE. EXSTRAD. URBEM. SACRA. QVISQVAM. FECISE. VELET. NISEI
17. PR. VRBANVM. ADIESET. ISQVE. DE. SENATVOS. SENTENTIAD. DVM. NE. MINVS
18. SENATORIBVS. C. ADESENT. QVOM. EA. RES. COSOLERETVR. IOVSISENT. CENSVERE
19. HOMINES. PLOVS. V.[15] OINVORSEI.[16] VIREI. ATQVE MVLIERES. SACRA. NE. QVISQVAM
20. FECISE. VELET. NEVE. INTER. IBEI.[17] VIREI. PLOVS DVOBVS. MVLIERIBVS. PLOVS. TRIBVS
21. ARFVISE. VELENT. NISEI. DE. PR. VRBANI. SENATVOSQVE. SENTENTIAD. VTEI. SVPRAD
22. SCRIPTVM EST. HAICE. VTEI. IN. COVENTIONID.[18] EXDEICATIS. NE. MINVS. TRINVM
23. NOVNDINVM. SENATVOSQVE. SENTENTIAM. VTEI. SCIENTES. ESETIS. EORVM
24. SENTENTIA. ITA. FVIT. SEI. QVES.[19] ESENT. QVEI. ARVORSVM. EAD. FECISENT. QVAM. SVPRAD
25. SCRIPTVM. EST. EEIS. REM. CAPVTALEM. FACIENDAM. CENSVERE. ATQVE. ITEI
26. HOCE. IN. TABOLAM. AHENAM INCEIDERETIS. ITA. SENATVS. AIQVOM. CENSVIT
27. VTEIQVE. EAM. FIGIER. IOVBEATIS. VBEI. FACILVMED.[20] GNOSCIER. POTISIT.[21] ATQVE
28. VTEI. EA. BACANALIA. SEI. QVA SVNT. EXSTRAD QVAM. SEIQVID. IBEI. SACRI. EST
29. ITA. VTEI. SVPRAD. SCRIPTVM EST. IN. DIEBVS. X QVIBVS. VOBEIS. TABELAI.[22] DATAI
30. ERVNT. FACIATIS. VTEI. DISMOTA. SIENT. IN AGRO TEVRANO.

---

[14]) i. e. *occulto.* [15]) *V* pro *quinque.* [16]) *universi.* [17]) *interibi* pro *interea.* [18]) *conventionibus.* [19]) *qui.* [20]) *facillime.* [21]) *potis sit* pro *possit.* [22]) *tabellae.*

IV.

SENATUSCONSULTUM
DE PHILOSOPHIS ET RHETORIBUS
A. U. C. 592 [1]).

Relatum a *Suetonio* de claris rhetoribus c. I. et hinc a *Gellio* N. A. XV. 11., deinde ap. *Fulv. Ursinum* in not. ad *Aug*.

Suetonius l. c. Rhetorica quoque apud nos, perinde atque grammatica, sero recepta est, paullo etiam difficilius; quippe quam constet nonnumquam etiam prohibitam exerceri. Quod ne cui dubium sit, vetus Senatusconsultum [2]), item Censorium edictum subjiciam:

C. Fannio Strabone, M. Valerio Messalla Consulibus, M. Pomponius Praetor Senatum consuluit. Quod verba facta sunt de Philosophis et de Rhetoribus, de ea re ita censuerunt: ut M. Pomponius Praetor animadverteret, curaretque, uti ei e republica fideque sua videretur, ut Romae ne essent.

---

1) Potius 593.

2) Conf. *Casaubonum* ad h. l. (Adscribam notam *Wolfii:* »Apud Gellium vero, quod de *Latinis rhetoribus* inscribitur, acute dubitat Pighius, an potius ad Graecos homines pertinuerit, et vox *Latinis* ejicienda sit. Nam quum in proximo Edicto, ad 70 aa. post facto, novum dicatur genus rhetorum Latinorum, priores illos magistros verisimile est Graecos fuisse. Quae his obloquitur ad Gellium Gronovius, minime tanti sunt, ut error non videatur subesse sive librarii sive scriptoris ipsius. Ut enim Graecos rhetores putes Latina lingua usos esse, non ideo Latini dici potuerunt; at Ciceronis aetate demum Latine doceri coeptum esse, paullo post relatum legemus.«

Caeterum monendum, ad verba: *de ea re censuerunt,* notasse Casaubonum: »Insere ante haec verba e libris Achillis Statii, S. CON., atque totum locum ita scribe ac lege, S. CON. D. E. R. I. C. *Senatus consultus de ea re ita censuit.*«)

Sp

De iisdem interjecto tempore Cn. Domitius Aënobarbus et L. Licinius Crassus Censores ita edixerunt:

Renunciatum est nobis — non placere.

Gellius l. c. C. Fannio Strabone, M. Valerio Messala Coss. Senatusconsultum de philosophis et de rhetoribus Latinis factum est:

M. Pomponius Praetor — ne essent.

Aliquot deinde annis post id Senatusconsultum Cn. Domitius Aënobarbus et L. Licinius Crassus de coërcendis rhetoribus Latinis ita edixerunt:

Renuntiatum est nobis — non placere.

V.

LEGIS AGRARIAE, VULGO THORIAE, FRAGMENTA.

(A. U. 647.)

E tabula aenea opisthographa, quae in una parte Legem Thoriam, in altera Legem Serviliam tenebat. Supersunt hujus tabulae septem fragmenta discissa, quorum inscriptiones quatuordecim jam a *Fulvio Ursino* ad calcem *Ant. Augustini* de legibus libri, sed mirum in modum confusas edidit; partem eorum autem jam ante Ursinum *Carolus Sigonius* in libro de antiquo jure Italiae a se suppletam. *Clemens Aug. Carol. Klenze* fragmina illa, quae Serviliam legem spectant, conjunxit (conf. quae ad hanc legem dicturi sumus); eo praeeunte periculum fecimus in reconcinnandis tabulae partibus, quae ad legem Thoriam pertinent; dabimus insuper eam, prout *Carolus Sigonius* illas recensuit atque supplevit.

Apud *Ursinum* ipsae tabulae, ad Legem Thoriam pertinentes, hoc modo se excipiunt: IV. I. V. VII. VI. III. II; cum caeterae, scilicet: VIII. XI. XIV. XIII. XII. IX. X. Serviliae Legi adsignandae sint.

Praeter Ursinum singulas tabulas ediderunt, et quidem:

IV. ». . . *um cavitu — ique ipse*« (asservatam Neapoli museo Caprimontano, olim in museo P. Bembi, Patavii), 1) *Jacob. Mazochius* Epigrammat. antiq. urbis. f. 181. b. — 2) *Car. Sigonius* de antiquo jure Italiae (Venet. 1560. 4.[1]))

---

[1]) Nondum quidem in hac prima editione, sed potius in altera Parisiensi. 1576. monente *Klenzio* Fragm. Leg. Servil. pag. III. not. 2.
Sp.

II. 2. — 3) *Brisson.* de formulis. II. 23. — 4) *Gruterus* in Corp. Inscriptt. p. CCIII. — 5) *Steph. Vinandus Pighius* [2]) Annal. Tom. III. p. 63. (fragmentum solummodo) — 6) *Goesius* in Auctorib. rei agrar. p. 335—338. cum restitutione Sigonii; — 7) *Hoffmannus* in Hist. jur. p. 194 sqq.

I. »*pium fuit pro tribu — ger locus publicus erit*« (Neapoli ibidem), 1) *Sigonius* l. c. II. 2.— 2) *Brisson.* l. c. II. 23. — 3) *Just. Lipsius* in Auctario ad Corp. Inscriptt. *Mart. Smetii.* p. 7. — 4) *Gruterus* l. c. p. CCII. — 5) *Goesius* l. c. p. 329 — 335. cum supplem. Sigonii. — 6) *Hoffmannus* l. c. p. 192—194. — 7) *Mazochius* ad tabb. Heracleenses. p. II. p. 316—318.

V. »*atus ae — re in ious a.*« (Ibidem.) Particula a verbis »*atus ae — ei oppodu*« edita ap. *Brisson.* II. 29. accepta a Claudio Puteano; altera a verbis: »*vir quei ex h. l.*« a *Pighio* Annal. T. III. p. 137. Integram edidit *Gruter* l. c. p. CCV. 1. Conf. et *Meermann.* Diatr. de reb. mancipi. p. 175.

VII. »*in biduo proxsumo — s. fructus*« (olim Parisiis) ediderunt 1) *Brisson.* de formul. II. 31. — 2) *Lipsius* in Auctario p. 15 sq. — 3) *Joh. Jacob. Boissardus* Antiquitt. P. III. nro. 104. — 4) *Gruterus* p. DXII.

VI. »*s . . . eum agr — quantum numer*« (Neapoli ut nro. IV.) edita a *Grutero* p. CCV. 2. et DX. 1.

III. »*ano ex h. l. — tra eum ag . . . a.*« (Vindobonae, olim in castro Ambrasiano), edita 1) a *Grutero* p. CCVI. 1. — 2) a *Muratorio* in Nov. Thes. T. II. p. 574. in postica parte, ut

---

[2]) Qui eam habet pro fragmento Legis Liviae agrariae, scilicet M. Livii Drusi. Conf. et *P. Pithoei* Adversa. subseciva. II. 4.

fragmentum Legis Censoriae; — 3) a *Primissero* in: »Die kaiserl. königl. Ambras. Sammlung.

II. »*um agrum — possessio .. d*« (Ibidem), edita 1) a *Grutero* p. CCVI. 2. — 2) a *Primissero* l. c. — 3) a *Spangenbergio* Jur. Rom. tabulae negotiorum. uro. X. p. 71.

(IV.)

2 . .
3 . . . I
4 . . . EAT
5 . . . M. NO
6 . . . ER. LOCV
7 . . . XTRAQVE. E
8 . . . PASCET. QVAE
9 . . . NAVIT. ABALIENA
10 . . . ERE. POSSESIONEM
11 . . . QVOI. IS. AGER. VETER
12 . . . IAS. QVAE. POST. H. L. RO
13 . . . VBLICANO. PEQVNIA. SCRIP
14 . . . REIS. PASCETVR. POPVLO. AVT
15 . . . VM. PVBLICVM. POPVLI. ROMANEI. I
16 . . . GRVM. LOCVM. QVEI. AGER. LOCVS. E
17 . . . O. COLONIAM. DEDVXSIT. ITA. VTEI. S. S. ES
18 . . . RA. SCRIPTVS. EST. QVOD. EIVS. AGREI. LOCEI
19 . . . E. DEBETO. EI. QVEIQVOMQVE. ID. PVBLICVM. I
20 . . . BVS. VIEILDE. PVBLICEIS. PASTVM. INPVLSVM.
21 . . . VBLICO. IN. PRIVATVM. COMMVTATVS. EST. DE. E
22 . . . ER. TERRAM. ITALIAM. P. MVCIO. L. CALPVRNIO
23 . . . EIVE. SC. EXVE. FOEDERE. LICVIT. SED. FRAVDE. SV
24 . . . ET. IN. EVM. IVDICIVM. IVDICEM. RECVPERATOR
25 . . . E. PRO. COLONIA. MOINICIPIOVE. PROVE. MOIN
26 . . . MVE. OPORTEBIT. IT. VTEI. QVICQVID. QVOI EI
27 . . . ID. DE. EO. AGRO. LOCO. AMBIGETVR. COS. PR.
28 . . . I. CAVSA. DECERNANT. EIVS. H. L. N. R. QVOD. I
29 . . . O. AGRO. LOCO. IOVS. DEICITO. NEIVE. DECERN
30 . . . EM. FACITO. QVO. QVIS. PRO. AGRO. MINVS. A
31 . . . VIBVS. L. QVEI. CLASSIS. PRIMAE. SIENT. XI. DA
32 . . . MVE. FACTVM. NON. SIET. SEI. MAIOR. PARS. EO
33 . . . RIT. SEDVLO. MN. VTEI. IS. QVEI. IVDICATVS
34 . . . POSSIDEBIT. FRVETVR. QVAM. EX. H. L. LICEBIT
35 . . . SIQVAE. LEX. PLEBEIVE. SC. EST. QVAE. MAS. Q
36 . . . DECERNERE. OPORTEBIT. SED. FRAVDE. SVA. N
37 . . . PL. SC. QVOD. M. BAEBIVS. TR. PL. III. VIR. COL
38 . . . EXTRA. EVM. AGRVM. LOCVM. QVEI. AGER. LOC
39 . . . OPORTEBITVE. QVOD. EIVS. AGRI. LOCEI. QV
40 . . . QVEI. AERARIVM. PROVINCIAM. OPTINEB
41 . . . REM. QVOD. PRAES. FACTVS. EST. POP
42 . . . QVEI. AGER. LOCVS. IN. AFRICA. EST
43 . . . TVS. ERIT. QVOD. EIVS. AGRI. LO
44 . . . VE. AGRVM. LOCVM. QVEIQVO
45 . . . ER. LOCVS. IN. AFRICA. EST
46 . . . FACTVS. CREATVSVE. E
47 . . . PROFITEBITVR. COGN
48 . . . IQVE. IPSE . . . 51 . .

. . . .

. . . .

. . . .

V... 4 . . . .

OIVM... 5 . . . .

EA. RE. AD. SEN... 6 . . . .

POSSESIO. INVITO. MOR... 7 . . . .

RIT. EXTRA. EVM. EVM... 8 . . . .

PRIVATVS. SIET. QVOVE. MA... 9 . . . .

VEM. VETVS. POSSESOR. EX. LEGE. PLEBEIV... 10 . . .

NVS. ANNVM. GNATAE. ERVNT. POST. EA. QVA... 11 . .

HERES. EIVS. ABALIENAVIT. ABALIENAV... 12 . . . . .

NAVIT. REDDIDIT. QVOQVE. EIVS. AGRI. III... 13 . . . . .

RE. POSSESORE. DATVS. ADSIGNATVSVE. QVEIVE... 14

VNT. FACITO. VTEI. IS. QVEI. ITA. VI. EIECTVS. E... 15

GALVE. DET. DAREVE. DEBEAT. NEIVE. QVIS... 16 . . .

DARE. DEBEAT. AGER. LOCVS. PVBLICVS. POPV... 17

SIONE. VETVS. POSSESOR. PROVE. VETERE. POSSESO 18

IVE. SC. QVOD. C. SEMPRONI. TI. F. TR. PL. ROG. EXSCEP 19

M. AEDIFICIVM. DEDIT. REDDIDIT. ADSIGNAVIT. QVEI 20

PVBLICVM. POPVLEI. ROMANEI. ERIT. EXTRA. EVM. AG 21

DEMPTVM. CONDVCTVMVE. HABEBIT. BOVES. EQVI 22

A. ERIT. NEIQVID. POPVLO. NEIVE. PVBLICANO. P... 23

ES. LEX. ESTO. QVAM. SEI. IS. AGER. P. MVCIO. L. C... 24

T. EAS. FACIVNTO. PATEANT. VACVAEQVE. SIEN... 25

TO. QVOD. EX. H. L. ITA. VTEI. S. S. EST. IN. AGREIS. QVE.. 26

DARE. OPORTERET. SEI. QVIS. DE. EA. RE. IVDICIV... 27

NTVR. QVEI. IN. TRIENTABVLE... 28 . . . .

R. LICVIT. ITA. EI. HABERE... 29 . . . .

E. ERIT. DE. EA. RE. IVRIS... 30 . . . .

X. RECVPERATOR... 31 . . . .

DICIVM... 32 . . . .

TVRAM. V... 33 . . . .

RNOS. DV... 34 . . . .

ATORVM... 35 . . . .

OPORTEAT... 36 . . . .

. QVEM... 37 . . . .

38 . . . .

EIVE... 39 . . . .

NDAE... 40 . . . .

... 41 . . . .

TVM. EST... 42 . . . .

... 43 . . . .

S. EST... 44 . . . .

. PVBLICE... 45 . . . .

RRAM. ITALIAM. EST... 46 . . . .

T. POSSIDEBIT... 47 . . . .

AGRI... 48 . . . .

. . . .

. . . .

. . . .

1 ... PIVM.FVIT.PRO.TRIBV.Q.FABIVS.Q.F.PRIMVS.SCIVIT.QVEI.AGER.POPLICVS.
2 ... AGRVM.LOCVM.SVMPSIT.RELIQVITVE.QVOD.NON.MODVS.MAIOR.SIET.QVAM.QVANTVM.VNVM.HC
3 ... QVOI.EIQVE.DE.EO.AGRO.LOCO.EX.LEGE.PLEBEIVE.SC.III.VIR.SORTITO.CEIV'.ROMANO.DEDIT.A
4 ... DDITVS.EST. QVEI.AGER.PVBLICVS.POPVLI.ROMANEI.IN.TERRA.ITALIA.P.MVVCIO.L.CALPVRNI
5 ... IE.AGRI.LOCEI.PVBLICEI.IN.TERRA.ITALIA.QVOD.EIVS.EXTRA.VRBEM.ROMA.EST.QVOD.EIVS.IN.V
6 ... LEGE.PLEBIVE.SCITO.QVOD.C.SEMPRONIVS.TI.F.TR.PL.ROG.EXCEPTVM.CAVITVMVE.EST.NEI.DI
7 ... N.TERRA.ITALIA.III.VIR.DEDIT.ADSIGNAVIT.RELIQVIT.INVE.FORMAS.TABVLASVE.RETVLIT.REFERR
8 ... O.ITA.VTEI.CETERORVM.LOCORVM.AGRORVM.AEDIFICIORVM.PRIVATORVM.EST.ESTO.CENSORQVE
9 ... EST.NEIVE.QVIS.FACITO.QVO.QVOIVS.EVM.AGRVM.LOCVM.AEDIFICIVM.POSSESSIONEM.EX.LEGE.
10 ... IOVE.SENTENTIA.DEICITO.NEIVE.FERTO.QVO.QVIS.EORVM.QVOIVM.EVM.AGRVM.LOCVM.AEDIFI
11 ... S.VICANEIS.QVEI.IN.TERRA.ITALIA.SVNT.DEDERVNT.ADSIGNAVERVNT.RELIQVERVNT.NEI.QVIS.F
12 ... QVE.EVM.AGRVM.QVEM.EX.H.L.VENIRE.DARI.REDDIVE.OPORTEBIT.QVEI.AGER.LOCVS.AEDIFICIV
13 ... TEI.EST.SIET.EX.H.L.N.R. QVEI.AGER.LOCVS.PVBLICVS.POPVLI.ROMANEI.IN.TERRA.ITALIA.P.
14 ... SA.IN.EVM.AGRVM.AGRI.IVGRA.NON.AMPLIVS.XXX.POSSIDEBIT.HABEBITVE.S.AGER.PRIVATVS.ES
15 ... E.DATO.NEIVE.SOLVITO .... AGER.PVBLICVS.POPVLI.ROMANEI.IN.TERRA.ITALIA.P.MVCIO.L.CAI
16 ... ECERNITOQVE.VTEI.POSSESSIONEM.SECVNDO.EVM.HEREDEMVE.EIVS.DET.QVOI.SORTI.IS.AGER.I
17 ... S.QVEIVE.AB.EORVM.QVEI.EMIT.QVEI.EORVM.DE.EA.RE.ANTE.EIDVS.MARTIAS.PRIMAS.IN.IOVS
18 ... R.S.S.EX.POSSESSIONE.VI.EIECTVS.EST.QVOD.EIVS.IS.QVEI.EIECTVS.EST.POSSEDERIT.QVOD.N
19 ... PTO.EXVE.H.L.PRIVATVM.FACTVM.EST.ERITVE.PRO.EO.AGRO.LOCO.AEDIFICIO.PROQVE.SCRIPTV
20 ... QVOVE.QVID.OB.EAM.REM.POPVLO.AVT.PVBLICANO.DETVR.EXSIGATVRVE.NEIVE.QVIS.QVID.PO
21 ... C.A.D.X.E.K.OCTOBRIS ... INA.QVOM.AGRO.QVEI.TRANS.CVRIONE.EST.LOCAVERVNT.QVEI.IN.EO
22 ... D.OPPIDVM.COLONIAMVE.EX.LEGE.PLEBEIVE.SC.CONSTITVIT.DEDVXITVE.CONLOCAVITQVE.QVEM
23 ... QVOIVE.AB.EO.HEREDIVE.EIVS.IS.AGER.LOCVS.TESTAMENTO.HEREDITATI.DEDITIONIVE.OBVENIT
24 ... EREDEMVE.EIVS.DET.QVOI.III.VIR.EVM.AGRVM.LOCVM.PRO.EO.AGRO.LOCO.QVO.COLONIAM.DE
25 ... NEIVE.IS.AGER.COMPASCVOS.ESTO.NEIVE.QVIS.IN.EO.AGRO.AGRVM.OQVPATVM.HABETO.NEIVE
26 ... NVMERVS.PECVDVM.IN.H.L.SCRIPTVS.EST.LICETO.NEIVE.QVID.QVOI.OB.EAM.REM.VECTIGAL.NE
27 ... MMVTAVIT.QVO.PRO.AGRO.LOCO.EX.PRIVATO.IN.PVBLICVM.TANTVM.MODVM.AGREI.LOCEI.COM
28 ..... CENS.REDEMPTVM.HABENT.CENSORIBVS.QVEIQVOMQVE.POST.HAC.FACTEIS.ERVNT.EI.FACI ...
29 .... A.VTEI.S.S.EST.IN.AGREIS.QVEI.IN.ITALIA.SVNT.QVEI.P.MVCIO.L.CALPVRNIO.COS.PVBLICEIS.
30 .... QVIS.QVOD.EVM.EX.HAC.LEGE.FACERE.OPORTVERIT.NON.FECERIT.QVODQVE.QVIS.EORVM.
.... 31 ... SEIVE.QVAE.PRO.MOINICIPIEIS.COLO ...
.... 32 ... VENIT.OBVENERIT.QVIBVS.ANTE.H .....
.... 33 ..... QVEI.AGER.LOCVS.PVBLICVS.POP .....
.... 34 ... NITO.NEIVE.IVDICIVM.NEIVE..........
.... 35 ..... COS.PR.CENS.QVEI.QVOM..........
.... 36 ..... ESSE.VIDEBITVR.QVOI..........
.... 37 ..... DARIVE.OPORTERE.DE..........
.... 38 ..... QVAE.RES.SOLVTA.NO..........
.... 39 .... TENTIA..........
....
....
....
....
....

(VI.)

.... EVM.AGR 45
.... ANCEPS.PR 46
.... MAG.ROMANO 47
.... *M.AGRVM.LOCVM.M* 48
.... ETVS.ESTO.ISQVE AGE 49
.... OGATORVM.MILITES.IN.TERRA.ITA 50
.... E.REI.PROCVRANDAE.CAVSA.ERIT.IN.EV 51
..... IDEAT.FRVATVRQVE.ITEM.VTEI.*SEI.IS*.A 52
.... XXV.PROXSVMEIS.QVIBVS.ID.EDICTVM. 53
..... MVM.EMPTOR.SIET.AB.EO.QVOIVS.HOMIN...
..... PRAEFECTVS.MILESVE.IN.PROVINCIAM.E....
..... EI.CVRATOR.EIVS.PROFITEATVR.ITEM.VT....
..... T.QVOD.EDICTO.II.VIR.PROFESVS.EX.H.L.N.
..... LO.EI.CEIVI.ROMANO.TANTVNDEM.MOD....
..... EIS.AGREIS.ITA.RATIONEM.INITIO.ITAQVE...
..... ATA.FVISE.IVDICATO.NEIVE.VNIVS.HOMINIS.
.... SEVE.IVDICATO.QVAM.QVANTVM.NVMER.

Ad pag. 13.

(I.)

ANEI.IN.TERRAM.ITALIAM.P.MVVCIO.L.CALPVRN...
PLEBEIVE.SC.SIBEI.SVMERE...
.NON.IN.EO.AGRO.LOCO.EST.QVOD.VLT...
RA.EVM.AGRVM.QVEI.AGER.EX.LEGE...
CO.EST.QVOD.EIVS.III.VIR.DEDIT.ADSIGNAVIT.QVOD...
.QVOI.EIQVE.DE.EO.AGRO.LOCO.AGRI.LOCEI.AEDIFIC...
ER.LOCVS.AEDIFICIVM.OMNIS.QVEI.SVPRA.SCRIPTV...
.ERIT.FACITO.VTEI.IS.AGER.LOCVS.AEDIFICIVM.QVEI...
.ESSE.OPORTET.OPORTEBITVE.EVM.AGRVM.L...
EM.EX.LEGE.PLEBEIVE.SCITO.ESSE.OPORT...
.EI.OETANTVR.FRVANTVR.HABEANT.PO...
VIASIEIS.VICANISVE.EX.S.C.ESSE.OPORTET.OPORTEB...
RNIO.COS.FVIT.EXTRA.EVM.AGRVM.QVEI.AGER.EX.LEGE.PLEBEIVE...
VM.COMPASCVOM.PEQVDES.MAIORES.NON.PLVS.X.PASTEI.QVAI...
T.EIVS.AGRI.III.VIR.A.D.A.EX.LEGE.PLEBEIVE.SCITO.SORTITO.QVOI.CEIVI.ROMA...
VS.FVERIT.QVOD.EIVS.AGRI.NON.AB.ALIENATVM.ERIT.ITA.VTI.S.S.EST...
I.QVEM.EX.H.L.DE.EO.AGRO.IVS.DEICERE.OPORTEBIT.IS.DE.EA.RE.ITA.IOVS.DEICITO.D...
CLAM.NEQVE.PRECARIO.POSSEDERIT.AB.EO.QVEI.EVM.EA.POSSESSIONEM.VI.EIEC...
OD.IN.EO.AGRO.PASCITVR.POSTQVAM.VECTIGALIA.CONSTITERINT.QVAE.POST.H.L...
IGALIA.CONSISTENT.QVAE.POST.H.L.ROG.PRIMVM.CONSTITERINT.OB.EOS.AG...
VIS.ROMANVS.SOCIVMVE.NOMINISVE.LATINI.QVIBVS.EX.FORMVLA.TOGATORVM...
VE.PRO.EO.AGRO.LOCVMVE.DE.EO.AGRO.LOCO.QVEI.PVBLICVS.POPVLI.ROMANEI...
MIT.EMERITVE.QVEIVE.AB.EMPTORE.EIVS.EMIT.EMERITVE.IS.AGER.PRIVATVS.ESTO.QVE...
EDDIDIT.ASSIGNAVITVE.FACITOQVE.IS.PR.CONSOL.VE.QVO.DE.EA.RE.IN.IOVS.ADITVM.ER...
OMINVS.QVEI.VELIT.COMPASCERE.LICEAT.SEI.QVIS.FAXSIT.QVOTIENS.FAXIT.AGRI.IVGRA.SINGVLA...
.DEBETO. . QVOD.QVISQVE.PECVDES.IN.CALLEIS.VIASVE.PVBLICAS.ITINERIS.CAVSA.INDV...
.PRIVATVS.ITA.VTEI.QVOI.OPTVMA.LEGE.PRIVATVS.EST.ESTO..QVEI.AGER.EX.PRIVA...
EM.PRO.PATRITO.REDEMPTVM.HABEANT.P.P.SVPSIGNENT....II.VIRVM.QV...
MANO.FACER.LICEBIT.ITEM.LATINO.PEREGRINOQVE.QVIBVS.M.LIVIO.L.CALPVRNIO...
VE.MAG.QVOD.EA.RE.IN.IOVS.ADITVM.ERIT.QVOD.EX.H.L.PETETVR.ITEM.IVDICIVM.IVDI...
ATINI.POPLICE.DEVE.SENATI.SENTENTIA.AGER.FRVENDVS.DATVS....
ERE.FRVI.POSSIDERE.DEFENDERE.LICVIT.EXTRA.EVM.AGRVM.LOCV...
.P.MVCIO.L.CALPVRNIO.COS.FVIT.QVOD.EIVS.AGRI.LOCI.EX.LEGE...
PERATORES.DATO.NISEI.COS.PR.VE.QVOD.VADIMONIVM.EIVS.RE...C....
VDICI.IVDICIS.RECVPERATORVM.DATIO.I.V.E.E.R.P.F.S.V...
DAT.E.H.L.N.R.QVOI.PVBLICANO.E.H.L.PEQVNIA.DEBEBITVR...
VE.PR.QVO.IN.IOVS.ADIERINT.IN.DIEBVS.X.PROXSVMEIS.QV...
ET.IVDICATAVE.NON.SIET.QVOD.EIVS.PRAEVARICATIONV...
CANDAE.MAXSVME.VERVM.ESSE.COMMPERRIT.FACITOQV...
SSIDERE.FRVIVE.VETET.QVASVE.IN.LEGES.PL.VE.SC.DE.EA.R...
S.PETERE.CAPERE.GERERE.HABEREQ.LICETO.NEIVE.Q...
A.FACERE.LICETO.INQVE.EAS.LEGES.PL.SC.DE.EA.RE.QVOD.EX...
DIT.ADSIGNAVITVE.QVEMVE.AGRVM.LOCVM.DE.EO.AGRO.LO...
VM.ESSE.FVISEVE.IOVDICAVERIT.VTEI.IN.H.L.SC.EST.QVEI.L...
.QVEM.EX.H.L.COLONEI.EIVE.QVEI.IN.COLONEI.NVMERO...
EDIAQVE.SOLVTI.SVNTO.EAQVE.NOMINA.MANCVP...
EO.AGRO.LOCO.PEQVNIA.NEIVE.PRAEVIDES.NEI...
ESVE.FACTVS.EST.QVODQVE....EDIVM.OB...
VATVS.VECTIGALISQVE....
E.SOLENT.EIS.P....
OCVM.IN...
PVBLI...

(V.)

...ATVS.AE... 11
...OQVE.EIVS.AGRI.
...T.PLANVM.FACIET.F
...DDITO.QVOD.IS.EMPT
...ACTVS.ERIT.HS.N.I.EMPT
...RO.LOCO.QVEI.AGER.LOCV
...EVE.COMPERIETVR.HEREDESVE
...S.ADIVDICAVERIT.TVM.TANTVND
...EQVNIAE.ADSIGNATVM.DISCRIPTVM
...VTEIQVE.IN.H.L.S.E.NEIVE.QVOD.PE
...VM.FIAT.NEIVE.QVIS.MAG.NEIVE.PRO.
...VENIERIT.POPVLO.SOLVTA.NON.ERIT.IS.P
...PRAEDIVM.ANTE.EA.OB.EVM.AGRVM.LOCVM.
...A.AGER.LOCVS.IN.AFRICA.EST.QVEI.ROMAE.P
...REATVSVE.ERIT.FACITO.QVANTVM.AGRI.LOCI.QV
...VIR.QVEI.EX.H.L.FACTVS.CREATVSVE.ERIT.IS.IN.DIEB
...ROMANEI.ESSE.OPORTET.OPORTEBITVE.IS.STIPENDIARI
...MVTATVS.REDDITVSVE.NON.ERIT.EXTRAQVE.EVM.AGR
...EXTRA.EVM.AGRVM.QVEI.AGER.EX.H.L.PRIVATVS.FACTV
...EREIS.REGIS.MASSINISSAE.DEDIT.HABEREVE.FRVIVE.IV
...PECORE.EX.LEGE.SEMPRONIA.DARE.NON.SOLITEI.SVN
..SCRIPTVRAM.POPVLO.AVT.PVBLICANO.ITEM.DARE.DEBE
..RIS.TER.TANTI.INVITO.EO.QVEI.DABIT.ACCIPITO.FACIT
...LOCVS.POPVLORVM.LEIBERORVM.PERFVGARVM.NON
...MQVE.PECORIS.DARE.DEBETO.NEIVE.AMPLIVS.EA.
...VS.POPVLO.DARE.DEBEAT.SOLVATQVE.E.H.L.
...EX.LEGE.DICTA.QVAM.L.CAECI.CN.DOM.CEN
...OMINVS.EA.LEGE.SIENT.PAREANTQVE.QV
...GRVM.IN.EO.NVMERO.AGREI.PROFESSV
...ACTVM.EST.VTEI.BONA.QVAE.HABVI
...FRVITVRVE.QVEM.AGRVM.‖POSSESS
...IS.AGER.EX.S.C.DATVS.ADS‖IGNA
...OS.COMPORTENT.QVIBV‖S.EX.
...VODQVE.IN.EO.AGRO.LO‖CO.
...S.QVIBVS.EX.H.L.‖VIR.F
...QVEM.EX.H.L.‖VENIR
...SVE.LOCV...‖Q.EIQ
‖...AG
‖...VID
‖...DIB
‖......I

E... 12

TVM.ESSE.Q... 13

QVOD.EIVS.PVBLICE.NON.VENIER... 14

E.AGER.LOCVS.PRIVATVS.VECTIGALISQVE.IN... 15

ST.QVOD.EIVS.PVBLICE.NON.VENIEIT.EI.HE... 16

O.QVEI.AGER.IN.AFRICA.EST.PRO.EO.AGRO... 17

RI.EI.QVOI.ITA.EMPTVM.ESSE.COMPERIE... 18

E.IN.TABVLEIS.PVBLICEIS.EST.ERIT... 19

M.REM.PROPIOREM.DIE.EX.ACTVM.ER... 20

NEIVE.QVIS.SENATOR.DECERNITO.O... 21

LOCO.IN.DIEBVS.LXX.PROXSVMEIS.EA... 22

BLIGATVM.ERIT.IN.PVBLICV... 23

T.VENIERITVE.QVOD.EIVS.AGRI... 24

OPVLI.LEIBEREI.INVE.EO.AGRO... 25

MEIS.QVIBVS.FACTVS.CREATVSVE.ERIT.FACITO.QVAM... 26

IETVE.IDQVE.IN.FORMAS.PVBLICAS.FACITO.VTEI... 27

R.VLTRA.FINIS.POPVLORVM.LEIBERORVM.VTICENSIVM... 28

O.AGRO.LOCO.AGER.LOCVS.REDDITVS.COMMVTATVSVE... 29

.EVM.AGRVM.LOCVM.VEEI.OPPODVM.CHA... 30

EIS.EX.H.L.DATVS.REDDITVS.COMMVTATVS.ER... 31

EO.AGRO.LOCO.QVEM.AGRVM.LOCVM.POPVLVS... 32

.H.L.PRAEDIA.DEDERIT.VTEI.EI.SATIS.SVPSIG... 33

EO.AGRO.AEDIFICIO.LOCOQVE.EX.LEGE.DICTA... 34

ITERVE.DARE.DEBETO.PEQVSQVE.N... 35

ROVE.MAG.QVEIVE.PRO.EO.INPERIO.IVDICIO... 36

VM.AGRORVM.VECTIGALIA.FRVENDA.LOCAVERVNT... 37

.PAPERIVS.COS.EIS.VENDVNDEIS.E.H.L.N.R.QVEI... 38

N.NVMERO.EVM.AGRVM.QVEM.IS.QVOI.ADSIGNA... 39

VE.QVEI.EIS.PVBLICE.ADSIGNATVS.ESSET.HABERENT... 40

IVS.||VE.AGRI.POSSESIONISVE.SVPERFICIVM.Q.PR.VE.PV... 41

REI.QVEI.S||.S.POSSESIONESQVE.EA.OMNIA.EORVM.H... 42

VS.DATVS.RED||DITVS.COMMVTATVS.ADSIGNATVS... 43

IET.QVAE.ME||SSIS.VINDEMIAQVE.P.CORNELIO.L.C... 44

SVE.ERIT.A...||M.LOCVM.QVEI.CORINTHIORVM... 45

OMNEM.ME..||...DVM.TERMINOSQVE.STATVI... 46

EM.DEICITO.V...||...ECTVM.SIET.FACITOQVE... 47

CI.QVOI.EIQV..|| 38 ...ERIT.IS.EIVS.PEQVNIAE.O... 48

GIS.SOLVTEI.SVN...|| 39 ...NOMINA.MANCVPV... 49

I.PERSEQVTIO.E...|| 40 ...AGER.LOCVS.EDI... 50

ESTO.PL...|| 41 ...RE.IN.IOVS.A... 51

(VII.)

1 ... IN . BIDVO . PROXSVMO . QVO ...
2 ... M . ADSIGNATVM . SIET . IDQVE . QVOM ...
3 ... CALPVRNI . COS . FACTA . SIET . QVOD . EIVS . POSTEA ...
4 ... MERO . SCRIPTVS . EST . DATVS . ADSIGNATVSVE . EST . QVODVE . EI
5 ... O . EDICTO . VTEI . IS . QVEI . AB . BONORVM . EMPTORE . MAGISTRO . CV
6 ... CVM . NEIVE . EMPTVM . NEIVE . ADSIGNATVM . ESSE . NEIVE . FVISE . IVDIC
7 ... QVEI . AGER . PVBLICE . NON . VENIEIT . DARE . REDDERE . COMMVTAREVE . L
8 ... ET . NEIVE . VNIVS . HOMINIS . NOMINE . QVOI . EX . LEGE . RVBRIA . QVAE . FVIT .
9 ... MERO . SCRIPTVS . EST . AGRVM . QVEI . IN . AFRICA . EST . DARE . OPORTEBIT . LICV
10 ... GENDAE . IN . AFRICA . HOMINVM . IN . COLONIAM . COLONIASVE . DEDVCI . OPORTVIT
11 ... S . AGRI . EX . H . L . ADIVDICARI . LICEBIT . QVOD . ITA . COMPERIETVR . ID . EI . HEREDEIV
12 ... EST . AB . EO . QVOIVS . EIVS . AGRI . LOCEI . HOMINIS . PRIVATI . VENDITIO . FVIT . TVM . QV
13 ... NEQVE . HERES . EIVS . NEQVE . QVOI . IS . HERES . ERIT . ABALIENAVERIT . QVOD . EIVS . AGRI .
14 ... AGER . LOCVS . QVEI . EI . EMPTVS . FVERIT . PVBLICE . VENIET . TANTVNDEM . MODVM . AGRI .
15 ... SCRIPTVM . EST . ESTO .... QVOI . COLONO . EIVE . QVEI . IN . COLONEI . NVMERO . SCRIPTVS .
16 ... VS . II . VIR . QVEI . EX . H . L . FACTVS . CREATVSVE . ERIT . REDDITO . QVOI . COLONO . EIVE . QV
17 ... TO . QVOI . EIQVE . ITA . REDDIDERIT . EI . ADSIGNATVM . FVISSE . IVDICATO . QVOI . AGRVM . DE .
18 ... VS . PROCVRATORVE . EIVS . HEREDIVE . QVOIVS . EORVM . DE . EO . AGRO . QVEI . AGER . IN . AFRICA . EST
19 ... NIAM . POPVLO . EX . EID . MART . QVAE . POSTEA . QVAM . VECTIGALIA . CONSISTENT . QVAE . POS
20 ... NE . IN . H . L . S . E . IS . QVEI . PEQVNIAM . POPVLO . DARE . DEBEBIT . EI . QVEI . EO . NOMINE . AB . POPV
21 ... QVAE . PRO . AGREIS . LOCEIS . AEDIFICIEIS . QVAI . S . S . S . POPVLO . DEBETVR . DEBEBITVRVE . A
22 ... QVAE . S . S . S . ARB . PR . QVEI . INTER . CEIVES . TVM . ROMAE . IOVS . DEICET . SATIS . SVPSIGNATO
23 ... T . AGRVM . LOCVM . QVO . PRO . AGRO . LOCO . SATIS . EX . H . L . ARB . PR . SVPSIGNATVM . NON . E
24 ... EIS . LEIBEREIS . IN . AFRICA . SVNT . QVEI . EORVM . AMEICITIAM . POPVLI . ROMANEI . BELLO . PO
25 ... OCVS . PERFVGEIS . DATVS . ADSIGNATVSVE . EST . CEIVIS . ROMANEI . EX . H . L . FACTVM . ERIT . Q
26 ... LEGE . LIVIA . FACTEI . CREATEIVE . SVNT . FVERVNTVE . EIS . HOMINIBVS . AGRVM . IN . AFRICA .
27 ... R . E . E . V.   II . VIR . QVEI . EX . H . L . FACTVS . CREATVSVE . ERIT . IS . FACITO . IN . DIEBVS . CCC
28 ... AMPSITANORVM . LEPTITANORVM . AQVILLITANORVM . VSALLITANORVM . TEVDALENSIVM . Q
29 ... QVAE . EVM . AGRVM . LOCVM . QVEM . II . VIR . EX . H . L . STIPENDIARIEIS . DEDERIT . ADSIGNAVER
30 ... EVM . AGRVM . LOCVM . QVEM . X . VIREI . QVEI . EX . L . LIVIA . FACTEI . CREATEIVE . FVERVNT . V
31 ... POSSIDEBIT . FRVETVRVE . PRO . EO . AGRO . LOCO . NEIVE . VECTIGAL . NEIVE . DECVMAS . NEI .
32 ... M . AGRVM . LOCVM . CEIVIS . ROMANVS . EX . H . L . POSSIDEBIT . DARE . OPORTEBIT . PR . QVOIVS .
33 ... SIT . QVOMINVS . EX . H . L . PRAEDIVM . QVEI . QVOMQVE . VELIT . SVPSIGNET . PEQVNIAMVE . SOL
34 ... S . AGRI . AEDIFICI . LOCI . VECTIGALIBVSVE . PVBLICEIS . FRVENDEIS . LOCANDEIS . VENDVNDEIS
35 ... IN . EO . AGRO . PASCITO.   QVAE . VECTIGALIA . IN . AFRICA . PVBLICA . POPVLI . ROMANI . SV
36 ... PVBLICA . POPVLI . ROMANI . IN . AFRICA . SVNT . ERVNTVE . VECTIGALIA . FRVENDA . LOCABIT . V
37 ... QVOD . IN . EIS . AGREIS . PEQVS .... CETVR . SCRIPTVRAE . PECORIS . LEGE . DE . AGRO . ANTEQV .
.. 38 ... NEIVE . REDDITO . NEIVE . ADIVDICATO . QVEI . EAM . REM ... 38 ....
.... 39 ... MODVS . AGRI . DE . EO . AGRO . QVEI . EIS . PVBLICE ... 39 ....
...... 40 ... OB . EVM . AGRVM . LOCVM . POSSESSIONEM ... 40 ....
.... 41 ... EA . RE . IN . IOVS . ADITVM . ERIT ... 41 ....
.... 42 ... DARI . REDDI . ADSIGNARI ... 42 ....
.... 43 ... S . FRVCTVS ... 43 ....
....
....
....

..
VEI...
'G.CC.IN...
R.QVEI...
TO.ESSE.IVDICATO...
VM.LOCVM.EMIT.QVEI...
VM.FACTVM.ERIT.II.VIR.ITA...
GRO.LOCO.QVEI.AGER.LOCVSQVE...
.IN.EA.CENTVRIA.SVPCISIVON...
NVMERO.SCRIPTVS.EST.FVITVE...
N.AFRICA.EST.QVEI.COLONO.C...
VIR.REDDITO.QVOLITA.REDDIDERIT...
.CONSISTENT.PRIMAE.ERVNT.IN...
R.OB.EAM.REM.PEQVNIAM.EI.NEI...
R.ATQVE.VTEIQVE.IN.H.L.S.EST...
TER.CEIVES.ROMAE.IOVS.DEI...
ESENTI.VENDITO. QVAE...
).MANSERVNT.QVEIVE.A...

(III.)

.OCO.AGER.LOCVS... 25 .... 25 ..... ANO.LX.H.L.
GNAVERVNT... 26 .... 26 ..... QVOS.STIPENDIVM
.QVIBVS.H... 27 .... 27 ..... OPVLVS.PLEBESVE.IVSERIT
TIAM.Q... 28 .... 28 .... PVLEI.ROMANI.PROXVMVM
EX.H.L.IN.EO... 29 .... 29 .... RMAM.PVBLICAM.RELATVM
QVEI... 30 .... 30 .... RVNT.ADSIGNAVERVNT.CETERVM
OD.POST... 31 .... 31 .... H.L.R.FRVETVR.DARE.DEBETO.
LOCO... 32 .... 32 ...... QVEI.ROMAE.PVBLICE.VENIERIT.E.H.L.
QVE... 33 .... 33 ...... QVOMQVE.EX.H.L.FIERI.VOLET.FIAT
34 .... 34 ...... ERVNT.PVBLICANO.DARE.OPORTVIT
.... 35 .... E.L.CAECILIVS.CN.DOMITI.CENS.FRVENDA
.... 36 .. QVOM.EA.VECTIGALIA.FRVENDA.LOCABIT.VENDETVE
PTA.EST.FVERVNT.EAR... 37 .... 37 CITO.QVO.INVITEIS.EIS.QVEI.EVM.AGRVM.POSSIDEBVNT
.... 38 .. OMNES.PVBLICAE.SVNTO.LIMITESQVE.INTER.CENTVRIA
.... 39 ..INDICIO.FVERIT.EI.EIVS.AGRI.QVOD.IS.INDICIO.EIVS
.... 40 ... ATVS.FVIT.PVBLICE.VENIET.TANTVNDEM.MODVM
.... 41 ..... VM.SCRIPTVRAM.PECORIS.NEI.DATO.NEIVE
.... 42 .... VTEI.DE.EA.RE.IN.H.L.S.EST.NEIVE
.... 43 .... VM.AGRVM.LOCVM.CEIVIS.R.
.... 44 .... VEI.EVM.AGRVM.TVN ....
.... 45 .... TRA.EVM.AG ....
.... 46 .... A ....

Legis Thoriae fragmentum,

cum supplementis

C. SIGONII.

SP. THORIUS.... F. TR. PL. PLEBEM. JURE. ROG. PLEBESQUE. JURE. SCIVIT. TRIBUS.... PRINCIPIUM. FUIT. PRO. TRIBU. Q. FABIUS. Q. F. PRIMUS. SCIVIT. QUEI. AGER. POPLICUS. POPULI. ROMANEI. IN. TERRAM. ITALIAM. P. MUCIO. L. CALPURNIO. *coss. fuit. extra. eum. agrum. locum. quei. ex. lege. plebeive. sc. à. vetere. possessore. possessus. sit.*
De. eo. agro. loco. quem. quis. sibi. AGRUM. LOCUM. SUMPSIT. RELIQUITVE. QUOD. NON. MODUS. MAJOR. SIET. QUAM. QUANTUM. UNUM. HOMINEM. EX. LEGE. PLEBEIVE. SC. SIBEI. SUMERE. *relinquereve. oporteat-*
quod. QUOI. EIQUE. DE. EO. AGRO. LOCO. EX. L. PLEBEIVE. SC. III. VIR. SORTITO. CEIVI. ROMANO. DEDIT. ADSIGNAVIT. QUOD. NON. IN. EO. AGRO. LOCO. EST. QUOD. *ultra. fineis. ejus. agri. locei. est.*
redditus. EST. QUEI. AGER. PVPLICVS. POPVLI. ROMANEI. IN. TERRA. ITALIA. P. MUCIO. L. CALPURNIO. COS. FUIT. EXTRA. EUM. AGRUM. QUEI. AGER. EX. LEGE. PLEBEIVE. SC. *à vetere. possessore. possessus. sit.*
*ager. locus. aedificium. omnis. qui. suprascriptus. est. quod*VE. AGRI. LOCEI. PUBLICEI. IN. TERRA. ITALIA. QUOD. EJUS. EXTRA. URBEM. ROMAM. EST. QUOD. EJVS. IN. URBE. OPPIDO. VICO. EST. QUOD. EJVS. III. VIR. DEDIT. ASSIGNAVIT. QUOD. *ejus. agrei. locei. neque. possessor. ipse. abalienavit. abalienaveritve.*
extra. eum. agrum. locum. quei. ager. locus. ex. LEGE PLEBEIVE. SCITO. QUOD. C. SEMPRONII. TI. FIL.

TR. PL. ROG. EXCEPTUM. CAVITUMVE. EST. NEI. DIVIDERETUR. QUOD. QUOI. EIQUE. DE. EO. AGRO. LOCO. AGRI. LOCEI. AEDIFICII. *datum. assignatum. est. quod. ejus. agri. locei. extra. eum. agrum. locum. quem. locum. agrum.* IN. TERRA. ITALIA. III. VIR. DEDIT. ASSIGNAVIT. RELIQUIT. INVE. FORMAS. TABULASVE. RETULIT. REFERRIVE. JUSSIT. AGER. LOCUS. AEDIFICIUM. OMNIS. QUEI. SVPRA. SCRIPTUS *est.*

O. ITA. UTEI. CETERORUM. LOCORVM. AGRORVM. AEDIFICIORVM. PRIVATORVM. EST. ESTO. CENSORQUE. QUEI. QUOMQUE. ERIT. FACITO. UTEI. IS. AGER. LOCVS. AEDIFICIUM. QUEI. *supra. scriptus. est. ejus. sit. cujus. ex. lege. plebeive. scito. esse. oportet.*

Quei. ager. locus. aedificium. datus. assignatus. EST. NEIVE. QUIS. FACITO. QUO. QUOIUS. EVM. AGRUM. LOCUM. AEDIFICIUM. POSSESSIONEM. EX. LEGE. PLEBEIVE. SCITO. ESSE. OPORTET. OPORTEBITVE. EUM. AGRUM. *locum. aedificium. alius. habeat. possideat. utatur. fruatur.*

neive. queis. de. ea. re. ad. senatum. referto. senator. judexve. NEIVE. SENTENTIA. DEICITO. NEIVE. FERTO. QUO. QUIS. EORVM. QUOIUM. EUM. AGRVM. LOCVM. AEDIFICIUM. POSSESSIONEM. EX. LEGE. PLEBEIVE. SCITO. ESSE. OPORTET. *oportebitve. eo. agro. loco. aedificio. possessione. spolietur.*

Quem. agrum. locum. in. viasieis. VICANEIS. QUEI. IN. TERRA. ITALIA. SVNT. DEDERVNT. ADSIGNAVERVNT. RELIQUERUNT. NEI. QUIS. FACITO. QUO. MINUS. OETANTVR. FRUANTVR. HABEANT. *possideant.*

eumque. non. aliter. vendere. dare. reddereve. jus. esto. ATQVE. EVM. AGRVM. QVEM. EX. H. L. VENIRE. DARI. REDDIVE. OPORTEBIT. QVEI. AGER. LOCVS. AEDIFICIVM. EI. QVEM. IN. VIASIEIS. VICANEISVE. EX. S. C. ESSE. OPORTET. OPORTEBIT. *venditus. erit.*

Quo. minus. quod. in hoc. capite. scriptum. est. ita. VTEI. EST. SIET. EX. H. L. N. R. QVEI. AGER. LOCVS. PVBLICVS. POPVLI. ROMANEI. IN. TERRA. ITALIA. P. MUCIO. L. CALPURNIO. COS. FUIT. EXTRA. EVM. AGRVM.

QVEI. AGER. EX. LEGE. PLEBEIVE. *scito. à. vetere. possessore. possessus. sit.*

cujus. rei. causa. IN. EVM. AGRVM. AGRI. JVGRA. NON. AMPLIVS. XXX. POSSIDEBIT. HABEBITVE. S. AGER. PRIVATVS. ESTO. QVEI. IN. AGRVM. COMPASCVOM. PECVDES. MAJORES. NON. PLVS. X. PASCET. QUAI. *ex. eis. minus. annum. gnatae. erunt. posteaquam. gnatae. erunt.*

nihil. populo. neive. publicano. neive. DATO. NEIVE. SOLVITO. AGER. PVBLICVS. POPVLI. ROMANEI. QVEI. IN. ITALIA. P. MUCIO. L. CALPURNIO. COSS. FUIT. QUOD. EJVS. AGRI. III. VIR. A. D. A. EX. LEGE. PLEBEIVE. SCITO. SORTITO. QUOI. CEIVI. ROMANO. *dedit. assignavit. ejus. sit. cujus. ex. hac. lege. plebeive. scito. esse. oportet.*

Pr. Consulve. quo. de. ea. re. ex. h. l. in. jus. aditum. erit. ious. dicito. DECERNITOQUE. UTEI. POSSESSIONEM. SECUNDO. EUM. HEREDEMVE. EJUS. DET. QUOI. SORTI. IS. AGER. DATUS. ADSIGNATUSVE. FUERIT. QUOD. EJUS AGRI. NON. ABALIENATUM. ERIT. ITA. UTEI. S. S. EST. *esto.*

Quei. à. possessoribus. QUEIVE. AB. EORUM. QUEI. EMIT. QUEI. EORVM. DE. EA. RE. ANTE. EIDUS. MARTIAS. PRIMAS. IN. IOUS. ADIERIT. AD. EUM. QUEM. EX. H. L. DE. EO. AGRO. JUS. DEICERE. OPORTEBIT. IS. DE. EA. RE. ITA. JUS. DEICITO. *decernitoque. utei. jus. suum. consequatur. quiquomque. ex. eo. agro. quei. ager.* S. S. EX. POSSESSIONE. VI. EJECTUS. EST. QUOD. EJUS. QUEI. EJECTUS. EST. POSSEDERIT. QUOD. NEQUE. VI. NEQVE. CLAM. NEQVE. PRECARIO. POSSEDERIT. AB. EO. QUEI. EUM. EA. POSSESSIONE. VI. EJECERIT. *jus. suum. persequi. liceto.*

quod. agri. locei. aedificii. ex. plebiscito. EXVE. H. L. PRIVATVM. FACTVM. EST. ERITVE. PRO. EO. AGRO. LOCO. AEDIFICIO. PROQUE. SCRIPTURA. PECORIS. QUOD. IN. EO. AGRO. PASCITUR. POSTQUAM. VECTIGALIA. CONSTITERINT. QVAE. POST. H. L. *rog. primum. constiterint. nei. quis. facito. quo.*

quid. ob. eam. rem. populo. Romano. debeatur. QVOVE. QVID. OB. EAM. REM. POPVLO AVT. PVBLICANO. DETVR. EXIGATVRVE. NEIVE. QVIS. QVID. POSTEA. QUAM. VECTIGALIA. CONSISTENT. QVAE. POST. H. L. ROG. PRIMVM. CONSTITERINT. OB. EOS. AGROS. *locos. aedificia. nomine. populi. aut. publicani. exigat.*

E. A. D. XI. K. OCTOBRIS. QVOM. AGRVM. QVEI. TRANS. CVRIONE. EST. LOCAVERINT. QVEI. IN. EO. AGRO. LOCO. CEIVIS. ROMANVS. SOCIVMVE. NOMINISVE. LATINI. QVIBVS. EX. FORMVLA. TOGATORVM. *ibei. esse. licet. sunt. nei. quis eo. agro. loco. moveat.*

Quod. OPPIDVM. COLONIAMVE. EX. LEGE. PLEBEIVE. SCITO. CONSTITVIT. DEDVXITQVE. CONLOCAVITVE. QVEM. AGRVM. LOCVMVE. PRO. EO. AGRO. LOCOVE. DE. EO. AGRO. LOCO. QVEI. PVBLICVS. POPVLI. ROMANEI. *fuit. dedit. adsignavit.*

QVOIVE. AB EO HEREDE. EJVS. IS. AGER. LOCVS. TESTAMENTO. HEREDITATI. DEDITIONIVE. OBVENIT. OBVENERITVE. EMIT. EMERITVE. QVEIVE. AB. EMPTORE. EJVS. EMIT. EMERITVE. S. AGER. PRIVATVS. ESTO. QVAM. *sei. is. ager. P. Mucio. L. Calpurnio. cos. fuit. pr. consulve. quo. ex. h. l. in. jous.*

aditum. erit. jus. dicito. facitoque. utei. possessionem. secundum. eum. HEREDVMVE. EJVS. DET. QVOI. III. VIR. EVM. AGRVM. LOCVM. PRO. EO. AGRO. LOCO. QVO. COLONIAM. DEDVXIT. DEDIT. REDDIDIT. ADSIGNAVITVE. FACITOQVE. IS. PR. CONSOL. VE. QVO. DE. EA. RE. IN. IOVS. ADITVM. ERIT. *utei. jus. suum. consequantur.*

NEIVE. IS. AGER. COMPASCVOS. ESTO. NEIVE. QVIS. IN. EO. AGRO. AGRVM. OCCVPATVM. HABETO. NEIVE. DEFENDITO. QVO. MINVS. QVEI. VELIT. COMPASCERE. LICEAT. SEI. QVIS. FAXIT. QVOTIENS. FAXIT. IN. AGRI. JVGRA. SINGVLA...... H. *pendat.....*

NVMERVS. PECVDVM. IN. H. L. SCRIPTVS. EST. LICETO. NEIVE. QVIS. QVOI. OB. EAM. REM. VECTIGAL. NEIVE. SCRIPTVRAM. *dare.* DEBETO. QVOT. QVISQVE. PECVDES. IN. CALLEIS. VIASVE. PVBLICAS. ITINERIS. CAVSA. IN-

DVXERIT. *nei. quid. populo. neive. publicano. pecuniam. scripturam. vectigalve. det.*

Quem. agrum. ex. publico. in. privatum. COMMVTAVIT. QVO PRO. AGRO. LOCO. EX. PRIVATO. IN. PVBLICVM. TANTVM. MODVM. AGREI. LOCEI. COMMVTAVIT. *is. ager. locus.* OMNEIS. PRIVATVS. ITA. VTEI. QVEI. OPTIMA. LEGE. PRIVATVS. EST. ESTO. QVEI. AGER. EX. PRIVATO. *in publicum. commutatus. erit.*

quem. alii. à. CENS. REDEMPTVM. HABENT. CENSORES. QVEICVMQVE. POST. HAC. FACTEI. ERVNT. EI. FACIVNTO. VTEI. QVEI. VOLENT. TANTIDEM. PRO. PATRITO. REDEMTVM. HABEANT. P P. SVBSIGNENT. II. VIRVM. QV....

quod. EX. H. L. ITA. VTEI. S. S. EST. IN. AGREIS. QVEI. IN. ITALIA. SVNT. QVEI. P. MUUCIO. L. CALPURNIO. COS. PVBLICEI. POPVLI. ROMANEI. FVERVNT. CEIVI. ROMANO FACERE. LICEBIT. ITEM. LATINO. PEREGRINOQVE. M. LIVIO. L. CALPURNIO. COS. *consultum. est. facere. liceto.*

QVISQVIS. QVOD. EVM. EX. H. L. FACERE. OPORTVERIT. NON. FECERIT. QVODVE. QVIS. EORVM. EX H. L. OMISERIT. MAG. PROVE. MAG. QVO. DE. EA. RE. IN. IOVS. ADITVM. ERIT. QVOD. EX. H. L. PETETVR. ITEM. JVDICIVM. JVDICEM. *recuperatoresve. dato.* I. V. E. E. R. P. F. V. S. V. E. *jus. dicito. decernitoque.*

SEIVE. QVEI. PRO. MOINICIPIEIS. COLONEIS. SOCIISVE. NOMINISVE. LATINI. POPLICE. DEVE. SENATI. SENTENTIA. AGER. FRVENDVS. DATVS. EST.

quoive. ab. eo. heredeve. ejus. is. ager. locus. testamento. hereditate. deditioneve. OBVENIT. OBVENERITVE. QVIBVS. ANTE. H. L. ROG. REDEMPTVM. CONDVCTVM. HABERE. FRVI. POSSIDERE. DEFENDERE. LICVIT. EXTRA. EVM. AGRVM. LOCVM. *aedificium. quem. agrum. locum....*

QVEI. AGER. LOCVS. PVBLICVS. POPVLI. ROMANEI. IN. TERRA. ITALIA. P. MUUCIO. L. CALPURNIO. COS. FVIT. QVOD. EJVS. AGRI. LOCI. EX. LEGE. *plebeive. sc.*

de eo. agro. loco. nei. ious. dicito. neive. decernito. NEIVE. JVDICIVM NEIVE. JVDICEM. NEIVE. RECVPE-

RATORES. DATO. NISEI. COS. PR. VE. QVOD. VADIMONIVM. EJVS. RE....

SEI. QVID. DE. EO. AGRO. LOCO. AMBIGETVR. COS. PR. CENS. QVEI. QVOMVE. ERIT. DE. EA. RE. IVRIS. DICTIO. JVDICI. JVDICIS. RECVPERATORVM. DATIO. ESTO. I. V. E. E. R. P. F. S. V. E. *jus. dicito. decernitoque.* ESSE. VIDEBITVR. QVO. MINVS. HVIC. L. INTERCEDAT. E. H. L. N. R. QVOI. PVBLICANO. E. H. L. PEQVNIA. DEBEBITVR.

solvi. DARIVE. OPORTERE. DECRETVM. ERIT. COS. PR. PROVE. PR. QVO. IN. IOVS. ADIERINT. IN. DIEBVS. X. PROXSVMEIS. QVEIBVS. *haec. res. delata. erit. decretum. judicatum. habeto.*

QVAE. RES. SOLVTA. NON. ERIT. EA. DECRETA. NON. SIET. JVDICATAVE. NON. SIET. QVOD. EJVS. PRAEVARICATIONIS.....

SENTENTIA...... REI. JVDICANDAE. MAXSVME. VERVM. ESSE. COMMPERRIT. FACITOQVE *utei*.....

HABERE. POSSIDERE. FRVI. VETET. QVASVE. IN. LEGES. PL. VE. SC. DE. EA. RE. *relatum. erit.*

nei. magistrum. QVEM. MINVS. PETERE. CAPERE. GERERE. HABEREQVE. LICETO. NEIVE. *quid.*

quod. ei. facere. ex. lege. PL. SC. EXQVE. FOEDERE. LICVIT. SED. FRAVDE. SVA. FACERE. E. LICETO. IN. QVE. EAS. LEGES. PL. SC. DE. EA. RE. QVOD. EX....

VS. EST. DEDIT. ADSIGNAVITVE. QVEMVE. AGRVM. LOCVM. DE. EO. AGRO. LOCO. *quei. publicus. populei. Romanei*....

ADSIGNATVM. ESSE. FVISSEVE. JOVDICAVERIT. VTEI. IN. H. L. SC. EST. QVEI L.....

AGRVM. LOCVM. QVEM. EX. H. L. COLONEI. EIVE. QVEI. IN. COLONEI. NVMERO. *sunt*.....

PRAEVIDES. PRAEDIAQVE. SOLVTI. SVNTO. EAQVE. NOMINA. MANCVPIS... .

EMIT. IS. PRO EO AGRO. LOCO. PEQVNIA. NEIVE. PRAEVIDES. NEIVE. PRAEDIA....

MANCEPS. PRAESVE. FACTVS. EST. QVODQVE. PRAEDIVM OB.................

AGER. LOCVS. PRIVATVS. VECTIGALISQVE.....
VECTIGALIA. IMPERARE. SOLENT. EIS. P.......
QVEM. AGRVM. LOCVM. IN.
quei. AGER. LOCVS. PVBLICVS. *populi*. *Romanei*. *erit*.

Legis Thoriae fragmentum.
Alterum.

quod. *c*. *Semproni*. *Ti*. *f*. *tr*. *pl*. *rog*. EXCEPTVM. CAVITVMVE. *est*. *nei*. *divideretur*.
JVDICIO. EVM. QVOIVM.
NEIVE. QVIS. DE. EA. RE. AD. SENATVM. *referto*....
habeat. POSSIDEATQVE. QVOVE. POSSESSIO. INVITO. MOR.....
AGRVM. NON. ABALIENAVERIT. EXTRA. EVM.
. . . *is*. AGER. LOCVS. AEDIFICIVM. PRIVATVS. SIET.
QVOVE. MA...... EXTRAQVE. EVM. AGRVM. QVEM. VETVS. POSSESSOR. EX. LEGE. PLEBEIVE. *scito*. *habuit*. *possedit usus*. *fructusque*. *est*.
PASCET QVAEQVE. EX. IIS. MINVS. ANNVM. GNATAE. ERVNT. POST. EA. QVAM.
neque ipse. ABALIENAVIT. ABALIENAVERITVE. NEQVE. HERES. EJVS. ABALIENAVIT. ABALIENAVERIT*ve*.
ERET. POSSESSIONEM. DEDIT. ADSIGNAVIT. REDDIDIT. QVODQVE. EJVS. AGRI. III. *vir*. *coloniae*. *deducendae*. *dedit*. *assignavit*.
QVOI. IS. AGER. VETERE. PROVE. VETERE. POSSESSORE. DATVS. ASSIGNATVSVE. QVEIVE.
ante. *eidus*. MARTIAS. QVAE. POST. H. L. ROG. PRIMAE. ERVNT. FACITO. VTEI. IS. QVEI. ITA. VI. EJECTVS ERIT. *restituatur*.
neive. *populo*. *neive*. PVBLICANO. PEQVNIA. SCRIPTVRAM. VECTIGALVE. DET. DAREVE. DEBEAT. NEIVE QVIS...
qui. PASCETVR. POPVLO. AVT. PVBLICANO. DARE. DEBEAT. AGER. LOCVS. PVBLICVS. POPVLI. *Romanei*.
agrum. LOCVM. PVBLICVM. POPVLI. ROMANEI. DE. SVA. POSSESSIONE. VETVS. POSSESSOR. PROVE. VETERE. POSSESSORE.

extra. eum. AGRVM. LOCVM. QVEI. AGER. LOCVS. EX. LEGE. PLEBEIVE. SC. QVOD. C. SEMPRONI. TI. F. TR. PL. ROG. EXCEPTVM. *cavitumque. est. nei. divideretur.* QVO. COLONIAM. DEDVXSIT. ITA. VTEI. S. S. EST. AGRVM. LOCVM. AEDIFICIVM. DEDIT. REDDIDIT. ADSIGNAVIT. QVEI. AGER. LOCVS. QVEI. SVPRA. SCRIPTVS. EST. QVOD. EJVS. AGREI. LOCEI. POST. H. L. ROG. PVBLICVM. POPVLEI. ROMANEI. ERIT. EXTRA. EVM. AG.....

nihil. DARE. DEBETO. EI. QVEIQVOMQVE. ID. PVBLICVM. FRVENDVM. REDEMPTVM. CONDVCTVMVE. HABEBIT.... BOVES. EQVI. QVIBVS. VIEIS. LOCIS. PVBLICEIS. PASTVM. IMPVLSVM. ITINERIS. CAVSA. ERIT. NEIQVID. POPVLO. NEIVE. PVBLICANO. PEQVNIA. *scripturam. vectigalve. det. dareve. debeat.*

quei. ager. ex. PVBLICO. IN. PRIVATVM. COMMVTATVS. EST. DE. EO. AGRO. SIREMPS. LEX. ESTO. QVANSEI. IS. AGER. P. MVVCIO. L. CALPVRNIO. *cos.*

PER. TERRAM. ITALIAM. P. MVVCIO. L. CALPVRNIO. COS. FVERINT. EAS. FACIVNTO. PATEANT. VACVAEQVE. SIENT. *ex. lege.* PLEBEIVE. SC. EXVE. FOEDERE. LICVIT. SED FRAVDE. SVA. FACERE. LICETO. QVOD. EX. H. L. ITA VTEI. S. S. EST. IN. AGREIS. QVEI.

ET. IN. EVM. JVDICIVM. JVDICEM. RECVPERATORESVE. EX. H. L. DARE. OPORTERET. SEI. QVIS. DE. EA. RE. JVDICIVM.....

neive. PRO. COLONIA. MOINICIPIOVE. PROVE. MOINICIPIEIS. FRVENTVR. QVEI. IN. TRIENTABVLEIS..... DARE. OPORTEBIT. ID. VTEI. QVICQVID. QVOI. EIQVE. ANTE. H. L. R. LICVIT. ITA. EI. HABERE. *liceat.*

... *sei.* QVID. DE. EO. AGRO. LOCO. AMBIGETVR. COS. PR. QVEIQVOMQVE. ERIT. DE. EA. RE. JVRISDICTIO. *judici. judicis. recuperatorum. datio. esto.*

I. CAVSA. DECERNANT. EJVS. H. L. N. R. *) QVOD. JVDICIVM. JVDEX. RECVPERATORVE. *reddiderit. id. jus. ratumque. esto.*

---

*) *ejus hac lege nihil rogatur.* Perperam vulgo formulam explicant: *ex h. l.* Vid. *Ciceron.* pro Caecina. c. 33. *Sp.*

Pr. consulve. nei. de. EO. AGRO. LOCO. IOVS. DEICITO. NEIVE. DECERNITO. NEIVE. JVDICIVM. *neive. judicem. neive. recuperatores. dato.* . . . .

EM. FACITO. QVO. QVIS. PRO. AGRO. MINVS. ALITERVE. SCRIPTVRAM. VECTIGALVE. *det.*

CIVIBVS. L. QVEI. CLASSIS. PRIMAE. SIENT. XI. DATO. INDE. ALTERNOS. DVCITO. . . . . .

decretum. JVDICIVMVE. FACTVM. NON. SIET. SEI. MAJOR. PARS. EORVM. RECVPERATORVM. *non. consenserit.*

RIT. SEDVLO. MN. VTEI. IS. QVEI. JVDICATVS. ERIT. DARE. OPORTEAT.

aliter. habebit. POSSIDEBIT. FRVETVR. QVAM. EX. H. L. LICEBIT. EVM. AGRVM. QVEM.

SI. QVAE. LEX. PLEBEIVE. SC. EST. QVAE. MAS. QVEM. EX. H. L. DECERNERE. OPORTEBIT. SED. FRAVDE. SVA. NEI. JOVRATO. NEIVE.

ex. PL. SC. QVOD. M. BAEBIVS. TR. PL. III. VIR. COLONIAE. DEDVCENDAE. *fecit.*

EXTRA. EVM. AGRVM. LOCVM. QVEI. AGER. LOCVS. IN. EA. CENTVRIA. . . . .

. . . . . . *oportet.* OPORTEBITVE. QVOD. EJVS. AGRI. LOCEI. QVOIEIQVE. EMPTVM. EST. . . . .

quaestor. QVEI. AERARIVM. PROVINCIAM. OBTINEBIT. IN. TABLEIS.

publiceis. referat.

ob. eam. REM. QVOD. PRAES. FACTVS. EST. POPVLO OBLIGATVS. EST. . . . .

QVEI. AGER. LOCVS: IN. AFRICA. EST. QVEI. ROMAE. PVBLICE. *veniit. venieritve.*

datus. ADSIGNATVS. ERIT. QVOD. EJVS. AGRI. LOCEI. EXTRA. TERRAM. ITALIAM. EST. . . . . .

VE. AGRVM. LOCVM. QVEIQVOMQVE. HABEBIT. POSSIDEBIT. . . . .

quei. AGER. LOCVS. IN. AFRICA. EST. QVOD. EJVS. AGRI. *locei.* . . . . *diebus. proxsumis. quibus.* FACTVS. CREATVSVE. ERIT. *facito.* . . . . PROFITEBITVR. COGNITO. IQVE. IPSE.

VI.

LEX
SERVILIA REPETUNDARUM.
(A. U. 648—654.)

E tabula aenea opisthographa, quae ex altera parte Legem Thoriam agrariam tenuit, et in septem dirupta est fragmenta. Restituit eam, haec inter se indefessa opera, miraque sagacitate conjungens, *Clemens Augustus Carolus Klenze* V. Cl. in opere: »Fragmenta Legis Serviliae repetundarum ex tabulis aereis primum conjunxit, restituit, illustravit C. A. C. K.« Berolini 1825. 4. qui et legem in capita XXIV. dispescuit; commentariumque adjecit.

Omnia fragmenta jam dudum collecta sunt a *Fulvio Ursino*, inter ea monumenta, quae Antonii Augustini operi de legibus et senatusconsultis addidit; partem etiam eorum jam ante Ursinum *Carolus Sigonius* (de judiciis. Lib. II. c. 27. Bonon. 1574 f.), omnes vero tabulas, tam quas solus Sigonius a se suppletas et emendatas, quam quas Ursinus, Sigonio, ut videtur, incognitas ediderat, multi post eos seorsum repetitas vulgarunt.

Apud *Ursinum* ipsae tabulae hoc modo sese excipiunt: VIII. XI. XIV. XIII. XII. IX. X.

VIII. „. *minisve. latini. exterarumve*— . . *nsilium*. . .« Neapoli exstat in Museo Caprimontano, olim in museo P. Bembi Patavii. Ediderunt praeter *Ursinum:* 1) *Carol. Sigonius* de judiciis. II. 27. — 2) *Brisson.* de formulis. II. 24. — 3) *Justi Lipsii* Auctarium ad Corp. Martini Smetii p. 10. — 4) *Gruter.* p. DVI. — 5) *Hoffmann.* hist. jur. p. 184—187.

XI. . . »*nomin* . . . . — . . . *satione. primo. quo* . . .«
Ibidem. Ediderunt: 1) *Mazochius* Epigrammat. antiq. urbis. fol. 181. a. — 2) *Sigonius* de judiciis. II. 27. — 3) *Brisson.* de formulis. II. 24. — 4) *Lipsius* Auctar. p. 11. — 5) *Gruter* p. DVII. — 6) *Hoffmann.* l. c.

XIV. ». . . *multam. suprema. delea* . . . — *SANCTIO . . nei* . . .«
Olim Parisiis. Sed periisse videtur. Ediderunt: 1) *Brisson.* de formul. II. 30. — 2) *Lipsius* in Auctario. p. 13 et 14. bis. — 3) *Jo. Jacob. Boissardus* Antiquitt. Rom. P. III. nro. 105. — 4) *Gruterus* p. DIX. et p. DXI. e Boissardo.

XIII. ». . . *rel. quo* — *reo. ap*. . . .«
Neapoli in museo Caprimontano. Praeter Ursinum edidit *Gruter.* p. DL. 3.

XII. ». . . *joudicium* . . . — *quoi. ex. ha* . . .«
Neapoli ibidem. Ediderunt particulam a verbis »*judicium — sed fraude sua ex*«, *Brisson.* de formul. II. 29. a Cl. Puteano acceptam; *Lips.* Auctar. p. 12. Particulam a verbis: »*Palam ubei de plano.*« *Steph. Vin. Pighius* T. III. Annal. p. 137 sq. ut fragmentum Legis Thoriae ab altero latere. Integrum deinde *Gruterus* p. DVIII.

IX. ». . . *proxim* . . . — . . . *atet* . . .«
Vindobonae, olim in Ambrasiano castro. Ediderunt: 1) *Gruterus* p. DX. 2. — 2) *Amadutius* Anecdot. liter. Vol. I. p. 464. nro. 7. — 3) *Primisser*, die kaiserl. königl. Ambraser Sammlung.

X. »*fecerit. di* . . . . — *seiq*. . . .«
Ibidem. Ediderunt: 1) *Gruter.* p. MXXXI nro. 1. — 2) *Muratorius* in Nov. Thesaur. T. II. p. 574. (in antica parte.) — 3) *Amadutius* Anecdot. litter. Vol. I. p. 463. nro. 6. — 4) *Primisser* l. c.

E recensione et restitutione Klenzii.

Cum variis lectionibus ab eodem enotatis.

Caput I.

De pecuniis repetundis in genere.

. . . .

. . . . . . ||MINISVE.[1] LATINI. EXTER|ARVMVE. NATIONVM. QVOIVE. IN ARBITRATV. DICIONE. POTESTATE. AMICITIAV[2] . . . .

. . . .

. . . . . . ||L.[3] L. IIII. PRIMIS. ALIQVA. EARVM. FV|ERIT. QVEIVE. FILIVS. EORVM. QVOIVS. ERIT. QVOIVS. PATER. SENATOR. SIET. IN. ANNOS. SINGOLOS. PEQVNIAE.[4] QVOD. SIET. AM||PLI[5] . . . .

*C. Seruilius. F. Glaucia Tribunus plebis plebem iure rogauit plebsque iure sciuit. Tribus . . . . principium fuit, pro tribu . . . . primus sciuit. Dictator, Consul, Praetor, Magister equitum, Censor, Aedilis qui alicui ciui Romano, sociumue no||*minisue Latini, exter|arumue nationum alicuiue in arbitratu, dicione, potestate, amicitiau||*e populi Romani in annos singulos pecuniae quod sit amplius|||*

---

[1]) Sig. : *OM*INISVE. Vrs. : *M*IN. et in sched. Blubmianis non nisi vestigium literae *M.* legitur. [2]) Deest *V* Sigonio. [3]) Sig. omittit hoc *L.*, quod ex Vrsino reposui; in schedis I tantum superest. [4]) Sig. perperam PEQ*V*VNIAE. [5]) Sched. AMP.; Vrs. AMPL.; Sig. AMPLI.

. . . .
. . . .
. . . .
. . . .

. . . . . ||IVE. IPS.. PAREN.VE. [6]) SVOS. FILIVS-VE. SV|OS. HERES. SIET. ABLATVM. CAPTVM. COACTVM. CONCILIATVM. AVORSVMVE. [7]) SIET. DE. EA. RE. EIVS. PETITIO. NOMINISQVE. DELATIO. ESTO.|| . . . . . .

. . . .
. . . .
. . . .

HS. N...... abstulerit, ceperit, coegerit, conciliauerit, II.
auerterit, de ea re eius petitio nominisque delatio esto, Praetoris questio esto, iudicium iudicatio litisque aestimatio, quicunque iudicium ex hac lege erunt, eorum hac lege esto. Qui Tribunus plebis, Quaestor, Triumuir capitalis, Triumuir agris dandis adsignandis, Tribunus mi||litum legionibus quattuor primis aliqua earum fu|erit quiue filius eorum alicuius erit, cuius pater senator sit in annos singulos pecuniae quod sit amp||*lius HS. N...... dono munere ne capiunto. Quantum pecuniae* ||| *in ma-* III.
gistratu, potestate, curatione, legatione uel quo alio officio, munere, ministerioque publico ab aliquo eorum uel ab eo qui in potestate manu mancipioue eius sit cu||iue ipse parensue suus filiusue su|us heres sit ablatum captum coactum conciliatum auersumue sit, de ea re eius petitio nominisque delatio esto,|| *Praetoris quaestio esto, iudicium iudicatio litisque aestimatio*||| *quicunque iudicium ex* IV.
hac lege erunt, eorum hac lege esto.

Quo ea pecunia, quae ab aliquo eorum ablata,

---

[6]) In schedis: IPSEI. PARENTE. VE. (superscripto VE.) quam lectionem Vrs. confirmat et Sig. tacite correxisse videtur in IPSE. PARENTEVE. At non sufficit; dedimus *IPSE PARENSVE* ob sequens SVOS, quod firmatur infra Lin. LIX. [7]) AVERS. Sig. et Vrs.

. . . .
. . . .
. . . . ||M. ESSE. VTEI. PETERET. DE. EA.
RE. EIVS. PETIT|I|O. NOMINISQVE. DELATIO. ESTO. PR.
QVAESTIO. ESTO. IOVDICIVM. [8]) IOVDICATIO. LEITIS-
QVE. [9]) AESTVMATIO. QVEI. QVOMQVE. IOVDIC|| .
. . . .
. . . .
. . . .
. . . . . . ||ICATA. [10]) ERIT. AVT. QVOIVS. NOMEN.
PR|AEVARICATIONIS. CAVSSA. DELATVM. ERIT. AVT.
QVOIVM. NOMEN. EX. H. L. EX. REIS. EXEMPTVM. ERIT.
SEIQVIS. [11]) EIVS. NOMEN. A|| . . . .
. . . .
. . . .
. . . .
. . . . ||ANO. [12]) NOMIN||. . . .

capta, coacta conciliata, auersaue dicatur, perue-
nerit, ab eo, si, qui petat, dixerit, reo litem non
aestumata||m esse uti peteret, de ea re eius petit|i|o
nominisque delatio esto, Praetoris quaestio esto, iu-
dicium iudicatio litisque aestimatio, quicunque iudic|
ium ex hac lege erunt, eorum hac lege esto. Cuius
v. *eorum*|||*nomen de pecunia ablata, capta, coacta,*
conciliata, auorsaue delatum sit si ei |—| *) *res*
semel adiud||icata erit, aut cuius nomen pr|aeuarica-
tionis causa delatum erit, aut cuium nomen ex hac
lege ex reis exemptum erit, siquis eius nomen a|*pud*
Praetorem denuo detulerit, Praetor non statim re-
vi. *cipito. At ubi* |—| ||| *uel praeuaricatione nec de*
calumnia eius, qui litem deseruerit, pronuntiatum
fuerit, de pl||ano nomin||*is delatio apud eundem*

---

[8]) IVD. Sig. Item in fine lineae IVDIC. [9]) LITISQ. Sig. [10]) Ita sched.; Sig. et Vrs. omittunt I. [11]) Ita Vrs. et sched.; Sig. SEI. QVIS. Omnino et hac in re non sibi constat scrIptura tabulae; partim enclitice haec scribuntur, partim non. [12]) Vrsin. NO. NOMIN.; Sig. omittit plane hunc uersiculum; litterae *A* uestigium habeo in schedis. Caete-

*) Signum lacunae.

. . . .
. . . .
. . . . . ||QVAESTIO. EIVS. PR. ESTO. IOVDICIVMVE. IO|VDICATIO. [13]) LITISQVE. AESTVMATIO. QVEI. QVOMQVE. [14]) IOVDICIVM. [15]) EX. H. L. ERVNT. EORVM. H. L. ESTO.

Praetorem esto, qui primum eius, unde pecunia petita sit, nomen receperit || quaestio eius Praetoris esto, iudiciumue i|udicatio litisque aestimatio, quicunque iudicium ex hac lege erunt, eorum hac lege esto.

Caput II.

Quando accusare liceat.

IS. EVM. VNDE. PETET. IN. IOVS. ED. [1]) || . . .
. . . .
. . . .
. . . .
. . . .
. . . . . ||EQVE. [2]) EO. HOMINE. D|| . . . .
. . . .

Is eum unde petet in ius ed||*ucito suo tempore.*
Siquis socius nominisue Latini exterarumue nationum ||| *petat quiue in arbitratu dicione potestate* VII.
amicitiaue populi Romani sit, is eum unde petet in ius educito d||eque eo homine d||*eferto nomen ante kal. Sept.; si ciuis Romanus sit, etiam post*

---

rum prioris etiam uersus uestigia, quae in sched. et in ed. Iac. Mazoch. repperiuntur: IV uel N non digna censui, ut reciperentur in textum. [13]) I*V*D. Sig.; idem in seq. I*V*DIC. [14]) Vrsin. non interpunxit *quei* et *quomque*. [15]) Solus Sigonius I*V*DIC*VM*.

[1]) Vestigia litterae D quae sunt in sched. confirmat lectio Vrsiniana et Sigoniana. [2]) Vrs. et Sig. *D*EQVE. In ipsis tabulis iam nunc periit *D* et ex parte *E*.

. . . . ||OIVS. EORVM. ITA. NOMEN. EX. H. L. POST. K. | SE[3])|PT. QVAE. EO. ANNO. FVERINT. DELATVM. ERIT. QVEI. EORVM. EO. IOVDICIO. CONDEMNATVS. ERIT. QVANTI. EIVS. REI. SLIS. AE||

. . . .

. . . .

. . . . || EIVS. ESTO. PR. QVEI. EX. H. L. Q|| . . . .

. . . .

. . . . ||VM. ERIT. ID. VTEI. PRIVATO. SOLVATVR. QVEI. | EORV|M. PETET.

kal. Sept. deferre liceto. *C*||uius eorum ita nomen ex hac lege post kal. | Se|pt., quae eo anno fuerint, delatum erit, qui eorum eo iudicio condemnatus erit, quanti eius rei lis ae||*stimata fuerit, tanti* |—| *so-*
VIII. *lutio esto; quanti* ||| *quis eorum ante kal. Sept. reddere damnatus erit, tanti* |—| *solutio* || eius esto. Praetor, qui ex hac lege q||*uaeret facito quantum ita pecuniae ablatum captum coactum conciliatum auersumue esse iudicat*||um erit, id ut priuato soluatur, qui | eoru|m petet.

Caput III.

Quando accusari liceat.

DE. HEISCE.[1]) DVM. MAG. AVT. IMPERIVM.[2]) HABEBVNT. IOVDICIVM. NON. FIET. DIC. COS. PR. MAG.

De hisce dum magistratum aut imperium habebunt iudicium non fiet. Dictator, Consul, Praetor, Magister

---

[3]) SE Sig. et Vrs. In sequentibus lineis ubi hae lacunae itidem litteris ordinariis replentur, omnia constanter tam Sig. ita exhibuit, quam Vrs., quippe quibus tabula nondum ita fracta fuerit, ut periissent hae litterae. Itaque hoc seorsim in lineis seqq. monere supersedebo.

[1]) Sig. solus H*I*SCE. [2]) Sig. et Vrs. I*N*P..

EQ.|| . . . .
. . . .
. . . .
. . . . || EO.[3]) MAG. IMPERIOVE.[4]) ABIERIT.
QVOMIN|| . . . .

equitum, || *Censor, Aedilis, Tribunus plebis, Quaestor, Triumuir capitalis, Triumuir agris dandis adsignandis, Tribunus militum legionibus quattuor primis* ||| *aliqua earum, quiue in alio officio sit,* IX.
in ius educi ne liceto. At qui ex||co magistratu imperioue abierit, quomin||*us educi liceat, nihil impedimento esto.*

Caput IV.

De patronis dandis.

. . . . ||L. PEQVNIAM.[1]) PETET. NOMENQVE DETVLER|IT. Q|VOIVS. EORVM. EX. H. L. ANTE. K. SEPT. PETITIO. ERIT. SEI. EIS. VOLET. SIBEI. PATRONOS. IN. EAM. REM. DAREI. PR. AD. QVEM.|| . . . .
. . . .
. . . .

De patronis dandis. Qui ex hac || lege pecuniam petet, nomenque detuler|it, c|uius eorum ex hac lege ante kalendas Septembres petitio erit, si is uolet sibi patronos in eam rem dari Praetor ad quem||
eius nomen delatum erit, unum actorem, et qui eum adiuuent ||| *alios subscriptores facito in contione* X.

---

[3]) X. EO. Sig. et Vrs.; EO. Maz.; iamnunc in tabula haec corrupta et fere abstersa uidentur. In schedis Bl. est: ATO. [4]) Sig. Vrs. et Maz. IMPERIOQVE; retinui nihilominus lectionem quam in schedis repperi. Conf. infra Lin. LXXI. et LXXVIII.

[1]) Sig. PEQVVNIAM.

||NEIQVEM. EORVM. DET SCIENS. D. M. QVOIEI. IS.[2])||
. . . .
. . . .
||IVSVE.[3]) EVM. EA. COGNATIONE. AT..GAT.[4]) QVEIV|E.[5]) EI|EI. SODALIS. SIET. QVEIVE. IN. EODEM.[6]) CONLEGIO. SIET. QVOIAVE. IN. FIDE. IS. ERIT. MAIORESVE. IN. MAIORVM. FIDE. FVER....[7]) . . . .
. . . .
. . . .
||VAESTION.. IOVDICIO.VE.[8]) PVBLICO.[9]) CONDEMNATV||
. . . .
. . . . ||I. EX. H. L. IOVDEX. IN. EAM.

iudicum iniuratorum, dum || nequem eorum det sciens dolo malo, cui is, || *cuius nomen deferatur, gener, socer, uitricus, priuignusue sit, quiue ei sobrinus sit, prop*||iusue eum ea cognatione attingat quiu|e e|i sodalis sit, quiue in eodem collegio sit, cuiaue in fide is erit, maioresue in maiorum fide fuerint, || *quiue in fide eum habuerit, cuiusue maiores*
XI. *in fide* ||| *habuerint eum maioresue eius, cuius nomen deferatur; neue eum qui* q||uaestione iudicioue publico condemnatu|'*s sit, quocirca eum in senatum legi non liceat, neue eum qu*|i ex hac lege iudex in

---

[2]) In schedis quidem est: IS. CV.; vereor autem ne corrupta sit interea littera Q. Maz. enim. Vrs. et Sig. ad unum omnes habent Q. [3]) IVSVE. Sig. et sched.; Vrsinus: *P*IVSVE. [4]) Sigonius AT*IN*GAT.; Vrs. et sched. manifesto e tabula: AT*TII*GAT.; correxi AT*IN*GAT. ut scribitur infra Lin. XXIV. [5]) Hanc lacunam, ut in lineis prioribus, ex Vrsino et Sigonio, qui tabulam etiam integram, nec uti nunc est in fragmenta ruptam, habebant, restitui; hoc autem loco Vrsinus a Sigonio diuertit, plane omittens uocem QVEIVE. [6]) Hic schedae e tabula annotant uacuum spatium. [7]) Sig. in textu: FVER, ex restitutione: FVERint; Vrs. FVE*RIN;* schedae: FVER*IT.;* correxi ex sententia. [8]) Schedae: VAESTIONE*M*. IOVDICIO*O*VE; eandem corruptionem exhibet Vrsinus, et hoc loco maiorem in descibenda tabula fidem confirmans; initio solam apposuit litteram Q; Sig. et Iac. Mazochius correxisse uidentur in ea, quae nos quoque tametsi non tacite recipere non dubitauimus. [9]) Vrs.: PVPLICO. Mox. V finalis in hoc uersu deest ap. Maz.

REM. ERIT. NEIVE. EVM. QVE|I. E|X. H. L. PATRONVS. DATVS [10]) ERIT.

eam rem erit, neue eum qu|i e|x hac lege patronus datus erit.

Caput V.

De patrono repudiando.

DE. PATRONO. REPVDIANDO. QVEI. EX. H. L. PATRONVS. DATVS. ERIT. SEI. IS. MORI|| . . . . . .
. . . .
. . . .
. . . . ||VM. PR. QVEI. EX. H. L. QVAERET. ALIVM. PATRONVM. EIEI. QVEM. *)|| .
. . . .
. . . .

De patrono repudiando. Qui ex hac lege patronus datus erit, si is mori||*bus suspectus fuerit, ei, qui de pecuniis repetundis nomen* ||| *detulerit, illum* XII. *repudiare liceto. Siquis ita patronum suspectum repudiauerit, t*||um Praetor, qui ex hac lege quaeret, alium patronum ei, quem || *petiuerit dato, dum nequem eorum det, de quibus supra scriptum est.*

---

[10]) DATVS omissum a Sigonio.

*) Ita Sig. et Vrs.; nunc nihil nisi QVEI legitur in tabula.

Caput VI

De CDLuiris ad iudicia primi legis Seruiliae anni in album legendis.

. . . . ||VM. [1]) LEGVNDIS.
PR. QVEI. INTER. PEREGRINOS. IOVS. DEICET. I|S. I|N.
DIEBVS. X. PROXVM. QVIBVS. H. L. POPVLVS. PLEBES-
VE. [2]) IOVSERIT. FACITO. VTEI. CDLVIROS. [3]) LEGAT.
QVEI. IN. HAC. CEIVIT|| [4]) . . . .
. . . .
. . . .
. . . .
R||VM. [5]) *IIVIR.* A. D. A. SIET. FVERITVE. QVEI. VE. [6])
IN. SENATV. SIET FVER. . . . . [7]) QVEI|| . . . .
. . . .
. . . . ||MNATVS. SIET. QVOD. CIR-
CA. EVM. IN SENATVM. LEGEI. NON. LICEAT. | QVEIVE.

De CDLuiris in hunc ann||um legendis. Prae-
tor, qui inter peregrinos ius dicet, i|s i|n diebus X
proximis, quibus hanc legem populus plebsue iusse-
rit, facito ut CDLuiros legat, qui in hac ciuit|*ate in
eum annum, quo hanc legem populus plebsue ius-*
XIII. *serit, iudicent,* ||| *dum nequem eorum legat, qui
Tribunus plebis, Quaestor, Triumuir Capitalis, Tri-
bunus militum legionibus quattuor primis aliqua
ear*||um, *Triumuir* agris dandis adsignandis sit, fue-
ritue, quiue in senatu sit fuer*itue,* qui||*ue mercede
aliqua conductus sit, quiue quaestione iudicioue pu-
blico conde*||mnatus sit, quocirca eum in senatum legi

---

[1]) In schedis ante VM sunt uestigia litterae *M* uel *N;* si perierit M, restituendum uidetur: *IN. ANNVM. PROXI*MVM. [2]) PLEBESVE. Vrs. [3]) Apud Vrsinum uideo hic et ubique in sequentibus interpunctum esse inter CDL et VIR., et inter III et VIR. [4]) Vrs. CEIVI. [5]) In sched., ap. Vrs. et Maz. est VM; apud Sig. *R*VM., omnibus autem deest *IIIVIR,* quod ob sequens A. D. A. apponere non dubitaui. [6]) Ita sched.; Sig. et Vrs. QVEIVE. [7]) In sched. et ap. Maz. FVERINT. EIE.; ap. Vrs. FVERINT. EIEI.; ap. Sig. FVERITVE. EIEI. Accedo schedis et Maz. et EIE corruptum esse ex VE suspicans corrigo FVERIT*VE.*

MINOR. ANNEIS. XXX. MAIORVE. ANNOS. LX. GNATVS. SIET. QVEIVE. IN. VRBEM. ROMAM. [8]) PROPIVSVE. V||
. . . . . . [9]) . . . .
. . . .
. . . . ||E. ERIT. QVOS. LEGERIT. EOS. PATREM. TRIBVM. [10]) COGNOMENQVE IOVDICET. Q|| . . . .
. . . . || II. L. CDLVIREIS. [11]) IN. EVM. ANNVM. LECTEI. ERVNT. EA. NOMINA. OM|NIA. IN. TABVLA. [12]) IN. ALBO. ATRAMENTO. SCRIPT..S. [13]) PATREM. TRIBVM. COGNOMENQVE. TRIBVTIMQVE. DESCRIPTOS. HAB|| . . . .
. . . .
. . . .
. . . . X [14]) || II. L. CDL. VIROS. [15]) LE-

non liceat, quiue minor annis XXX, maiorue annos LX natus sit, quiue in urbem Romam, propiusve V|| *milia passum urbem Romam non habitet, quiue eius, qui in senatu* ||| *sit, fueritue, pater, frater,* XIV.
filiusue sit, quiue trans mar||e erit. Quos legerit, eos, patrem, tribum, cognomenque iudicet. Q||*ui a Praetore, qui inter peregrinos ius dicet, uti scriptum est ex* || hac lege CDLuiri in eum annum lecti erunt, ea nomina om|nia in tabula, in albo, atramento scriptos, patrem, tribum, cognomenque, tributimque descriptos hab||*eto, eosque propositos suo in albo seruato. si nihil ex his obstat* ||| *quominus* XV.
in CDLuiros legatur, Praetor ius potestatemque scribendi, qui uolet, facito. Praetor, qui ex || hac

---

[8]) Sig. tacite emendat VRBE. ROMA. [9]) Apud Sig. desinit tabula in V, cuius uestigia sunt in schedis; Vrs. addit M. [10]) In sched. TRIB*VN*VM, quod firmat etiam Iac. Maz.; corrigendum nihilominus putabam ut Sig. et Vrs., quamuis non tacite. Eadem redeunt in fine huius lineae. [11]) Ita Vrs. et sched.; Sig. ex correctione, ut uidetur, CDLVIR*EI*. [12]) Verba IN. TAB. exciderunt Sigonio. [13]) In tabula est SCRIPT*ES*, testibus schedis et Vrsino; Sig. ut nos corrrexit SCRIPT*OS*, nullo modo sollicitatus illa coniunctione grammatica „ea nomine — scrip*tos*." [14]) Littera X adest ap. Sig. et Vrs.; Maz. et schedae omittunt. [15]) Omnes peraeque recensiones interpungunt.

GERIT. FACITO. RECITENTVR. IN. CONTIONE. IVRATOQVE. SESE. || . . . .
. . . .
. . . . ||VDICES. EXAESTVMAVERIT. ESSE. EOSQVE. CDLVIROS. 16) QVOS. EX. H. L. L|EGERIT. IS. PR. OMNIS. IN. TABOLEIS. PVPLICIS. 17) SCRIPTOS. IN. PERPETVO. HABETO.

lege CDLuiros legerit, facito, recitentur in contione, iuratoque sese || *eos ex hac lege legisse, de quibus sibi consuluerit, ita ut iudicaturos ex animi sententia eos i*|udices existimauerit esse, eosque CDLuiros, quos ex hac lege l|egerit, is Praetor omnes in tabulis publicis scriptos in perpetuo habeto.

Caput VII.

De CDLuiris quotannis legendis.

DE. CDLVIREIS. QVOT. ANNIS. 1) || . . . .
. . . .
. . . .
. . . .
|| QVEI. 2) EORVM. EVM. 3) MAG. COIPERIT. FACITO. VTEI. CDL. VIROS. ITA. LEGAT. QVEI. HA|| . . . . .
. . . .

De CDLuiris quotannis || *legendis. Ex proxumo anno, quo hanc legem populus plebsue iusserit,*
XVI. *unus* ||| *quotannis ex Praetoribus Quaesitoris ex hac lege prouinciam sortito habeto.* || Qui eorum eum magistratum coeperit facito, ut CDLuiros ita legat, qui ha||*c in ciuitate in eum annum, quo lecti*

---

16) Praeter Vrsinum hoc loco Sigonius quoque interpunxit. 17) Sigonius solus PV*BLICEIS*.

1) Ita omnes seiungunt. 2) Sched., Sig., et Maz. QVE; correxi cum Vrsino. 3) EVM omittunt Maz. et Sig. in restitutione, non in tabula.

. . . . . . ||VM. NEQVEM. EORVM. LEGAT. QVEI. TR. PL. Q. IIIVIR. CAP.[4]) TR. MIL. L. IIII|. PRIMIS.[5]) ALIQVA. EARVM. TRIVM. VIR.[6]) A. D. A.[7]) SIET. FVERITVE. QVEIVE. IN. SENATV. SIET. FVERITVE. QVEIVE. MERC| . . .
. . . .
. . . . , .
. . . .
. . . . ||NNOS. LX. GNATVS. SIET. QVEIVE. IN. VRBE. ROMAE. PROPIVSVE. VRBEM. ROM||
. . . .[8]) . . . .
|| QVEIVE.[9]) EIVS. QVEI. IN. SENATV. SIET. FVERITVE. PATER. FRATER. FILIVSVE. SIE|T. QV|EIVE. TRANS. MARE. ERIT. QVOS. LEGERIT.[10]) EOS. PATREM. TRIBVM. COGNOMENQVE. IVDICE. .[11]) QVEI EX. H. L. IN. EV|| . .
. . . .

erunt, iudicent d||um nequem eorum legat, qui Tribunus pl., Quaestor, Triumuir Capitalis, Tribunus militum legionibus quattuor | primis aliqua earum, Triumuir agris dandis adsignandis sit fueritue, quiue in senatu sit fueritue, quiue merc||*ede aliqua conductus sit, quiue quaestione iudicioue publico condemnatus sit,* ||| *quocirca eum in senatum legi non* XVII.
liceat, quiue minor annis XXX, maiorue a||nnos LX natus sit, quiue in urbe Romae propiusue urbem Rom||*am quinque milia passuum non habitet,*|| quiue eius, qui in senatu sit, fueritue, pater frater filiusue si|t, qu|iue trans mare erit. Quos legerit, eos, patrem, tribum, cognomenque iudice*t*. Qui ex hac lege in eu||*m annum CDLuiri lecti erunt, ea nomina omnia*

---

[4]) Sig. inserit quae mox apud ipsum redeunt: IIIVIR. A. D. A. [5]) PRIMIS deest Vrsino. [6]) Interpungunt Vrs. et sched. [7]) Vrsinus: A. D. *R*. quod per se non plane uidetur absurdum. [8]) Maz. ROM*A;* in sched. repperiuntur uestigia litterae A, quae ceteris utique periit. [9]) Vrs. *N*EIVE; Sig. VEIVE; in schedis certa litterae *Q* uestigia supersunt. [10]) Sig. inserit IS. [11]) Omnes perperam IOVDICE*S;* correxi ipsius tabulae auctoritate IOVDICE*T*. Apud Sigonium desinit haec linea in QVEI*VE*. *EX*. *H*. *,;* reliqua ei exciderunt.

. . . .

. . . . . ||EM. TRIBV. . [12]) COGNOMENQVE. TRIBVTIMQVE. [13]) DISCRIPTOS. [14]) HABETO. EOSQVE. PROPOSITOS. SVO. [15]) . . . .

. . . .

. . . . . . M||QVE. [16]) SCRIBVNDI. QVEI. VOLET. FACITO. PR. QVEI. LEGERIT. [17]) EOS. QVOS. EX. H. L. C|DLVI|ROS. LEGERI. . FACITO. IN. CONTIONE. RECITE. .TVR. [18]) IOVRATOQVE. SESE. EOS. EX. H. L. LEGISE. [19]) DE. QVIBVS. SIBEI. CONSV|| . . . . . . [20]) . . . . . .

. . . .

. . . .

. . . .

XVIII. *in tabula* ||| *in albo atramento scriptos,* |—| *patr*||em, tribu*m*, cognomenque, tributimque discriptos habeto, eosque propositos suo || *in albo seruato. Si nihil ex his obstat, quominus in CDLuiros legatur, Praetor ius potestatem*|que scribendi, qui uolet, facito. Praetor qui legerit, eos, quos ex hac lege C|DLui|ros legeri*t*, facito in contione reci*ten*tur, iuratoque sese eos ex hac lege legisse, de quibus sibi consu||*luerit, quae supra scripta sint, eosque CDLui*-

XIX. *ros, quos ex hac lege* ||| *legerit, is Praetor omnes in tabulis publicis scriptos in perpetuo habeto.*

---

[12]) In schedis perperam legitur TRIB*V*; ceteri omnes TRIB*VM*. [13]) Solus Sig. TRIBVTIM. [14]) Supra erat D*Æ*SCRIPTOS. [15]) In schedis post SVO supersunt uestigia aliquot litterarum, nescio utrum MI an IN. [16]) In sched. non est nisi QVE; Sig. et Vrs. etiam legebant in tabula *M*QVE, quae lectio tam Sigonium induxit ad eam restitutionem, quam nos quoque secuti sumus. [17]) Vrsinus inserit IS. [18]) Sigonium nescio an temere corrigentem secuti scripsimus LEGERI*T* et RECITE*N*TVR; Vrs. et sched. mendum in tabula ostendunt LEGERI*NT* et RECIT*Æ*TVR scribentes. [19]) Solus Sigonius LEGISSE. [20]) In sched. CONSV; ap. Sig. et Vrs. CONSV*L*.

Caput VIII.

De nominis delatione iudicumque lectione.

DE. NOMINE. DEFERVNDO. IVDICIBVSQVE. LEGVNDEIS. QVEI. EX. H. L. PEQVNIAM.[1]) AB. A|| . . . . .

. . . .

. . . . ||VM.[2]) ANNVM. LECTEI. ERVNT. AD. IVDICEM. IN. EVM ANNVM. QVEI. EX. H. L. | FACTVS. E|RIT. IN. IOVS. EDVCITO. NOMENQVE. EIVS. DEFERTO. SEI. DEIVRAVERIT. CALVMNIAE. CAVSA. NON. PO|| . . . .

. . . .

. . . .

. . . .

. . . . ||RIT.[3]) DE. CDL. VIREIS. QVEI. IN. EVM. ANNVM.[4]) EX. H. L. LECTEI. ERVNT. ARVORSARIO.[5]) EDAT. EOS. OM|| . . . . .

De nomine deferendo iudicibusque legendis.

Qui ex hac lege pecuniam ab a||*liquo eorum petet, cuius ex hac lege petitio erit, is eum, unde petet, de CDLuiris, qui in e*||um annum lecti erunt, ad iudicem, in eum annum qui ex hac lege | factus e|rit, in ius educito, nomenque eius deferto, si deiurauerit calumniae causa non po||*stulare, apud Praetorem qui ex hac lege quaeret. Si is nomen receperit, iudex, qui eam rem* ||| *quaeret, facito, ut die . . . ex eo* XX.
die, quo cuiusque quisque nomen detulerit, C uiros is, qui detule||rit, de CDLuiris, qui in eum annum ex hac lege lecti erunt, aduersario edat. Eos om||

---

[1]) Sig. PEQVVNIAM. [2]) VM. in schedis quidem non nisi mutilatum legitur; Vrs. autem et Sig. pariter lectionem confirmant. [3]) Maz.: *Q*IT.; sched.: *P*IT.; Sig. et Vrs. plenius *R*IT. [4]) ANNVM Bluhmii oculos fugisse uidetur; abest enim in schedis refragantibus Sigonio, Vrsino et Mazochio. [5]) Solus Sigonius recentiorem exhibet scripturam A*D*V. Antiquior scriptura satis nota est ex formula SC. ARF. Cf. SC. de Bacch. init.

. . . .
. . . .
. . . . ||VIGNVSVE. SIET. QVEIVE. EI. SOBRINVS. SIET. PROPIVSVE. EVM. EA. COGNAT|ION. . [6]) ATTINGAT. QVEIVE. EI. SODALIS. SIET. QVEIVE. IN. EODEM. CONLEGIO. SIET. FACITOQVE. CORAM. ARV|| . .
. . . . . . [7]) . . . .
. . . .
. . . .
. . . .
|| NON. ATTINGERET. [8]) SCIENTEM. D. M. ITAQVE. IS. EDITO. COVRATOQVE. VBEI. [9]) IS. ITA. EDIDERIT. TVM. IN EA. || — . . . .
. . . . . ||RIT. FACITO. VTEI. IS. DIE. VICENSVMO. EX. EO. DIE. QVO. QVOIVSQVE. QVISQVE. N|OMEN. | DETOLERIT. C. VIROS. EX. EIS. QVEI. EX. H. L. CDL. VI-

nes, quos edere uelit iudex recipito, dum nequem recipiat, qui eius unde petetur, gener, socer, uitricus, pri||uignusue sit, quiue ei sobrinus sit, propiusue eum ea cognat|ion*e* | attingat, quiue ei sodalis sit, quiue in eodem collegio sit, facitoque coram adu||*ersario, ut is, qui C uiros edere uelit palam*
XXI. *apud se iuret se neminem de CDLuiris, qui*||| *in eum annum lecti erunt, legisse, nisi qui aduersarium ea necessitudine* || non attingeret, scientem dolo malo; itaque is edito curatoque ubi is ita ediderit; tum in ea || —|. *Deinceps iudex, ad quem quis in ius eductus e*||rit, facito, ut is die uicesimo, ex eo die, quo cuiusque quisque n|omen | detulerit, C. viros ex eis, qui ex hac lege CDLuiri in eum annum lecti

[6]) In schedis post lacunam adsunt uestigia litterae M, quae Vrs. confirmat scribens COGNATIONEM. Sig. more suo correxit. Nos dedimus, quae locus postulabat, licet simile adest mendum infra Lin. LXXVI. »INQVE. EA. TRIBVM.« [7]) Ita restituere non dubitauimus, ducti auctoritate schedarum quae scribunt ARV, littera V paullulum mutilata: Vrs. et Sig. perperam APV. Conf. not. [5]). [8]) Sched.: ATT*I*GER*I*T.; Maz. et Vrs. ATT*I*GER*E*T, quod in tabula adfuisse uidetur. Correximus A*TIN*GER*E*T. Iam Sig. scripserat A*TTIN*GER*E*T. [9]) Maz. VBE*T*.

REI. IN. EVM. ANNVM. LECTEI. ERVNT. QVEI. VIVA . T. [10])
LEGAT. E|| . . . .
. . . .
. . . .
||EX. SIET. QVOI. IS. QVEIVE. [11]) EI. [12]) QVEI. PETET.
GENER. SOCER. VITRICVS. PRIVIGNVSVE. SIET. QVEIVE.
EI. SOBRINV|| [13]) . . . .
. . . . E||I [14]) SODALIS.
SIET. QVEIVE. TR. PL. Q. IIIVIR. CAP. IIIVIR. A. D. A.
TRIBV . . [15]) MIL. L. IIII. PRIM||IS. AL. . . . . [16]) |EARVM.
SIET. FVERITVE. QVEIVE. [17]) IN. SENATV. SIET. FVERIT-
VE. QVEIVE. . . . . L. RVBR. || [18])—|||— A||BERIT. [19])

erunt, qui uiuant, legat. E||*os omnes iudex, qui*
eam rem quaeret, recipito, dum ||| *nequis eorum* XXII.
ab eo, cuius nomen delatum erit, lectus iud||ex sit,
cui is, quiue ei, qui petet, gener socer uitricus pri-
uignusue sit, quiue ei sobrinu||*s sit, propiusue eum*
ea cognatione attingat, quiue, qui petet, e||i soda-
lis sit, quiue Tribunus plebis, Quaestor, IIIuir capi-
talis, IIIuir agris dandis adsignandis, Tribunus mili-
tum legionibus quattuor prim|is al*iqua* | earum sit
fueritue, quiue in senatu sit fueritue, quiue . . . .
L. Rubr || — ||| — | a||berit quiue trans mare erit, XXIII.

---

[10]) Vrs. et schedae perperam scribunt VIVAT.; recepimus Sigonii emendationem. [11]) Vnus Sigonius QVEI*Q*VE. Stetimus ab Vrs. Maz. et schedis. [12]) EI. testibus schedis superscriptum est. Vrsino et Sigonio exciderat. [13]) Abest SOBRINV ap. Maz. [14]) EI legerant Vrs. et Sig. [15]) Correxi cum Sig. hoc uocabulum propter sequens *siet;* Vrs. et sched. TRIBVN*I*. [16]) In schedis *M* in PRI*M*. et litterarum *EA* ante RVM uestigia adsunt; Sig.: PRIMIS . . . . . EARVM; Vrs.: PRIMIS. AL. . . . . EAR. Omnem formulam uidimus supra. [17]) Apud omnes praeter Sigonium QVEIVE. bis adest, haud dubie ut uidebatur, scalptoris mendum. [18]) Ita claris litteris tabulae lectionem dedit Vrsinus, dantque schedae: Sigonius autem, non discernens quae inuenerit quaeque restituerit, scripsit: »QVEIVE. MERCATOR. SIET. FVERITVE.« in quibus mihi quidem pro »L. RVBR.« »T. FVER.« legisse reliquaque ex ingenio addidisse uidetur. Non enim est, quod dicamus, Vrsinum, qui multo diligentior Sigonio omnia descripserit, non legisse quae Sigonius legerit. [19]) A habent omnes praeter schedas: Maz.: »*ABI*ERIT.

QVEIVE. TRANS. MARE. ERIT. NEIVE. AMPLIVS. DE. VNA. FAMILIA. VNVM. [20]) NEIVE. EVM. [21]) . . . .
. . . .
. . . . . . : . . . ||RNIA. AVT. LEGE. IVNIA. SACRAMENTO. ACTVM. SIET. AVT. QVOD. H. L. NOMEN. |DE . . . . |T. [22]) QVOS. IS. C. VIROS. EX. H. L. . .DIDERIT. [23]) DE. EIS. ITA. FACITO. IOVRET. PALAM APVD. SE. CORAM. [24]) || . . . .
. . . .
. . . .
. . . . N||ECESITVDINE. [25]) ATINGAT. [26]) QVAE. SVPRASCRIPTA. [27]) SIENT. Q. [28]) VNDE. PETITVM. ERIT. QVOMI|| [29]). . . . .
. . . .
. . . . || VIROS. EDIDERIT. IVRARITQVE. [30]) TVM. EIS. PR. FACITO. VTELIS. VNDE. PETE-

neue amplius de una familia uuum, neue eum, || *qui de pecunia capta in ius eductus fuerit, aut quod cum eo lege Calpu*||rnia aut lege Iunia sacramento actum sit, aut quod hac lege nomen | *delatum si*|t. Quos is C uiros ex hac lege *ediderit*, de eis ita facito, iuret palam apud se coram || *aduersario is*
XXIV. *unde petetur, sese de CDLuiris qui* ||| *in eum annum lecti erunt neminem in iudices legisse, qui aduersarium ulla* n||ecessitudine attingat, quae supra scripta sint. Q. unde petitum erit, quomi||*nus* | — |. *Si ita uterque tam is, qui petet, quam is, unde petetur centenos* || uiros ediderit, iuraritque, tum is Praetor facito, ut is unde petetur die | . . . *post-*

---

20) Maz. mendose VNNVM. Pro FAMILIA. in tab. FAMIIIA. scriptum est in sched. 21) Sched. EV et litterae M uestigium; reliqui EVM. 22) DE legit solus Vrsinus; T. sched. et Vrs. 23) E ante DIDERIT in tab. abrasum esse testantur schedae. 24) Sig. COR. . 25) Sig. *NECESSI*TVDINE. 26) Ita scripsimus schedarum ex auctoritate; Sig. et Vrs. ATTINGAT. 27) Sig. et Vrs. refragantibus schedis »SVPRA. SCRIPTA.« scribunt. 28) Abest *Q.* ap. Maz. 29) Sched. et Maz. QVOMI; Vrs. et Sig. QVOM. 30) Sig. IO*V*R.

TVR. DIE. | . . . . | EIVS NOMEN. DELATVM. ERIT. QVOS. C. IS. QVEI. PETET. EX. H. L. EDIDERIT. DE. EIS. IVDICES. || . . . .
. . . .
. . . .
. . . . ||EN. EX. H. L. DELATVM. ERIT. IVDICES. EX. H. L. [51]) NON. LEGERIT. EDIDERIT-VE. || SEIVE. [52]) | — E. [53]) || SODALITATE. ATINGAT. QVEIVE. IN. EODEM. CONLEGIO. [54]) SIET. EX. H. L. NON. E. | — |. EVM. PR. ADVORSARIVMVE. [55]) MORAM. [56]) NON. ER|IT. QVO|MINVS. [57]) LEGAT. EDATV|E. [58]) | — ||| — || EM. LEGAT. QVEI. ITA. LECTEI. ERVNT. EIS. IN. EAM. REM. IOVDICES. SVNTO. EORVMQVE. EIV||.. | — ||

quam | eius nomen delatum erit, quos Centum is, qui petet, ex hac lege ediderit, de eis iudices ||' *quinquaginta legat, et ut is qui petet, de eis, quos Centum is unde petetur ediderit,* ||| *totidem iudices* XXV.
legat. Si uterque, tam is qui petet, quam is cuius nom||en ex hac lege delatum erit, quinquagenos iudices ex hac lege non legerit edideritue ||' siue | — | e || sodalitate attingat, quiue in eodem collegio sit, ex hac lege non e | — | cum Pr. aduersariumue moram non erit, quominus legat edatu||e | — ||| — ||em XXVI.
legat. Qui ita lecti erunt, ei in eam rem iudices sunto eorumque eiu||*s* | — . ||

---

[51]) Sig. dissoluit compendium. [52]) SEIVE addunt Sig. et Vrs. [53]) E. Sig. et Vrs. [54]) CO*LL*EGIO. Sig. [55]) ADVORSARIV*S*VE. Sig. [56]) MOR*A*. Sig. [57]) IT. QVO. habent Sig. et Vrs.; in schedis desideratur. [58]) *Apud Sig. uersus desinit in QVOMINVS. In schedis* sequitur ER**I*EDATV; Vrsinus plenius legisse testatur: LEGAT. EDATVE. quae recipere non dubitauimus.

Caput IX.

De iudicum patronorumque nominibus in tabulis seruandis.

VTEI. SCRIPTA. IN. TABOLEIS. HABEANTVR. PR. QVEI. EX. H. L. QVAERET. FA|CITO . . . . QV|OS. [1]) IS. QVEI. PETET. ET. [2]) VNDE. PETETVR. EX. H. L. LEGERINT. ED|IDERINT. EOS|QVE. [3]) || PATRONOS. [4]) . . . .
. . . . V||EI. [5]) PETIVERIT. ET. VNDE. PETITVM. ERIT. QVEI. EORVM. VOLET. EX. TABOLEIS. POPLI|| . . . [6]) . . . .

Vti scripta in tabulis habeantur. Praetor, qui ex
hac lege quaeret, fa|cito *ut. uiros,* qu|os is, qui petet,
et unde petetur ex hac lege legerint ed|iderint eos|-
que || patronos, *quos is, qui petiuerit, et is unde*
XXVII. *petitum erit, sibi nominauerint* |||, *quiue ei qui pe-*
tet, a Praetore ex hac lege dati erunt, in tabulis
publicis scriptos habeat, eique qu|i petiuerit, et unde
petitum erit, qui eorum uolet, ex tabulis publi||*cis*
eorum nomina legundi semper ius potestasque esto.

---

[1]) In schedis FA | — | OS; Vrs.: FA*CITO* | — | OS.; solus Sig. dat: FACITO. VTEI. L. VIROS. QVOS. omnia quasi e tabula. Non autem dubito, quin haec Sigonius ex ingenio apposuerit ex sua capitis de lectione iudicum restitutione allecta. Neque enim schedae, neque Vrsinus haec confirmant, licet Sigonius in his lacunis, quae fracta oriuntur tabula VIII., ne litteram legerit, quae Vrsino ignota manserit. Omnia uero praeter numerum tanquam restituta retineri posse censui. [2]) Sigonius pro ET. legit EI. [3]) IDERINT. EOS., quae Sigonio et Vrsino debemus, absunt in schedis. [4]) PATRONOS. siue Bluhmium fugerit, siue nunc in tabula abrasum sit, solis iisdem Vrsino et Sigonio acceptum est ferendum. [5]) VEI. Sig. et Vrs. [6]) Apud Maz. desinit tabula in PO.

Caput X.

De perpetuitate iudicii.

EISDEM. [1]) IOVDICES. VNIVS. REI. IN. PERPETVOM. SIENT. QVEI. IVDICES. | . . . .
. . . . Q|VAM [2]) IN REM. EIS. IVDICES. LECTEI. ERVNT. | . . . .

Eidem iudices unius rei in perpetuum sint. Qui iudices | *ab eis ita lecti erunt*, q|uam in rem ei iudices lecti erunt, || *in eam rem in perpetuum sunto.*

Caput XI.

De uadimonio et exilio.

. . . .
. . . .
. . . .
. . . . Q|VEI. [1]) PEQVNIAM. [2]) EX. |
. . . . | TVM. [3]) OB. EAM. REM. QVOD. PEQVNIAM. EX. H. L. CEPER|| . . [4]) . . . .
. . . .

De uadibus dandis. Praetor, qui ex hac lege quaeret, facito ut ||| *eum, cuius nomen delatum* XXVIII.
erit, iudicio adfuturum certo die publice uadetur is, q||ui pecuniam ex | *hac lege petet.* | Tum ob eam rem, quod pecuniam ex hac lege ceper||*it, si quis ex hac lege condemnatus erit, Censor uadem*

---

[1]) EISDEM pro EIDEM et EIS pro EI in sequentibus. [2]) QUAM. Sig. et Vrs.; in schedis nihil nisi VAM.

[1]) Solus Mazochius QVEI. [2]) Hic et paullo infra Sigonius more suo scripsit PEQVVNIAM. [3]) Sig. et Vrs. post lacunam pergunt *E*VM Schedae dant *T*VM, quod aptius uidebatur reliquis. [4]) Maz. dat CAPIET.; reliqui omnes CEPER.

. . . . ||VETO. NEIVE. EQVOM. ADIMITO NEI-
VE. [5] QVID. EI. [6] EIVS. EAM. REM. FRAVDI. [7] ESTO. |
. . . . SC||RIPTA. [8] SIENT. PR. QVEI. EX.
H. L. N|| . . . . [9] . . . .
. . . .
. . . .
. . . .
. . . . ||RIT. AVT. IN. EX|ILIVM. [10] ABIERIT.
Q|VOIVM. NOMEN. EX. H. L. DELATVM. ERI|T. [11] . .
. . . .
. . . . V||M. [12] ABIERIT. QVAM. EA.
RES. IVDICATA. ERIT. PR. AD. QVEM. EIVS. NOMEN. D|
. . . . M. [13] | REM. AB. EIS. ITEM.

neque senatu neque tribu mo||*ueto*, neue equum ad-
imito, neue quid ei eius eam rem fraudi esto, | *quae
supra* sc|ripta sint. Praetor, qui ex hac lege n||*omen
receperit, facito ut absentem condemnet, eique aqua
et igni interdicat, bonaque publice possideantur* |||
XXIX. *eius, qui die dicto iudicio non adfuerit et prius
quam ea re iudicata erit urbe cesse*||rit aut in ex|i-
lium abierit. C|uius nomen ex hac lege delatum eri||t,
*si eius bona non sufficient, ubi prius urbe cesserit,
aut in exiliu*||m abierit, quam ea res iudicata erit,
Praetor, ad quem eius nomen d||*elatum erit, eam* |

---

5) NEI. VE. Vrs. 6) Teste Bluhmio EI. in tab. est superscriptum; Vrs. ideo plane non agnoscit. 7) FRAVD*EI*. Sig. Vrs. 8) In schedis post lacunam est RIPTA; plenius dant uocabulum Sig. et Vrs. 9) Schedae in fine lineae dant IV uel N, cuius uestigia neque Vrs. legit, neque Sigonius, qui restituit ex formula consueta: *QVAERET.* 10) „ILIVM. ABIERIT. Q," quae lineis inclusi, primum faciunt uersum frusti inferioris, quod iam uti nunc haec tabula Neapoli asseruatur, desideratur. De iis recensionibus, quas totius tabulae aliunde nouimus, Vrsini potissimum in hac parte describenda secutus sum, Sigonii et Mazochi uarias ut supra adiiciens lectiones. Inter ABIERIT. et QVOIVM. tam Vrsinus quam Sigonius uacuum adfuisse testatur spatium. 11) Sched. et Maz.: ERI; Vrs. et Sig. plenius ERIT. 12) Sig. et Vrs.: VM. 13) Vrs.: „D | . . . . | M. REM.;" ex his Sigonius litteram D, quae in sched. abrasa aut in N mutata uidetur, et schedae etiam litteram M ante REM non agnoscunt.

QVAERITO. || . . . .
. . . .

rem ab eis item quaerito || *qui uadimonium susceperint, in quantum uadimonium fuerit constitutum.*

Caput XII.

Fragmenta minora.

| — ||| — | . . . . . || N|OMEN. EX. H. L. AD. SE. DELAT|VM. ERIT. FACITO. VTEI. IOVDICIVM. P. || — | . . . . . ||VOD. RECTE. FACTVM. ESSE. VOLET. DVM. NEIQVID. [1]) ADVORSVM. [2]) H. L. FIAT. | AVT. [3]) SEC|VNDAM. [4]) NEIVE. POST. H. || L. ROG. [5]) | || CONQVAERI. IN. TERRA. ITALIA. IN. OPP|EDEIS. FOREIS. [6]) CONCILIA|| . . . . . [7]) | — | . . . ||CILIABOLEIS. VBEI. IVRE. [8]) DEICVNDO. PRAEESSE. [9]) SOLENT. IN. QVIBVS. D| [10]) — . . . . |TOR. [11]) QVEI. EX. H. L. QVAERE||T. [12]) — || AVDIERIT. QVOD. EIVS. REI. QVAERVNDAE. [13]) C|ENSEANT. REFERE. [14]) ET. C. [15]) || — || RE. IVBETO. ET.

— ||| — *Praetor, si* || n|omen ex hac lege ad se xxx.
delat|um erit, facito ut iudicium p || — | *uti q*|uod
recte factum esse uolet, dum nequid aduersus hanc
legem fiat | aut— sec|undam neue post hanc || legem
rogatam | — ||| — || conquiri in terra Italia in opp|i- xxxi.
dis foris concilia||*bulis* | — | *con*||ciliabulis, ubi iure
dicundo praeesse solent, in quibus d — *Prae*|tor, qui
ex hac lege quaere||*t* — ||| — || audierit quod eius rei xxxii.
quaerendae c|enseant referre, et c || — ||re iubeto et

---

[1]) NEI. QVID. Vrs. [2]) ADVORSVS. Sig. Vrs. [3]) Solus Sigonius exhibet AVT. [4]) VNDAM. in schedis; plenius apud Sig. et Vrs. [5]) L. ROG. legit unus Sigonius. [6]) FEREIS Maz. [7]) CONCIL Sig.; CONCILIEI Maz.; CONCILIAI sched.; CONCILIAB Vrs. [8]) IOVRE Sig. Vrs. [9]) PRAESSE. Sig. Vrs. [10]) D deest Sigonio. [11]) PR. Sig. [12]) Litteram *T* legerunt Sig. Vrs. [13]) QVAERVNDAI. Maz. [14]) REFERRE Sig. Vrs. [15]) Pro ET. C. Maz. legit: EIC.

QVOM. EI. RES. AGETVR. QVAM. IN. REM. QVISQVE. TESTIS. ER| . . . . O|MNES.[16] ADSIENT. TESTIMO| . . . | — — || VM. EIVS. FIDE. QVAERAT. QVEI-VE. IN. FIDE. EIVS. | SIET. MAIORESV|| . | — | . . ||VSAM. DEICET. DVM.[17] TAXAT. VNVM. QVEI. VE.[18] EIVS. PARENTISVE. EIVS. | — | VE.[19] SIET. DE. NO[20] || — — || IT.[21] SECVMVE. DVXERIT. DVM. TAXAT. HOMINES. IIL. EA|RVM. RE||RVM.[22] | — | . . . . |R.[23] QVAE.[24] ITA. CONQVAESIVERIT. ET. SEIQVA. TABVLAS. LIBROS. LEITERASVE. POP | — | PRODV|CERE.[25] PROFERREQ|| . .[26] | — — || IVE. DE. EA. RE. VOLET. APVD. PR. IS. PRAETORI.[27] MORAM. NE. FACITO.[28] || — || AT. PRAETOR. VTEI. INTERROGET. PR. QVEI. EX. H. L. Q|| . . . . . | — — | . . . . ||M. REM. IVDICES.[29] ERVNT. ANTEQVAM. PRIMVM. CAVSSA. D|| . . . . | — || IVDICES.[30] QVEI. IN. EAM. REM. ERVNT. OMNES. PRO.

cum ei res agetur, quam in rem quisque testis er|*it,*
xxxiii. *facito ut* o|mnes adsint testimo||*nio.* | — ||| — || um
eius fide quaerat, quiue in fide eius sit, maioresu||*e*
| — | *ca*||usam dicet, duntaxat unum quiue eius pa-
xxxiv. rentisue eius | — ||| ue sit. De no || — ||| — || it,
secumue duxerit, duntaxat homines duo de quinqua-
ginta ea|rum re||rum | — | *accusato*||r quae ita con-
quisiuerit, et siqua tabulas libros litterasue pop | — |
xxxv. produ|cere proferreq||*ue* | |||—|| — iue de ea re uolet
apud Praetorem, is Praetori moram ne facito || — ||
at. Praetor uti interroget. Praetor, qui ex hac lege
xxxvi. q||*uaeret,* |— ||| — | *qui in ea*||m rem iudices erunt,
antequam primum causa d||*icta erit.* | — || iudices,

---

16) O in OMNES legerunt Vrs. et Sig. 17) TVM Sig. 18) VE. in tab. est superscriptum. 19) VE. deest Sigonio. 20) Ita clare in schedis; Sig et Vrs. legerunt »DE. T.« 21) IT deest Maz. 22) Schedae et Maz. RE; plenius Sig. et Vrs. legerunt. 23) R in solis schedis legitur. 24) QVAI Sig. et Vrs. 25) Sched.: GERE; Vrs.: CERE; Sig.: PRODVCERE. 26) Sig. et Vrs. PROFERR*I*Q. 27) PRAETOREI Maz. 28) Maz. desinit in FA. 29) IOVDICES Maz. 30) Ante IVDICES uel IOVDICES ut Sig. et Vrs. hic scribunt, in schedis uestigia litterae O annotata invenio.

ROSTREIS. IN. FORV||. |— —|.. ||LET. VTEI. TESTIVM. QVEI. EAM. REM. ERVNT. VERBA. AVDIAT. || — || EAM. REM. MINVS. IOVDICET.[31]) NISEI. SEI. QVAE.[32]) CAVSA. ERIT. QVAE. EIE.[33]) || — —. ||ECITENTVR. PROSCRIPTA. PROPOSITAQVE. PALAM. APVD. FORVM.[34]) || — |....... ||IS. C. IVDICIS.[35]) L. LECTEI. ERVNT. IOVDEX. NEIQVIS.[36]) DISPVT||ET.[37]) V|| — — || E. IOVDICIVM.[38]) ADESE.[39]) POSSIT. DE. EA. RE. PR.[40]) QVEI. EX. H. L.[41]) ||....... | — ||NDO.[42]) QVAM. REM. PR. EX. H. L. EGERIT. SEI. EAM. REM. PROFE||RET.[43]) QVOI. ||— —| .. ||LET. QVOIVS. EX. H. L. NOMINIS.[44]) DELATIO. ERIT. EI. EIVS. REI. PE||..... | — |IT.[45]) VT. EIVS. AD. SESE. VENIAT. AVT. ADFERATVR. CORAM. EO. QVE||I.[46]) POSTVLAVER||.. | — — | .... || QVEI.[47]) EAM. REM. QVAERET. EX. H. L. CAVSAM.[48]) NON. NOVER||..

qui in eam rem erunt, omnes pro rostris in foru||*m*
|—|||—*uo*||let uti testium, qui eam rem erunt uerba XXXVII.
audiat || — || eam rem minus iudicet, nisi siqua causa
erit, quae ei ||— |||— *r*||ecitentur proscripta propo- XXXVIII.
sitaque palam apud forum || — | *qui ex e*||is cente-
nis iudices quinquageni lecti erunt. Iudex nequis
disput||et u || — ||| — || e iudicium adesse possit, de XXXIX.
ea re Praetor, qui ex hac lege || *quaeret,* | — ||ndo.
Quam rem Praetor ex hac lege egerit, si eam rem
profe||ret cui || — ||| — | *uo*||let, cuius ex hac lege XL.
nominis delatio erit, ei eius rei pe||*titio* | — || it, ut
eius ad sese ueniat aut adferatur coram eo, qu||i po-
stulauer||*it*|. ||| — | *Si iudex* ||, qui eam rem quaeret, XLI.
ex hac lege causam non nouer||*it,* | — | *de*||que ea re

---

31) Sibi inconstans Sig. hoc loco scribit I*V*DICET. 32) SEIQVAE Sig. 33) E!S. Vrs. 34) Maz. desinit in FOR. 35) IO*V*DICES Sig. 36) NEI. QVIS. Vrs. 37) Primam lineam tab. XIII., quam hic adiunxi, Bluhmio debeo; ap. Vrsinum enim abest. In litteris ET tabula fracta est, ideoque hae iam in tab. VIII. ante legebantur. 38) I*V*D. Sig. 39) ADES*S*E. Sig. 40) PRAETORI Maz. 41) Pro H. L. Maz. legit: HAC. 42) NIO. Sig. 43) Apud Sig. desinit Lin. 39. tab. VIII. in PROFER. Apud Vrs. tab. XIII. lin. 2. scribitur per ET. QVO. 44) Pro *N*OMINIS scribit Maz. *H*OMINIS. 45) Sig.: »*FAC*|ITO. VT. *EIS.*« 46) In littera I fracta est tabula. 47) VEI Maz. 48) CAVSSAM. Sig.

| — | . . || QVE. EA. RE. HACE. LEGE. IVDICIVM. [49]) LITISQVE. AESTVMATIO. || ESTO. QVASEI. SEI. EIV || . [50]) | — — || IOVDICIVM. [51]) FIERI. OPORTEBIT. TER || — || DAM. [52]) | — | BVS. IN. CONTIONE. PRO. ROSTRIS. SENTEN || TIA. ITA. PRONONTIATO. FEC. [53]) || — — | . . || TE. QVAM. IBVNT. FACITO. [54]) IOVRENT. [55]) SESE. || — | . . . . || M. [56]) QVAERET. EX. H. L. CAVSAM. || NON. NOVERIT. PR. QVEI. EX. H. L. Q || . . . . . | — — || MVLTAM. [57]) SVPREMA. DELEA. [58]) || — || ATVRVM. ESSE. IVDICE || . | — | . | VOQVIS. SVAE. ALTERI || . . [59]) SENTENTIAE. CERTIOR. SIET. QVOD. [60]) || — — || QVE. DIE. DEFERATVR. ISQVE. QVAESTOR. [61]) || — || SATIONE. PRIMO. QVO. || — | . . . . || AERET. [62]) CAVSAM. || NON. NOVERIT. QVEI. EORVM. IOVDEX. || — — || RE. [63]) DEIXERIT. PRAETOR.

hac lege iudicium litisque aestimatio || esto, quasi si
XLII. eiu||*s* | — ||| — || iudicium fieri oportebit ter || — ||
dam | — | bus in contione pro rostris senten||tia ita
XLIII. pronuntiato fec || — ||| — | *an*||tequam ibunt, facito
iurent sese || — | *si iudex, qui eam re*||m quaeret
ex hac lege causam || non nouerit, Praetor, qui ex
XLIV. hac lege q||*uaeret,* | — ||| — || multam suprema delea
|| — || aturum esse iudice||*m* | — *q* |uoquis suae alte-
XLV. ri||us sententiae certior sit, quod || — ||| — || que
die deferatur isque Quaestor || — || satione primo
quo || — | *si iudex, qui eam rem q*u||aeret, causam
XLVI. || non nouerit, qui eorum iudex || — ||| — || re dixe-

---

49) IOVD. Sig. 50) Apud Vrs. desinit in EI; in sched. in EIV; restitui EIV||*S*. 51) IVD. Sig. 52) DAM est in schedis; ap. Vrs. RAM; ap. Sig. haec plane desiderantur. 53) Ita Vrs.; in sched. littera C non legitur. 54) FACIT. Maz. 55) IVR. Sig. 56) M Deest Sig. et Vrs. 57) MVTAM dat Boissardus et qui eum omnino sequitur Brissonius. 58) Pro DELEA quod exhibet Vrsinus, Boiss. legit DEI; cum difficile sit dicere utra sit corruptior lectio, Vrsini retinui scripturam, quam ubique fere in hac tabula describenda secutus sum. 59) Ap. Sig. Lin. 44. tab. VIII. desinit ALITER. 60) Post QVOD sequitur in schedis uestigium litterae N; ap. Vrs. littera O. 61) Apud Boiss. mutilata haec linea ita legitur: »QVE. DEFERATVR. ISQ. QVESTO.« 62) VAERET Sig. 63) RE abest in recensione Boiss.; ibique D in uoce seq. mutilatur.

. . . . 64) EX. H. L. QVAERET. 65) ITA. PRONON| . . . . . |—| . . . . ||NSILIVM. 66) || QVOMODO. EANT. PR. QVEI. EX. H. L. N|| . . . . 67) |— —| . . . . || DICAT. EIS. 68) HS. N. ↀ. 69) QVOTIENS. QVOMVE. AMPLIVS. BIS. IN. VNO. IV|| . . . . . — || 70) QVEI. QVOMQVE. ADERVNT. IVDICARE. || — —.

rit, Praetor, *qui* ex hac lege quaeret, ita pronun||
tiato. |—| *Iudices in co*||nsilium || quomodo eant.
Praetor, qui ex hac lege n||*omen receperit*, |—|||—| XLVII.
Praetor, qui ex hac lege quaeret, || dicat eis
HS. N. CCCIↃↃↃ, quotiescunque amplius bis in uno
iu||*dicio* |—|| quicunque aderunt iudicare ||—|||—. XLVIII.

Caput XIII.

De reis quomodo iudicetur.

. . || REIS. 1) QVOMODO. IVDICETVR. VBI DVAE. PARTES. IVDICVM. QVEI. ADER 2) ||—||M. QVAM. OB. REM. ET. QVANTVM. PEQV|| . . . . |— —|| REM. AGITO. TVM. PRAETOR. QVOM. 3) SOVEIS. VIATORIBVS. AP-

De || reis quomodo iudicetur. Vbi duae partes
iudicum qui ader||—||m, quam ob rem et quantum
pecu|*niae* |—|||—|| rem agito. Tum Praetor cum XLIX.
suis uiatoribus apparitoribusque ne||*quis iudex ad*

64) QVEI. in tab. uidetur omissum, deest enim tam Boissardo, quam Vrs. 65) QVERET. Boiss. 66) NSILIVM abest in editione principe recensionis Sigonianae; in posterioribus editionibus additur haud dubie ex Vrsino desumtum. 67) Schedis et Vrsino testibus desinit Linea in IV uel quod idem est N. 68) DEICAREIS Boiss. 69) Pro CCCIↃↃↃ Vrsini ap. Boiss. et Mabill. est hoc signum. 70) Incipit hic uersus in schedis per uestigia ut uidetur litterae M; apud Vrsinum per A.

1) Apud Boiss. et Briss. haec linea iam ab illis antecedentis lineae uerbis incipit: »*IN. VNO. IV*RE. IS. etc.« 2) ADEI. Boiss. 3) CVM. Boiss.

PARITORIBVSQVE. [4]) NEI|| . . . .
. . . .
. . . .
. . . .
. . . . ||S. QVEI.
IVDICARE. NEGARINT. SEMOVANT|| . . . .
. . . . . . |— —| . . . . ||QVE. [5]) IV-
DICIS. IS. PRAETOR. SORTICOLAM. VNAM. BVXEAM. LON-
GAM. DIGITOS. IIII. LA|| . . . [6]) . . . .
. . . .
. . . .
. . . .
. . . .
. . . . . || XX. QVO. IVDICES. [7]) SORTICOLAS. CON-
IECIANT. [8]) | — — || EAMQVE. SORTEM. EX. HACE. [9])
LEGE. APERTAM. BRACIOQVE. [10]) APERTO. LITERAM. [11])
DIGITEIS. OPERTAM. PALA|| . . . .

*rem iudicandam adsit facito, qui semel a iudicio
exclusus fuerit, facitoque ut uiatores apparitores-
que tam eos iudices, qui a partibus reiecti fuerint,
quam eo*||s, qui iudicare negarint, semouant || *a sen-*
L. *tentiis ferendis.* | — ||| — | *Singulos quos*||que iudices
is Praetor sorticulam unam buxeam longam digitos
IIII la||*tam digitos . . . ceraque obductam, cui uel
A. uel C. uel NL. inscriptum fuerit, coniicere iu-
beto. Vt ita iudices coniiciant sorticulas, Praetor,
qui ex hac lege quaeret, sitellam afferri iubeto
longam digitos . . . latam digitos . .* || XX, quo
LI. iudices sorticulas coniiciant. || — ||| — || eamque sor-
tem ex hac lege apertam, brachioque aperto litteram
digitis opertam, pala||*m unusquisque iudex in sitel-*

---

[4]) APARITORIBVSQ. Boiss. [5]) *DEI*QVE. Boiss. [6]) LA abest Boiss. [7]) *IOV*DICES. Vrs.; retinui schedarum lectionem. [8]) Vrs.: CONIECIAN; plenius in schedis. [9]) HACCE. Boiss. [10]) BRA*G*IO-QVE. Id. [11]) LIT*I*ERAM. Id.

. . . . — ||RA. PARTI. C. IN. MANV. PALAM. DATO. A|| — — C||VNDA. [12]) CAVSA. AD. SITELLAM. SORTI. VENIET. IS. IN. EAM. SITELLAM. MANVM. DEMITTITO TAM. [13]) DEVEXAM. POPVLO||. — IO||VDICIV||M [14]) — | . . . ||TEM. QVEI. [15]) IN. EOS. CETEROS. SINGILATIM. || — — || . . . ||DEMNO. VBEI. NIHIL. SCRIPTVM. ERIT. SEINE. SVFRAGIO. EX. QVA. SORTI. PRONONTIARIT. [16]) EAM. SORTEM. PROXSVMO. IVD [17]) || — || DITO. [18])

lam deiicito | — ||ra parte Centum in manu palam
dato || — ||| — c||unda causa ad sitellam sorti ueniet, LII.
is in eam sitellam manum demittito tam deuexam
populo|| — i||udiciu||m — |*sor*||tem, qui in eos ceteros
singulatim || — |||· — | *con*||demno ubi nihil scriptum LIII.
erit sine suffragio; ex qua sorte pronuntiarit, eam
sortem proximo iud|| — || dito.

Caput XIV.

Fragmenta incerta.

DE. RE|| [1]) — M. || SENTENTIAM. [2]) | — . . |LERIT. [3]) IS. EI||. — — || QVOD. [4]) PRAEVARICATIONIS. CAVSA. FACTVM. NON. ERIT. IS. HACE. LEGE. EIVS. [5]) REI. APSOLVTVS. ESTO.

De r|| — m|| sententiam | — *tu*||lerit, is ei || — |||
— || praeuaricationis causa factum non erit, is ex LIV
hac lege eius rei absolutus esto.

---

[12]) Ita scripsi Boissardo duce; apud Vrsinum legitur perperam VNDAI. [13]) ITEAM. Boiss. [14]) VDICIV. in schedis; integram lectionem debemus Vrsino. [15]) TEMQVE. Vrs.; nos schedas secuti sumus. [16]) PRONVNCIARIT. Boiss. [17]) Pro IVD. Boiss. legit: SVB. [18]) Ita in schedis; Vrsinus haec plane omisit.

[1]) Litteram R, cuius in schedis uestigium tantum inuenio, plenam agnoscunt Vrsinus et Puteanus. [2]) Vrs.: „*M.* SENTENTI*A.*“; schedae: „SENTENTI*AM.*“ [3]) Vrs.: „*V*ERIT. E*V.*“; secutus sum schedas. [4]) ID. Boiss. [5]) EIS. Boiss.

Caput XV

De reo condemnando.

DE. REO. CONDEMNAN|| . . . . || SEI.[1]) PLVRIMAE.[2]) ERVNT. CONDEMNO. PR. QV|| . . . .

De reo condemnan||*do. Ex iudicum sententiis,* || si plurimae erunt, Condemno Praetor, qu||*i ex hac lege quaeret, ex tabellis a iudicibus latis palam pronunciato.*

Caput XVI.

De reo absoluendo.

. . || REO. AP|| . . . .[1]) . . . . || AVT. APSOLVTVS ERIT. QVOM. EO. . L.[2]) NISI. QVOD. POSTEA. FECERIT. AVT. NISEI. QVOD. PRAEVARICATIONIS. CAVSSA.[3]) FACTVM.

De || reo ab||*soluendo. Ex iudicum sententiis si plurimae erunt, Absoluo Praetor, qui ex hac lege quaeret, e tabellis a iudicibus latis palam*
LV. *pronuntiato. Siquis* ||| *ita ex hac lege condemnatus* || aut absolutus erit cum eo *hac* lege nisi quod postea fecerit, aut nisi quod praeuaricationis causa

---

1) SEI Vrsino et Puteano acceptum fero; in schedis est DE quod cum reliquis coniungi nequaquam potest. 2) PLVR*V*MAE Vrs.

1) Verba »ERO. AP«, quae solus Vrs. exhibet, nunc in tabula deleta uidentur; schedis certe absunt. 2) F. L. Vrs.; FL. L. Boiss. 3) Sic uariatur huius quoque in hac lege uocabuli scriptura; supra erat CAVSA. et CAVSSA.

ERIT AVT. 4) . . . .
|| AESTVMANDIS. 5) AVT. NISEI. 6) DE SANCTIONI. 7) HOIVSCE. LEGIS. ACTIO. NEI. E|| . . . .

factum erit, aut || *nisi de litibus* || aestimandis, aut nisi de sanctione huiusce legis actio ne e||*sto*.

Caput XVII.

De praedibus dandis.

. . . .
. . . .
. . . .
. . . .
. . . . ||

EVM. 1) QVEI EX. H. L. CONDEMNATVS. ERIT. Q. PRAEDES. FACITO. DET. DE. CONSILI. MAIORIS. PARTIS. SENTENTIA. QVANTI. EIS. 2) CENSVER|| . . . . . P||RAEDES. 3) DATEI. NON. ERVNT. BONA. EIVS. FACITO. PVPLICE. POSSIDEANTVR. CONQ|| . . . . |—| . . . .

De praedibus dandis. Siquis ita ex hac lege de pecunia ablata capta coacta conciliata auersaue condemnatus erit et iudex, qui eam rem quaesierit Quaestori, qui aerarium prouinciam ||| *obtinuerit,* LVI.
indicauerit || eum, qui ex hac lege condemnatus erit, Quaestor praedes facito det de consilii maioris partis sententia, quanti ei censuer||*unt; si* p||raedes dati non erunt, bona eius facito publice possideantur conq||*uiranturque.* |—| *Qui ita conquisiuerit, quan-*

---

4) AV. Boiss. 5) AEST*I*MAND*EIS*. Put. 6) Puteanus: NIS*I*. et mox H*V*IVSCE. et in uersus fine E*X*. 7) Per sextum casum et fere in lingua antiqua. Cf. Vrs. ad Ant. Augustin. de leg. etc. ad legem Siliam.

1) . M. Boiss. 2) El. Boiss. Cf. Cap. IV. not. 2. 3) In schedis uix agnoscitur littera R.; Vrs. et Put. dant *P*RAEDES. Mox Puteanus: DAT*I*

. . . .

. . . .

. . . .

. . . . . || SCRIPTVM. TRANSDITO.[4]) QVAESTOR.[5]) ACCIPITO. ET. IN. TABOLEIS. POPLICEIS.[6]) SCRIPTVM. HABETO.

tum is de bonis eius, qui ex hac lege condemnatus fuerit, inuenerit, id Quaestori, qui aerarium |||
LVII. *prouinciam obtinuerit* || scriptum tradito; Quaestor
accipito et in tabulis publicis scriptum habeto.

Caput XVIII.

De litis aestimatione.

DE. LEITIBVS.[1]) AESTVMANDEIS. || . . . . || HACE.[2]) LEGE. CONDEMNATVS. ERIT. AB. EO. QVOD. QVISQVE. PETET. QVOIVS. EX. HACE.[3]) LEGE PE|| . . . . .[4])

. . . .

. . . .

. . . .

. . . .

. . . .

De litibus aestimandis. || *Siquis ex* || hac lege
condemnatus erit, ab eo, quod quisque petet cuius
ex hac lege pe||*cunia capta coacta ablata conciliata*
auersaue reddenda erit, id litibus singulis aestima-
tis iudices, qui ex hac lege lecti erunt in certam
summam rediguntò ita tamen, ut aestimetur, quod
LVIII. *ante hanc legem rogatam* ||| *conuincitur captum*

---

4) TRANSPITO. legit Boiss. antiquam non satis intelligens scripturam. Simili modo infra dat (Cal)DVRNIVS. pro (Cal)PVRNIVS. 5) QVÆSTOR. Boiss. 6) POBLICEIS. Boiss.

1) LITIBVS. Boiss. 2) IACE daut schedae; IACI Vrs. et Put. 3) HACCE. Put. 4) PE solae schedae seruarunt.

. . . . ||LATVM. AVORSVM. CONCILIATVMVE. ESSE. EA. RES. OMNIS. SIMPLI. CETERAS.[5]) RES. OMNIS. QVO . .[6]) POST. HANCE. LEGEM. ROGATAM. CO|| . . . . . . ||VR.[7]) CAPTVM. COACTVM. ABLATVM AVORSVM. CONCILIATVMVE. ESSE. DVPLI. IDQVE. AD. QV|| . . . .

. . . .

|| PARENTISVE.[8]) SVEI. QVOIVE. IPSE. PARENSVE. SVOS. HERES. SIET. LITEM.[9]) AESTVMATAM. ESSE. QVEIVE. EIEI.[10]) IVDICEI. CONSILIOQVE.[11]) EIVS. MAIOREI.[12]) PA|| . . . . ||TIS.[13]) FECERIT. REGIS.[14]) POPVLEIVE. CEIVISVE. SVEI. NOMINE. LITEM. AESTVMATAM. ESSE. SIBEI. QV|| . . .[15]) . . . .

coactum ab||latum auersum conciliatumue esse, ea res omnis simpli, ceteras res, quo*d* post hanc legem rogatam co||*nuincit*||ur captum coactum ablatum auersum conciliatumue esse, dupli, idque ad Qu||*aestorem, cui aerarium prouincia obuenerit redigunto. Siquis ita iudici, qui eam rem quaesierit, consilioque eius maiori parti satis fecerit, regis populiue ciuisue sui nomine eorum ad quos ea* ||| *pecunia* LIX. *peruenerit* || parentisue sui, cuiue ipse parensue suus heres sit, litem aestimatam esse, quiue ei iudici consilioque eius maiori pa||*rti sa*||tis fecerit regis populiue ciuisue sui nomine litem aestimatam esse sibi, c||*um eo amplius actio de ea re ne esto.*

---

[5]) C*AE*TERAS. Boiss. [6]) QVO*S* perperam scribitur in tabula testibus Vrs. et Boiss. [7]) VR est in schedis; R. ap. Vrs.; 2 (litterae R. uestigia?) teste Brissonio ap. Putean. [8]) Ante PARENTISVE. Boiss., haud dubie e uersu antecedenti transpositam, annotat literam O. [9]) L*EI*TEM. Boiss. [10]) EII. Boiss. [11]) CON*C*ILIOQVE. Boiss. [12]) Apud Boiss. hic uersus desinit in MAIOR*I*. [13]) Vrs.: VIS; Put. confirmat schedarum lectionem. [14]) *L*EGIS. Put. [15]) Schedarum secutus sum auctoritatem; Vrs. et Put. dant SIBEIQ.

Caput XIX.

De pecunia soluenda.

. . . .
. . . .
. . . .
. . . .
. . . . || HACE.[1]) LEGE. IN. AERARIO. POSITA. ERIT. OB. EAM. REM. QVOD. EO. NOMINE. LIS. AESTVMATA. ERIT. IN. TRIDVO. PROXSVMO. QVO. ITA. SATIS. || . . . . || EX. HACE. LEGE. SOLVATVR. NEIVE. QVIS.[2]) IVDEX. NEIVE. QVAESTOR. FACITO. SCIENS. DOLO. M|| . . .[3]) . . . .
. . . .
. . . .
. . . .
. . . . || EX. HAC.[4]) LEGE. PEQVNIAM. OMNEM. AD. QVAESTOREM. REDIGERE. NON. POTVERIT.[5]) TVM. IN. DIEBVS. X. PROXVMEIS.

De pecunia soluenda. Siquis ciuis Romanus ex hac lege pecuniam ab aliquo petiuerit, qui ita satis fecerit, iudex, qui eam rem quaesierit, facito
LX. *ut ei* ||| *pecunia, quae ex* || hac lege in aerario posita erit, ob eam rem, quod eo nomine lis aestimata erit, in triduo proximo, quo ita satis || *fecerit,* || ex hac lege soluatur, neue quis iudex neue Quaestor facito sciens dolo m||*alo quo minus in triduo proximo, quo ita satis fecerit, soluatur.* | — | *Si iudex, qui eam rem quaesierit, quiue iudex facere iussus fue-*
LXI. *rit ut ad Quaestorem redigeretur* ||| *ea pecunia,* || ex hac lege pecuniam omnem ad Quaestorem redigere non potuerit, tum in diebus X proximis, quibus || *si*

---

1) IACE. Boiss. 2) NEIVEQVIS. Vrs. 3) Puteanus haud dubie ex restitutione dedit DOLO. M*ALO*. 4) HACE. Boiss. 5) PO*ST*VERIT. Boiss.

QVIBVS. || . . . . ||RIT.[6]) REDACTA. ERIT. IVDEX.[7]) QVEI. EAM. REM. QVAESIERIT. QVEIVE. IVDEX. EX. HACE. LEGE. FAC|| . . . [8]) . . . .

. . . .

. . . .

. . . .

. . . .

. . . . || AESTVMATAE. [9]) ERVNT. QVOIVS.[10]) REGIS. POPVLEIVE. NOMINE. LIS. AESTVMATA. ERIT. LEGATEI. [11]) ADESSENT. [12]) DVM. NEI. LONGIVS. C. DIES. EDAT. || . . . V||TO. [13]) SERVANDO. VBEI. EA. DIES. VENERIT. QVA. [14]) DIE. IVSEI. ERVNT. [15]) ADESSE. IVDEX. QVE||I. [16]) . . . .

. . . .

. . . .

potue||rit redacta erit, iudex qui eam rem quaesierit, quiue iudex ex hac lege fac||*ere iussus fuerit, ut ad Quaestorem redigeretur ea pecunia, facito ut ei qui petet soluatur. Si regis populiue nomine lis aestimata erit, Praetor qui ex hac lege quaeret facito ut dies edatur, qua,* ||| *ubi primum* || lites aesti- LXII.
matae erunt, cuius regis populiue nomine lis aestimata erit, legati adsint, dum ne longius C dies edat ||*sol*u||to seruando. Vbi ea dies uenerit, qua die iussi erunt adesse, iudex qu||i *eam rem quaesierit, eos recipito, eosque ad Praetorem ducito, qui ex hac lege quaeret. Tum Praetor pecuniam, quae in*

---

[6]) In schedis *PIT.*; ap. Vrs. et Put. *RIT.* [7]) IO*V*DEX. Vrs. [8]) Schedarum, quae scribunt EXC, auctoritatem neglexi, Vrsino aeque ac Puteano scribentibus FAC. Quae Puteanus addit FAC*TVS. ERIT.* non recepi, quod magis animo quam oculis haec legisse uidebatur. Simili modo idem infra scribit PRO*XVMEIS*, cum tamen litterae XVMEIS plenae sint in altera tabulae parte, quam ipse non nouerat. Cap. XX. not. [8]) [9]) IMATAE. Boiss. [10]) QVO. SVI. Boiss. [11]) LEGATI. Boiss. [12]) ADESSINT. Boiss. [13]) Litterae V, quae plena extat. ap. Vrs. et Put., uestigium nunc in tabula fere euanuit. [14]) QV*O*. Vrs. et Put. [15]) Ita scripsi cum Puteano et Vrsino; in tabula schedis testibus perperam scribitur IVS. FIERVNT. [16]) Sched. dant QVE.; Put. et Vrs. QVEI.

. . . .
. . . .
. . . .
. . . . || FECERIT [17]) EIS. [18]) PRIMO. QVOQVE. DIE. [19]) QVAESTOREM. SOLVERE. IVBETO. QVAESTORQVE. EAM. PEQVNIAM. EIS. SED. FRAVDE. SVA. SOLVITO||. . . . . || IN AERARIO. SIET. QVOD. EORVM. NOMINE. QVEI. [20]) NON ADERIT. TRIBVTVS. FACTVS. || — — || PRAETOR. [21]) EX. HACE. LEGE. TRIBVENDEI. CAVSA. PRODEIXERIT. IS. VTEI. QVOD. RECTE. FACTVM. ESSE. VOLET. FACITO. [22]) QVOMODO. PRODE|| . . . . ||IORE. [23]) PARTE. DIEI. AD. EVM. [24]) DIEM DONEC. SOLVTVM. ERIT. APVD. FORV|M. PALAM. VBEI. DE. PLANO. L|| . . . . [25]) . . . .
. . . . |—||| FECERIT. D||I . . [26]) . . . . ||VMOS. EX. EA. DIE. QVA. TRIBVTVS. FACTVS. ERIT. APVD. FORVM. PALAM. VBEI. DE. PLANO.

aerario ex hac lege posita erit, eorum nomine, quorum is qui ex hac lege condemnatus erit litem
LXIII. ||| *aestimatam esse satis* || fecerit, eis primo quoque die Quaestorem soluere iubeto, Quaestorque eam pecuniam eis sine fraude sua soluito || *quantum* || in aerario sit. Quod eorum nomine, qui non aderit
LXIV. tributus factus || — ||| — || Praetor ex hac lege tribuendi causa prodixerit, is uti quod recte factum esse uolet facito quomodo prod||*ixerit, ma*||iore parte diei ad eum diem, donec solutum erit, apud foru|m palam, ubi de plano l||*egi recte possit, proscriptum*
LXV. *propositumque habeto* |—||| fecerit d||*ies* .. *prox*||imos, ex ea die, qua tributus factus erit, apud forum

---

[17]) EGERIT. Boiss. [18]) EI. Vrs. et Boiss. [19]) DEI. Boiss. [20]) QV*I* Put. [21]) Pro PRAETOR Boiss. legit haec: VERO. A. R. (?). [22]) Illa omnia: »FACITO. QVOMODO. PRODE« absunt Boiss. [23]) *MA*IORE Put. [24]) E*A*M. Vrs. et Put. [25]) L est in schedis; Put. et Vrs. abest. Retinui schedarum lectionem et transposui RECTE et LEGI. [26]) In tabula uti nunc est uix littera D agnoscitur. Itaque neque Bimardus neque Amadutius legit. Solus Vrsinus exhibet D*I*.

.RECTE. LEGI. POSSITVR. PROSCRI||. . . . . | — || POST. QVINQVENIVM.[27]) POPVLEI. FIET. QVAE. PEQVNIA. EX. | HACE. LEGE. IN. AERARIVM.[28]) POSITA. ERIT. | QVOD. IN. ANNEIS. Q[29]) || — ||| EANDEM. PROVI||N . . ||AM.[30]) HABEBIT. EIS. FACIVNTO VTEI. QVOD. RECTE. FACTVM. ESSE. VOLET. QVOD. EIVS. IS. REVS. NON. SOLVERIT. AB. EIS. PR.[31]) || . . . . ||QVE.[32]) DIE. PEQVNIA. EXIGATVR.

palam, ubi de plano recte legi possit, proscri||*ptum*
| — || post quinquennium populi fiet. Quae pecunia
ex | hac lege in aerarium posita erit | quod in annis
qu|| — |||eandem proui||n*ci*||am habebit, ei faciunto LXVI.
uti quod recte factum esse uolet. Quod eius is reus
non soluerit, ab eis Praetor, || *qui ex hac lege quaeret, facito ut primo quo*||que die pecunia exigatur.

Caput XX.

Fragmenta incerta.

PEQVNIA. IN. F|ISCIS.[1]) OPSIGNETVR. QVAE. QVOMQVE.[2]) P|EQVNIA. EX. HACE. LEGE. AD. Q|| . . . .[3]) . . . . | — | . . . . . ||| QVIS. PRAETOR. LITIS. AE||STVMAVERIT.[4]) ET.[5]) VNDE. EA.

Pecunia in f|iscis obsignetur. Quaecunque p|ecu-
nia ex hac lege ad Q||*uaestorem redacta fuerit* | — |
cui ||| quis Praetor lites ae||stimauerit et unde ea LXVII.

[27]) Vrs. et Put. QVINQVE*NN*IVM. [28]) Sic scribunt omnes. [29]) ANNF Put.; ANN*EIS* Vrs.; ANN*EIS*. Q. schedae. [30]) PROVI*N* solus Vrs. [31]) Boissardus dat P. R., quod per se hoc loco non fuerit absurdum; ut tamen hanc sequerer lectionem, multum afuit. Nempe eundem Boissardum mox contra Vrsini et Mabillonii fidem scripsisse uidebimus P. R. *QVEI. EX. H. L. QVAERET.!* Conf. Cap. XX. not. 11. [32]) *EO*QVE. Put.

[1]) *T*ISCIS Pighius. [2]) QVAEQVOMQVE Pigh. [3]) Litteram Q, ab Vrs. plane omissam, e schedarum indiciis et a Pighio recepi. [4]) Litterae AE plenae adsunt in tab. X.; Vrsinum eas tam in tab. X. quam in tab. XIV. uidisse inuenio! [5]) E*I* Vrs.

PEQVNIA. REDACTA. SIET. QVANTVMQVE. IN. EO. FISCO. SIET. QVAESTOR. QVEI. QVOM|| . . . . [6]) . . . . || RECTE. [7]) FACTVM. ESSE. VOLET. FACITO. IN. DIEBVS. V. PRO| XVMEIS. [8]) QVIBVS. QVOMQVE. [9]) EIEI. AERARIV|M. PROVINCIA. OBVENERIT. || . . . . . .| — | . . . . . PEQVNIAM. EX. HACE. LEGE. || QVOD. SINE. MALO. PEQVLAT . . [10]) FIAT. PR. [11]) QVEI. [12]) EX. HACE. LEGE. QVAERET. DAREI. [13]) SOLVI. IV . ERIT. [14]) ID. QVAESTOR. || . . . . ||VINCIAM. [15]) OPTINEBIT. [16]) SED. FRAVDE. SVA. EXTR|A. ORDINEM. DATO. SOLVITOQVE. QVAESTOR. M|ORAM. NEI. FACITO. Q|| . . . . [17]) | — |.

pecunia redacta sit quantumque in eo fisco sit, Quaestor, quicun||*que aerarium prouinciam obtinebit, uti quod* || recte factum esse uolet, facito in diebus quinque pro|ximis, quibuscunque ei aerariu|m prouincia
LXVIII. obuenerit, || *ut* | — | *cui* ||| pecuniam ex hac lege, || quod sine malo peculat*u* fiat, Praetor qui ex hac lege quaeret dari solui iusserit, id Quaestor || *quicunque aerarium uel urbanam pro*||uinciam obtinebit, sine fraude sua extr|a ordinem dato soluitoque. Quaestor m|oram ne facito. Q||*uaestor* | — |.

---

[6]) Vrs.: QVIQVOM.; secutus sum Boissardum. [7]) Vrs.: ECTE.; schedarum uestigia confirmat Puteanus. [8]) Puteanus in superiore tabulae parte PRO*XVMEIS* legisse testatur. [9]) Vrs. et sched. interpungunt, Pighius coniungit QVIBVSQVOMQVE. [10]) PEQVLATV*M*. Vrs., Boiss. et Mabill. exhibent. [11]) P. R. Boiss. [12]) Vrs.: QVI.; nos Boiss. et Mabill. secuti sumus. [13]) DARE*T*. Boiss. [14]) IVS. ERIT. Boiss. et Vrs. [15]) *PRO*VINCIAM. Put. [16]) In schedis: OBTINEBIT; secutus sum Put. et Vrs. [17]) Litteram Q uidit Bluhm.; ap. Vrs. et Pigh. abest.

Caput XXI.

. . . .

. . . . . ||| EX. HACE. LEGE. IVDIC . VM. [1]) FIER|I. [2]) || OPORTEBIT. QVOM. EX. HACE. LEGE. FIERI. OPORTEBIT. NEIQVIS. MAGISTRATVS. PROVE. MAGISTRATV. PROVE||. . . . . ||E. E|. . . . [3]) . . . . | MINVS. SETIVSVE. FIAT. IVDICETVRVE. NEIVE. [4]) QVIS. EVM. QVEI. [5]) EX. HACE. LEGE. [6]) IVDICI|VM. EXERCEBIT. NEIVE. EVM QVE||. . [7])

. . . .

. . . .

. . . .

. . . .

. . . . ||| AVOCARIER. IVBETO. NEIVE. AB||DVCITO. [8]) NEIVE. ABDVCIER. IVBETO. NEIVE. FACITO. QVO [9]) QVIS. EORVM. MINVS. AD. ID. IVDICIVM. ADESSE. POSS||. . . . .

Nequis iudicio impedimentum faciat. Quod ||| LXIX.
ex hac lege iudic*i*um fier||i || oportebit, cum ex hac lege fieri oportebit, nequis magistratus proue magistratu proue || *quo imperio potestateu*||e e|*rit facito, quo* | minus seciusue fiat, iudiceturue, neue quis eum, qui ex hac lege iudici|um exercebit, neue eum, qu||*i iudex eam rem quaeret, neue eos, qui iudices patroniue testesue in eam rem ex hac lege erunt, neue eum, qui ex hac lege petet, eumue unde petetur, quo die in iudicio adesse iussi erunt, auocato neue*
||| auocari iubeto, neue ab||ducito neue abduci iubeto, LXX.
neue facito quo quis eorum minus ad id iudicium

---

[1]) In tabula perperam scribitur IVDI*CVM*, ut iam Bim. et Primiss. testantur et nos quoque uidimus. Vrs. et Amad. exhibent lectionem emendatam. [2]) In littera R fracta est tabula; ante OPORTEBIT iam Boiss. legit RI. [3]) Duplex E tam Vrs. quam Put. fugit. [4]) NEIVE Pighio excidit. [5]) Solus Vrs QVI. [6]) Idem solus per compendium scripsit H L. [7]) Vrs. QV; Pigh. et sched. QV*E*. [8]) In littera B tabula ita fracta est, ut littera E adesse uideatur. [9]) QVO*D*. Boiss.

. . . . || VERBA. AVDEIRE.[10]) IN. CONSILIVM. EIRE. IVDICARE. LICEAT. NEIVE. IVDICIVM. DIMITE|RE. IVBETO. NISEI. QVOM. SENATV||S.[11]) . . . .
. . . .
. . . .
. . . .
. . . .
. . . . . ||| TRIBVS. INTRO. VOCABVNTVR. E||X||TRA.[12]) QVAM. SEIQVID.[13]) IN. SATVRAM. FERETVR. [14]) SEI. IS. PRAETOR. QVI.[15]) EX. HACE. LEGE. QVAERET.[16]) SEI||. . .[17]) . . . .
. . . . ||IA. OBVENERIT. IOVDICIOVE.[18]) INPERIOVE. ABIERIT. ABDICAVERIT. MORTVOSVE. ERIT. AN|TE. QVAM. EA. OMNIA. IOVDICA || . . . .
. . . .
. . . .

adesse poss||*it, quoue cui eorum minus in eo iudicio uerba dicere* ||*f* uerba audire in consilium ire, iudicare liceat; neue iudicium dimitte|re iubeto nisi cum senatu||s *iure conuenerit, aut nisi cum calata erunt comitia, aut nisi cum omnes Quirites ad conuentionem in comitia centuriata iure uocabuntur, extra quam siquid in saturam feretur, aut nisi cum* |||
LXXI. tribus intro uocabuntur, e||x||tra quam siquid in saturam feretur. Si is Praetor qui ex hac lege quaeret si||*ue quicunque Quaestor, cui aerarium uel urbana prouinc*||ia obuenerit, iudicioue imperioue abierit, abdicauerit mortuusue erit an|te quam ea omnia iudica||*ta solutaque ex hac lege fuerint, quae iudicari soluique oportet, Praetor qui post illum ex*

---

[10]) AVD*I*RE. Pigh. [11]) SENATV*S*. solus Pigh. [12]) Litteram X Vrs. uidit ante TRA. [13]) Vrs. SEI. QVID. [14]) Spatium annotat. Vrs. [15]) QV*EI*. Boiss. [16]) QVAER*I*. Boiss. [17]) Apud Boiss. hic uersus desinit in SE. [18]) IVDICIOVE. Pigh.

. . . .
. . . . ||| ESSE. VOLET. FACITO. VTEI.[19] EA. OMNIA. || QVOD.[20] EX. HACE. LEGE. FACTVM. NON. ERIT. FACIANT. FIANTQVE. QVAE.[21] EX. HACE. LEGE. FIERI. OPORT . . .[22] SEI. || . . .
. . . .
. . . . || PRAETORI. QVAESTORIQVE.[23] OMNIVM RERVM. QVOD. EX. HACE. LEGE. FACTVM. NO|N. ERIT. SIREMPS. LEX. ESTO.[24] QVA|| . . . . . .
. . . .

hac lege quaeret, quiue Quaestor post illum aerarium prouinciam obtinebit, is uti quod recte factum ||| esse uolet facito, ut ea omnia || quod ex hac lege LXXII. factum non erit faciant, fiantque quae ex hac lege fieri oport*et*. Si || *quod ex hac lege fieri oportet factum non erit, de ea re* || Praetori Quaestorique omnium rerum, quod ex hac lege factum no|n erit, siremps lex esto qua||*si apud eos ea res acta esset.*

Caput XXII.

Fragmenta incerta.

|—| . . . . ||| FVIT. FVERIT. VE.[1] EX LEGE. QVAM. L.[2] CAL|| .||VRNIVS.[3] L. F. TR. PL.

|—| *Si iudicium* ||| fuit fueritue ex lege quam LXXIII. L. Cal||*p*||urnius L. F. Trib. pleb. rogauit, exue lege

---

[19]) In tabula perperam scribitur VT. EI., quod etiam Bimard. agnoscit; Amad. cum Vrsino tacite corrigere uidetur in VTEI. [20]) Ita Boiss. et Mab.; Vrs. perperam QVD. [21]) QVAE. excidit Boiss. [22]) Vrs.: OPORT*ERE*. SEI.; Boiss.: OPORT*ERET*. SE.; correxi OPORT*ET*. Non enim contenderim antiquos ita coniungere potuisse, licet similem coniunctionem supra uidimus. [23]) QVAESTORIVE Pigh. [24]) Vrs. et Pigh.: ESET.; secutus sum schedas.

[1]) FVERIT. VE. in tabula scribitur; Vrs. coniungit FVERITVE. [2]) Pro L. ap. Bimard est I. [3]) *D*VRNIVS. Boiss.

ROGAVIT. EXVE. [4]) LEGE. QVAM. M. IVNIVS. D. [5]) F. TR. PL. ROGAVIT. QVEI. [6]) EORVM. EO|| . . . . || MAGIS. [7]) DE. EA. RE. EIVS. NOMEN. EX. [8]) HACE. LEGE. DE . . . . [9]) QVOVE. MA|G . . . DE. EA. RE. QVOM. [10]) || . . . . |—||| ERIT. QVOM. EIS. HACE. [11]) LEGE. ACTIO. NEI. [12]) ESTO. || DE. PRAEVARICATIONE. PRAETOR. QVEI. EX. HACE. LEGE. QVAERET. QVA. DE. RE EI. PRAE|| . . . . . . |—| . . . . V||DICANDAM. [13]) ADFVERINT. QVEI. VIVENT. EORVM. MAIOREI. PARTI. [14]) SATIS. FAC|TVM. ERIT. NOMEN. QVOD. EX. || — |||

quam M. Iunius D. F. Trib. Pleb. rogauit, qui eorum eo || *iudicio condemnatus est eritue*, *quo* || magis de ea re eius nomen ex hac lege de*feratur* quoue ma|*gis* de ea re cum || *eo ex hac lege iudicium iudi-*
LXXIV. *catio litisque aestimatio sit* |—||| erit, cum eis hac lege actio ne esto. || De praeuaricatione. Praetor, qui ex hac lege quaeret, qua de re ei prae||*uaric* |—|*m rem i*u||dicandam adfuerint, qui uiuent eorum maiori parti satis fac|tum erit, nomen, quod ex || —. |||

---

[4]) EX. VE. Boiss. [5]) D. abest ap. Boiss. [6]) *R*VEI. Boiss. [7]) Pigh. AGIS.; Vrs. cum sched. *M*AGIS. [8]) EX. abest ap. Vrs. et Pigh. [9]) In tabula est: »DE*IVRATVRVM.*« et pro »MAGIS« »MAG*ISTRA-TVS*. IS.« Licet uero mihi omnis loci sententia obscura mansit tamen e Lin. LXXX. corrigere non dubitaui. Scalptor enim, qui ob nimium in tabula spatium fere omnia quae ante per compendium scripserat in inferiore tabulae parte dissoluere consueuit, cuius rei multa adsunt exempla, DE*I*ERATVR legit pro DE*F*ERATVR et MAG. IS. pro MAGIS ideoque dissoluit in DE*IE*RATVRVM uel DE*IV*RATVRVM et MAG*ISTRATVS*. IS. [10]) Vrs.: QVOI; Pigh. schedarum uestigia explicat. [11]) HA*CC*E. Amad. [12]) Ita correxi cum Vrsino; in tabula est ACTIONEI. quod etiam Bim. et Amad. agnoscunt. [13]) Litteram V soli Vrs. debemus. [14]) Ita Pigh. et sched.; Vrs.: PARTI*S*.

Caput XXIII.

De praemio ciuitatis.

DE. CIVITATE. DANDA. SEIQVIS. [1]) EO||R . M. [2])
QVEI. CEIVIS. ROMANVS. NON. ERIT. EX. HACE. LEGE.
ALTEREI. [3]) NOMEN. || . . . .
. . . .
||EM. QVOIVS. EX. HACE. LEGE. QVAESTIO. ERIT. DE-
TOLERIT. ET. IS. EO. [4]) IVDICIO. HACE|. LEGE. CON-
DEMNATVS. ERIT. TV|| . . . .
. . . .
. . . .
. . . .
. . . . || CEIVIS. ROMANVS. EX. HACE. [5])
LEGE. FIET. NEPOTESQ||VE. [6]) . . ||M. EIEI. [7]) FILIO. GNA-
TEIS. CEIVEIS. ROMANEI. IVSTEI. [8]) SVNT||O. [9]) . . .
. . . .

De ciuitate danda. Siquis eo||*ru*||m, qui ciuis LXXV.
Romanus non erit, ex hac lege alteri nomen || *de*
pecunia capta coacta ablata conciliata auersaue ad
Praetor||em, cuius ex hac lege quaestio erit, detule-
rit, et is eo iudicio hac | lege condemnatus erit, tu||*m*
is, qui ex hac lege alteri nomen de pecunia capta
coacta ablata conciliata auersaue detulerit, cum
uxore liberisque, si ii ciues Romani non erunt, |||.
ciuis Romanus ex hac lege fiet, nepotesq||ue *ia*||m ei LXXVI.
filio nati ciues Romani iusti sunt||o, *cum eis com-*
mercium et conubium ex iure Quiritium esto, mu-

---

1) SEI. QVIS. Vrs. 2) In tab. EO*I* ap. Vrs. EOR. 3) ALTERI. Boiss. 4) Vrs. scribit EO. *EQ.* IVDICIO., Pigh. EO. *FO.* IVDICIO. et annotat supra uocem FO. »*sic*,« sched. EO. IVDICIO., ut uox dubia excidisse uideatur; nihilo autem minus neque Pighii neque Vrsini lectionem in textum recepi, sed potius, scalptorem uocem EO oscitanter duplicaturum suspicans, mendum plane relegaui. 5) HA*CC*E. Amad. 6) In tabula nunc est NEPOTESQ; Amad. dederat NEPOTESQV, Bimard. NEPOTESQVI, et Vrs. NEPOTESQVE. 7) E*I*. Boiss. 8) IVST*I*. Boiss. 9) Vrs. SVNT; Boiss. SVNT*O*.

. . . .

. . . .

||M. FERVNTO. INQVE. EA . . [10]) TRIBVM. CENSENTO. MILITIAEQVE. EIS. VOCATIO. | ESTO. AERA. STIPENDIAQVE. ||

. . . .

. . . .

. . . .

. . . .

. . . . ||| NIHILVM. ROGATO.

nerisque publici capiendi ius esto suffragium in tribu||m ferunto inque ea*m* tribum censento, militiaeque eis uocatio | esto, aera stipendiaque || *omnia merita sunto. Nequi magistratus proue magistratu, proue quo imperio potestateue erit, facito quominus ita sit. Quo minus ea, quae in hoc capite*
LXXVII. *scripta sunt, ita sint fiant, eius hac lege* ||| nihilum rogato.

Caput XXIV.

Fragmenta minora.

DE. PROVOCATIO||N . . | — || EQVE. [1]) DANDA. SEIQVIS. [2]) EORVM. QVEI. || — T||OR. [3]) PRAETOR. AEDILISVE. NON. FVERINT. AD. PRAETOREM. [4]) QVOIVS. E|X. HACE. LEGE. QVAESTIO. ERIT. || . . . .

De prouocatio||n*e* | — || eque danda. Siquis eorum, qui || — t||or Praetor Aedilisue non fuerint, ad Praetorem, cuius e|x hac lege quaestio erit, || *nomen*

---

[10]) EA dant omnes, et Pigh. addit »*sic*«; correxi ad loci sensum.

[1]) Ξ. QVAE. Boiss. [2]) SEIQV*EIS*. Id. [3]) Post OR, ut schedae, uel *T*OR, ut Vrs. et Pigh. scribunt, spatiolum uacuum schedae et Vrs. annotant; non autem mihi consulto ita scriptum uidetur. [4]) *PRAETOREM. Q*VOIVS. tam. Vrs. quam Pigh. in tab. XII. legerunt, quamuis paene omnes litterae, quas obliquas hic scripsi, maximam partem in

. . . .
. . . . |||.EIVS.
MILITIAE. MVNERISQVE. POPLICI. [5]) IN. SV|| [6]) — ||
VTILITATE. [7]) IVDEX. DEINCEPS. FACIAT. [8]) || — | . .
. . . .
. . . . || VEL [9]) VRBANA.
PROVINCIA. OBVENERIT. EO. MAGISTR||ATV. [10]) IVDICIOVE.
INPERIO||VE. [11]) ABIERIT. ABDICAVERITV||E. [12]) . . .
. . . .
. . . . ||| PROVINCIAM. HABEBIT. IS. [13])
VTEI. [14]) QV|| . . . [15]) . . . .
||LET. [16]) FACITO. VTEI. EA. OMNIA. [17]) || . . . . . .
. . . . . . ||PVD. EVM. EA. RES. ACTA. ESSET. DE-
QVE. EA. RE. || EIEI. [18]) PRAETOR . . QVAESTOR . .
OM||NIVM. [19]) RERVM QVOD. EX. || . . . .

alteri ex hac lege detulerit, et is eo iudicio hac
lege condemnatus erit, | — ||| eius militiae mune- LXXVIII.
risque publici in su || — || utilitate. Iudex dein-
ceps faciat || — | *Si Praetor, qui ex hac lege quae-*
ret, siue Quaestor, cui aerarium || uel urbana pro-
uincia obuenerit, eo magistr||atu iudicioue imperio||ue
abierit abdicaueritu||e *mortuusue erit,* | — | *Quaestor*
qui post eum aerarium ||| prouinciam habebit, is, LXXVIX.
uti qu||*od recte factum esse uo*||let, facito ut ea
omnia || *fiant* | — | *quasi a*||pud eum ea res acta
esset, deque ea re || ei Praetor*i* Quaestor*i* om||nium
rerum, quod ex || *hac lege factum non erit, siremps*

---

tab. IX. legi possint. Ex eis quae supersunt in hoc tabulae IX. loco, Vrs. collegit uocabulum PROXIM; Amad. omnia omittit. [5]) *POB*LICI Bimardus. [6]) V ab. Bim. [7]) VTIL ab. Boiss. [8]) Post FACIAT. Boiss. pergit: PR. [9]) *I*EI Pigh.; *V*EI Vrs.; *V*E*L* sched. [10]) Litteras TI: Pigh. in superiore, Vrs. in utraque tabula legit, in tab. IX. non est nisi litterae R uestigium; omnia autem ad sequens uocabulum usque absunt Amad. [11]) Pro INPERIO in tab. IX. Amad. nihil legit quam INTER. [12]) ABDICAVERITVE legit Pigh. de suo adiiciens: »*mortuosue erit.*« [13]) HABEBITIS Bim. Prim. Amad.; correximus cum Vrsino ex ipsa tabula HABEBIT. IS. [14]) VT. EI. Bim. [15]) Pro *Q*V Amad. legit *O*V. [16]) Vrs. perperam O. LET; sequimur Boiss. [17]) Pro OMNIA Boiss. NOMINA. [18]) EIEI. ab. Amad. [19]) OM ab. Amad.

. . . .
||DICIVM. [20] FVIT. FVERITVE. EX. LEG||E. [21] . . . .
. . . . || TRIBVNVS. PLEBEI. ROGAVIT. [22] || . . . .
. . . .
. . . . . . ||NATVS. EST. ERITVE. QVO. MAGIS. DE. EA. R||E. [23] EIVS. NOMEN. HACE. [24] LEGE. DEFERA||TVR. [25] QVOVE. [26] MAGIS. DE. E || — — || T. ANTE. QVAM. [27] EA. RES. || — || SANCTIO. || [28] — || M. REM. IOVDICANDAM. ADFVER| . . . . [29] || QVEI. VIVENT. EORVM. MAIORI. [30] || PARTI. SATIS. FECERIT. || — — || SEI|| . . . . . [31] . . . . | — || NEI. [32] || — | . . . . X. [33] || HACE. LEGE. QVAESTIO. ERIT. DETVLER|| . . . . ||. EO. IOVDICIO. [34] HACE. LEGE. CONDEMNAT||VS. [35] ERIT. TVM. EIS. QV|| . . . .

LXXX. *lex esto.* | — ||| *iud*||icium fuit fueritue ex leg||e,
quam L. Calpurnius L. filius || tribunus plebis ro-
gauit, || *exue lege, quam M. Iunius D. filius tri-
bunus plebis rogauit, qui eorum, eo iudicio con-
dem*||natus est eritue, quo magis de ea r||e eius no-
men hac lege defera||tur, quoue magis de e || — |||
LXXXI. — || t ante quam ea res || — || sanctio || — || m rem
iudicandum adfuer|*int*, || qui uiuent eorum maiori ||
LXXXII. parti satis fecerit || — ||| — || Si||*quis eorum, qui*
| — || ne || — | *ad Praetorem, cuius ex* || hac lege
quaestio erit, detuler|*it, et is* || eo iudicio hac lege
condemnat||us erit, tum is qu||*i ex hac lege nomen*

---

20) ICVM Bim. IVM Amad. 21) Bim. IN; Amad. LEGE. 22) Boiss. scribit ROGAT et post spatium uacuum AT. 23) Litteram E in tab. IX. Amadutius omisit; Pighius eam antecedenti tribuit. 24) HAC. Am. 25) In media littera T fracta est tabula. 26) QVOQVE Vrs. 27) ANTEQVAM. Vrs. 28) Boiss. scribit: TIONEI et post spatium uacuum ICVT et mox in eodem uersu R. 29) ADFVER Vrs. et Pigh.; ADFVERI sched. 30) MAIOR Amad. 31) SEIQ solus ita legit Vrs. 32) NEI Boiss. omittit et spatio uacuo interposito scribit FACIAT. AGATQ. 33) X uiderunt Vrs. et Pig. 34) IVDICIO et mox HAC scribit Amad. 35) Litterae V uestigia quae in schedis inuenio confirmat Pigh.

. . . . . | — — [36]) . . . . ||S. VOCATIO.
ESTO. AERA. STIPENDIA|Q . . . [37]) || OMNIA. MERITA. SVN-
T . . . NEIQVI. MAGI|| . . . |ATVS. [38]) PR|| . . . [39]) . .
. . . .
. . . .
| — — [40]) || . . . . . NATVS. ERIT. TVM. QVEI.
EIV|| . . . . || DETOLERIT. [41]) QVOIVS. EORVM.
OPERA. MA|| — ||| — || REPETETVR. [42]) DE. EA. RE.
EIVS. | — || O. VTRVM. VELIT. VEL IN. SVA. CEIVI-
TAT|| . . | — — || BERE. [43]) LICETO. | . . . .
||VIS. ROMANVS. EX. HACE. LEGE. ALT|| . . . . . [44]) . . . . .
. . . . | — — || QVOI. EX. | HAC . . [45])
. . . . | — || CATIO. ERIT. ESSEVE. O||PORT . . [46])
| — ||| — | . . . R||EGRINOS. [47]) IO||VS. [48]) — ||| — ||
ATEI. [49]) || — |||.

detulerit, | — ||| — | *militiaeque ei*|s uocatio esto, LXXXIII.
aera stipendia|q*ue* || omnia merita sunt*o*. Nequi ma-
gi||*str*|atus pr||*oue magistratu, proue quo imperio*
potestateue erit, facito quo minus ita sit. | — ||| — | LXXXIV.
condem||natus erit, tum qui eiu|*s nomen* || detulerit,
cuius eorum opera ma || — ||| — || repetetur, de LXXXV.
ea re eius | — || o utrum uelit uel in sua ciuitat||*e*
| — ||| — ||bere liceto. | *Siquis ci*||uis Romanus LXXXVI.
ex hac lege alt||*eri nomen detulerit,* | — ||| — || LXXXVII.
Cui ex | hac *lege* | — || catio erit esseue o||port*et*
| — ||| — | *per*||egrinos i||us — ||| — || ati || — |||. LXXXVIII. LXXXIX.

---

36) Boiss. inserit ATVM et post spacium uacuum SI. 37) Litteram Q debemus Vrsino. 38) Vrs. *I*ATVS. 39) Tam in schedis, quam in libris post PR interpungitur. 40) Boiss. inserit RO. 41) DE*ID*LERIT Amad. 42) SI. PETETVR. Vrs. et Pigh. 43) *I*BERE Vrs.; *A*BERE Pigh. 44) ALT*E* Vrs. et Amad. 45) HA Vrs.; HAC Pigh. 46) Quae in tabula, uti nunc est, post litteram O sequuntur uix agnoscuntur; Vrs. legit: *OPORT;* Amad.: ESSEVE*REOR*. 47) *R*EGRINOS. Vrs. EGRINO Amad. 48) IO*VS* Vrs.; Amad. uoculam omittit. 49) ATE*L* Vrs. scribit; ATE*I* sched.; Amad. omittit plane. An restituendum C*EI*-*VIT*ATEI?

VII.

LEX PARIETI FACIUNDO.

(A. U. 649.)

In tabella marmorea Neapoli in aedibus Hadriani Guilielmi. Et Legis Puteolanae nomine venit.

Edita: 1) a *Geo. Fabricio* Lib. I. Monumentorum antiquitatis insignium, p. 2 — 26. editionis utriusque, quae prodiit Basileae in 8, sine anni mentione, sed cum epistola dedicatoria jam a. 1549. scripta; — 2) a *Guil. Philandro,* in editione Vitruvii posteriore Lugd. 1552. 4. vulgata; ex qua in nonnullas Vitruvii edd. recentiores, velut in Amstelodamensem *Jo. de Laet* p. 74. transiit; — 3) in *Aldi Manutii* Ratione orthographiae p. 55 — 58. ed. I. (Venet. 1566. 8.) vel p. 53 — 56. ed. II. (ibid. 1591. 8.) — 4) ad calcem operis *Anton. Augustini* de Legibus et SCtis. num. XXI. editore *Fulvio Ursino;* — 5) in *Barnab. Brissonii* Lib. VI. de formulis. cap. 72. — 6) in *Mart. Smetii* Inscriptt. antiq. f. 14. a. — 7) in *Jani Gruteri* Thes. Inscriptt. p. CCVII. 4. — 8) in *Jul. Caesar. Capaccii* Antiquit. et histor. Campaniae. c. 24. (Thesauri Italici T. IX. P. III. p. 219. sq.) — 9) in *Jos. Nerii* Lib. I. Analector. c. 29. (in Thes. *Otton.* T. II. p. 362. sq.) — 10) in: »La vera antichità di Pozzuolo descritta da *Giul. Ces. Capaccio*« cap. 7. p. 56 — 60. — 11) in *Guil. Fleetwood* Sylloge inscriptionum antiquarum. p. 67. sq. — 12) in Adpend. operis: »Histoire de la jurisprudence Romaine par *Ant. Terrasson.*« p. 8. sq. — 13) in: »Dell' edifizio di Puzzuolo volgarmente detto il templo di Serapide.« (Rom. 1773. 8.) Adp. num. I. denique 14) in opusculo, quod simul uberrimum in hoc monumentum commentarium, qualem nemo, nisi veteris architecturae quum maxime gnarus, scribere poterat, continet: »Dell' ordine Dorico — di S. Luigi da Don *Pietro Marquez*, con appendice sopra un' antica tavola di Pozzuolo« (Rom. 1803. 8.) p. 147. seqq.

Ceterum frustra fidem ejus tabulae elevavit *Scip. Maffejus* Lib. III. artis criticae lapidariae c. 4. p. 304. sq.

Conf. meas Exercitationes Vitruvianas. III. p. 13.

Col. I.

AB. COLONIA. DEDVCTA. ANNO. XC.
N. FVFIDIO. N. F. M. PVLLIO. DVO. VIR
P. RVTILIO. CN. MALLIO. COS.
OPERVM. LEX. II.

LEX. PARIETI. FACIVNDO IN. AREA. QVAE. EST. ANTE AEDEM. SERAPI. TRANS. VIAM. QVI. REDEMERIT PRAEDES. DATO. PRAEDIAQVE. SVBSIGNATO DVVM. VIRVM. ARBITRATV.

IN. AREA. TRANS. VIAM. PARIES. QVI. EST. PROPTER VIAM. IN EO. PARIETE. MEDIO. OSTIEI. LVMEN APERITO. LATVM. P. VI. LTVM. P .VII. FACITO. EX. EO PARIETE. ANTAS. DVAS. AD MARE. VORSVM. PROICITO LONGAS. P. II. CRASSAS. P. I ⁙ INSVPER. ID. LIMEN ROBVSTVM. LONG. P. VIII. LATVM. P I ⁙ ALTVM. P. S ⁙ INPONITO. INSVPER. ID. ET. ANTAS. MVTVLOS. ROBVSTOS II. CRASSOS. S: ALTOS. P. I. PROICITO. EXTRA. PARIETE IN. VTRAMQ. PARTEM. P. IV. INSVPER. SIMAS. PICTAS FERRO. OFFIGITO. INSVPER. MVTVLOS. TRABICVLAS ABIEGNIEAS. II. CRASSAS. QVOQVE. VERSVS. S. IN. PONTO.

Col. II.

FERROQVE. FIGITO. IN. ASSERATO. ASSERIBVS. ABIEGNIEIS SECTILIBVS. CRASSEIS. QVOQVE. VERSVS :: DISPONITO. NI. PLVS. S ⁙

OPERCVLAQVE. ABIEGNIEA. INPONITO. EX. TIGNO. PEDARIO
FACITO. ANTEPAGMENTA. ABIEGNIEA. LATA. S ⁖ CRASSA. ع
CVMATIVMQVE. INPONITO. FERROQVE. PLANO. FIGITO
PORTVLAQVE. TEGITO. TEGVLARVM. ORDINIBVS. SENEIS
QVOQVE. VERSVS. TEGVLAS. PRIMORES. OMNES. IN. ANTE
PAGMENTO. FERRO. FIGITO. MARGINEMQVE. INPONITO
EISDEM. FORES. CLATRATAS. II. CVM. POSTIBVS. AESCVLNIEIS
FACITO. STATVITO. OCLVDITO. PICATOQVE. ITA. VTEI. AD. AEDEM
HONORVS. FACTA. SVNT. EISDEM. MACERIA. EXTREMA. PARIES
QVI. EST. EVM. PARIETEM. CVM. MARGINE. ALTVM. FACITO. P. X.
EISDEM. OSTIVM. INTROITV. IN. AREA. QVOD. NVNC. EST. ET
FENESTRAS. QVAE. IN. PARIETE. PROPTER EAM. AREAM. SVNT
PARIETEM. OPSTRVITO. ET. PARIETI. QVI. NVNC. EST. PROPTER
VIAM. MARGINEM. PERPETVOM. INPONITO. EOSQ. PARIETES
MARGINESQVE. OMNES. QVAE. LITA. NON. ERVNT. CALCE
HARENATO. LITA. POLITAQVE. ET. CALCE. VDA. DEALBATA. RECTE
FACITO. QVOD. OPVS. STRVCTILE. FIET. IN. TERRA. CALCIS
RESTINCTAI. PARTEM. QVARTAM. INDITO. NIVE. MAIOREM
CAEMENTA. STRVITO. QVAM. QVAE. CAEMENTA. ARDA
PENDAT. P. XV. NIVE. ANGOLARIA. ALTIOREM ∷ ع. FACITO.

Col. III.

LOCVMQVE. PVRVM. PRO. EO. OPERE. REDDITO
EIDEM. SACELLA. ARAS. SIGNAQVE. QVAE. IN
CAMPO. SVNT. QVAE. DEMONSTRATA. ERVNT
EA. OMNIA. TOLLITO. DEFERTO. COMPONITO
STATVITOQVE. VBEI. LOCVS. DEMONSTRATVS
ERIT. DVVM. VIRVM. ARBITRATV.

HOC. OPVS. OMNE. FACITO. ARBITRATV. DVO. VIR
ET. DVOVIRATIVM. QVI. IN. CONSILIO. ESSE
SOLENT. PVTEOLIS. DVM. NI. MINVS. VIGINTI
ADSIENT. CVM. EA. RES. CONSVLETVR. QVOD
EORVM. VIGINTI. IVRATI. PROBAVERINT. PROBVM
ESTO. QVOD. IEIS. INPROBARINT. INPROBVM. ESTO
DIES. OPERIS. K. NOVEMBR. PRIMEIS. DIES. PEQVN
PARS. DIMIDIA. DABITVR. VBEI. PRAEDIA. SATIS
SVBSIGNATA. ERVNT. ALTERA. PARS. DIMIDIA. SOLVETVR
OPERE. EFFECTO. PROBATOQ. C. BLOSSIVS. Q. F.
H-S. CIↃ. D. IDEMQVE. PRAES. Q. FVFICIVS. Q. F.
CN. TETTEIVS. Q. F. C. CRANIVS. C. F. TI. CRASSICIVS.

*VIII.

LEGIS, FORTASSE, ACILIAE REPETUNDARUM FRAGMENTA.

(inter A. U. 654 et 665.)

E tabula aenea prope civitatem Lucaniae, Oppido, a. 1793 reperta, nunc in museo Herculanensi adservata. Opisthographa est, quippe in ejus altero latere, decretum Bantinorum, lingua Osca continens. Publici juris facta: 1) a *Cajetano Marinio* in: Gli atti e monumenti dei fratelli arvali. (Neap. 1795.) P. II. p. 569. 570. — 2) emendatius in *Carol. Rosinii* Diss. isagog. ad Herculanens. volum. explanat. (Neap. 1797.) p. 38. not. 2. tab. V. et VI. — 3) in *Raimundi Guarini* Commentaria in veterum monumenta nonnulla. Neap. 1820. 8. nro. 4. 5. — 4) in *Dirksen* »Beiträge zur Kunde des röm. Rechts« (Lips. 1825. 8.) p. 218. — 5) novissime, juncto commentario a *Clement. Aug. Carol. Klenze* in: »Rheinisches Museum für Philologie, Geschichte und griechische Philosophie.« Zweiten Jahrgangs, erster Heft (Bonnae 1828.) p. 28 — 49. junct. tabul. lithographica.

E recensione et restitutione Klenzii.

1. . . . E. IN POPLICO. IOVDICIO. NESEP. [1]) . . . . .

2. . . . O. [2]) NEIVE. QVIS. MAG. TESTVMONIVM. POPLICE. [3]) EIDEm sinito denONTIARI. [4])

---

[1]) Mar. *nesei*, Guar. *ne. se. pr.* [2]) Ros. et Guar. *Q.* [3]) Ros. et Guar. *popiice.* [4]) Mar. *ei. de* . . .

3. . . . DATO NEIVE IS IN POPLICO. LVVCI [5]) PRAE-TEXTAM NEIve. SOLEÀS. HABETO. NEIVE. QVIS [6])

4. mag. prove mag. quo inperio potestateve erit quEI-QVOMQVE. [7]) COMITIA. CONCILIVMVE. HABEBIT. EVM. [8]) SVFRAGIVM. FERRE. NEI. SINITO

5. Seiquis joudex queiquomque ex hac legE. PLE-BEIVE. SCITO. FACTVS. ERIT. SENATORVE. FECE-RIT. GESSERITVE. [9]) QVO. EX. HACE. LEGE

6. minus fiant quae fieri oportet quaeve fieri oportu-ERIT. OPORTEBITVE. NON. FECERIT. SCIENS. D. M. SEIVE. ADVORSVS. HANCE. LEGEM. FECERIT [10])

7. gesseritve sciens dolo malo ei multa esto . . . eamque pequniam QVEI. VOLET. MAGISTRATVS. EXSIGITO. SEI. POSTVLABIT. QVEI. PETET. PR. RE-CVPERATORES

8. dato — — — facitOQVE. EVM. SEI. ITA. PAREAT. [11]) CONDVMNARI. POPVL. FACITOQVE. IVDICETVR. SEI. CONDEMNATVS

9. fuerit ut pequnia redigatur AD. Q. VRB. [12]) AVT. BONA. EIVS. POPLICE. POSSIDEANTVR. FACITO. SEI-QVIS. MAG. MVLTAM. INROGARE. VOLET

10. apud populum dum minoris PARTVS. FAMILIAS. TAXSAT. LICETO. EIQ. OMNIVM. RERVM. SIREMPS LEXS. ESTO. QVASEI. SEI. IS. HAACE. LEGE.

11. condemnatus fuerit.

12. Cos. Pr. — — — quEI. NVNC. EST. IS. IN. DIE-BVS. V. PROXVMEIS. QVIBVS. QVEIQVE. EORVM. SCIET. H. L. POPOLVM. PLEBEMVE

13. joussisse jouranto. — — DIC. COS. PR. MAG. EQ.

---

5) Mar. *luuce.* 6) Mar. *soleas haben . . .* 7) Mar. *et quomque.* 8) Mar. *seive.* 9) Mar. *cesseritve.* 10) Mar. *fecer . .* 11) Ros. et Guar. *pariat.* 12) Mar. *adq . . url . . .* Ros. et. Guar. *Ad. Q. Urb. . . .*

CENS. AID. TR. PL. Q. III. VIR. CAP. III. VIR. A. D. A.[13]) IOVDEX. EX. H. L. PLEBIVE. SCITO

14. ſactus queicomque eorum pOSTHAC. FACTVS. ERIT. EIS. IN. DIEBVS. V. PROXSVMEIS.[14]) QVIBVS. QVISQVE. EORVM. MAG. INPERIVMVE. INIERIT. IOVRANTO

15. . . . . in aeDE. CASTORVS. PALAM. LVCI. IN. FORVM. VORSVS. ET. EIDEM. IN. DIEBVS. V. APVD. Q. IOVRANTO. PER. IOVEM. DEOSQVE

16. penateis sese quae ex h. l. oportEBIT. FACTVRVM. NEQVE. SESE. ADVORSVM. H. L. FACTVRVM. SCIENTEM. D. M. NEQVE. SEESE. FACTVRVM. NEQVE. INTERCESVRVM

17. ne ex h. l. ſiant quae oportet. QuEI. EX.[15]) H. L. NON. IOVRAVERIT. IS. MAGISTRATVM. INPERIVMVE. NEI. PETITO. NEIVE. GERITO. NEIVE. HABETO. NEIVE. IN. SENATV

18. si adfuerit sententiam dicere eVM.[16]) QVIS. SINITO. NEIVE. EVM. CENSOR. IN. SENATVM. LEGITO. QVEI. EX H. L. IOVDICAVERIT. IS. FACITO. APVD. Q. VRB

19. nomen ejus quei jouraverit scRIPTVM. SIET. QVAESTORQVE. EA NOMINA. ACCIPITO. ET. EOS. QVEI. EX. H. L. APVD. SED. IOVRARINT. FACITO. IN. TABOLEIS [17])

20. popliceis scriptos habeat.

21. Senatores quei sententiAM. DEIXERINT. POST. HANCE. LEGEM. ROGATAM. EIS. IN. DIEBVS. X. PROXSVMEIS. QVIBVS. QVISQVE [18]) eorum sciet h. l.

---

[13]) i. e. *Dictator*, *Consul*, *Praetor*, *Magister Equitum*, *Censor*, *Aedilis*, *Tribunus plebis*, *Quaestor*, *IIIvir capitalis*, *IIIvir agris dandis*, *adsignandis*, sec. Dirksen. [14]) Mar. *proxum. eis.* [15]) Mar. *e. ex.* Ros. *ei. x.* [16]) Mar. *ve. quis.* [17]) Mar. *tabol. etu.* [18]) Ros. *quisqui.*

22. popolum plebemve joussisse JOVRANTO. APVD. QVAESTOREM. AD. AERARIVM. PALAM. LVCI PER. JOVEM. DEosquE. PENATEis sese quae oportebit

23. facturum — — neque seSE. ADVORSVM. HANCE. LEGEM. FACTVRVM. ESSE. [19]) NEQVE. SEESE. facturum

24. . . . SE. HOICE. [20]) LEEGEI. . . . . .

In alio frustillo:

. . IIVS ENP . . .
. . IVM DEICI . . . .
. . OEM . . . .

---

[19]) Tabula habet *essentque*. [20]) Marinius *hoice*, Rosin. *noice*.

IX.

SENATVSCONSULTUM
DE HASTIS MARTIIS.

(A. U. 655.)

E *Gellii* N. A. IV. 6.

Gellius l. c. Ut terram movisse nuntiari solet, eaque res procuratur: ita in veteribus memoriis scriptum legimus, nuntiatum esse Senatui, in sacrario in regia hastas Martias movisse. Ejus rei causa Senatusconsultum factum est M. Antonio A. Postumio Coss. ejusque exemplum hoc est:

Quod. C. Julius. L. F. Pontifex. nuntiavit. in. sacrario. in. regia. hastas. Martias. movisse. de. ea. re. ita. censuerunt. uti. M. Antonius. Consul. hostiis. majoribus. Jovi. et. Marti. procuraret. et. ceteris. diis. quibus. videretur. placandis. uti. procurasset. satis. habendum censuerunt. si. quod. succidaneis. opus. esset. rebus. succederet.

X.

EDICTUM CENSORIUM
DE COERCENDIS RHETORIBUS LATINIS.
(A. U. C. 658.)

E *Suetonio* et *Gellio* ll. ll.

Renunciatum est nobis, esse homines, qui novum genus disciplinae instituerunt, ad quos juventus in ludum conveniat: eos sibi nomen imposuisse Latinos Rhetoras: ibi homines adulescentulos totos dies desidere, et quos in ludos itare vellent, instituerunt. Haec nova, quae praeter consuetudinem ac morem majorum fiunt, neque placent, neque recte videntur. Quapropter et iis, qui eos ludos habent, et iis, qui eo venire consuerunt, videtur faciendum, ut ostendamus nostram sententiam, nobis non placere.

XI.

LEX PAGI HERCULANEI.

(A. U. 660.)

Reperta in pago *Recale* Capuae. Primum una cum commentariolo edita per *Alexium Symmachum Mazochium* in Comment. in Campani Amphitheatri titulum (Neapol. 1727. 4.) p. 148—155. (*Poleni* Supplement. utriusque thesaur. Antiquit. Tom. V. p. 662—670.)

---

1. PAGVS. HERCVLANEVS. SCIVIT. A. O. X. TERMINA . . .
2. CONLEGIVM. SEIVE. MAGISTREI. IOVEI. COMPAGEI. S . . .
3. VTEI. IN. PORTICVM. PAGANAM. REFICIENDAM
4. PEQVNIAM. CONSVMERENT. EX. LEGE. PAGANA
5. ARBITRATV. CN. LAETORI. CN. F. MAGISTREI
6. PAGEIEI. VTEIQVE. EI. CONLEGIO. SEIVE. MAGISTRI
7. SVNT. IOVEI. COMPAGEI. LOCVS. IN. TEATRO
8. ESSET. TAMQVASEISEILVOOS.[1]) FECISSENT
9. L. AVFVSTIVS. L. L. STRATO. C. ANTONIVS. M. L.
10. NICO. CN. AVIVS. CN. L. AGATHOCLES. C. BLOSSI
11. M. L. PROTEMVS. M. RAMNIVS. P. L. DIOPANT
12. T SVLPICIVS. P. Q. PVL. Q. NOVIVS. Q. L. PROTEM
13. M. PACCIVS. M. L. PHILEM. M. LICCVLEIVS. M. L.
14. PHILIN. CN. HORDEONIVS. CN. L. EVPHEMIO
15. A. POLLIVS. P. L. ALEXAND. N. MVNNIVS. N. L
16. ANTIOCVS. C. COELIO. C. F. CALDO
17. . . . DOMITIO. CN. F. AHENOBARB. COS

---

[1]) Tam quasei [sei] ludos.

XII.

SENATUSCONSULTUM
DE TIBURTIBUS.

(A. U. 664 vel 665.)

Repertum Tiburis Saeculo XVI, in tabella aenea, servata Romae in aedibus Barberinis. Editum 1) apud *Fulvium Ursinum* nro. 22. — 2) in *Justi Lipsii* Auctario ad Inscriptt. Smetii. p. 6. — 3) in *Gruteri* Thesauro Inscriptt. p. CCCCXCIX. 12. — 4) apud *Fleetwood* Inscriptt. p. 149. — 5) ap. *Terrassonum* hist. de jurisprud. Adp. p. 5. — 6) diligentissime iterum a. 1790. descriptum, ab *E. Q. Viscontio* in Iconographie Romaine. Tom. I. (Paris. 1817. 4.) Pl. VI. nro. 6, junctis observationibus p. 88—92. Pro spurio habetur a *Maffeio* Art. crit. lapidar. p. 160. e. 344. Authentiam ejus defendunt *Morcellus* de stilo inscript. p. 278. et *Viscontius* l. c. p. 90. Not. 1. cujus argumenta dissolvere conatur auctor anonymus in libro: *Giornale Arcadico di Scienze, Lettere ed' Arti* 1819. Tom. IV. p. 158. sqq.

E recensione Viscontii.

1. L. CORNELIVS. CN. F. PR. SEN. CON. A. D. III. NONAS. MAIAS. SVB. AEDE. KASTORVS
2. SCR. ADF. A. MANLIVS. A. F. SEX. JVLIVS. L. POSTVMIVS. S. F
3. QVOD. TEIBVRTES. V. F. QVIBVSQVE. DE. REBVS. VOS. PVRGAVISTIS. EA. SENATVS

4. ANIMVM. ADVORTIT. ITA. VTEI. AEQVOM. FVIT. NOSQVE. EA. ITA. AVDIVERAMVS
5. VT. VOS. DEIXSISTIS. VOBEIS. NONTIATA. ESSE. EA. NOS. ANIMVM. NOSTRVM
6. NON. IN. DOVCEBAMVS. ITA. FACTA. ESSE. PROPTER. EA. QVOD. SCIBAMVS
7. EA. VOS. MERITO. NOSTRO. FACERE. NON. POTVISSE. NEQVE. VOS. DIGNOS. ESSE
8. QVEI. FACERETIS. NEQVE. ID. VOBEIS. NEQVE. REI. POPLICAE. VOSTRAE
9. OITILE. ESSE. FACERE. ET. POSTQVAM. VOSTRA. VERBA. SENATVS. AVDIVIT
10. TANTO. MAGIS. ANIMVM. NOSTRVM. INDOVCIMVS. ITA. VTEI. ANTE
11. ARBITRABAMVS. DE. IEIS. REBVS. AF. VOBIS. PECCATVM. NON. ESSE
12 QVONQVE. DE. EIEIS. REBVS. SENATVEI. PVRGATI. ESTIS. CREDIMVS. VOSQVE
13. ANIMVM. VOSTRVM. INDOVCERE. OPORTET. ITEM. VOS. POPVLO
14. ROMANO. PVRGATOS. FORE

XIII.

FRAGMENTUM
PLEBISCITI ANTIQUI
VEL POTIUS
SANCTIONEM LEGIS, IN QUA DE INFERIIS AGITUR, CONTINENS.

Prope castellum Baschi ditionis Tudertinae in lamina aenea penes archipresbyterum Baschi, inventa in alveo Tiberis. Editum a *Muratorio* in Novo Thes. vet. inscriptt. T. II. p. 576., [tum a *Klenzio* junct. supplement. in Proleg. ad Leg. Servil. p. XX. *Sp*.]

---

1. . . . . quiRITIVM. COMPRENSVM . . . . . .
2. . . . . EORVM. QVI. QVOQVE. ANNO. INFERIARVM . . . . .
3 . . . . . possessionem dANDAM. ADTRIBVENDAM. CVRENT . . .
4. Pr. quei inter cives jus deICET. AGITO FACITO. NENE. QVID. ADVERSVS. HANC. ROGationem fiat . .
5. seiquis adversus hanc rogationem fecerit SCIENS. D. M. EI. MVLTA. ESTO. HS. $\overline{\text{I}}\text{x}\overline{\text{I}}$. EIVSQ. PECVNIam quaestori
6. quei aerarium provinciam obtinebit POPVLI IVDICIO. PETERE VEL. IN. SACRVM. IVDICARE LICETO . .
7. seiquis adversus alias rogationes HVIVS. ROGATIONIS. ERGO. FECERIT. QVODVE. EX. EARVM. rogationum

8. aliqua eum facere oportebit nON. FECERIT. ID. EI. FRAVDI. MVLTAE. POENAE. NE. ESTO. nequis

9. hanc rogationem abrogato neve huic rogATIONI. OBROGATO. NEVE. DE. HAC. ROGATIONE. DEROGATO . .

10. . . . posseSSIONEM. FACTVM. NON. ERIT. QVOD. ALITER. ROGATVM. Erit . .

11. . . . . H. L. N. R.

XIV.

LEX

DE SCRIBIS, VIATORIBUS ET PRAECONIBVS.

Hujus legis pars insignis hodie reliqua ex aere, quod exstitit in museo aedium Farnesianarum Romano, edita primum a *Sigonio* (Lib. II. de antiquo jure civium Romanorum cap. 9 et 15. — 2) repetita a *Fulvio Ursino* l. c. n. XVI. XVII. — 3) a *Brissonio* Lib. II. de formulis. cap. 22. p. 133 sq. ed. noviss. — 4) in *Martin. Smetii* Inscriptt. fol. 97 b. — 5) a *Grutero* p. DCXXVIII. — 6) a *Muratorio* Nov. Thes. T. II. p. 581. — 7) ap. *Terrassonum* Adp. p. 6 sqq. Ex eadem lege petita videntur, quae notat *Jos. Scaliger* ad *Festum* voce *Sed pro Sine* p. 492.

— »Sed pro sine veteres dicebant. Cujus rei fidem fecerit vetustissima Lex, quae exstat in bibliotheca regia:

ET PRIMO QVOQVE DIE QVAESTOREM SOLVERE IVBETO EAM PECVNIAM EIS SED FRVDE SVA SOLVITO.«

PRINCIPIUM FUIT PRO TRIBU.

1. Q. VRB. QVEI. AERARIVM. PROVINCIAM. OPTINENT. EAM
2. MERCEDEM. DEFERTO. QVAESTORQVE. QVEI. AERARIVM. PROVINCIAM
3. OPTINEBIT. EAM. PECVNIAM. EI. SCRIBAE. SCRIBEISQVE. HEREDIVE
4. EIVS. SOLVITO. IDQVE. EI. SINE FRAVDE. SVA. FACERE. LICETO QVOD

5. SINE. MALO. PEQVLATV. FIAT. OLLEISQVE. HOMINIBVS. EAM. PECVNIAM. CAPERE. LICETO
6. COS. QVEI. NVNC. SVNT. IEI. ANTE. K. DECEMBRIS. PRIMAS. DE. EIS. QVEI
7. CIVES. ROMANEI. SVNT. VIATOREM. VNVM. LEGVNTO. QVEI. IN
8. EA. DECVRIA. VIATOR. APPAREAT. QVAM. DECVRIAM. VIATORVM
9. EX. NONEIS. DECEMBRIBVS. PRIMEIS. QVAESTORIBVS. AD. AERARIVM
10. APPARERE. OPORTET. OPORTEBIT. EIDEM. COS. ANTE. K. DECEMBR
11. PRIMAS. DE EIS QVEI. CIVES. ROMANEI. SVNT. PRAECONEM. VNVM
12. LEGVNTO. QVEI. IN. EA. DECVRIA. PRAECO. APPAREAT. QVAM
13. DECVRIAM. PRAECONVM. EX. NONEIS. DECEMBRIBVS. PRIMEIS
14. QVAESTORIBVS. AD. AERARIVM. APPARERE. OPORTET. OPORTEBIT
15. DEINDE. EIDEM. CONSVL. ANTE. K. DECEMBREIS. PRIMAS. VIATOREM
16. VNVM. LEGVNTO. QVEI. IN. EA. DECVRIA. VIATOR. APPAREAT. QVAM
17. DECVRIAM. VIATORVM. EX. NONEIS. DECEMBRIBVS. SECVNDEIS.
18. QVAESTORIBVS. AD. AERARIVM. APPARERE. OPORTET. OPORTEBIT
19. EIDEMQVE COS. ANTE. K. DECEMBREIS. PRIMAS. PRAECONEM
20. VNVM. LEGVNTO. QVI. IN. EA. DECVRIA. PRAECO. APPAREAT. QVAM
21. DECVRIAM. PRAECONVM. EX. NONEIS. DECEMBRIBVS. SECVNDEIS
22. QVAESTORIBVS. AD. AERARIVM. APPARERE. OPORTET. OPORTEBIT
23. DEINDE. EIDEM. COS. ANTE. K. DECEMBREIS. PRIMAS. VIATOREM

24. VNVM. LEGVNTO. QVEI IN. EA. DECVRIA. VIATOR. APPAREAT

25. QVAM. DECVRIAM. VIATORVM. EX. NONEIS. DECEMBRIBVS. TERTIEIS

26 QVAESTORIBVS. AD. AERARIVM. APPARERE. OPORTET. OPORTEBIT

27. EIDEMQVE. COS. ANTE. K. DECEMBREIS. PRIMAS. PRAECONEM

28. VNVM. LEGVNTO. QVEI. IN. EA. DECVRIA. PRAECO. APPAREAT. QVAM

29. DECVRIAM. PRAECONVM. EX. NONEIS. DECEMRRIBVS. TERTIEIS

30. QVAESTORIBVS. AD. AERARIVM. APPARERE. OPORTET. OPORTEBIT

31. EOSQVE. VIATORES. EOSQVE. PRAECONEIS OMNEIS. QVOS. EO

32. ORDINE. DIGNOS. ARBITRABVNTVR. LEGVNTO. QVAM. IN. QVISQVE

33. DECVRIAM. ITA. VIATOR. LECTVS. ERIT. IS. IN. EA. DECVRIA. VIATOR

34. ESTO. ITEM. VT. EI. CETERI. EIVS. DECVRIAE. VIATORES. ERVNT

35. QVAMQVE. IN. QVISQVE. DECVRIAM. ITA. PRAECO. LECTVS. ERIT

36. IS. IN. EA. DECVRIA. PRAECO. ESTO. ITA. VT. EI. CETEREI. EIVS. DECVRIAE

37. PRAECONES. ERVNT. SIREMPSQVE. EIS. VIATORIBVS. DE. QVE

38. EIS. VIATORIBVS. QOMNIVM. RERVM. IVVS. LEXQVE. ESTO. QVASEI

39. SEI. EI. VIATORES. IN. EAM. DECVRIAM. IN. TRIBVS. VIATORIBVS

40. ANTEA. LECTEI. SVBLECTEI. ESSENT. QVAM. IN. QVISQVE. DECVRIAM

41. EORVM. EX HAC. LEGE. VIATOR. LECTVS. ERIT. SIREMPSQVE. EIS

42. PRAECONIBVS. DE. QVE. EIS. PRAECONIBVS. QVAESTORI. OMNIVM

43. RERVM. IVVS. LEXQVE. ESTO. QVASEI. SEI. EI. PRAECONES. IN. EAM

44. DECVRIAM. IN. TRIBVS. PRAECONIBVS. ANTEA. LECTEI. SVBLECTEI

45. ESSENT. QVAM. IN. QVISQVE. DECVRIAM. EORVM. EX. HAC. LEGE

46. PRAECO. LECTVS. ERIT

47. QVOS. QVOMQVE. QVAESTORES. EX. LEGE. PLEBEIVE. SCITO. VIATORES

48. LEGERE. SVBLEGERE. OPORTEBIT. EI. QVAESTORES. EO. IVRE. EA. LEGE

49. VIATORES. IIII. LEGVNTO. SVBLEGVNTO. QVO. IVRE. QVA. LEGE

50. QVEI. NVNC. SVNT. VIATORES. III. LEGERVNT. SVBLEGERVNT. QVOSQVE

51 QVOMQVE. QVAESTORES. EX. LEGE. PLEBEIVE. SCITO. PRAECONES

52. SVBLEGERE. OPORTEBAT. EI. QVAESTORES. EO. IVRE. EA. LEGE. PRAECONES

53. IIII. LEGVNTO. SVBLEGVNTO. QVO. IVRE. QVA. LEGE. QVAESTORES. QVEI

54. NVNC. SVNT. PRAECONES. III. LEGERVNT. SVBLEGERVNT. DVM. IN. QVEM

55. IN. EIS. VIATORIBVS. PRAECONIBVS. LEGVNDEIS. SVBLEGVNDEIS. IN. EIVS

56. VIATORIS. PRAECONIS. LOCVM. VIATOREM. PRAECONEM. LEGANT

57. SVBLEGANT. QVOIVS. IN. LOCVM. PER. LEGES. PLEBEIVE. SCITA VIATOREM

58. PRAECONEM. LEGEI. SVBLEGEI. NON. LICEBIT. ITAQVE. DE. EIS. QVATTVOR

59. VIATORIBVS. QVAESTOR. QVEI QUOMQVE. ERIT. VIATORES. SVMITO

60. HABETO. VTEI. ANTE. HANC. LEGEM. ROGATAM. DE. TRIBVS. VIATORIBVS

61. VIATORES. HABERE. SVMERE. SOLITEI. ITAQVE. DE. EIS. QVATTVOR

62. PRAECONIBVS. QVAESTOR. QVEI. QVOMQVE. ERIT. PRAECONES. SVMITO
63. HABETO. VTEI. ANTE. HANC. LEGEM. ROGATAM. DE. TRIBVS. PRAECONIBVS
64 PRAECONES. HABERE. SVMERE. SOLITEI. SVNT. ITEMQVE. EIS. VIATORIBVS
65. PRAECONIBVS. QVI. EX. HAC. LEGE. LECTEI. ERVNT. VICARIVM. DARE
66. SVBDERE. IVS. ESTO. LICETO. QVE. VTI. CETEREIS. VIATORIBVS. PRAECONIBVS
67. QVA. IN. QVISQVE. DECVRIA. EST. VICARIVM. DARE. SVBDERE. IVVS. ERIT
68. LICEBITQVE. ITEMQVE. QVAESTORES. AB. IEIS. VICARIOS. ACCIPIVNDO
69. VTEI. A. CETEREIS. VIATORIBVS. PRAECONIBVS. VICARIOS. ACCIPEI. OPORTEBIT
70. VIATORES. PRAECONES. QVEI. EX. HAC. LEGE. LECTEI. SVBLECTEI. ERVNT
71. EIS. VIATORIBVS. PRAECONIBVS. MAGISTRATVS. PRO. VE. MAG
72. MERCEDIS. ITEM. TANTVNDEM DATO QVANTVM. EI VIATORI
73. PRAECONEI. DAREI. OPORTERET. SEI. IS. VIATOR. DE. TRIBVS
74. VIATORIBVS. ISQVE PRAECO. DE. TRIBVS. PRAECONIBVS. ESSET
75. QVEI. ANTE. HANC. LEGEM ROGATAM. VTEI. LEGERENTVR. INSTITVTEI. SVNT
76. QVAS. IN. DECVRIAS. VIATORVM. PRAECONVM. CONSVL. EX. HAC
77. LEGE. VIATORES. PRAECONES. LEGERIT. QVORVM. VIATORVM
78. PRAECONVM. NOMINA. IN. EIS. DECVRIEIS. AD. AEDEM. SATVRNI
79. IN. PARIETE. INTRA. CAVEAS. PROXVME. AVTE. HANC. LEGEM.

XV.

SENATUSCONSULTUM
DE ASCLEPIADE CLAZOMENIO SOCIISQUE.

(A. U. 676.)

In aenea tabella apud Fulvium Ursinum, Romae. Primus id cum graeco textu vulgavit *Petrus Victorius* [1]) ad finem rarissimae editionis Epistolarum Ciceronis ad Atticum, ad Brutum et ad Q. fratrem (Florent. 1571. 8.)— 2) *Brisson.* de formul. II. 137. — 3) *Fulv. Ursinus* l. c. XXIV. — 4) Ap. *Gruterum* Corp. Inscriptt. p. DIII.

Conf. *Jo. Krebsii* decreta Roman. pro Judaeis; ad decr. I. p. 40. 92. 105. 117. 177. 240. 291.

E recensione F. Ursini, correctis tamen sphalmatibus typographicis.

1. . . . EIS. LEIBEREIS. POSTEREIS. VXO . . . .
2. . . . CERTARE. SEIVE. APVD. MAGISTRATVS . . . .
3. . . . VBEI. VELINT. VTEI. IBEI. IVDICIVM. DE. EIS. REBVS. FIAT. SEI. QVA . . . .
4. . . . NTVR. ET. DE. INTEGRO. IVDICIVM. EX. S. C. FIAT. SEI. QVAS. PECVNIAS. CIV . . . .
5. . . . VS. NOSTRI. QVEIQVOMQVE. ASIAM. EVBOEAM. LOCABVNT. VECTIGAL VE. ASIAE . . . .
6. . . . EMILIVS. COS. A. A. S. E. V. EOS. IN. AMEICORVM. FORMVLAM. REFERVNDOS. CVRARENT. EIS . . . .
7. . . . FACERE. LICERET. MVNVSQVE EIS. EX. FORMVLA. LOCVM. LAVTIAQVE. Q. VRB. EIS. LOCARE. MITTEREQ. . . .

---

1) Vid. Victorii vitam, auct. *Ang. Maria Bandinio* §. 59. p. 64.

8. . . VENEIRE. VELLENT. VTI. EIS. LEIBEREIS. POSTEREISQVE. EORVM. LEGATOS. VENIRE. MITTEREQ.[2]) LICERET. VTEI. Q. . . .

9. . . . SI. EI. V. E. LITTERAS. AD. MAGISTRATVS. NOSTROS. QVEI. ASIAM. MACEDONIAM. PROVINCIAS. OPTINENT. ET. AD. MAGISTRATVS. EORVM. MITT. . . .

10. . . . AEQVOM. CENSERE. EA. ITA. FIERI. I. V. E. E. R. P. F. S. V. C.

1. *ΕΠΙ. ΥΠΑΤΩΝ. ΚΟΙΝΤΟΥ. ΛΥΤΑΤΙΟΥ. ΚΟΙΝΤΟΥ. ΥΙΟΥ. ΚΑΤΛΟΥ. ΚΑΙ. ΜΑΡΚΟΥ. ΑΙΜΙΛΙΟΥ. . . .* [3])

2. *ΜΑΡΚΟΥ. ΥΙΩΝΟΥ. ΛΙΠΕΔΟΥ. ΣΤΡΑΤΗΓΟΥ. ΔΕ. ΚΑΤΑ. ΠΟΛΙΝ. ΚΑΙ. ΕΠΙ. ΤΩΝ. ΞΕΝΩΝ. ΛΕΥΚΙΟΥ. ΚΟΡΝΗΛΙΟΥ. . . .* [4])

3. *CICENNA. ΜΗΝΟC. ΜΑΙΟΥ. ΚΟΙΝΤΟC. ΛΥΤΑΤΙΟC. ΚΟΙΝΤΟΥ. ΥΙΟC. ΚΑΤΛΟC. ΥΠΑΤΟC. CΥΓΚΛΗΤΩΙ. CΥΝΕΒΟΥ* [5]) . . . .

4. *ΠΡΟ ΗΜΕΡΩΝ ΕΝΔΕΚΑ ΚΑΛΑΑΝΔΩΝ ΙΟΥΝΙΩΝ ΕΝ ΚΟΜΕΤΙΩΙ ΓΡΑΦΟΜΕΝΩΙ ΠΑΡΗCΑΝ ΛΕΥΚΙΟC ΦΑΒΕΡΙΟC ΛΕΥΚΙΟΥ ΥΙΟC CΕΡΓΙΑ ΓΑΙΟC.* [6]) . . . .

5. *ΚΙΟΥ ΥΙΟC ΠΟΠΛΙΛΙΑ ΚΟΙΝΤΟC ΠΕΤΙΛΛΙΟC ΤΙΤΟΥ ΥΙΟC CΕΡΓΙΑ ΠΕΡΙ ΩΝ ΚΟΙΝΤΟC ΛΥΤΑΤΙΟC ΚΟΙΝΤΟΥ ΥΙΟC ΥΠΑΤΟC ΛΟΓΟΥC ΕΠΟΙΗCΑΤΟ* [7]) . . . .

6. *ΦΙΛΙΝΟΥ ΥΙΟΝ ΚΛΑΖΟΜΕΝΙΟΝ ΠΟΛΥCΤΡΑΤΟΝ ΠΟΛΥΑΡΚΟΥ ΥΙΟΝ ΚΑΡΥCΤΙΟΝ. ΜΕΝΙCΚΟΝ ΕΙΡΗΝΑΙΟΥ. ΤΟΝ ΓΕΓΟΝΟΤΑ ΜΕΝΙCΚΟΝ ΘΑΡΓΗΛΙΟΥ ΥΙΟΝ ΜΙΛΗ* [8]) . . .

7. *ΕΝ ΤΟΙC ΠΛΟΙΟΙC ΠΑΡΑΓΕΓΟΝΕΝΑΙ. ΤΟΥ ΠΟΛΕΜΟΥ ΤΟΥ ΙΤΑΛΙΚΟΥ ΕΠΑΡΧΟΜΕΝΟΥ. ΤΟΥΤΟΥC ΕΡΓΑCΙΑΝ ΕΠΑΝΔΡΟΝ ΚΑΙ ΠΙCΤΗΝ. ΤΟΙC ΔΗΜΟCΙΟΙC ΠΡΑΓΜΑCΙΝ ΤΟΙC ΗΜΕΤΕΡΟΙC* [9]) . . . .

8. *ΝΑΙ ΤΟΥΤΟΥC ΕΑΥΤΟΝ ΚΑΤΑ ΤΟ ΤΗC CΥΓΚΛΗΤΟΥ ΔΟΓΜΑ ΕΙC ΤΑC ΠΑΤΡΙΔΑC ΑΠΟΛΥCΑΙ ΒΟΥΛΕCΘΑΙ.*

---

[2]) QVE. *Victorius.* [3]) add. Vict. minutioribus litteris: *κοΐντου υἱοῦ.* [4]) *υἱοῦ. Vict.* [5]) *Λευσιν Vict.* [6]) *λευ* — addit. *Vict.* [7]) *Ἀσκληπιάδην* add. *Vict.* [8]) *σιον* add. *Vict.* [9]) *παρέσχηκε* — add. *Vict.*

ΕΑΝ ΑΥΤΩΙ ΦΑΙΝΗΤΑΙ ΟΠΩC ΥΠΕΡ ΤΩΝ ΚΑΛΩC ΠΕΠΡΑΓΜΕΝΩΝ ΥΠ ΑΥΤΩΝ [10] . . .

9. *ΓΑΘΗΜΑΤΩΝ ΕΙC ΤΑ ΔΗΜΟCΙΑ ΠΡΑΓΜΑΤΑ ΤΑ ΗΜΕΤΕΡΑ ΚΑΤΑΛΟΓΗ ΑΥΤΩΝ ΓΕΝΗΤΑΙ ΠΕΡΙ ΤΟΥΤΟΥ ΤΟΥ ΠΡΑΓΜΑΤΟC ΟΥΤΩC ΕΔΟΚΕΝ. ΑCΚΛΗΠΙΑΔΗΝ ΦΙΛΙΝΟΥ ΥΙΟΝ ΚΛΑΖ* [11] . . .

10. *ΠΟΛΥCΤΡΑΤΟΝ ΠΟΛΥΑΡΚΟΥ ΥΙΟΝ ΚΑΡΥCΤΙΟΝ. ΜΕΝΙCΚΟΝ ΕΙΡΗΝΑΙΟΥ ΥΙΟΝ ΜΙΛΗCΙΟΝ. ΤΟΝ ΓΕΓΟΝΟΤΑ ΜΕΝΙCΚΟΝ ΑΝΩΘΕΝ ΔΕ ΘΑΡΓΗΛΙΟΥ ΑΝΔΡΑC ΚΑΛΟΥC ΚΑΙ ΑΓΑΘΟΥC ΚΑΙ ΦΙΛ* [12] . . .

11. *ΑΓΟΡΕΥCΑΙ ΤΗΝ CΥΓΚΛΗΤΟΝ ΚΑΙ ΤΟΝ ΔΗΜΟΝ ΤΩΝ ΡΩΜΑΙΩΝ ΔΙΑΛΑΜΒΑΝΕΙΝ ΤΗΝ ΤΟΥΤΩΝ ΕΡΓΑCΙΑΝ ΚΑΛΗΝ ΚΑΙ ΕΠΑΝΔΡΟΝ ΚΑΙ ΠΙCΤΗΝ ΤΟΙC ΔΗΜΟCΙΟΙC ΠΡΑΓΜΑCΙΝ ΤΟΙC ΗΜΕΤΕΡΟΙC ΓΕΓΟΝΕΝΑΙ*

12. *ΔΙ ΗΝ ΑΙΤΙΑΝ ΤΗΝ CΥΓΚΛΗΤΟΝ ΚΡΙΝΕΙΝ ΟΠΩC ΟΥΤΟΙ. ΤΕΚΝΑ. ΕΚΓΟΝΟΙΤΕ. ΑΥΤΩΝ. ΕΝ ΤΑΙC ΕΑΥΤΩΝ ΠΑΤΡΙCΙΝ ΑΛΕΙΤΟΥΡΓΗΤΟΙ ΠΑΝΤΩΝ ΤΩΝ ΠΡΑΓΜΑΤΩΝ ΚΑΙ ΑΝΕΚΦΟΡΟΙ ΩCΙΝ ΕΙΤΙΝΕC ΕΙCΦΟΡΑΙ ΕΚ ΤΩΝ*

13. *ΥΠΑΡΧΟΝΤΩΝ ΑΥΤΩΝ ΕΙCΠΕΠΡΑΓΜΕΝΑΙ ΕΙCΙΝ ΜΕΤΑ ΤΟ ΤΟΥΤΟΥC ΤΩΝ ΔΗΜΟCΙΩΝ ΠΡΑΓΜΑΤΩΝ ΤΩΝ ΗΜΕΤΕΡΩΝ ΧΑΡΙΝ ΟΡΜΗCΑΙ ΤΟCΑΥΤΑΙ ΑΥΤΟΙC ΑΠΟΔΟΘΩCΙΝ ΑΠΟΚΑΤΑCΤΑΘΩCΙΝ ΕΙΤΕ ΤΙΝΕC*

14. *ΑΓΡΟΙ ΟΙΚΙΑΙ ΥΠΑΡΧΟΝΤΑ ΑΥΤΩΝ ΠΕΠΡΑΝΤΑΙ ΜΕΤΑ ΤΟ ΕΚ ΤΗC ΠΑΤΡΙΔΟC ΤΩΝ ΔΗΜΟCΙΩΝ ΠΡΑΓΜΑΤΩΝ ΤΩΝ ΗΜΕΤΕΡΩΝ ΧΑΡΙΝ ΟΡΜΗCΑΙ ΟΠΩC ΤΑΥΤΑ ΠΑΝΤΑ ΑΥΤΟΙC ΕΙC ΑΚΕΡΑΙΟΝ ΑΠΟΚΑΤΑCΤΑ*

15. *ΘΗΙ ΕΙΤΕ ΤΙC ΠΡΟΘΕCΜΙΑ ΠΑΡΕΛΗΛΥΘΕΝ ΑΦ ΟΥ ΕΚ ΤΗC ΠΑΤΡΙΔΟC ΤΩΝ ΔΗΜΟCΙΩΝ ΠΡΑΓΜΑΤΩΝ ΤΩΝ ΗΜΕΤΕΡΩΝ ΧΑΡΙΝ ΟΡΜΗCΑΙ ΜΗ ΤΙ ΤΟΥΤΟ ΤΟ ΠΡΑΓΜΑ ΑΥΤΟΙC ΒΛΑΒΕΡΟΝ ΓΕΝΗΤΑΙ*

16. *ΜΗ ΔΕ ΤΙ ΑΥΤΟΙC ΔΙΑ ΤΑΥΤΗΝ ΤΗΝ ΑΙΤΙΑΝ ΕΛΑCCΟΝ ΟΦΕΙΛΗΤΑΙ ΜΗ ΔΕ ΤΙ ΕΛΑCCΟΝ ΑΥΤΟΙC ΜΕΤΑΠΟΡΕΥCΕCΘΑΙ ΠΡΑCCΕΙΝ ΕΞ ΗΙ ΟCΑΙ ΤΕ ΚΛΗΡΟΝΟΜΙΑΙ ΑΥΤΟΙC Η ΤΟΙC ΤΕΚΝΟΙC ΑΥΤΩΝ*

17. *ΠΑΡΕΓΕΝΟΝΤΟ ΟΠΩC ΤΑΥΤΑC ΕΧΩCΙΝ ΔΙΑΚΑΤΕ-*

---

10) ἀνδρα — add. *Vict.* 11) ομένων — add. *Vict.* 12) ους add. *Vict.*

ΧΩCIN ΚΑΡΠΕΥΩΝΤΑΙ ΤΕ ΟCΑ ΤΕ ΑΝ ΑΥΤΟΙ. ΤΕΚΝΑ ΕΚΓΟΝΟΙ ΓΥΝΑΙΚΕC ΤΕ ΑΥΤΩΝ ΠΑΡ ΕΤΕΡΟΥ ΜΕΤΑΠΟΡΕΥΩΝΤΑΙ ΕΑΝ ΤΕ ΤΙ ΠΑ-

18\. *Ρ. ΑΥΤΩΝ ΤΕΚΝΩΝ ΕΚΓΟΝΩΝ ΓΥΝΑΙΚΩΝ ΤΕ ΑΥΤΩΝ ΕΤΕΡΟΙ ΜΕΤΑΠΟΡΕΥΟΝΤΑΙ ΟΠΩC ΤΟΥΤΩΝ ΤΕΚΝΩΝ ΕΚΓΟΝΩΝ ΓΥΝΑΙΚΩΝ ΤΕ ΑΥΤΩΝ ΕΞΟΥCΙΑ ΚΑΙ ΑΙΡΕCΙC ΕΑΝ ΤΕ ΕΝ ΤΑΙC ΙΔΙΑ*

19\. *ΤΡΙCΙΝ ΚΑΤΑ ΤΟΥC ΙΔΙΟΥC ΝΟΜΟΥC ΒΟΥΛΟΝΤΑΙ ΚΡΙΝΕCΘΑΙ Η ΕΠΙ ΤΩΝ ΗΜΕΤΕΡΩΝ ΑΡΧΟΝΤΩΝ ΕΠΙ ΙΤΑΛΙΚΩΝ ΚΡΙΤΩΝ ΕΑΝ ΤΕ ΕΠΙ ΠΟΛΕΩC ΕΛΕΥΘΕΡΑC ΤΩΝ ΔΙΑ ΤΕΛΟΥC*

20\. *ΕΝ ΤΗΙ ΦΙΛΙΑΙ ΤΟΥ ΔΗΜΟΥ ΤΟΥ ΡΩΜΑΙΩΝ ΜΕΜΕΝΗΚΥΙΩΝ ΟΥ ΑΝ ΠΡΟΑΙΡΩΝΤΑΙ ΟΠΩC ΕΚΕΙ ΤΟ ΚΡΙΤΗΡΙΟΝ ΠΕΡΙ ΤΟΥΤΩΝ ΤΩΝ ΠΡΑΓΜΑΤΩΝ ΓΙΝΗΤΑΙ ΕΙ ΤΙΝΑ ΚΡΙΤΗΡΙΑ*

21\. *ΠΕΡΙ ΑΥΤΩΝ ΑΠΟΝΤΩΝ ΜΕΤΑ ΤΟ ΕΚ ΤΗC ΠΑΤΡΙΔΟC ΟΡΜΗCΑΙ ΓΕΓΟΝΟΤΑ ΕCΤΙΝ ΤΑΥΤΑ ΟΠΩC ΕΙC ΑΚΕΡΑΙΟΝ ΑΠΟΚΑΤΑCΤΑΘΗΙ ΚΑΙ ΕΞ ΑΚΕΡΑΙΟΥ ΚΡΙΤΗΡΙΟΝ ΚΑΤΑ*

22\. *ΤΟ ΤΗC CΥΓΚΛΗΤΟΥ ΔΟΓΜΑ ΓΕΝΗΤΑΙ ΕΙ ΤΙΝΑ ΧΡΗΜΑΤΑ ΑΙ ΠΟΛΕΙC ΑΥΤΩΝ ΔΗΜΟCΙΑΙ ΟΦΕΙΛΩCΙΝ ΜΗ ΤΙ ΕΙC ΤΑΥΤΑ ΤΑ ΧΡΗΜΑΤΑ ΔΟΥΝΑΙ ΟΦΕΙΛΩCΙΝ*

23\. *ΑΡΧΟΝΤΕC ΗΜΕΤΕΡΟΙ ΟΙΤΙΝΕC ΑΝ ΠΟΤΕ ΑCΙΑΝ ΕΥΒΟΙΑΝ ΜΙCΘΩCΙΝ Η ΠΡΟCΟΔΟΥC ΑCΙΑΙ ΕΥΒΟΙΑΙ ΕΝΤΙΘΩCΙΝ ΦΥΛΑΞΩΝΤΑΙ ΜΗ ΤΙ ΟΥΤΟΙ ΔΟΥΝΑΙ ΟΦΕΙΛΩCΙΝ*

24\. *ΟΠΩC ΤΕ ΚΟΙΝΤΟC ΛΥΤΑΤΙΟC ΜΑΡΚΟC ΑΙΜΙΛΙΟC ΥΠΑΤΟΙ Ο ΕΤΕΡΟC Η ΑΜΦΟΤΕΡΟΙ ΕΑΝ ΑΥΤΟΙC ΦΑΙΝΗΤΑΙ ΤΟΥΤΟΥC ΕΙC ΤΟ ΤΩΝ ΦΙΛΩΝ ΔΙΑΤΑΓΜΑ ΑΝΕΝΕΧΘΗ*

25\. *ΝΑΙ ΦΡΟΝΤΙCΩCΙΝ ΤΟΥΤΟΙC ΤΕ ΠΙΝΑ ΧΑΛΚΟΥΝ ΦΙΛΙΑC ΕΝ ΤΩΙ ΚΑΠΕΤΩΛΙΩΙ ΑΝΑΘΕΙΝΑΙ ΘΥCΙΑΝΤΕ ΠΟΙΗCΑΙ ΕΞ ΗΙ ΞΕΝΙΑ ΤΕ ΑΥΤΟΙC ΚΑΤΑ ΤΟ ΔΙΑΤΑ*

26\. *ΓΜΑ ΤΟΠΟΝ ΠΑΡΟΧΗΝ ΤΕ ΤΟΝ ΤΑΜΙΑΝ ΤΟΝ ΚΑΤΑ ΠΟΛΙΝ ΤΟΥΤΟΙC ΜΙCΘΩCΑΙ. ΑΠΟCΤΕΙΛΑΙΤΕ ΚΕΛΕΥΩCΙΝ ΕΑΝ ΤΕ ΠΕΡΙ ΤΩΝ ΙΔΙΩΝ ΠΡΑΓΜΑΤΩΝ*

27. *ΠΡΕCΒΕΥΤΑC ΠΡΟC ΤΗΝ CΥΓΚΛΗΤΟΝ ΑΠΟCΤΕΛ-ΛΕΙΝ ΑΥΤΟΙ ΤΕ ΠΑΡΑΓΙΝΕCΘΑΙ ΠΡΟΑΙΡΩΝΤΑΙ ΟΠΩC ΑΥΤΟΙC ΤΕΚΝΟΙC ΕΚΓΟΝΟΙC ΤΟΙC ΑΥΤΩΝ*

28. *ΠΡΕCΒΕΥΤΑC ΠΑΡΑΓΙΝΕCΘΑΙ ΚΑΙ ΑΠΟCΤΕΛΛΕΙΝ ΤΕ ΕΞΗΙ ΟΠΩC ΤΕ ΚΟΙΝΤΟC ΛΥΤΑΤΙΟC ΜΑΡΚΟC ΑΙΜΙΛΙΟC ΥΠΑΤΟΙ Ο ΕΤΕΡΟC Η ΑΜΦΟΤΕΡΟΙ*

29. *ΕΑΝ ΑΥΤΟΙC ΦΑΙΝΗΤΑΙ ΓΡΑΜΜΑΤΑ ΠΡΟC ΤΟΥC ΑΡΧΟΝΤΑC ΤΟΥC ΥΜΕΤΕΡΟΥC ΟΙ ΤΙΝΕC ΑCΙΑΝ ΜΑΚΕΔΟΝΙΑΝ ΕΠΑΡΧΙΑC ΔΙΑΚΑΤΕΧΟΥCΙΝ.*

30. *ΚΑΙ ΠΡΟC ΤΟΥC ΑΡΧΟΝΤΑC ΑΥΤΩΝ ΑΠΟCΤΕΙΛΩCΙΝ ΤΗΝ CΥΓΚΛΗΤΟΝ ΘΕΛΕΙΝ ΚΑΙ ΔΙΚΑΙΟΝ ΗΓΕΙCΘΑΙ ΤΑΥΤΑ ΟΥΤΩ ΓΙΝΕCΘΑΙ*

31. *ΟΥΤΩC ΩC ΑΝ ΑΥΤΟΙC ΕΚ ΤΩΝ ΔΗΜΟCΙΩΝ ΠΡΑΓΜΑ-ΤΩΝ ΠΙCΤΕΩC ΤΕ ΤΗC ΙΔΙΑC ΦΑΙΝΗΤΑΙ.*

ΕΔΟΞΕΝ

32. *ΑCΚΛΗΠΙΑΔΟΥ ΤΟΥ ΦΙΛΙΝΟΥ ΚΛΑΖΟΜΕ-ΝΙΟΥ ΠΟΛΥCΤΡΑΤΟΥ ΤΟΥ ΠΟΛΥΑΡΚΟΥ*

33. *ΚΑΡΥCΤΙΟΥ ΜΕΝΙCΚΟΥ ΤΟΥ ΕΙΡΗΝΑΙΟΥ ΜΙΛΗCΙΟΥ*

AD SC. DE ASCLEPIADE CLAZOMENIO SOCIISQUE A. V. 676.

Apographum transscripsit e Volumine veterum Insciptt. MS. quod olim Pet. Victorii fuit, nunc autem Bibliothecae Monacensis (habetur in eo Vol. Fol. p. 106.), Ul. Cramens 1817.

Hinc decerptae variae lectiones:

Lin. 1. inscr. lat. L IBEREIS. pro LEIBEREIS.
— 3. — — SEIQVA pro SEI. QVA . . .
— 4. — — SEIQVAS. pro SEI. QVAS.
— 5. — — QVIQVOMQVE. pro QVEIQVOMQVE.

Lin. 5. inscr. graecae *ΕΠΟΙΗCΑ*το Ἀσκληπιάδην
— 6. — — *ΜΙΛΗ*σιον
— 7. — — *ΤΟΙC ΗΜΕΤΕΡ*οις παρέσχηκε
— 8. — — *ΑΥΤΩΝ* ἄνδρα —

Lin. 9. inscr. graecae *ΚΛΑΖ ομένιον*
— 10. — — *ΦΙΛους*
— 15. — — *ΩΡΜΗϹΑΙ* pro *ΩΡΜΗϹΑΝ*
— 16. — — *ΕΛΑϹϹΟΝΟϹ. ΕΙΛΗΤΑΙ* (superscr. οφει) pro *ΕΛΑϹϹΟΝ ΟΦΕΙΛΗΤΑΙ*
— ib. — — *ΜΕΤΑΠΟΡΕΥΕϹΘΑΙ* pro *ΜΕΤΑΠΟΡΕΥ-ϹΕϹΘΑΙ*
— 17. — — *ΚΑΡΠΕΥΩΝΤΑΙ* (superscr. ω) pro *ΚΑΡΠΕΥΩΝΤΑΙ*
— 18. — — *ΕΤΕΡΑ* (superscr. οι) pro *ΕΤΕΡΟΙ*
— 25. — — *ΠΙΝΑ* in fine lineae (Sic pro *ΠΙΝΑΚΑ* in m.)

Idem Senatusconsultum, prout e Graeco conversum ac suppletum est, exhibet *Sigon.* de antiquo jure Provinciarum Lib. I. c. 1.

COS. Q : LVTATIO. Q. F. CATVLO. M. AEMILIO. Q. F. M. N. LEPIDO
pr. Vero. Vrbano. et. Peregrino. L. Cornelio . . F. Sisenna. mense. maio
Q. Lutatius. Q. F. Catulus. cos. ad. senatum. rettulit
XI. kal. junias. in comitio. scribendo. affuerunt. L. Faberius. L. F. Sergia
C. . . . . . . L. F. Poplilia. Q. Petillius. T. F. Sergia
QVOD. Q. LVTATIVS. Q. F. CATVLVS. COS. VERBA. FECIT
Asclepiadem. Philini. F. Clazomenium. Polystratum. Polyarci. F. Carystium
Meniscum. Irenaei. F. Meniscum. Thargelii. F. Milesium
in. classe. affuisse. bello. italico. ineunte. eos. operam. fortem. ac fidelem
reip. nostrae. navasse. eos. ex. S. C. se. se. in. patrias. recepisse
velle. sei. ei. videatur. utei. pro. rebus. bene. gesteis. ab. eis
erga. remp. nostram. eorum. commemoratio. fiat. D. E. R. I. C.

Asclepiadem. Philini. F. Clazomenium. Polystratum. Polyarci. F. Carystium
Meniscum. Irenaei. F. Milesium. Meniscum. Indidem. Targelii
viros. bonos. probosque. et. ameicos. declarare. senatum
populumque. romanum. existimare. eorum. operam. bonam. et. fortem
et. fidelem. reip. nostrae. fuisse. quam. ob. caussam. senatum. judicare
utei. iei. leiberei. postereique. eorum. in. sueis. patrieis. immunes
rerum. omnium. et. tributorum. expertes. sint. siquae. tributa
ex. boneis. eorum. exacta. sunt. posteaquam. e. patria. reip. nostrae
caussa. discesserint. utei. ea. omnia. eis. in. integrum. restituantur
et. sei. quod. vadimonium. praeteriit. ex. quo. ex. patria. reip. nostrae
caussa. discesserint. nei. ea. res. eis. fraudi. sit. neive. quid. eis
ob. hanc. caussam. minus. debeatur. neive. quid. minus eis. emere
vendere. liceat. quaeque. hereditates. eis. seive. leibereis. eorum
obvenerunt. utei. eas. habeant. possideant, fruanturque
quaeque. ipsei. leiberei. posterei. uxoresque. eorum. ab. alio. emerint
seive. quid. ab. eis. leibereis. postereis. uxoribus eorum. alii. emerint
utei. eorum. liberorum. uxorumque. eorum. potestas. et. optio. sit
seive. in. patrieis. legibus. sueis. velint. certare. seive. apud. magistratus
nostros. apud. judices. italicos. seive. in. civitate. leibera. earum

quae. usque. ad. finem. in. amicitia. populei. romanei. manserunt
ubei. velint. utei. ibei. judicium. de. eis. rebus. fiat. seiqua. judicia
de. eis. absentibus. posteaquam. e. patria. discesserint. facta. sunt
ea. utei. in. integrum. restituantur. et. de. integro. judicium
ex. S. C. fiat. seiquas. pecunias. civitates. eorum. publice. debeant
neiquid. in. has. pecunias. dare. debeant. magistratus. nostri. quiquomque
Asiam. Euboeam. locabunt. vectigalve. Asiae. Euboeae. imponent
caverent. nei. dare. deberent. et. utei. Q. Lutatius. M. Aemilius. cos.
a. a s. e. v. eos in. ameicorum. formulam. referundos. curarent
eisque. aeneas. tabulas. amicitiae. in. capitolio. ponere
sacrificiumque. facere. liceret. munusque. eis. ex. formula
locum. lautiaque. q. urb. eis. locare mittereque juberent
seique de. rebus sueis. legatei. venire. vellent. utei. eis. leibereis
postereisque. eorum. legatos. venire. mittereque. liceret
utei. Q. Lutatius. M. Aemilius. cos. a. a. sei. eis v. e. litteras
ad magistratus. nostros. quei. Asiam. Macedoniam. provincias
optinent. et. ad. magistratus. eorum. mitterent
senatum. velle. et. aequom. censere. ea. ita. fiieri. i. v. e. e. r. p. f. s. v. e.

XVI.

TABULA HERACLEENSIS
VARIARUM LEGUM FRAGMENTA
inter A. U. 664 et 680 conditarum exhibens.

Reperta tabula a. 1732 prope Sinum Tarentinum in parte aversa aeneae tabulae, quae olim cohaeserat cum fragmento a. 1735 in Britanniam translato, sed circa annum 1760 Italiae rursus vindicato, ubi utrumque segmentum in Museo Herculanensi exstat; licet ne sic quidem integram legem habeamus, quippe saltem ab initio mutilam, in XII tamen capita ab editoribus divisam. Pars adversa graecum psephisma de agro Dionysiaco continet. Ediderunt: A) Fragmentvm Britannicum: 1) *Mich. Maittaire* in: Antiquae inscriptiones duae, graeca altera et altera latina, cum brevi notarum et conjecturarum specimine. Lond. 1736. f. — 2) *Franc. Carol. Conradi* Lib. III. Parergorum. Helmstad. 1738. 8. nro. 3. p. 350—426. sub titulo: »Fragmentum legis antiquae de recensu populi frumentationis causa agendi, et de tutela viarum, locorumque publicorum in urbe Roma.« — 3) *Franc. Maffei* in Osservazioni letterarie. Verona 1738. Tom. III. p. 265—295. et iterum in *Ejusdem* Museo Veronese. Verona 1742. p. 437—440. — 4) *Muratorius* in Thes. nov. Inscriptt. Tom. II. p. 582. — 5) *Henr. Eduard. Dirksen* »Bemerkungen über die erste Hälfte der Tafel von Heraclea«, in *Ejusd.* Civilistische Abhandlungen (Berol. 1820. 8.) Tom. II. p. 144 — 323. — B) Fragmentum Neapolitanum: *Henr. Ed. Dirksen* Observationes ad tabulae Heracleensis partem alteram, quae vulgo aeris Neapolitani nomine venit. Berolin.

1817. 8. — C) UTRUMQUE SEGMENTUM: 1) *Alex. Symmachus Mazochius* in: Commentariorum in Regii Herculanensis musei aeneas tabulas Heracleenses. P. I. II. Neapol. 1754. 1755. fol. inprimis P. II. p. 289 – 497. — 2) *Gustavus Hugo* in: Civilistisches Magazin. Tom. III. fasc. III. nro. 19. p. 340—388; juncta versione germanica. — 3) *Gust. Theod. Ludov. Marezoll* in: Fragmentum legis Romanae in aversa tabulae Heracleensis parte. Notis criticis et commentario illustravit G. T. L. M. Goettingae 1816. 8.

E recensione Marezollii

cum ejusdem observationibus criticis.

1 QVEM . H . L . AD . COS . PROFITEREI . OPORTEBIT. SEI . IS . QVOM . EVM . PROFITEREI . OPORTEBIT . ROMAE . NON . ERIT . TVM . QVEI . EIVS

2 NECOTIA . CVRABIT . IS . EAFDEM . OMNIA . QVAE . EVM . QVOIVS . NECOTIA CVRABIT . SEI . ROMAE . ESSET . H . L . PROFITEREI

Quem hac lege ad consulem profiteri oportebit, si is, quum eum profiteri oportebit, Romae non erit, tum qui ejus negotia curabit, is eadem omnia, quae eum, cujus negotia curabit, si Romae esset, hac lege

---

v. 1. AD. COS. Noli, quod v. 13 legitur: IS. APVD. QVEM. EA. PROFESSIO. FIET; ideo vocem: AD scribendi esse compendium pro: APVD, suspicari. Nam licet haec nota non sit inusitata, tamen v. 7. COS. ATQVE. — PROF. FIFRI. OP. (pro: AD. QVEM negligenter sculptum) haud obscure repugnat. Cic. Ligar. c. 10. *ad judicem sic agi solet.*

v. 2. NECOTIA. Litterae: C et G in hac lege promiscue positas videmus. v. 49, 52, 57, 60, 65, 69. 72. Conr.

Ibid. EAFDEM pro: EAEDEM idque pro: EADEM. F pro E v. 69. Conr.

3 OPORTEBIT. ITEM. ISDEMQVE. DIEBVS. AD. COS. PROFITEMINO

4 QVEM. H. L. AD. COS. PROFITEREI. OPORTEBIT. SEI. IS. PVP. SEIVE. EA. Vq. ERIT. TVM. QVEI. EIVS. PVP. Vq. VE. TVTOR. ERIT. ITEM. EADEM

5 QVE. OMNIA. IN. IISDEM. DIEBVS. AD. COS PROFITEMINO. ITA. VTEI. EI. QVAEQVIBVSQVE. DIIBVS. EVM. EAMVE. SEI. PVP. Vq. VE. NON

6 EST. H. L. PROFITEREI. OPORTERET.

profiteri oporteret, item iisdemque diebus ad consulem profitetor.

Quem hac lege ad consulem profiteri oportebit, si is pupillus, sive ea pupilla erit, tum qui ejus pupilli pupillaeve tutor erit, item eademque omnia, in iisdem diebus ad consulem profitetor, ita, uti et quae, quibusque diebus, eum eamve, si pupillus pupillave non esset, hac lege profiteri oporteret.

---

v. 3. OPORTEBIT. Sic tabula, omnesque editores; sed haud dubie, oratione indirecta conjunctivum flagitante, OPORTEBIT corrigendum esse in: OPORTERET, vv. 6 et 9 satis demonstrant.

Ibid. ITEM pro: ITIDEM. Maz. — Cf. v. 161. ITEM. TENETO. VTEI. caet.

Ibid. PROFITEMINO pro: PROFITETOR antiquo scribendi more. Exempla apud Conr. quibus addi potest lex de finibus apud. Grut. p. 204 AGRVM. NEI. HABETO. NIVE. FRVIMINO.

v. 4. Vq. ERIT. pro: PVPILLA. ERIT. ut inversae litterae saepius occurrunt. Conr. Videtur quidem haec nota ita esse explicanda verba non dissimilia in praetoris edicto extant. fr. 5. §. 2. D. 42, 4. *si is pupillus in suam tutelam venerit eave pupilla viripotens fuerit.* Sed quae affert Conr exempla eam non prorsus declarant; nec enim solum littera Q. inversa pro: P. sed etiam littera V. praeposita offendit.

v. 5. VTEI. EI. pro vitiosa vocis VTEI repetitione habet Maitt. pro: VTEI. ET. sicut v. 11. recte Conr. — Eodem modo v. 35. EI. QVORVM. pro: ET. QVORVM. Saepissime in nostra tabula: VTEI sequente ET vel QVE. v. 14. QVAE. VTEIQVE. IN. TAB. quod cave vertas adverbialiter. Est enim pro: VTEI. ET. QVAE. v. 72. QVIBVS. VTEIQVE quod a Maz. minus recte explicatur. cf. not. ad v. 72.

v. 6. NON EST. Rectissime Vir Cl. Hugo (Civ. Mag. tom. III. p. 347.) legendum censet: ESSET. ut v. 2. SEI. ROMAE. ESSET. — Ac similis emendatio quin in lege de Gallia Cisalpina Col. I. v. 49 ad-

7 SEI. COS. ATQVE. H. L. PROFESSIONES. FIEREI. OPORTEBIT. ROMAE. NON. ERIT. TVM. ISQVEM. PROFITEREI. OPORTEBIT. QVOD EVM. PROFITEREI
8 OPORTEBIT. AD. PR. VRB. AVT. SEI. IS. ROMAE. NON. ERIT. AD. EVM. PR. QVEI. INTER. PEREGRINOS. IVS. DEICET. PROFITEMINO. ITA. VTEI
9 EVM. AD. COS. SEI. TVM. ROMAE. ESSET. H. L. PROFITEREI. OPORTERET
10 SEI. EXIIS. COS. ET. PR. AD. QVOS. H. L. PROFESSIONES. FIEREI. OPORTIBIT. NEMO. EORVM. ROMAE. ERIT. TVM. IS. QVEM. PROFITEREI. OPORTEBIT
11 ET. QVOD. EVM. PROFITEREI. OPORTEBIT. AD. TR.

Si consul, ad quem hac lege professiones fieri oportebit, Romae non erit, tum is, quem profiteri oportebit, quod eum profiteri oportebit, ad praetorem urbanum, aut, si is Romae non erit, ad eum praetorem, qui inter peregrinos ius dicet, profitetor, ita, uti eum ad consulem, si tum Romae esset, hac lege profiteri oporteret. Si ex iis consulibus et praetoribus, ad quos hac lege professiones fieri oportebit, nemo eorum Romae erit, tum is, quem profiteri oportebit, quod eorum (utei et quod eorum?) eum profi-

---

hibenda sit, equidem non dubito, Verba sunt: QVAE. (nomina) IN. EARVM. QVA. FORMVLA. S. S. EST. ubi legendum: S. S. ESSENT. Nam SVNT pro: EST emendatio videtur nimis a litteris adhorrens. Suadent levem illam correctionem verba ejusdem legis Col. II. v. 40. ATQVE. VTEI. — v. 43. I. D. P. ESSET. i. e. juri dicundo praeesset.

v. 7. ATQVE. AD. QVEM. recte restituit Maitt. Quid sibi velit Conr. ATQVE pro: *eo tempore quum* esse dictitans, non video. Etiamsi enim, quae unica est ratio talem sensum extundendi, suppleatur: *simul;* tamen ne hoc quidem satis erit aptum.

v. 8. DEICET Errat Maz. DEICET antiquo scribendi mori pro: DEICIT poni existimans. Futurum enim in vetustissimis monumentis, ubi magistratus munera describuntur, invenitur. Cf. v. 37. Q. (quaestor) QVEI. AERARIO. PRAERIT. (praeerit) v. 39, 47, 48, 55 caet. Eodem modo in lege de Gall. Cisalp. litterae I. D. P. interpretari oportet: *iure dicundo praeerit* non: *praeest.*

v. 11. ET. QVOD. Vox: ET hoc loco minus apta videtur, quum

PL. PROFITEMINO. ITA. VTEI. EVM. AD COS. PR.
VRB. EVMQVE. QVEI. INTER. PEREGRI
12 NOS. IVS. DEICET. SEI. TVM. ROMAE. ESSET. H.
L. PROFITEREI. OPORTERET
13 QVOD. QVEMOVEM. H. L. PROFITEREI. OPORTEBIT.
IS. APVD. QVEM. EA. PROFESSIO. FIET. EIVSQVE.
PROFITEBITVR. NOMEN. ET. EA. QVAE. PRO
14 FESSVS. ERIT. ET. QVO. DIE. PROFESSVS. SIT. IN.
TABVLAS. PVBLICAS. REFERVNDA. CVRATO. EA-

teri oportebit, ad tribunum plebis profitetor, ita uti cum ad consulem, praetorem urbanum, cumve qui inter peregrinos jus dicet, si tum Romae esset, hac lege profiteri oporteret.

Quod quemquem hac lege profiteri oportebit, is, apud quem ea professio fiet (et) ejus, qui profitebitur, nomen, et ea, quae professus erit, et quo die professus sit, in tabulas publicas referunda curato, eadem-

---

neque, quo cum ET jungatur, praecedat, neque *etiam* converti possit. v. 7. ubi eadem verba leguntur ET deficit. Aut igitur ex praecedenti versu: VTEI exesum est: VTEI. ET. QVOD. cf. v. 5. quod in nostro aere non esse inauditum v. 45 demonstrat, ubi manifesto vox: IVDICEM exesa est, (cf. quoque v. 160.) aut vitiosa est syllabae ET in OPORTEBIT repetitio.

Ibid. QVOD. EVM. EVM. Reponit Maitt. EVM. TVM. quod tamen prorsus redundat, praesertim quum paullo ante legatur v. 10. TVM. IS. Conr. restituit: EVM. EAM. (sc. pupillum, pupillam) quod neque antecedenti v. 10. IS neque sequenti v. 11. fin. EVM. respondet. Maz. Conradium sequitur. Aut, quae alia est Maittairii conjectura, vitiosa est repetitio, aut forsan prius: EVM interpretari licet *eorum* (ut v. 52. fin. EVM. [eorum] H. L. N. R.) ita: QVOD. EORVM. (sc. quae supra scripta sunt) EVM. PROFITERI. OPORTEBIT. Sic v. 71. EORVM. QVOD. cf. v. 94, 105. lex Gall. Cis. Col. I. v. 28. QVOD. EIVS. — DECREVERIT; ubi tamen propter v. 38. legendum videtur: QVOD. EIVS. IS. caet. ultimis litteris repetitis.

Ibid. EVMQVE. QVEI. Malim legere: EVMVE. ut. v. 37. Q. VRB. EVMVE. QVEI. AERARIO. PRAERIT. Voculas VE et QVE saepissime in inscriptionibus reperimus perperam commutatas.

v. 13. EIVSQVE. PROFITEBITVR. Correxit Maitt. EIVS. QVEI. Sed si totam verborum constructionem accuratius inspexeris, qua voce *et* singula connectuntur, legendum videtur: EIVSQVE. QVEI aut, quae lectio vel magis placet, ita: PROFESSIO. FIET. ET. EIVS. QVEI caet.

DEMQVE . OMNIA . QVAE . VTEIQVE . INTABVLAS
15 RETTVLERIT . ITA . IN . TABVLAM . IN . ALBVM . REFE-
RVNDA . IDQVE . APVD . EORVM . ET . QVOM . FRV-
MENTVM . POPVLO . DABITVR . IBEI . VBEI . FRVMEN
16 TVM . POPVLO . DABITVR . COTTIDIE . MAIOREM . PAR-
TEM . DIEI . PROPOSITVM . HABETO . V . D . P . R . L . P .
17 QVEIQVOMQVE . FRVMENTVM . POPVLO . DABVNT .
DAMDVMVE . CVRABIT . NEIQVE . EORVM . QVORVM
NOMINA . H . L . AD . COS . PR . TR . PL . INTA
18 BVLA . IN . ALBO . PROPOSITA . ERVNT . FRVMENTVM .

que omnia, quae, utique in tabulas retulerit, ita in tabulam, in album referunda, idque apud forum, et, quum frumentum populo dabitur, ibi, ubi frumentum populo dabitur, quotidie majorem partem diei propositum habeto, unde de plano recte legi possit.

Quicunque frumentum populo dabunt, dandumve curabit, ne cui eorum, quorum nomina hac lege a Consule, praetore, tribuno plebis in tabula, in albo

---

v. 15. EORVM pro: FORVM. Conr. — Eodem plane modo in leg. de Gall. Cisalp. Col. II. v. 26. IN . EORVM . QVO . O . M . C . P . E caet. ubi E est pro F id est: FORO. cf. not. ad v. 2. EAFDEM.

v. 16. V . D . P . R . L . P. Cujac. Observ. lib. VII. 29. defendit hanc interpretationem: VNDE *de plano recte legi possit.* auctore Val. Probo, et aere quodam antiquae legis, ubi litteris integris legitur: APVD . FORVM . VNDE . DE . PLANO . RECTE . LEGI . POSSITVR . (obsol. pro *possit*). Josephus lib. XIX. *ὅθεν ἐξ ἐπιπέδου καλῶς ἀναγνωσθῆναι δύναται.* Sed a Mazochio laudatur fragm. judic. ap. Gruter. p. 509. APVD . FORVM . PALAM . VBI . caet. Utrumque igitur pari ratione in usu fuisse videtur. cf. Maz. ad h. v.

v. 17. NEI . QVE . NE . QVEI . Maitt. Rectius: NE . QVOI. Hugo.

Ibid. AD . COS. Sic omnes editores. Sed pro: AD non dubito legere: AB Consule (obsoloete pro: a Consule, ut v. 82. AB . CENS.) quod et sensus flagitat; nam versibus antecedentibus legitur IS (sc. cons. caet.) PROPOSITVM . HABETO . et iisdem verbis occurrit v. 147. FORMVLA . QVAE . AB . EO . — PROPOSITA . ERIT. AD pro: *apud* scriptum putat Conr. sed ne hoc quidem, quid sibi velit, intelligo; nam *ad* vel *apud* consulem profiteri quemque oportebat, nec tamen tabula proponi poterat.

v. 18. DATO . — IVBETO . — SINITO. Ut saepius, ita hic quoque singularis numerus et pluralis miscentur. Nam propter antecedens:

DATO. NEVE. DARE. IVBETO. NEVE. SINITO. QVEI. ADVERSVS. EA. EORVM. QVEI. FRVMENTVM
19 DEDERIT. IS. IN. TR. M. I. HS. Ɒ. POPVLO. DARE. DAMNAS. ESTO. EIVSQVE. PECVNIAE. QVEI VOLET. PETITIO. ESTO
20 QVAE. VIAE. IN. VRBEM. ROM. PROPIVSVE. V. R.

proposita erunt, frumentum dato, neve dare jubeto, neve sinito.

Qui adversus ea, eorum cui frumentum dederit, is in tritici modium unum sestertios quingentos populo dare damnas esto, ejusque pecuniae (ei) qui volet, petitio esto.

Quae viae in urbe Roma, propiusve urbem Ro-

DABVNT rectius legeretur; DANTO caet. Sic v. 21. EARVM. QVAE. VIAE. — IS. EAM. VIAM. v. 40. EVM. OSQVE (*eosve*) — REFERVNDVM. CVRATO. v. 89. 147.

Ibid. DARE. IVBETO. Non ausim, secundum grammaticae normas reponere: DARI vel DAREI; quum similis constructionis negligentia haud raro in antiquis monumentis reperiatur. Fragmentum legis de Gallia Cisalp. in iisdem verbis mirum in modum variat. Col. I. v. 17. IVDICAREIQVE. IVBETO. v. 20. IVDICARFVE. IVSSVM. cff. ibid. v. 21. 27. 47. 51.

v. 19. IN. TR. M. I. HS. D. *in tres menses unum sestertium*, minus apte interpretatur Maitt. Melius Maffei: *intra mensem unam sestertios quingentos.* Quod et Maz. probat. Conr. ita: *in tritici modium unum sestertios quingentos.* Quae lectio maxime placet, quum in tota tabula temporis ratio non per mensium, sed per dierum computationem habeatur. v. 41. DIEBVS. XXX. PROXVMEIS. v. 144. DIEBVS. LX. PROX. v. 151. Accedit quod nec in similibus locis certum poenae luendae tempus constituitur ut v. 97. 107. 125. Ratio autem secundum mensuram, rerumque numerum poenam constituendi quam sit vulgaris, cf. Comm. ad h. v. In quo id tantum offendit, quod interpretamur: in modium *unum;* vereor enim ne hoc minus latine dicatur, quia in ejusmodi locis semper scriptum reperitur: in res *singulas.* v. c. in terminos *singulos.* In XII tab. IN. SINGVLAS. (sc. arbore furtim caesas) XXV. AERIS LVITO. (Sed conf. Dirksen Civ. Abh. Tom. II. p. 162. SP.)

v. 20. IN VRBEM ROM. Prisco more Conr. accusativum pro ablativo positum censet. Sic in lege antiqua: IN. AMICITIAM. MANSERIT. Antiq. Cap. Neap. ap. Grut. p. 208. QVAMQVAM. NON. IVRE. FACTA. EMTIONE. SEMPER. IN. POSSESSIONEM. FVERINT. Quod autem in lege Thoria est: QVEI. AGER. POPLICVS. POPVLI. ROMANEI. IN. TERRAM. ITALIAM. FVIT., quoniam in sequentibus ejusdem legis versibus semper invenitur: *in. terra. Italia;*

P. VBEI. CONTINENTE. HABITABITVR. SVNT. ERVNT.
QVOIVS. ANTE. AEDIFICIVM. EARVM. QVAE
21 VIAE. ERVNT. IS. EAM. VIAM. ARBITRATV. EIVS.
AED. QVOI. EA. PARS. VRBIS. H. L. OB. VENERIT.
TVEATVR. ISQVE. AED. CVRATO. VTI. QVORVM.
22 ANTE. AEDIFICIVM. ERIT. QVAMQVE. VIAM. H. L.
QVEMQVE. TVERI. OPORTEBIT. EI. OMNES. ARBITRATV. EIVS. TVEANTVR. NEVE. EO
23 LOCO AO. CONSISTAT. QVOMINVS. COMMODE. POPVLVS. EA. VIA. VTATVR

mam passus mille, ubi continenti habitabitur, sunt, erunt, cujus ante aedificium earum quae viae erunt, is eam viam, arbitratu ejus aedilis, cui ea pars urbis hac lege obvenerit, tueatur, isque aedilis curato, uti, quorum ante aedificium erit, quamque viam hac lege quemque tueri oportebit, ei omnes, arbitratu ejus tueantur, neve eo loco aqua consistat, quo minus commode populus ea via utatur.

---

hoc forsan sculptoris negligentiae magis erit tribuendum. Idemque in nostrum locum cadere mihi videtur. Primo enim in lege Glaucia Servilia claris verbis legitur: IN. VRBE. ROMA. PROPIVSVE. caet. Deinde in nostrae tabulae v. 26. ita: IN. VRBEM. ROMA. Etsi porro v. 20. 26 et 50. ubi: IN. VRBEM. legitur, numerus passuum non reperiatur additus, tamen v. 66 et 69. ubi eadem verba, sed siglis expressa recurrunt: IN. V. R. P. VE. V. R. P. M. numeri signum M non desideratur; ita ut mirum in modum littera M toties, sculptoris vitio, male tantum collocata esse videtur. Nisi hoc fortuito potius casu factum est. — IN. notam esse pro: INTRA. quae alia Conr. conjectura, quamque v. 50 quidem pro certa habet et indubitata, vix equidem credam; nam v. 56 ubi INTRA. occurrit, integris litteris scriptum est, nec minus locus legis Servil. Glauc. simillimus repugnare videtur.

Ibid. PROPIVSVE. V. R. P. *Urbem romani populi* explicat Maitt. Rectius Conr. *urbem romam passus*. . . . Passuum enim numerus, siglo expressus, hic et v. 26 et 50 excidit. Verum v. 66 et 69 talis nota M in aere apparet, quam recte *mille* interpretatus est Maffei. Etsi autem in textu nobis accurate exhibendo, Maitt. post P. spatii aliquid reliquerit, tamen hoc cum leg. de Gall. Cis. loco comparari non potest, ubi Col. I. v. 27. post sestertiorum notam: HS. eorum numerus non additur. Ideo enim hoc factum est, quod exempli tantum causa, nullo certo neque debitore neque debito, formula proposita sit.

Ibid. CONTINENTE. pro: CONTINENTI. vel CONTINENTEI.

v. 23. AO. CONSISTAT. pro: ADCONSISTAT. Maitt. sed neque

24 AED. CVR. AED. PL. QVEI. NVNC. SVNT. QVEIQVOMQVE. POST. H. L. FACTEI. CREATEI. ERVNT. EVMVE. MAG. INIERINT. IEI. INDIEBVS. V. PROXVMEIS.

25 QVIBVS. EO. MAG. DESIGNATEI. ERVNT. EVMVE. MAG. INIERINT. INTER. SE. PARANTO. AVT. SORTIVNTO. QVA. INPARTEI. VRBIS. QVISQVE

26 EORVM. VIAS. PVBLICAS. IN. VRBEM. ROMA. PROPIVSVE. V. R. P. REFICIVNDAS. STERNENDAS. CVRET. EIVSQVE. REI. PROCVRATIONEM

27 HABIAT. QVAE. PARS. QVOIQVE. AED. ITA. H. L. OBVENERIT. EIVS. AED. INEIS. LOCEIS. QVAE. INEA. PARTEI. ERVNT. VIARVM. REFICIEN

28 DARVM. TVEMDARVM. PROCVRATIO. ESTO. VTEI. H. L. OPORTEbIT

Aedilis curulis, aedilis plebis, qui nunc sunt, quicunque post hanc legem facti, creati erunt, eumve magistratum inierint, ii in diebus quinque proxumis, quibus ei magistratui designati erunt, eumve magistratum inierint, inter se(com)paranto aut sortiunto, qua in parte urbis quisque eorum vias publicas in urbe Roma, propiusve urbem Romam passus mille, reficiundas, sternendas curet, ejusque rei procurationem habeat. Quae pars cuique aedili ita hac lege obvenerit, ejus aedilis in iis locis, quae in ea parte erunt, viarum reficiendarum, tuendarum procuratio esto, uti hac lege oportebit.

---

sensus sanus; *quid* enim adconsistere dicitur? neque vox unquam audita. Rectius CONR. AQVA. CONSISTAT. O. pro Q. saepius cf. v. 13. QVEMOVEM. In qua optima conjectura eo tantum paullum offendor, quod in tot inscriptionibus et legibus de aquis, ut in SCtis de aquaeduct. apud FRONTINUM, ubi toties vox: AQVA. recurrit, nusquam haec nota: AQ. reperitur. Nec tamen eo, quo minus CONR. lectionem, toti praesertim legis argumento, tantopere respondentem libenter arripiam, impedior.

v. 25. EO. MAG. Non dativum antiquo flexu pro: *ei* quod MAITT. putat, sed casum sextum pro tertio positum putat CONR. vid. CORT. ad SALLUST. Jugurth. c. 16. Catil. c. 2.

29 QVAE. VIAM. PIP. AEDEM. SACRAM. IT. AEDIFICIVM. LOCVMVE. PVBLICVM. ET. INTER. AEDIFICIVM. PRIVATVM. IST. ERIT. EIVS

30 VIAE. PARTEM. DIMIDIAM. IS. AED. QVOI. EA. PARS. VRBIS. OB. VENERIT. IN. QVA. PARTE. EA. AEDIS. SACRA. ERIT. SEIVE. AEDIFICIVM

31 PVBLICVM. SEIVE LOCVS. PVBLICVS. TVEMDAM. LOCATO

32 QVEMQVOMQVE. ANTE. SVVM. AEDIFICIVM. VIAM. PVBLICAM. H. L. TVERI. OPORTEBIT. QVEI. EORVM. EAM. VIAM. ARBITRATV. EIVS. AED.

33 QVOIVS. OPORTVERIT. NON. TVEBITVR. EAM. VIAM. AED. QVOIVS. ARBITRATV. EAM. TVEREI. OPORTVERIT. TVEMDAM. LOCATO.

34 ISQVE. AED. DIEBVS. NEMINVS. X. ANTEQVAM. LOCET. APVT. FORVM. ANTE. TRIBVNALE. SVOM. PROPOSITVM. HABETO. QVAM

Quae via inter aedem sacram, item aedificium locumve publicum, et inter aedificium privatum est, erit, ejus viae partem dimidiam is aedilis, cui ea pars urbis obvenerit, in qua parte ea aedes sacra erit, sive aedificium publicum, sive locus publicus, tuendam locato.

Quemcunque ante suum aedificium viam publicam hac lege tueri oportebit, qui eorum eam viam, arbitratu ejus aedilis, cujus oportuerit, non tuebitur, eam viam aedilis, cujus arbitratu eam tueri oportuerit, tuendam locato, isque aedilis diebus ne minus decem, antequam locet, apud forum, ante tribunale suum,

---

v. 29. VIAM. PIP. Recte ita reposuit MAITT. QVAE. VIA. INTER. (M. i. e. IN. PIP. valde corruptum pro: TER.) Quod optime respondet sequenti: ET. INTER. AEDIF.

Ibid. IT. AEDIFICIVM. pro: ET. AED. MAITT. et CONR. Pro: ITEM MAZ. quod necessariae ejusmodi legis perspicuitati magis est accommodatum, ne verba: ET. AED. verbis: ET. INTER. AEDIF. respondere videantur.

v. 34. DIEBVS. Minus accurate dictum pro: *dies;* ut saepius. cf. ULPIANI frr. III. §. 5 et 6.

35 VIAM. TVENDAM. ET. QVODIE. LOCATVRVS. SIT. EI. QVORVM. ANTE. AEDIFICIVM. EA. VIA. SIT. EISQVE. QVORVM. ANTE. AEDIFICIVM.
36 EA. VIA. ERIT. PROCVRATORIBVSVE. EORVM. DOMVM. DENVNCIETVR. FACITO. SE. EAM. VIAM. LOCATVRVM. ET. QVODIE. LOCATVRVS
37 SIT. EAMQVE. LOCATIONEM. PALAM. INFOPO. PER. Q. VRBEVMVE. QVEI. AERARIO. PRAERIT. FACITO. QVAMTA. PECVNIA. EAM
38 VIAM. LOCAVERIT. TAMTAE. PECVNIAE. EVM. OSQVE. QVORVM. ANTE. AEDIFICIVM. EA. VIA. ERIT. PROPORTIONI. QVANTVM

propositum habeto, quam viam tuendam, et quo die locaturus sit, et quorum ante aedificium ea via sit; eisque, quorum ante aedificium ea via erit, procuratoribusve eorum, domum denuncietur facito, se eam viam locaturum, et quo die locaturus sit; eamque locationem palam in foro per quaestorem urbanum, eumve qui aerario praeerit, facito. Quanta pecunia eam viam locaverit, tantae pecuniae eum, eosve, quorum ante aedificium ea via erit, pro portione quantum cujus-

---

v. 35. EI. QVORVM. Haud dubie legendum ET. QVORVM. Hugo. cf. v. 5. v. 39.

v. 36. DOMVM. DENVNCIETVR. pro: *ut dom. den.* Maz. — Eodem plane modo in lege Serv. Glaucia. 18. (praetor) EOS. QVOS. EX. H. L. CDL. VIROS. LEGERIT. FACITO. IN. CONTIONE. RECITENTVR.

v. 37. IN. FOPO. pro: IN. FORO. Maitt. Pro antiquo forma litterae R putat Conr. Sic v. 40. 43. 45. 52. Nec tamen sculptoris potius mendum dicere dubitaverim, quum in reliquis tot vocabulis semper forma R nec P inveniatur.

Ibid. PER. Q. VRBEVMVE. *Per quaestorem urbanum eumve.* Conr.

v. 38. EVM. OSQVE. pro: EVM. EOSQVE. Conr. Sed malim corrigere levi illa mutatione, qua toties in antiquis monumentis opus est, in EOSVE. Id enim et sensus postulare videtur, et v. 41. sculptum reperitur.

Ibid. PROPORTIONI. leg. PRO. PORTIONE. Conr.

39 QVOIV QVE. ANTE. AEDIFICIVM. VIAE. INLONGITV-
DINE. ET. INLATITVDINE ERIT. Q. VRB. QVEIVE.
AERARIO. PRAERII. INTABVLA
40 PVBLICAS. PECVNIAE. FACTAE. REFERVNDVM. CV-
PATO. EI. OVOII. EAM. VIAM. IVEMDAM. REDEME-
RIT. TAMTAE. PECVNIAE. EVMEOS
41 VE. AD. TRIBVITO. SINE. D. M. SEIIS. QVEI. AD.
TRIBVTVS. ERIT. EAM. PECVNIAM. DIEBVS. XXX.
PROXVMIIS. QVIBVS. IPSE. AVT. PRO
42 CVRATOR. EIVS. SCIET. ADTRIBVTIONEM. FACTAM.
ESSE. EI. OVOI. AD. TRIBVTVS. ERIT. NON. SOL-
VERIT. NEQVE. SATIS. FECERIT. IS.
43 QVAMTAE. PECVNIAE. AD. TRIBVTVS. ERIT. TAM-

que ante aedificium viae in longitudine et in latitudine erit, quaestor urbanus, queive aerario praeerit, in tabulas publicas pecuniae factae referundum (referundos) curato. Ei, qui eam viam tuendam redemerit, tantae pecuniae eum eosve adtribuito, sine dolo malo. Si is, qui adtributus erit, eam pecuniam diebus triginta proxumis, quibus ipse aut procurator ejus sciet, adtributionem factam esse, ei, cui adtributus erit, non solverit, neque satis fecerit, is, quantae pecuniae ad-

---

v. 39. QVOIVQVE — QVOIVSQVE. Conr.

Ibid. PRAERII. — PRAERIT. idque pro PRAEERIT. *Idem.*

Ibid. INTABVLA. — IN. TABVLAS. *Idem.*

v. 40. REFERVNDVM. Etsi verbis: EVM. EQSVE. non accurate respondet, tamen corrigere in: REFERVNDOS. vix ausim, quum ejus modi in scribendo negligentia haud raro in antiquis legibus inveniatur.

Ibid. EI. OVOII. — EI. QVEI. Conr.

Ibid. IVNDAM — TVENDAM. *Idem.*

v. 41. SINE. D. M. Nota pro: *sine dolo malo.* In leg. Gall. Cisalp. Col. I. v. 43. ita: S. D. M.

v. 42. OVOI. AD. TRIBVTVS. — QVOI. ADTRIBVTVS. Sic sapius AD. TRIBVERE. v. 43. 49. v. 30. OBVENERIT.

v. 43. DAPE. DIBITO. — DARE. DEBETO. Conr.

TAM. PECVNIAM. ET. EIVS. DIMIDIVM. II. QVOI. AD. TRIBVTVS. ERIT. DAPEDIBITO
44 INQVE. EAMRIM. IS. QVO. QVOMQVE. DE. EARE. ADITVM. ERIT. IVDICEM. IVDICIVMVE. ITA. DAIO. VTEI. DEPECVNIA. CREDITA
45 IVDICIVMQVE. DARI. OPORTEBIT
46 QVAM. VIAM. H. L. TVEMDAM. LOCARI. OPORTEBIT. AEDQVEM. EAM. VIAM. TVENDAM. LOCARE. OPORTEBIT. IS. EAM. VIAM. PER
47 Q. VRB. QVEIVE. AERARIO. PRAERIT. TVEMDAM. LOCATO. VTEI. EAM. VIAM. ARBITRAIV. EIVS. QVEI. EAM. VIAM. LOCANDAM
48 CVRAVERIT. TVEATVR. QVAMTAM. PECVNIAM. ITA.

tributus erit, tantam pecuniam et ejus dimidium ei, cui adtributus erit, dare debeto, inque eam rem is, quocunque de ea re aditum erit, judicem judiciumque ita dato, uti de pecunia credita (judicem) judiciumque dari oportebit.

Quam viam hac lege tuendam locari oportebit, aedilis, quem eam viam tuendam locare oportebit, is eam viam per quaestorem urbanum, quive aerario praeerit, tuendam locato, uti eam viam arbitratu ejus, qui eam viam locandam curaverit, tueatur. Quanta pecunia ita

---

v. 44. EAMRIM. — EAM. REM. CONR.

Ibid. DAIO — DATO. *Idem.*

Ibid. QVOQVOMQVE. caet. Sic in lege THORIA, iisdemque plane verbis in leg Gall. Cisalp. Col. I. v. 16. Postea ita concipi solebat formula: *ad quos in iure aditum erit.* Ut in SCto VELLEJ. fr. 2. §. 1. D. XVI, 1.

Ibid. IVDICIVMVE. Malim: IVDICIVMQVE: ut v. 45. quod et sensus postulare videtur.

v. 45. IVDICIVMQVE. Recte CONR. vidit reponendam esse ex antecedenti v. 44. vocem: IVDICEM.

v. 47. ARBITRAIV — ARBITRATV. CONR.

v. 48. TVEATVR. quis? supple: redemtor viae tuendae.

Ibid. QVANTAM. PECVNIAM. leg. QVANTA. PECVNIA. MAZ. sic. ut. v. 57. recte expressum est: QVANTA. PECVNIA. VIAM. LOCAVERIT.

QVAEQVE. VIA. LOCATA. ERIT. T. P. Q. VRB. QVEIVE. AERARIO. PRAEERIT

49 REDEMTOREI. QVOI. ELECE. LOCATIONIS. DARI- OPORTEBIT. HEREDEIVE. EIVS. DAMDAM. AD. TRI- BVENDAM. CVRATO

50 QVOMINVS. AED. ET. IIII. VIR. VIEIS. IN VRBEM. PVRGANDEIS, II. VIR. VIEIS. EXTRA. PROPIVSVE. VRBEM. ROM. PASSVS.

51 PVRGANDEIS. QVEIQVOMQVE. ERVNT. VIAS. PVBLI- CAS. PVRGANDAS. CVRENT. EIVSQVE. REI. POTE- STATEM. HABEANT

52 ITA. VTEI. LEGIBVS. PL. VE. SC. S. C. OPORTET. OPORTEBIT. EVM. H. L. N. R.

quaeque via locata erit, tantam pecuniam quaestor urbanus, quive aerario praeerit, redemtori, cui e lege locationis dari oportebit, heredive ejus dandam, attribuendam curato.

Quo minus aediles et quatuorviri viis in urbe purgandis, duumviri viis extra propiusve urbem Romam passus mille purgandis, quicunque erunt, vias publicas purgandas curent, ejusque rei potestatem habeant, ita uti legibus plebisve scitis, senatusve consultis oportet, oportebit, eorum hac lege nihil rogatur.

Ibid. T. P. Q. VRB. Ita MAITT. et CONR. interpretantur: *tribunus, praetor, quaestor urbanus.* Sed in hujusmodi legis accuratissimo dicendi genere vocem: *tantam* omissam esse, vix credi potest. Deinde ut semper, ita in hac quoque tabula, praetorem sequitur tribunus, nec vice versa hunc ille, v. 17. et ubique. Quid autem praetor, quid tribunus in adtributione? Rectius igitur MAZ. ita notas explicavit: TANTAM. PECVNIAM. QVAESTOR. VRB. cf. v. 37. Quae scribendi compendia olim fuisse notissima, ex simillimo legis de Gall. Cis. loco apparet, ubi ordine parumper inverso Col. II. v. 18. ita legitur: T. P. (tanta pecunia) QVANTA. EA. PECVNIA. ERIT. Omnino haec formula fuisse videtur, ut in lege JULIA fr. 64. §. 10. D. XXIV, 3. *quanta pecunia erit, tantam pecuniam dato.*

v. 50. IN. VRBEM. His certe CONR. propter sequens: EXTRA legendum censet INTRA. Sed non videtur necessaria correctio: nam in SCto de aquaeduct. apud JUL. FRONTINUM legitur: SALIENTES,. QVI. IN. VRBE. ESSENT,. EXTRAQVE. AEDIFICIA. VRBI. CONIVNCTA. In tertio tamen SCto est: INTRA. EXTRAQVE. VRBEM.

v. 52. PL. VE. SC. S. C. — *plebisvescitis, senatusconsultis*

53 QVOIVS. ANTE. AEDIFICIVM. SEMITA. INLOCO. ERIT. IS. EAM. SEMITAM. EO. AEDIFICIO. PERPETVO. LAPIDIBVS. PERPETVEIS

54 INTEGREIS. CONTINENTEM. CONSTRATAM. RECTE. HABETO. ARBITRATV. EIVS. AED. QVOIVS. INEA. PARTE. H. L. VIARVM

55 PROCVRATOR. ERIT.

56 QVAE. VIAE. IN. V. R. SVNT. ERVNT INTRA. EA-LOCA. VBI. CONTINENTI. HABETABETVR. NEQVIS. INIEIS. VIEIS. POST. K. IANVAR.

57 PRIMAS. PLOSRVM. INTEP. DIV. POST. SOLEM. ORTVM. NEVE. ANTE. HORAM. X. DIEI. DVCITO. AGITO. NISI. QVOD. AEDIVM

Cujus ante aedificium semita in loco erit, is eam semitam, ei aedificio perpetuo lapidibus perpetuis integris continentem, constratam recte habeto, arbitratu ejus aedilis, cujus in ea parte, hac lege, viarum procuratio erit.

Quae viae in urbe Roma sunt, erunt, intra ea loca, ubi continenti habitabitur, ne quis in iis viis post Kalendas Januarias primas, plostrum interdiu, post solem ortum, neve ante horam decimam diei, ducito, agito, nisi quod aedium sacrarum, deorum im-

---

Conr. Sed excidit haud dubie ante litteram C vocula: VE. ita ut legendum sit: *legibus, plebisvescitis, senatusVE consultis.* Ita enim salva verborum concinnitate v. 72. recte sculptum est. Contraria plane ratione in leg. de Gall. Cisalp. Col. I. v. 29 et 39. vocula: VE prorsus videtur redundare: EX. LEGE. RVBRIA. SEIVE. ID. PLEBISVESCITVM. EST.

Ibid. EVM. H. L. N. R. — *eorum hac lege nihil rogatur.* Vario modo haec formula in antiquis legibus occurrit. v. c. EX *hac lege* caet. v. 76. EIVS *hac lege nihilum rogatur.* Cic. Caec. c. 33.

v. 53. IN. LOCO. cf. Comm.

Ibid. EO. AEDIFICIO. Aut reponendum EI. aut obsoleta est dativi forma, ut *isto* pro *isti, toto pro toti* caet. cf. Maz. not. 64. p. 350.

v. 55. PROCVRATOR. — rep. PROCVRATIO. Maitt.

v. 57. INTEPDIV. — INTERDIV. Conr.

58 SACRARVM. DEORVM. INMORTALIVM. CAVSSA. AEDIFICANDARVNT. OPERISVE. PVBLICE. FACIVMDEI CAVSA. ADVHEI. PORTA
59 RI. OPORTEBIT. AVT. QVOD. EX. VRBE. EXVE. IEIS. LOCEIS. EARVM. RERVM. QVAE. PVBLICE. DEMOLIENDA. LOCA. ERVNT. PVBLI
60 CE. EX. PORTAREI. OPORTEBIT. ET. QVARVM. RERVM. CAVSSA. PLOSTRA. H. L. CERTEIS. HOMINIBVS. CERTEIS. DE. CAVSEIS. ACERE
61 DVCERE LICEBIT
62 QVIBVS. DIEBVS. VIRGINES. VESTALES. REX. SACRORVM. FLAMINES. PLOSTREIS. IN. VRBE. SACRORVM. PVBLICORVM. P. R. CAVSSA

mortalium causa, aedificandarum, operisve publice faciundi causa advehi, portari oportebit, aut quod ex urbe, exve iis locis, earum rerum, quae publice demolienda loca erunt, publice exportari oportebit, et quarum rerum causa plostra hac lege certis hominibus, certis de causis, agere, ducere licebit: (ut:) quibus diebus virgines Vestales, regem sacrorum, flamines, plostris in urbe, sacrorum publicorum populi Romani causa, vehi oportebit, quaeque plostra trium-

---

v. 58. AEDIFICANDARVNT. — AEDIFICANDARVM. Conr.

v. 59. EXVE. IEIS. — ERVNT. Sculptoris errore Maz. voces: EARVM. RERVM. suo loco motas ita collocandas censet: *quod earum rerum ex urbe, exve ieis loceis, quae publ.* caet. V. Cl. Hugo ita legendum esse suspicatur: EARVM. RERVM. QVAE. PVBLICE. DEMOLIENDAE. LOCATAE. ERVNT. Quarum tamen correctionum neutra opus esse videtur, quum haud raro in ejusmodi antiquis monumentis, talis verborum implicata dispositio atque confusio reperiatur. Nec enim in aedibus publice aedificandis locationis fit mentio, neque scio an: *earum rerum* aptius dicatur de lapidibus et ruinis, quam de ipsis locis aedificiisque demoliendis. Constructionem itaque eandem quam Maz. sed verborum collocatione nihil mutata, sequor. (Sed videas Dirksen l. c. p. 273, Hugonis emendationem probantem. *Sp.*)

v. 62. REX. restituit REGEM. Maitt. Negat Maz. sculptoris esse vitium; sed primum casum, antiqua syntaxi, interdum cum infinitivo jungi. cf. Voss. Art. gram. VII. 20. Verum quum hac in lege, quoties occurrit vox: *oportet*, (saepissime autem occurrit,) toties accusativo jungatur, ne minus apte Maz. conjecerit, vereor. Restituatur igitur:

63 VEHI. OPORTEBIT. QVAEQVE. PLOSTRA. TRIVMPHI. CAVSSA. QVODIE. QVISQVE. TRIVMPHAVIT. DVCEI. OPORTEBIT. QVAEQVE.
64 PLOSTRA. LVDORVM. QVEI. ROMAE. AVT. VRBEI. ROMAE. PVBLICE. FEIENT. INVE. POMPAM. LVDEIS. CIRCIENSIBVS. DVCEI. AGEI. OPVS.
65 ERIT. QVOVE. MINVS. EARVM. RERVM. CAVSSA. EISQVE. DIEBVS. PLOSTRA. INTERDIV. IN. VRBE. DVCANTVR. AGANTVR. E. H. L. N. R.
66 QVAE. PLOSTRA. NOCTV. IN. VRBEM. IN. DVCTA. ERVNT. QVOMINVS. EA. PLOSTRA. INANIA. AVT. STERCORIS. EX. PORTANDEI. CAVSSA
67 POST. SOLEM. ORTVM. H. X. DIEI. BVBVS. IVMEN-

phi causa, quo die quisque triumphabit, duci oportebit, quaeque plostra ludorum, qui Romae aut urbi Romae publice fient, inve pompam ludis circensibus, duci, agi opus erit; quove minus earum rerum causa, eisque diebus plostra interdiu in urbe ducantur, agantur, eorum (ex?) hac lege nihil rogatur.

Quae plostra noctu in urbem inducta erunt, quo minus ea plostra inania, aut stercoris exportandi causa, post solem ortum horis decem diei, bobus jumentisve

---

REGEM. In aliis quoque vocibus monosyllabis, in litteram x exeuntibus simile quiddam perspicere licet, ita ut in antiquis scriptionibus non flectantur. Sic in XII tabb. lege NOX saepius pro: NOCTV. SI. NOX. FVRTVM. FAXIT. In MS. ULPIANI fragmentorum semper *dox* (dos) pro: *dotem*. (cf. HUGONIS praef. ad ULP. in Jure civ. Antejust.) — Ut hic restituendus est pro nominativo accusativus, ita etiam in leg. de Gall. Cisalp. Col. I. v. 47. NEIVE. EA. NOMINA — QVAE. S. S. S. (supra scripta sunt) AVT. MVTINA. — IN. IVDICIO. CONCIPEI. CVRET. ubi MVTINAM. legendum esse videtur.

v. 63. TRIUMPHAVIT. pro TRIVMPHABIT. MAITT.

v. 65. QVOVE. MINVS. Aut versus 62 — 65 cum v. 61 arctius sunt conjungendi hoc modo: *certeis hominibus, certeis de causeis, agere ducere licebit:* (suppl. *ut* vel: *v. c.*) *quibus diebus virg.* — *opus erit; quove minus* caet. aut vocula VE in QVOVE est delenda. Malim tamen absque omni correctione v. 62 supplere *ut.*

v. 67. H. X. DIEI. MAITT. et CONR. *hora decima diei.* MAZ. rectius: *horis decem.*

TEISVE. IVNCTA. IN. V. R. ET. AB. V. R. P.
MESSE. LICEAT. E. H. L. N. R.
68 QVAE. LOCA. PVBLICA. PORTICVSVE. PVBLICAE. IN.
V. R. P. VE. V. R. P. SVNT. ERVNT. QVORVM.
LOCORVM. QVOIVSQVE. PORTICVS
69 AEDILIVM. EORVMVE. MAG. QVEI. VIEIS. LOCEIS-
QVE. PVBLICE. IS. V. R. P. VE. V. R. P. p. PVR-
GANDEIS. FRAERVNT. LECIbVS
70 PROCVRATIO. EST. ERIT. NEIQVIS. IN. IEIS. LOCEIS.
INVE. IEIS. PORTICIBVS. QVID. IN. AEDIFICATVM.
INMOLITOMVE. HABETO
71 NEVE. EA. LOCA. PORTICVMVE. QVAM. POSSIDETO.
NEVE. EORVM. QVOD. SAEPTVM. CLAVSVMVE. HA-
BETO. QVOMINVS. EIS
72 LOCEIS. PORTICIBVSQVE. ·POPVLVS. VTATVR. PA-
TEANTVE. NISI. QVIBVS. VTEIQVE. LEG PL. VE.

juncta in urbe Roma et ab urbe Roma passus mille esse liceat, eorum hac lege nihil rogatur.

Quae loca publica porticusque publicae in urbe Roma propiusve urbem Romam passus mille sunt, erunt, quorum locorum, cujusque porticus aedilium eorumve magistratuum, qui viis locisque publicis urbis Romae propiusve urbem Romam passus mille purgandis praeerunt, legibus procuratio est, erit, ne quis in iis locis, inve iis porticibus quid inaedificatum inmolitumve habeto, neve ea loca porticumve quam possideto, neve eorum quod saeptum clausumve habeto, quo minus eis locis porticibusque populus utatur pateantve, nisi quibus utique legibus, plebisvescitis,

---

v. 68. V. R. P. VE. V. R. P. M. Ita Maitt. *urbe Roma, provinciave urbi Romae proxima.* Sed. vid. not. ad v. 20.

v. 68 — 73. Mira in hac periodo scribendi apparet inconstantia. Quum enim initio periodi loca publica porticusque publicae commemorentur, illa in sequentibus quoque pluralem numerum retinent, hac in eadem periodo modo plurali modo singulari numero occurrunt. v. 68. *quoiusque. porticus.* v. 70. *iis. porticibus.* v. 71. *porticum. quam.* v. 72. *porticibusque.*

SC. S. VE. C. CONCESSVM. PERMISSVMVE. ES
73 QVIBVS. LOCEIS. EX. EEGE. LOCATIONIS. QVAM.
CENSOR. ALIVSVE. QVIS. MAG. PVBLICEIS. VECTI-
GALIBVS. VLTROVE. TRIBVTEIS
74 FRVENDEIS. TVENDISVE. DIXET. DIXERIT. EIS.
QVEI. EA. FRVENDA. TVENDAVE. CONDVTA. HA-
BEBVNT. VT. VTEI. FRVEI. LICE
(1) 75 VT. VTEI. EA. AB. EIS. CVSTODIANTVR. CAV-
TVM. EST. EI. QVOMINVS. EIS. LOCEIS. VTANTVR.
FRVANTVR. ITA. VTEI. QVOQVE. EORVM

senatusve consultis concessum, permissumve est. Quibus locis ex lege locationis, quam censor aliusve quis magistratus publicis vectigalibus ultrove tributis fruendis tuendisve dixit, dixerit, eis qui ea fruenda tuendave conducta habebunt, ut uti frui liceat, uti ea ab iis custodiantur, cautum est, ei quo minus eis locis utantur, fruantur ita uti cuique eorum

---

v. 74. Hactenus Aes Britannicum. Sequitur Aes Neapolitanum.

v. 75 -- 77. Haec periodus ex duabus laminae partibus, Britannica et Neapolitana, paucis quibusdam vocibus, quae excsae apparebant, restitutis, conflata est. Verba in v. 76. *ex lege locationis ieisdem* a MAZ. non solum sensu suadente, sed etiam nonnullarum litterarum, quae singulae adhuc supersunt, ratione habita, restituta sunt. Sic v. c. post: QVOIQVE. EORVM. intervallo parvo relicto L in tabula apparet. In ultima v. 74 voce LICE aliquid exesum esse, quum satis sit clarum, recte a MAZ. restitutum videtur: LICEAT. Ita enim haec vox duobus versibus sejuncta et discerpta erat, ut in versu posteriori incidi oportuisset: AT. VTEI. (LICEAT. VTEI.) eoque facilius AT in VT mutari poterat, quod paullo ante v. 74 fin. sculptor inciderat: VT. VTEI. FRVEI. Itaque MAZOCHIO non assentior, VT in ET corrigenti, sic: LICEAT. ET. VTEI. caet. Supervacuum enim erat, ubi de mero jure eorum, qui hac loca conducta habebant, agebatur, officia quoque et onera, ex lege locationis cum jure conjuncta addere. Ipsum verbum: *cautum est,* huic interpretationi repugnat; lex enim *cavere* dicitur *iis,* quibus commoda, promittit, nec iis, quibus onera injungit. Nostra autem lectione probata, causa affertur, cur iis hominibus locorum ususfructus permissus sit. *Ut,* (quo magis) *tale onus loca tuendi custodiendique susciperent, uti frui locis, conductoribus licebat.* Totius igitur periodi hic est ordo: *quo minus iis locis, quibus locis iis.* (i. e. in eorum commodum) *qui ea fruenda tuendave conducta habebant, ex lege locationis, quam — dixerit, ut ea* (loca) *ab iis custodiantur, cautum est, ut uti frui liceat, ii* (quo minus iis locis) *ita utantur fruantur, uti cuique* caet.

(2) 76 EX. LEGE. LOCATIONIS. EISDEM. VTEI. FRVEI. LICEBIT. EX. H. L. N. R.

(3) 77 QVOS. LVDOS. QVISQVE. ROMAE. P. VE. V. R. P. ↀ. FACIET. QVOMINVS. EI. EORVM. LVDORVM. CAVSSA. SCAENAM. PVLPITVM. CETERAQVE

(4) 78 QVAE. AD EOS. LVDOS. OPVS. ERVNT. INLOCO. PVBLICO. PONERE. STATVERE. EISQVE. DIEBVS. QVIBVS. EOS. FACIET. LOCO. PVBLICO. VTEI

(5) 79 LICEAT. E. H. L. N. R

(6) 80 QVEI. SCRIBAE. LIBRAREI. MAGISTRATIBVS. APPAREBVNT. EI. QVOMINVS. LOCEIS. PVBLICEIS. VBEI. IS. QVISQVE. EORVM. APPAREBVNT

(7) 81 IVSERIT. APPARENDI. CAVSSA. VI. ANTVR. E. H. L. N. R.

ex lege locationis iisdem uti frui licebit, ex hac lege nihil rogatur.

Quos ludos quisque Romae propiusve urbem Romam passus mille faciet, quo minus ei, eorum ludorum causa, scenam, pulpitum ceteraque, quae ad eos ludos opus erunt, in loco publico ponere, statuere, eisque diebus, quibus eos faciet, loco publico uti liceat, ex hac lege nihil rogatur.

Qui scribae, librarii magistratibus apparebunt, ei, quo minus locis publicis, ubi is, cuicunque eorum apparebunt, jusserit, apparendi causa utantur, ex hac lege nihil rogatur.

---

v. 77. QVISQVE. pro: *quicunque* s. *quisquam* ut v. 63. 80. leg. Gall. Cis. Col. I. v. 7. QVA. DE. RE. QVISQVE. caet. Plautus Mil. glor. II, 2, 5. Hecyr. I, 1, 8.

v. 80. QVISQVE. EORVM. APPAREBVNT. Ita Maz. interpretatur: *iis quominus loceis publiceis ubei iis:* (IS enim sculptum esse pro IIS) »*quisque eorum apparebunt,*« *jusserit.* APPAREBVNT enim esse *ἄκλιτον*: magistratum edixisse his verbis: scribae, librarei apparebunt. Aut APPAREBVNT mutandum esse in APPAREANT (suppl. *ut*). Quarum correctionum neutra placet; utraque enim et valde artificiosa, et grammaticae praeceptis repugnat. Ita equidem legendum censeo: VBEI. IS. (sc. magistratus) QVOIQVE. (levissime emendatione, quaque saepius in nostra lege opus esse, vidimus) EORVM. (sc. magistratuum) APPAREBVNT. (sc. scribae librarei) IVSERIT. Ceterum *quoique* pro *quoiquomque* vid. not. antecedentem ad v. 77.

(8) 82 QVAE. LOCA. SERVEIS. PVBLICEIS. AB. CENS. HABITANDEI. VTENDEI. CAVSSA. AD. TRIBVTASVNT. EI. QVOMINVS. EIS. LOCEIS. VTANTVR. E. H. L. N. R

(9) 83 QVEIQVOMQVE INMVNICIPIEIS. COLONEIS PRAEFECTVREIS. FOREIS. CONCILIABVLEIS. C. R. II. VIR. IIII. VIR. ERVNT. ALIOVE

(10) 84 QVO. NOMINE. MAG. POTESTATEMVE SVERACIO. EORVM QVEI. QVOIVSQVE. MVNICIQIA. COLONIAE. PRAEFECTVRAE

(11) 85 FORO. CONCILIABVLI. ERVNT. HABEBVNT. NEIQVIS EORVMQVE. INEO. MVNICIPIO. COLONIAE. PRAEFECTVRAT. EORO. CONCILIA

(12) 86 BVLO. SENATVM. DECVRIONES. CONSCRIPTOSVE.

Quae loca servis publicis ab Censore habitandi, utendi causa adtributa sunt, ei quo minus eis locis utantur, ex hac lege nihil rogatur.

Quicunque in municipiis, coloniis, praefecturis, foris, conciliabulis civium Romanorum duumviri, quatuorviri erunt, aliove quo nomine magistratum potestatemque; suffragio eorum, qui cujusque municipii, coloniae, praefectura, fori, conciliabuli erunt. habebunt, ne quis eorum (ali)quem in eo municipio, colonia, praefectura, foro, conciliabulo, (in) senatum, decuriones, conscriptosve legito, neve sublegito, neve

---

v. 84. MVNICIPIA. leg. MVNICIPII.

v. 85. FORO — FORI.

Ibid. EORVMQVE. IN. EO. Aut restituendum: EORVM. QVEM. IN aut EORVM. QVOS s. QVEIS et *senatum* pro: *senatores* esse dictum. MAZ. Malim tamen priorem correctionem, quoniam ex M bis posito fallicime evadit; nec obest huic lectioni sequens pluralis numerus: RECITANDOS. CVRATO. vid. not. ad v. 18 et 40.

v. 86. COAPTATO. haud dubie pro: COOPTATO. praesertim quum v. 106 sculptum inveniatur: COPTATO. Quamquam MAZ. p. 405 hanc lectionem *coaptato* confessi erroris damnare non audet.

Ibid. SENATVM. Non dubito, MAZOCHIO non recusante, intercalare: IN. SENAT. ut v. 105. et saepius legitur. Nam alia MAZ. interpretatio *senatum* esse pro: *senatorem* vel *senatores* nimis videtur

LECITO. NEVE. SVBLECITO. NEVE. COAPTATO. NE-
VE. RECITANDOS. CVRATO

(13) 87 NISI. INDEMORTVEI. DAMNAVEIVE. LOCVM.
EIVSVE. QVEI. CONFESSVS. ERIT. SE. SENATOREM.
DECVRIONEM. CONSCREIPTVMVE

(14) 88 IBEI. H. L. ESSE. NONLICERE

(15) 89 QVEI. MINOR. ANNOS. XXX. NATVS. EST. ERIT.
NEIQVIS. EORVM. POST. K. IANVAR. SECVNDAS.
INMVNICIPIO. COLONIA. PRAEFE

(16) 90 CTVRA. II. VIR. IIII. VIR. NEVE. QVEM. ALIVM.
MAG. PETITO. NEVE. CAPITO. NEVE. GERITO. NI-
SEI. QVEI. EORVM. STIPENDIA

(17) 91 EQVO. IN. LEGIONE. III. AVT. PEDESTRIA. IN.
LEGIONE. VI. FECERIT. QVAE. STIPENDIA. INCA-
STREIS. INVE. PROVINCIA. MAIOREV

(18) 92 PARTEM. SVI. QVOIVSQVE. ANNI. FECERIT.

cooptato, neve recitandos curato, nisi in demortui, damnative locum, ejusve, qui confessus erit, se senatorem, decurionem, conscriptumve ibi hac lege esse non licere.

Qui minor annos triginta natus est, erit, ne quis eorum post Kalendas Januarias secundas in municipio, colonia, praefectura, duumviratum, quatuorviratum, neve quem alium magistratum petito, neve capito, neve gerito, nisi qui eorum stipendia equo, in legione, tria, aut pedestria, in legione, sex fecerit, quae stipendia in castris, inve provincia majorem partem sui

---

quaesita et artificiosa, praesertim quum in nullo alio hujus legis loco idem observari soleat.

v. 89. MINOR. ANNOS. XXX. NATVS. v. 99. eadem verba ita recurrunt: *quei. minor.* ANNEIS. *natus.* Neutrum tamen corrigendum erit, quum utraque ratio non modo saepe in veteribus monumentis, sed etiam in eadem legis Serviliae Glauciae periodo occurrat: QVEIQVE. MINOR. ANNEIS. XXX. MAJORVE. ANNOS. LX GNATVS. SIET.

v. 92. SINGVLEIS. ANNEIS. legendum videtur: SING. ANNVEIS. sicut ipsa tabula v. 102 exhibet; quod antecedentibus: BINA. SEMESTRIA. concinnius respondet.

AVT. BINA. SEMESIRIA. QVAE EI. PRO. SINGV-
LEIS. ANNEIS. PROCEDERE. OPORTEAT
(19) 93 AVT. EI. VOCATO. REI. MILITARIS. LEGIBVS.
PL. VE. SC. EXVE. FOIDERE. ERIT. QVOQIRCA.
EVM. INVEITVM. MERERE NON
(20) 94 OPORTEAT. NEVE. QVISQVE. PRAECONIVM.
DISSIGNATIONEM. LIBITINAMVE. FACIET. DVM.
EORVM. QVID. FACIET. INMVNI
(21) 95 CIPIO. COLONIA. PRAEFECTVRA. II VIR. IIII.
VIR. ALIVMVE. QVEM. MAG. PETITO. NEVE. CA-
PITO. NEVE. GERITO. NEVE. HABEIO
(22) 96 NEVE. IBEI. SENATOR. NEVE. DECVRIO. NEVE.
CONSCRIPTVS. ESTO. NEVE. SENTENTIAM. DICITO.
QVEI. EORVM. EXEIS. O. VEI. S. S. S.
(23) 97 ADVERSVS. EA. FECERIT. IS. HS. IↃↃↃ. P. D.
D. E. EIVSQVE. PECVNIAE. QVEIVOLET. PETITIO.
ESTO
(24) 98 QVIQVOMQVE. INMVNICIPIO. COLONIAE. PRAE-

cuiusque anni fecerit, aut bina semestria, quae ei pro singulis annuis procedere oporteat, aut ei vacatio rei militaris legibus plebisvescitis exve foedere erit, quocirca eum invitum merere non oporteat, neve quis qui praeconium, dissignationem, libitinamve faciet, in municipio, colonia, praefectura duumviratum, quatuorviratum aliumve quem magistratum petito, neve capito, neve gerito, neve habeto, neve ibi senator, neve decurio, neve conscriptus esto, neve sententiam dicito. Qui eorum ex iis, qui supra scripti sunt, adversus ea fecerit, is sestertios DↃↃ populo dare damnas esto, ejusque pecuniae (ejus) qui volet, petitio esto.

Quicunque in municipio, colonia, praefectura post

v. 93. VOCATO. recte Maz. VOCATIO. quod etiam v. 103 restituendum est.

v. 96. S. S. S. *supra. scripti. sunt.* Maz. Notissima scribendi compendia. Leg. Gall. Cisalp. Col. I. v. 43 et 47.

FECTVRA. POST. K. QVICT. PRIM. COMITIA. II. VIR. IIR. VIR ALEIVE. QVOI. MAG

(25) 99 ROGANDO. SVB. ROGANDOVE. HABEBIT IS. NEQVEM. QVEI. MINOR. ANNEIS. NATVS. EST. ERIT. II. VIR. III. VIR. QVEI. IBEI

(26) 100 ALIVM. MAG. HAPEAT. RENVNTIATO. NEVE. RENVNTIAREI. IVBETO. NISI. QVEI SIIPENDIA. EQVO. INLECIONE. III. AVT STI

(27) 101 PINDIA. PEDESTRIA. IN. LECIONE. VI. FECERIT. QVAESTIPENDIA. INCASTREIS. INVE. PROVINCIA. MAIOREM. PARTEM. SVI

(28) 102 QVOIVSQVE. ANNI. FECERIT. AVT. BINA. SEMESTRIA. QVA. EI. PRO. SINGVLEIS. ANNVEIS. PROCEDERE. OPORTEAT. CVM. EO

(29) 103 QVOD. EI. LECIBVS. PL. VE. SC. PROCEDERTOPORTEBIT. AVT. EI. VOCATIO REI. MILITARIS. LEGIBVS. PL. VE. SC. EX. VE. FOEDERE

Kalendas Quinctiles primas comitia duumviros, quatuorviris, aliive cui magistratui rogando, subrogandove, habebit, is ne quem, qui minor annis (triginta) natus est, erit, duumvirum, quatuorvirum, qui*ve* ibi alium magistratum habeat, renuntiato, neve renuntiari jubeto, nisi qui stipendia equo, in legione tria, aut stipendia pedestria, in legione, sex fecerit, quae stipendia in castris, inve provincia majorem partem sui cujusque anni fecerit, aut bina semestria, quae ei pro singulis annuis procedere oporteat, cum eo, quod ei legibus, plebisvescitis, procedere oportebit, aut ei vacatio rei militaris legibus, plebisvescitis, exve foe-

---

v. 99. MINOR. ANNEIS. NATVS. supplendum est ex v. 89: XXX. Maz.

Ibid. QVEI. IBEI. Haud dubie legendum: QVEIVE. IBEI. quod et sensus postulare videtur et iisdem verbis legitur. v. 105. cf. etiam v. 90 et 98. Mazochius cur ita corrigendum censuerit: QVEI. IBEI. ALIVS. MAGISTRATVS. HABEAT. (pro: *sit*) non video. Quae lectio et valde quaesita et minime necessaria est, dummodo tabulae verba ita interpretemur: quicunque — ne duumvirum, talemve qui (*queive*) alium magistratum habeat caet. i. e. alium quem magistratum, renuntiato.

(30) 104 ERIT. QVO CIRCA. EVM. INVITVM. MERERE. NON. OPORTEAT. NEVE. EVM. QVEI. PRAECONIVM. DISSIGNATIONEM. LIBITINANVE

(31) 105 FACIET. DVM. EORVM. QVID. FACIET. II. VIR. IIIF. VIR. QVEIVE. IBEI. MAG. SIT. RENVNTIATO. NEVE. INSENATVM. NEVE. INDE

(32) 106 CVRIONVM. CONSCRIPTORVM. NVMERO. LEGITO. SVB. LEGITO. COPTATO. NEVE. SENTENTIAM. ROGATO. NEVE. DICERE. NEVE

(33) 107 FERRE. IVBETO. SC. D. M. QVEI. AD. VERSVS. EA. FECERIT. IS. HS. IↃↃↃ. P. D. D. ESTO. EIVSQVE. PECVNIAE. QVEI. VOLET. PETITIO. ESTO

(34) 108 QVAE. MVNICIPIA. COLONIA. PRAEFECTVRA. FORA. CONCILIABVLA. C. R. SVNT. ERVNT. NEIQVIS. INEORVM. QVO. MVNICIPIO

(35) 109 COLONIA. PRAEFECTVRA. CONCILIABVLO. SE-

dere erit, quocirca eum invitum merere non oporteat, neve eum, qui praeconium, dissignationem, libitinamve faciet, dum eorum quid faciet, duumvirum, quatuorvirum, quive ibi magistratus sit, renuntiato, neve in senatum, neve in decurionum, conscriptorum numerum legito, sublegito, cooptato, neve sententiam rogato, neve dicere, neve ferre jubeto, sciens, dolo malo. Qui adversus ea fecerit, is sestertios DↃↃ populo dare damnas esto, ejusque pecuniae, qui volet, petitio esto.

Quae municipia, coloniae, praefecturae, fora, conciliabula Civium Romanorum sunt, erunt, ne quis in eorum quo municipio, colonia, praefectura, *foro*, con-

---

v. 106. NVMERO. Quamquam *legere in* cum ablativo non prorsus inusitatum sit in antiquis legibus, tamen propter antecedens: IN. SENATVN. non dubito restituere: NVMERVM.

v. 107. SC. D. M. *sciens, dolo malo.* MAZ.

v. 109. PRAEFECTVRA. Deest post hanc vocem: FORO, sed propter v. 108 et 124. intercalandum est.

Ibid. SENATV. leg. IN. SENATV. ut. v. 135.

NATV. DECVRIONIBVS. CONSCREIPTEISQVE. ESTO. NEVE. QVOE IBI. INEO. ORDINE
(36) 110 SENTENTEMTIAM. DEICERE. FERRE. LICETO. QVEI. FVRTEI. QVOD. IPSE. FECIT. FECERIT. CONDEMNATVS. PACTVSVE. EST. ERIT
(37) 111 QVEIVE. IVDICIO. FIDVCIO. PRO. SOCIO. TVTEIAE. MANDATEI. INIVRIARVM. DEVE. D. M. CONDEMNATVS. EST. ERIT. QVEIVELECE
(38) 112 PLAETORIA. OB. EAMVE. REM. QVOD. ADVERSVS. EAM. LECEM. FECET. FECERIT. CONDEMNATVS. EST. ERIT. QVEIVE. DEPVCNANDEI
(39) 113 CAVSSA. AVCTORATVS.. EST. ERIT. FVIT. FVERIT. QVEIVE. INIVRE. AB. IVRAVERIT. BONAMVE. COPIAM. IVRAVIT. IVRAVERIT. QVEI
(40) 114 SPONSORIBVS. CREDITORIBVSVE. SVEIS. RE-

ciliabulo, *in* senatu, decurionibus, conscriptisque esto, neve cui ibi in eo ordine sententiam dicere, ferre liceto, qui furti, quod ipse fecit, fecerit, condemnatus pactusve est, erit, quive judicio fiduciae, pro socio, tutelae, mandati, injuriarum, deve dolo malo condemnatus est, erit, quive lege PLAETORIA, ob eamve rem, quod adversus eam legem fecit, fecerit, condemnatus est, erit, quive depugnandi causa auctoratus est, erit, fuit, fuerit, quive in jure *(abjuravit)* abjuraverit, bonamve copiam juravit, juraverit, qui sponsoribus creditoribusque suis renuntiavit, renuntiaverit, se soli-

---

v. 111. FIDVCIO. — FIDVCIAE. MAZ. Nisi forte antiqua olim forma fuerit: *fiducium*.

v. 113. FVIT. FVERIT. Similis, omnia tempora deinceps complectens scribendi diligentia in leg. Gall. Cisalp. Col. II. v. 14. LEGE. DAMNATVS. ESSET. FVISSET. Et in leg. SERVIL. GLAUC.: QVEI. TR. PL. — SIET. FVERITVE.; QVEIQVE. IN. SENATV. SIET. FVERITVE. QVEIQVE. MERCATOR. SIET. FVERITVE. caet.

Ibid. ABIVRAVERIT. Sculptoris vitio ante ABIVRAVERIT vocem: ABIVRAVIT. omissam esse, suspicor. Sic enim per totam periodum praesens et perfectum cum futuro cumulantur cff. v. 111 — 123.

v. 114. SOLDVM. pro: SOLIDVM. ut v. 115.

NVNCIAVIT. RENVNTIAVERIT. SE. SOLDVM SOLVERE. NONPOSSE. AVT. CVM. EIS
(41) 115 PACTVS. EST. ERIT. SE. SOLDVM. SOLVERE. NON. POSSE. PROVE. QVO. DATVM. DEPENSVM. EST. ERIT. QVOIVSVE. BONA. EX. EDICTO
(42) 116 EIVS. QVID. PRAEFVIT. PRAEFVERIT. PRAETERQVAM. SEI QVOIVS. QVOM. PVPILLVS. ESSET. REIVE. PVBLICAE. CAVSSA. ABESSET
(43) 117 NEQVE. D. M. FECIT. FECERIT. QVO. MAGIS. R. P. C. A. POSSESSA. PROSCRIPTAVE. SVNT. ERVNT. QVEIVE. IVDICIO. PVBLICO. ROMAE

dum solvere non posse, prove quo datum, depensum est, erit, cujusque bona ex edicto ejus, qui juri dicundo praefuit, praefuerit, praeterquam si cujus, quum pupillus esset, reive publicae causa abesset, neque dolo malo (fecit?), fecerit, quo magis reipublicae causa abesset (sc. possessa proscriptave sint) possessa proscriptave sunt, erunt, quive judicio publico Romae

---

v. 115. PROVE. QVO. Voculam VE ejiciendam esse MAZ. censet; quod verba: *pro quo datum, depensum est, erit* ad antecedentia pertineant.

v. 116. QVID. PRAEFVIT. pro: QVI. I. D. PRAF. caet. i. e. *qui juri dicundo* (in nonnullis antiquis legibus ita: *jure dicundo*) *praefuit* caet. In leg. de Gall. Cisalp. Col. II. v. 43. ita notis expressum: QVEI. DE. IEIS. REBVS. ROMAE. I. D. P. ESSET. ubi P. pro PRAE. Sed ejusdem legis Col. II. v. 48. hae notae reperiuntur: QVEI. I. D. P. PRAEESSE. ubi, ut videtur, littera P. prorsus redundante et a negligenti sculptore adjecta, pro: PRAEESSE legendum est: PRAEESSET.

v. 117. FECIT. FECERIT. Locum etsi corrigere non ausim, tamen vocem: FECIT. delendam esse eoque facilius irrepsisse, suspicor, quod in antecedentibus pluries occurreret: FECIT. FECERIT v. 110 et 112. Primo enim QVVM, ut in ESSET. — ABESSET. reperitur, ita hic quoque conjunctivum flagitat. Deinde perfectum cum futuro junctum hoc loco minus aptum videtur, nec verbis: ESSET. — ABESSET. futurum adjectum est. Forsan igitur haec genuina esset lectio: NEQVE. DOLO. MALO. *fecerit*. QVO. MAG. caet.

Ibid. POSSESSA. PROSCRIPTAVE. SVNT. Haec verba quodammodo bis intelligenda sunt; licet enim ad verba QVOIVSQVE. BONA caet. pertineant, tamen in exceptionibus additis: PRAETERQVAM. — QVO. MAGIS. R. P. C. A. eadem suppleamus, necesse est.

(44) 118 CONDEMNATVS. EST. ERIT. QVO. CIRCA. EVM. INITALIA. ESSE. NON. LICEAT. NEQVE. ININTEGRVM. RESTITVS. EST. ERIT. QVEIVE. INEO

(45) 119 MVNICIPIO. COLONIA PRAEFECTVRA. FORO. CONCILIABVLO. QVOIVS. ERIT. IVDICIO PVBLICO. CONDEMNATVS. EST. ERIT. QVEMVE

(46) 120 K. PRAEVARICATIONIS. CAVSSA. ACCVSSASSE. FECISSEVE. QVOD. IVDICATVM. EST. ERIT. QVOIVE. APVT. EXERCITVM. INONOMINIAE

(47) 121 CAVSSA. ORDO. ADEMPTVS. EST ERIT.. QVEMVE. IMPERATOR. INCNOMINIAE. CAVSSA. AB. EXERCITV. DECEDERE. IVSET. IVSERIT

(48) 122 QVEIVE. OB. CAPVT. C. R. REFERVNDVM.

condemnatus est, erit, quocirca eum in Italia esse non liceat, neque in integrum restitutus est, erit, quive in eo municipio, colonia, praefectura, foro, conciliabulo, cujus erit, judicio publico condemnatus est, erit, quemve calumniae, praevaricationis causa accusasse fecisseve quod, judicatum est, erit, cuive apud exercitum ignominiae causa ordo ademtus est, erit, quemve imperator ignominiae causa ab exercitu decedere jussit, jusserit, quive ob caput civis Romani de-

---

v. 118. QVOCIRCA. Haec vox solennis videtur, ad poenam, quae condemnationem sequebatur, declarandam ut in leg. Serv. Glauc. QVEI. QVAESTIONE. IVDICIOVE. PVBLICO. CONDEMNATVS. SIET. QVODCIRCA. EVM. IN. SENATVM. LEGI. NON. LICEAT.

v. 120. K. PRAEVARICATIONIS. i. e. *kalumniae. praev.* leg. Gall. Cis. Col. I. v. 9. K. K. pro: *calumniae. causa.* Minus, ut mihi videtur, apte propter edicti verba fr. 1. D. III, 2. »*calumniae praevaricationisVE causa, quid fecisse judicatus erit*« Mazochius voculam VE, in nostra quoque tabula, voci: PRAEVARICATIONIS. annectendam censuit. Ejusmodi enim vocabula saepissime in antiquis scriptionibus sine copula occurrent ut v. 139. CREATVM. RENVNTIATVM. Itaque facilius, in edictum illud *ve* paullatim irrepsis se, crediderim.

Ibid. INONOMINIAE. pro: IGNOMINIAE. Maz.

v. 122. REFERVNDVM. fortasse legendum: DEFERVNDVM. cf. Comm.

PECVNIAM. PRAEMIVM. ALIVDVE. QVID. CEPIT. CEPERIT. QVEIVE. CORPORI. QVAESTVM

(49) 123 FECIT. FECERIT. QVEIVE. LANISTATVRAM ARTEMVE LVDICAM FECIT FECERIT. QVEIVE. LENOCINIVM. FACIET. QVEI

(50) 124 ADVERSVS. EA. INMVNICIPIO COLONIA PRAEFECTVRAVE FORO CONCILIABVLO DECVRIONIBVS CONSCRIPTEISVE EVERIT

(51) 125 SENTEMTIAMVE. DIXERIT. IS. HS. IↃↃↃ. P. D. D. ESTO. EIVSQVE. PECVNIAE. QVEI. VOLET PETITIO. ESTO

(52) 126 QVOI. H. L. INMVNICIPIO. COLONIA. PRAEFECTVRA. FORO. CONCILIABVLO. SENATOREM. DECVRIONEM. CONSCRIPTVM. ESSE

(53) 127 INQVE. EO ORDINE. SENTEMTIAM. DICERE. FERRE NONLICEBIT NEIQVIS QVEI. INEO. MVNICIPIO. COLONIA. PRAEFECTVRA

(54) 128 FORO. CONCILIABVLO. SENATVM. DECVRIONES. CONSCRIPTOS. HABEBIT. EVM. INSENATVM. DECVRIONES. CONSCRIPTOS.

ferundum, pecuniam, praemium, aliudve quid cepit, ceperit, quive corpore quaestum fecit, fecerit, quive lanistaturam, artemve ludicram fecit, fecerit, quive lenocinium faciet. Qui adversus ea in municipio, colonia, praefectura, foro, conciliabulo (in) decurionibus conscriptisve fuerit, sententiamve dixerit, is sestertios DↃↃ populo dare damnas esto, ejusque pecuniae, qui volet, petitio esto.

Cui hac lege in municipio, colonia, praefectura, foro, conciliabulo senatorem, decurionem, conscriptum esse, inque eo ordine sententiam dicere, ferre non licebit, ne quis, qui in eo municipio, colonia, praefectura, foro, conciliabulo senatum, decuriones, conscriptos habebit, eum in senatum, decuriones, con-

v. 123. LVDICAM: pro: LVDICRAM. Maz.

(55) 129 IRE. IVBETO. SC. D. M. NEVE. EVM. IBEI. SENTEMTIAM ROGATO NEIVEDICERE NEIVE FERRE IVBETO S C D M NEVEQVISQVE

(56) 130 INEO. MVNICIPIO. COLONIA. PRAEFECTVRA. FORO CONCILIABVLO SVFRAGIO EORVM MAXVMAM POTESTATEM HABEBIT

(57) 131 EORVM QVEM IBEI INSENATVM DECVRIONES CONSCRIPTOS. IRE NEVE INEO NVMERO ESSE NIVE SENTEMTIAM IBEI. DICERE

(58) 132 FERREVE. SINITO. SC. D. M. NEVE. QVIS. EIVS. RATIONEM. COMITIEIS. CONCILIOVE. CREATVM. EST. RENVNTIATO. NEVE. QVIS

(59) 133 QUEI. IBEI. MAG. POTESTATEMVE. HABEBIT. EVM. CVM. SENATV. DECVRIONIBVS. CONSCRIPTES. SPECTARE. NEIVE. IN. CONVIVIO

(60) 134 PVBLICO ESSE SINETO SC D M

scriptos ire jubeto sciens, dolo malo, neve eum ibi sententiam rogato, neve dicere, neve ferre jubeto, sciens, dolo malo, neve quis, qui in eo municipio, colonia, praefectura, foro, conciliabulo, suffragio eorum maximam potestatem habebit, eorum quem ibi in senatum, decuriones, conscriptos, ire, neve in eo numero esse, neve sententiam ibi dicere ferreve sinito sciens, dolo malo, neve quis ejus rationem comitiis conciliove (habeto, neve?) creatum est, renunciato, neve quis, qui ibi magistratum potestatemve habebit, eum cum senatu, decurionibus, conscriptis spectare, neve in convivio publico esse sinito sciens, dolo malo.

---

v. 132. NEVE. QVIS. EIVS. — RENVNTIATO. Locum manifesto corruptum MAZ. ita restituit: ut post: RATIONEM. suppletis: *habeto. neve.* pro: CREATVM. EST; legat: CREATVS. EST; ita ut haec verba sint ipsa renunciantis: *creatus est.* Gravis sane gravis morbi modela. Nam et ellipsis illa valde dura et verborum: *creatus est.* interpretatio. Sed meliorem non invenio.

v. 133. QVIS. QVEI. MAZ. restituit: QVISQVE. idque pro: *quisquis.* Sed nihil immutandum videtur. Eodem enim modo v. 127.

(61) 135 QVIBVS. H. L. INMVNICIPIO. COLONIA. PRAEFECTVRA FORO CONCILIABVLO INSINATVM DICVRIONIBVS CONSCRIPTEIS ESSE

(62) 136 NON. LICEBIT. NIQVIS. EORVM. INMVNICIPIO COLONIA. PRAEFECTVRA. FORO. CONCILIABVLO. II. VIR. IIII. VIR. ALIAMVE

(63) 137 QVAM. POTESTATEM. EXQVO. HONORE. IN. EVM. ORDINEM. PERVENIAT. PETITO. NEVE. CAPITO. NEVE. QVIS. EORVM. LVDEIS

(64) 138 CVMVE. GLADIATORES. IBEI. PVGNABVNT. INLOCO. SENATORIO. DECVRIONVM. CONSCRIPTORVM. SEDITO. NEVE. SPECTATO

(65) 139 NEVE. CONVIVIVM. PVBLICVM. IS. INITO. NEIVE. QVIS QVEI. ADVERSVS. EA. CREATVM. RENVNTIATVM. ERIT. IBEI. II. VIR. IIII. VIR

(66) 140 ESTO. NEVE. IBEI. MAG. POTESTATEMVE. HABETO. QVIF. ADVERSVS. EA. FECERIT. IS. HS.

Quibus hac lege in municipio, colonia, praefectura, foro, conciliabulo, in senatu, decurionibus, conscriptis esse non licebit, ne quis eorum in municipio, colonia, praefectura, foro, conciliabulo duumviratum, quatuorviratum, aliamve quam potestatem, ex quo honore in eum ordinem perveniat, petito, neve capito, neve quis eorum ludis, cumve gladiatores ibi pugnabunt, in loco senatorio, decurionum, conscriptorum sedeto, neve spectato, neve convivium publicum cum iis inito, neve quis, qui adversus ea creatus, renuntiatus erit, ibi duumvir, quatuorvir esto, neve ibi magistratum potestatemve habeto. Qui adversus ea fecerit, is sestertios

---

v. 139. PVBLICVM. IS. INITO. Recte MAZ. ita restituit: PVBLICVM. (repetita ultima syllaba) CVM. IIS. (pro: IS.) INITO.

Ibid. CREATVM. RENVNTIATVM. Aut MAZOCHIO suadente, legendum: QVEM. (pro: QVEI.) ADVERSVS. EA. CREATVM. (sc. esse) RENVNTIATVM. ERIT. aut forsan: QVEI. — CREATVS. RENVNTIATVS. ERIT.

ↀↀ. P. D. D. ESTO. EIVSQVE. PECVNIAE. QVEI

(67) 141 VOLET. PETITIO. ESTO.

(68) 142 QVAE. MVNICIPIA COLONIAE. PRAEFECTVRAE. C. R. IN. ITALIA. SVNT. ERVNT. QVEI. INEIS. MVNICIPIEIS. COLONEIS

(69) 143 PRAEFECTVREIS. MAXIMVM. MAG. MAXIMVMVE POTESTATEM. IBEI. HABIBIT. TVM. CVM. CENSOR. ALIVSVE

(70) 144 QVIS. MAG. ROMAE. POPVLI. CENSVM. AGET. IS. DIEBVS. LX. PROXVMEIS. QVIBVS. SCIET. ROMAI. CINSVM POPVLI

(71) 145 AGI. OMNIVM. MVNICIPIVM. COLONORVM. SVORVM. QVEIQVE. EIVS. PRAEFECTVRAE ERVNT. Q. C. R. ERVNT. CENSVM

(72) 146 AGVNTO. EORVMQVE. NOMINA. PRAENOMINA. PATRES. AVT. PATRONOS. TRIBVS. COGNOMINA ET. QVOT. ANNOS

Dↀↀ populo dare damnas esto, ejusque pecuniae, qui volet, petitio esto.

Quae municipia, coloniae, praefecturae, civium Romanorum in Italia sunt, erunt, qui in iis municipiis, coloniis, praefecturis maximum magistratum, maximamve potestatem ibi habebit, tum quum Censor, aliusve quis magistratus Romae populi censum aget, is diebus sexaginta proxumis, quibus sciet Romae censum populi agi, omnium municipum, colonorum suorum, quique ejus praefecturae erunt, qui cives Romani erunt, censum agito, eorumque nomina, praenomina, patres aut patronos, tribus, cognomina, et

---

v. 143. IBEI: Ingens pleonasmus: IN MVNICIPIO. caet. — *ibei.* Illud *ibei* saepissime redundat in antiquis legibus, ut in hac tabula et in. leg. de Gall. Cis. Col. II. v. 24. bis.

v. 145. MVNICIPIVM. pro: MVNICIPVM. sic v. 160. pro: MVNICIPEIS. s. MVNICIPES. legitur: MVNICIPIEIS.

v. 146. AGVNTO. pro: AGITO. MAZ. ut v. 148 et 149. ACCIPITO. — CVRATO. cf. not. ad v. 18.

(73) 147 QVISQVE. EORVM. HABET. ET. RATIONEM. PECVNIAE EX. FORMVLA. CENSVS. QVAE. ROMAE. ABEO. QVI. TVM. CENSVM

(74) 148 POPVLI. ACTVRVS. ERIT. PRO. POSITA. ERIT. ARIEIS. IVRATEIS. ACCIPITO. EAQVE. OMNIA. IN-TABVLAS. PVBLICAS. SVI

(75) 149 MVNICIPI. REFERVNDA. CVRATO. EOSQVE. LIBROS. PER. LEGATOS. QVOS. MAIOR. PARS. DECVRIONVM. CONSCRIPTORVM

(76) 150 ADEAM. REM. LEGAREI. MITTEI. CINSVERINT. TVM. CVM. EAS. PIS. CONSVLERETVR. ADEOS. QVEI. ROMAE. CINSVM. AGENT

(77) 151 MITTITO. CVRATO. QVE. VTEI. QVOM: AMPLIVS. DIES. LX. RELIQVEI. ERVNT. ANTEQVAM. DIEM. EI. QVEIQVOMQVE. ROMAE

(78) 152 CENSVM. AGEI. FINEM. POPVLI. CESENDI.

quot annos quisque habet, et rationem pecuniae, ex formula census, quae Romae ab eo, qui tum censum populi acturus erit, proposita erit, ab iis juratis accipito, eaque omnia in tabulas publicas sui municipii referunda curato, eosque libros per legatos, quos major pars decurionum, conscriptorum, ad eam rem legari, mitti censuerint, tum cum ea res consuleretur, ad eos, qui Romae censum agent, mittito curatoque, uti quum amplius dies sexaginta reliqui erunt, antequam diem ii, quicunque Romae censum agent, finem

---

v. 148. ARIEIS. pro: AB. IEIS.

v. 150. EAS. RES. pro: EA. RES. Sic in SCto de Bacchan. v. 5, 6 et 12. QVOM. EA. RES. CONSOLERETVR. MAZ.

v. 151. RELIQVEI. ERVNT. ANTE. QVAM. DIEM. Neque RELIQVEI in *reliquae*, neque QVAM in *quem* corrigendum. Sic enim hujus vocis genus haud raro in eadem periodo variat. In fragm. legis incertae ap. BRISSON. de form. p. 143: VBEI. EA. DIES. VENERIT. QVO. DIE. IVSSEI. caet. LIV. XXXIV. c. 34. *et ut ex ea die, intra decimum diem.*

v. 152. AGEI. pro: AGENT. v. 150. MAZ. — Similiter in leg. de Gall. Cis. Col. I. v. 15. VTEI. DAMNEI.: INFECTEI. REPROMIS-

FACIANT. EOS. ADEAM. LIBROSQVE. EIVS. MVNI-
CIPI. COLONIAE. PRAEFECTVRAE
(79) 153 EDANT. ISQVE. CENSOR. SEIVE. QVIS. ALIVS.
MAG. CENSVM. POPVLI. AGET. DIEBVS. V. PROXV-
MEIS. QVIBVS. LEGATEI. EIVS
(80) 154 MVNICIPI. COLONIAE. PRAEFECTVRAE. ADIE-
RINT. EOS. LIBROS. CENSVS. QVEI. ABIEIS. LE-
GATEIS. DABVNTVR. ACCIPITO
(81) 155 S. D. M. EXQVE. IEIS. LIBREIS. QVAE. IBEI.
SCRIPTA. ERVNT. INTABVLAS. PVBLICAS. REFE-
RVNDA. CVRATO. EASQVE. TABVLAS
(82) 156 EODEM. LOCO. VBEI. CETERAE. TABVLAE.

populi censendi facient, eos adeant, librosque ejus municipii, coloniae, praefecturae edant; isque censor, sive quis alius magistratus censum populi aget, diebus quinque proxumis, quibus legati ejus municipii, coloniae, praefecturae adierint, eos libros census, qui ab iis legatis dabuntur, accipito sine dolo malo, exque iis libris, quae ibi scripta erunt, in tabulas publicas referunda curato, easque tabulas eodem loco, ubi ceterae tabulae publicae erunt, in quibus census

---

SIO. SATISVEDATIO. FIEREI. PVSTVLATVM. ERIT. ubi rectissime V. CL. Hugo (Civ. Mag. tom. II. p. 440.) restituit: FIERET.

v. 152. FACIANT. Totius orationis in hac lege color futurum flagitare videtur; itaque non dubito restituere FACIENT. quod propter insequens: ADEANT. facile poterat corrumpi. Atque hic locus ad similem leg. Gall. Cis. Col. I. v. 43. corrigendum monet. DVM. IIVIR. caet. CVRET. VT. EI. (aut pro: VTEI. aut: VT. ET.) EA. NOMINA. ET. MVNICIPIVM. COLONIA. LOCVS. IN. EO. IVDICIO. QVOD. EX. IEIS. QVAE. PROXSVME. S. S. (scripta sunt) ACCIPIANTVR. INCLVDANTVR. CONCIPIANTVR. QVAE. INCLVDEI. CONCIPEI. S. D. M. OPORTEBIT. Deest manifesto verbum, quod verbis: *iudicio. quod.* caet. respondeat. Itaque legendum videtur: ACCIPIETVR. INCLVDANTVR. CONCIPIANTVR. Nam in sequentibus: QVAE. INCL. — OPORTEBIT. vox ACCIPI. non repetita est; unde apparet, eam non tam ad: NOMINA. caet. quam ad: IVDICIVM. pertinere. Deinde v. 47 et 48, non modo: ACCIPIETVR. conjungitur cum: IVDICIVM. sed etiam INCLVDEI. CONCIPEI. separata sunt.

v. 156. CONDENDA. legendum videtur: CONDENDAS; errore forsan ex praecedenti: REFERVNDA v. 155. nato. Quamquam ejusmodi in antiquis legibus scribendis negligentia, interdum reperitur, ut in lege

PVBLICAE. ERVNT. INQVIBVS. CENSVS. POPVLI.
PERSCRIPTVS. ERIT. CONDENDA. CVRATO
(83) 157 QVI. PLVRIBVS. INMVNICIPIEIS. COLONEIS.
PRAEFECTVREIS. DOMICILIVM. HABEBIT. ET. IS.
ROMAE. CENSVS ERIT. QVO. MAGIS
(84) 158 INMVNICIPIO. COLONIA. PRAEFECTVRA. H. L.
CENSEATVR. E. H. L. N. R.
(85) 159 QVEI. LEGE. PL. VE. SC. PERMISSVS EST.
EVIT. VTEI. LEGES. INMVNICIPIO. FVNDANO. MV-
NICPIIBVSVE. EIVS. MVNICIPI. DARET
(86) 160 SEIQVIS. IS. POST. H. L. R. INEO. ANNO.
PROXVMO. QVO. H. L. POPVLVS IVSERIT. ADEAS.
LEGES. MVNICIPIEIS. FVNDANOS

populi perscriptus erit, condendas curato. Qui pluribus in municipiis, coloniis, praefecturis domicilium habebit, et is Romae census erit, quo magis in municipio, colonia, praefectura, hac lege censeatur, eorum hac lege nihil rogatur.

Qui lege plebisvescito, permissus est, fuit, uti leges in municipio fundano, municipibusve ejus municipii daret, si quid is post hanc legem rogatam, in eo anno proxumo, quo hanc legem populus jusserit, ad eas leges *addiderit*, *commutaverit*, *correxerit*,

---

Servil. Glaucia: QVEI. EX. H. L. CDL VIREI. IN. EVM. ANNVM. LECTEI. ERVNT. EA. NOMINA. OMNIA. IN. TABVLA. IN. ALBO. ATRAMENTO. SCRIPTOS. — DESCRIPTOS. HABETO.

v. 159. EST. EVIT. legendum est: EST. FVIT. Maz. nam *erit.*, quae correctio non minus facilis, propter insequens: DARET. non prorsus quadrat. Eandem ob causam in leg. de Gall. Cis. Col. I. v. 15. corrigendum est: ERIT. in: ERAT. ob antecedens: FIERET.

v. 160. SEI. QVIS. IS. Quamquam hanc monstrosam paene lectionem Maz. defendit, tamen malim levissima mutatione restituere ita: SEI. QVID. IS. quod et magis verbis: SEI. EAE. RES. v. 161. respondet, et: ITEM. TENETO. quae ultima Maz. ad *eum, qui permissus est leges dare* minus recte referenda censet. Nec enim tam legislator, quam lex ipsa, quam fert, homines tenere dicitur.

Ibid. EAS. LEGES. Recte a Mazochio ex v. 162. verba: ADDIDERIT. COMMVTAVERIT. CORREXERIT restituta sunt, quum sculptoris negligentia exciderint.

Ibid. MVNICIPIEIS. lege MVNICIPEIS *unicipes.*

(87) 161 ITEM. TENETO VTEI. OPORTERET. SEI. EAI-
RES. AB EO TVM. QVOM. PRIMVM. LEGES. EIS.
MVNICIPIBVS. LEGE. PL. VE. SC. DEDIT
(88) 162 ADEAS. LEGES. ADDITAE. COMMVTATAE. CON-
RECTAE. ESSENT. NEVE. QVIS. INTERCEDETO. NE-
VE. QVID. FACITO. QVOMINVS
(89) 163 EA RATA. SINT. QVOVEMINVS. MVNICIPIS.
FVNDANOS. TENEAT. EISQVE. OPTEMPERETVR.

municipes fundanos item teneto, uti oporteret, si eae res ab eo tum, quum primum leges iis municipibus lege plebisvescito dedit, ad eas leges additae, commutatae, correctae essent, neve quis intercedito, neve quid facito, quo minus ea rata sint, quove minus municipes fundanos teneant, iisque obtemperetur.

---

v. 162. NEVE. QVIS. Plane similis est locus leg. de Gall. Cis. Col. I. v. 52. NEIVE. QVIS. . . . . INTERCEDITO. NEIVE. QVID. ALIVD. FACITO. QVO. MINVS. caet. Usitata in legibus promulgandis formula fuisse videtur.

v. 163. TENEAT. Ut videtur pro: TENEANT. sc. *quae res commutatae erunt.* Nolim enim cum MAZOCHIO TENEAT. referre ad legislatorem s. correctorem. cf. not. ad v. 160. verba: SEI. QVIS.

XVII

LEX

DE THERMENSIBUS MAJORIBUS PISIDIS.

(P. A. U. 682. ante Christ. 72.)

Romae in tabula aenea. Primum edita. 1) ab *Aldo Manutio* in Orthogr. lat. (Venet. 1566. 8.) p. 407—411. (Ed. II. 1591. p. 401—405.) — 2) apud *Car. Sigonium* de antiquo jure provinciar. L. I. c. 10. — 3) a *Brissonio* de formul. II. 142. — 4) a *Fulvio Ursino* nro. XV. — 5) secundum apographum proprium, a *Mart. Smetio* in Inscriptt. fol. XV. b. — 6) a *Grutero* Corp. Inscriptt. p. D. DI. sec. Smet. recens. — 7) in *Jo. Nic. Funccii* libr. de adolescent. ling. lat. (Marburg. 1723. 4.) Cap. VII. §. 30. p. 329—333. — 8) apud *Muratorium* in Nov. Thes. T. II. p. 582. plenius, sed e meris conjecturis, ex Ambrosiana bibliotheca. — 9) apud *Terrassonum* Adp. p. 14. — 10) cum amplissimo commentario, in *Henr. Ed. Dirksen* »Versuche zur Kritik und Auslegung der Quellen des Römischen Rechts. (Lips. 1823. 8.) nro. IV. p. 137—196.

Conf. *M. Velseri* Rer. August. Vindelic. Libr. VI. (1594) Opp. p. 302. *Petr. Burmannum* de vectigal. Pop. Rom. cap. 5. p. 62. Observations sur le titre d'Eleuthère, donné à des peuples et à des villes sous la domination Romaine, par l'Abbé *Bellay* in: Mémoires de l'academie des Inscriptions Tom. XXXVII. (p. 419—435.) p. 435. Add. *Krebsium* de decretis Rom. pro Judaeis. p. 40.

E recensione Smetii.

1 C. ANTONIVS. M. F. CN. CORNE . . . .
2 FVNDANIVS. C. F. TR. PL. DESS. PLEBEM
3 PREIMVS. SCIVIT

Col. I.

4 QVEI THERMESES MAIORES PEISIDAE FVERVNT QVEIQVE
5 EORVM LEGIBVS THERMESIVM MAIORVM PISIDARVM
6 ANTE K. APRIL. QVAE FVERVNT L. CELLIO CN. LENTVLO COSS
7 THERMESES MAIORES PISIDAE FACTI SVNT. QVEIQVE
8 AB . . . . IEIS PROGNATI SVNT ERVNT IEI OMNES
9 POSTEREIQVE EORVM THERMESES MAIORES PEISIDAE
10 LEIBERI AMICEI SOCIEIQVE POPVLEI ROMANI SVNTO
11 EIQVE LEGIBVS SVEIS ITA VTVNTO ITAQVE IEIS
12 OMNIBVS SVEIS LEGIBVS THERMENSIS MAIORIBVS
13 PISIDEIS VTEI LICETO QVOD ADVORSVS HANC LEGEM NON FIAT
14 QVEI AGRI QVAE LOCA AEDIFICIA PVBLICA PREIVATAVE
15 THERMENSIVM MAIORVM PISIDARVM INTRA FINEIS
16 EORVM SVNT FVERVNTVE L. MARCIO SEX. IVLIO COSS
17 QVAEQVE INSVLAE EORVM SVNT FVERVNTVE IEIS

---

1. *Antonius* Murat. *Cornelius F.* Sig. 2. *C. Fundanius — plebem jure rogarunt* Sig. 3. *Plebesque jure scivit pro tribu . . preimus scivit.* Sig. 5. *Peisidarum* Mur. 6. *L. Gellio* Man. Sig. *L. Callio* Mur. 8. *Abs ieis* sine lacuna Mur. 9. *postereiquae* Mur. 10. *populi* Sig. 12. *Thermesis* Mur. 14. *privatae*, Sig. *privatave* Man. 15. *Thermesium* Mur. 16. *fuerunt* Mur.

18 CONSOLIBVS QVEI SVPRA SCRIPTEI SVNT QVODQVE
19 EARVM RERVM IEIS CONSVLIBVS IEI HABVERVNT
20 POSSIDERVNT VSEI FRVCTEIVE SVNT QVAE DE IEIS REBVS
21 LO . . . . QVAEQVE
22 DE IEIS REBVS . . . . HAC NE
23 LOCENT . . . . AE FACTA
24 EST . . . . A OMNIA
25 THE . . . . POSSIDEANT
26 IEISQVE . . . . VANTVR
27 ITA VTEI . . . . REIMVM
28 FVIT HABVERV . . . . VE SVNT
29 QVAE THERMENSIVM MAIORVM PISIDARVM PVBLICA
30 PREIVATAVE PRAETER LOCA AGROS AEDIFICIA SVNT
31 FVERVNTVE ANTE BELLVM MITRIDATIS QVOD PREIMVM
32 FACTVM EST QVODQVE EARVM RERVM IEI ANTEA
33 HABVERVNT POSSEDERVNT VSEI·FRVCTEIVE SVNT
34 QVOD EIVS IPSEI SVA VOLVNTATE AB SE NON ABALIENARVNT
35 EA OMNIA THERMENSIVM MAIORVM PISIDARVM VTI SVNT
36 FVERVNT ITA SVNTO ITEMQVE IEIS EA OMNIA
37 HABERE POSSIDERE VVTEI FRVIQVE LICETO

---

18. *Consulibus* Mur. — *Scribtei* Mur. 19. *Cosulibus* Mur. 20. *possederunt* Ursin. Murat. Terrasson. — *fructeique* Mur. — *quaeque* Mur. 21. *eo . . ano. ut . . . queique* Manut. Sig. — Ursin. supplet: *locis. agris. aedificiis . . quaeque;* Muratorius vero: *locata non sunt antea habeant possideant quaeque.* 22. Mur. supplet: *de ieis rebus agreis loceis aedificieis locata sunt ac ne.* 23. *locentur* Manut. Sig. Ursin.; *locentur sancitum est sanctione quae facta* supplet Murat. 24. *est. e. sie . . . a. omnia* Manut. itemque Sigon. qui tamen habet . . *ea omnia.* Ursin. *ea omnia.* Muratorius supplet: *est ex lege rogata L. Callio Cn. Lentulo Coss. ea omnia.* 25. *Ther. . . habeant possideant* Man.; Sigon. supplet: *Thermenses majores Peisidae habeant, possideant;* ut et Murat. — Ursin. et Terrasson: *ita habeant.* 26. *Jeisque omnibus iei . . utantur fruantur,* supplet Sig., Murat. vero: *ieisque rebus, loceis, agreis, aedificieis, utantur fruantur.* 27. Sigon. supplet: *ita utei ante bellum Mithridatis quod preimum.* Sic et Murat. 28. Manut. et Sig. supplent: *fuit, habuerunt possiderunt usei fructeive sunt.* Sic et Murat. qui tamen emendat *fructeique.* 34. Mur. *abalienaverunt.* 35. *utei* Mur. 36. *itidemque* Gruter.

Col. II.

38 QVOS THERMENSES MAIORES PISIDAE LEIBEROS SERVOSVE

39 BELLO MITRIDATIS AMEISERVNT MAGISTRATVS PR . . .

40 MAGISTRATV QVOIA DE EA RE IVRISDICTIO ERIT QV . . .

41 DE EA RE IN IOVS ADITVM ERIT ITA DE EA RE IOVS

42 DEICVNTO IVDICIA D . . . . DANTO VTEI I

43 EOS RECVPERARE POSSINT

44 NEI QVIS MAGISTRATVS PROVE MAGISTRATV LEGATVS NEV

45 QVIS ALIVS MEILITES IN OPPIDVM THERMESIVM MAIORVM

46 PISIDARVM AGRVMVE THERMENSIVM MAIORVM

47 PISIDARVM HIEMANDI CAVSSA INTRODVCITO NEIVE

48 FACITO QVO QVIS EO MEILITES INTRODVCAT QVOVE IBEI

49 MEILITES HIEMENT NISEI SENATVS NOMINATIM VTEI THERMESIVM

50 MAIORVM PISIDARVM IN HIBERNACVLA MEILITES

51 DEDVCANTVR DECREVERIT NEIVE QVIS MAGISTRATVS

52 PROVE MAGISTRATV LEGATVS NEV QVIS ALIVS

53 NEIVE INPERATO QVO QVID MAGIS IEI DENT PRAEBEANT

54 AB IEISVE AVFERATVR NISEI QVOD EDS EX LEGE PORTIA

---

38. *Thermeses* Mur. — *Peisidae* Mur. 39. *prove* supplerunt Man. Sig. Ursin. Murat. 40. Man. Sig. *erit quin*, Murat. *erit quoique;* Dirksen emendat: *erit quo.* 41. *in jovis* Murat. *an jous* Manut. 42. Man. Sig. Ursin. et Murat. supplent: *deicunto judicia recuperationis danto utei iei*, Dirksen: *judicia recuperatoresve danto.* 44. in fine Murat. *neive.* 45. Mur. *Thermesum.* 46. 49. *Thermesum* Sig. Murat. 51. *queis* Manut. Sig. 52. *alius facito* suppl. Man. Sig. *alius faciat* Murat. 54. *quod et. s* Sig. *quod eos* Ursin.

55 DARE PRAEBERE OPORTET OPORTEBIT

56 QVAE LEGES QVODQVE IOVS QVAEQVE CONSVETVDO L. MARCIO

57 SEX IVLIO COS INTER CIVEIS ROMANOS ET TERMENSES

58 MAIORES PISIDAS FVIT EAEDEM LEGES EIDEMQVE IOVS

59 EADEMQVE CONSVETVDO INTER CIVES ROMANOS ET

60 TERMENSES MAIORES PISIDAS ESTO QVODQVE QVIBVSQVE

61 IN REBVS LOCEIS AGREIS AEDIFICIEIS OPPIDEIS IOVRIS

62 TERMENSIVM MAIORVM PISIDARVM IEIS CONSVLIBVS

63 QVEI SVPRA SCRIPTEI SVNT FVIT QVOD EIVS PRAETER

64 LOCA AGROS AEDIFICIA IPSEI SVA VOLVNTATE AB SE NON

65 ABALIENARVNT IDEM IN EISDEM REBVS LOCEIS AGREIS

66 AEDIFICIEIS OPPIDEIS TERMENSIVM MAIORVM PISIDARVM

67 IOVS ESTO ET QVO MINVS EA QVAE IN HOC CAPITE SCRIPTA

68 SVNT ITA SINT FIANT EIVS HAC LEGE NIHILVM ROGATVR

69 QVAM LEGEM PORTORIEIS TERRESTRIBVS MARITIMEISQVE

70 TERMENSES MAIORES PHISIDAE CAPIVNDEIS INTRA SVOS

71 FINEIS DEIXSERINT EA LEX IEIS PORTORIEIS CAPIVNDEIS

---

56. *quodve* Ursin. 57. *Thermeses* Murat. 68. *Sun* Murat. 69. *maritumeisque* Sig. Ursin. 70. *Pisidae* Sig. — *capiundis* Sig. 71. *dixerint* — *capiundis* Sig.

72 ESTO DVM NE QVID PORTORI AB IEIS CAPIATVR QVEI PVBLICA

73 POPVLI ROMANI VECTIGALIA REDEMPTA HABEBVNT QVOS

74 PER EORVM FINEIS PVBLICANEI EX EO VECTIGALI TRANSPORTABVNT.

*XVIII.

LEGIS REPETUNDARUM,

FORTASSE JULIAE,

FRAGMENTA.

(A. U. 695. ante Chr. 59.)

Tabula aerea opisthographa, in cujus latere altero, fragmenta legis Pompejae de judiciis. Apud *Marinium* »Atti e monumenti dei fratelli Arvali. I. p. 40. et *Klenzium* Leg. Servil. fragm. Proleg. p. IV. not. 5.

. . proNONTI . .
. . . SCRIPTA . SVNT . AN . . .
. . . EORVM . QVOSVE . IS . . .
. . pEQVNIAM . CEPERIT . CE (coegerit etc.)
. . . . A . ERIT . LITERAIVE . TESTIVM . . .
. . . EMPTVS . ERIT . QVEI . AB . EO . .
. . . . . AS . FESTO . EJVSQVE . PEQVNIAe .
. . . . QVAM . EX . H . L . SIBEI . DECIA . . .
pr. FACITO . VTEI . IS . EAM . PEQVniam .
uteI . EX . H . L . OPORTEBIT . QVOD . . .
. . . FR (ex?) H . L . AGETVR . NON . SIT . .
eum quei petet eT . EVM VNDE . PETETVR . F . .
. . . . opTINEBIT . CONDEMNETVr
. . . N . JVDI . . . . . .

XIX.

LEX DEDICATIONIS.

(A. U. 695. ante Chr. 59.)

In oppido Turcone prope Aquiliam in Vestinis. Edita: 1) in *Fabretti* Inscriptt. p. 612. Cap. IX. nro. 99. — 2) apud *Muratorium* Nov. Thes. Inscriptt. Tom. II. p. 587. — 3) in »Sylloge inscriptionum veterum Sicularum et aliarum graecarum et latinarum ex schedis *Jac. Phil. d'Orville* edita;« in *Hujus* Siculorum P. II. (Amst. 1764. f.) p. 595. nro. 88. [4) apud *Orellium* in Collect. Inscriptt. Tom. I. p. 432. nro. 2488. *Sp.*]

E

Jac. Phil. d'ORVILLE Siculis P. II. (Amst. 1764. f.) p. 595. nro. 88.

1 L. AIENVS. L. F. Q. BAEBATIVS SEX. F. AEDEM DEDICAR. N.

2 IOVIS. LIBERI. FVRFONE. A. D. III. IDVS QVINCTILEIS L. PISONE.

3 A. SABINIO. COS. MENSE PLVSARE.

4 COMVLATEIS. OLLEIS. LEGIBIS. ILLEIS. REGIONIBVS. VTEI. EXTREMAE. VNDE. DVAE. LAPIDE.

5 FACTA. HOIVSQVE. AEDIS. ERGO. VTEI. QVE. AD. EAM. AEDE. SCALASQVE. LAPIDES. INVCTVENDO.

6 COLVMNAE. STANT. CITRA. SCALAS. AD. AEDEM. VERSVS. STIPITESQVE. AEDIS. HVMVS TABVLA

7 MENTA. QVAE. VTEI. TANGERE. SARCIRE. TEGERE. DEVEHERE. DEFIGERE. MANDARE. FERRO. OETI.

8 PROMOVERE. REFERRE. FASQVE ESTO. SEI. QVOD. AD. EAM. AEDEM. DONVM. DATVM. DONATVM DEDICATVM.

9 QVE. ERIT. VTEI. LICEAT. OETI. VENVM. DARE VBEI. VENVM. DATVM. ERIT. ID. PROFANVM ESTO VENDITIO.

10 LOCATIO. AEDILIS. ESTO. QVEM. QVOMQVE. VEICVS. FVRFENS. FECERNT. QVOD. SE. SENTIVNT EAM. REM.

11 SINE. SCELERE. SINE. PIACVLO. ALIS NE. POTESTO. QVAE. PEQVNIA. RECEPTA. ERIT. EA. PEQVNIA. EMERE.

12 CONDVCERE. LOCARE. DARE. QVO. ID. TEMPLVM. MELIVS. HONESTIVS SEIT. LICETO. QVAE PECVNIA AD. EAS.

13 RES. DATA. ERIT. PROFANA. ESTO. QVOD. D. M. NON ERIT. FACTVM. QVOD. EMPTVM. ERIT. AERE. AVT. ARGENTO

14 EA. PEQVNIA. QVAE. PEQVNIA. AD. ID. TEMPLVM. DATA. ERIT. QVOD. EMPTVM. ERIT. EIS. REBVS. EADEM

15 LEX. ESTO. QVASEI SEI. DEDICATVM. SIT. SEI. QVI HEIC. SACRVM. SVRVPVERIT. AEDILIS. MVLTATIO. ESTO.

16 QVANTIV. OLEIT. ID. QVE VEICVS FVRF. MI. PARS. FIFELTARES. SEI APSOLVERE. VOLENT. SIVE. CONDEMNARE.

17 LICETO. SEI. QVEI. AD. HVC. TEMPLVM. REM. DEIVINAM. FECERIT. IOVI. LIBERO. AVT. IOVIS. SENIO. PELLEIS.

18 CORIA. FANEI. SVNTO.

*XX.

LEGIS POMPEJAE
DE JUDICIIS FRAGMENTA.

(A. U. 699. ante Chr. 55.) *)

Tabula opisthographa, cujus alterum latus fragmenta legis alicujus repetundarum ostendit; publici juris facta: 1) a *Scipione Maffejo* in Museo Veronensi. p. CCCLXV. nro. 4. — 2) a *Marinio* in: »Atti e monumenti dei fratelli Arvali. I. p. 39. 40. not. 44. — 3) novissime a *Clem. Aug. Carol. Klenze* in: Fragm. leg. Servil. (1825.) Proleg. p. IV. not. 5; qui et hanc inscriptionem Maffejanam legis Pompejae de judiciis fragmentum esse, sibi persuasum habet, ex iis, quae ex hac lege *Asconius* de pilarum aequatione deque sortitione LI judicum (PILLIS. LI.) tradit in argumento Cic. Or. pro Milone.

. . OMNIS. IVdices . .
. . SI. EASQVE. PILAS OI (omnes?)
. . CVR. AEQVENTVRQVE . . .
. . PR. FACITO. VBEI. PILAE . . .
. . SORTICOLIS. SINGOLIS. SINGilatim distributis
. . SCRIPTVM. ERIT. EJVS. NON . . .
ex h. L. PRONONTIATVM. ERIT. EVm . .
. . AMQVE. QVAE. IN. EO. TRIBVNorum aerariorum ordine
. . ALITER. EA. NEI. DELETO. NEIVE
pr. judICES. OMNES. ITEM. SORTIRI. IVbeto . .
. . sententIAM. TOLERINT. QVOM. OMNI . .
. . . . MAT. IN. EAM. TABOLAM. QV . .
. . tessERAE. DVAE. AVT. NVLLA. Amplius
. . . SVNT. IN. QVIBVS. PILLIS. LI . . .
. . . VICIS. SIET. H. L. EAS. PILAS. . OMnes
. . . . OPORTEBIT. VN . . . .

---

*) Anno 701 eam adsignat Klenzius.

XXI.

LEX RUBRIA *)

DE

GALLIA CISALPINA.

(Post A. U. 705. ante Chr. 49.)

In tabula aenea eruta in ruderibus civitatis Velejatensis. Edita: 1) a *Joanne Raynaldo Carli* in opere: Antichita Italiche. T. I. (1788.) p. 135 — 149. cum versione Italica. — 2) a *Josepho Poggio*. 1790. f. — 3) a *Cajetano Marinio* in Opere: Gli Atti e Monumenti de' Fratelli Arvali. P. I. (Rom. 1795. 4.) p. 107 — 110. et P. II. (ib. eod.) p. 568 — 572. — 4) ab *Hugone* in: Civilistisches Magazin. Tom. II. Fasc. IV. p. 431 — 496, cum versione germanica. — 5) ab *Henrico Eduardo Dirksen* in Diss. inaug. jurid. proponens observationes ad selecta Legis Galliae Cisalpinae capita. Berolini 1812. 4. — 5) a *Petro de Lama* in Opere: Tavola legislativa della Gallia Cisalpina ritrovata in Veleja — e restuita alla sua vera lezione. Colle osservazioni ed annotazioni di due celebri Giureconsulti Parmigiani. Parma 1820. 4. **) Hac novissima editione destituti, damus textum secundum Dirksenii recensionem, cum ejusdem notis.

*) Conf. *G. F. Puchta* in: »Civilistische Abhandlungen,« Lips. et Berolin. 1823. nro. II. et in: *Hugo* »Civilistisches Magazin.« Tom. VI. Fasc. I. nro. 6. p. 123 — 128 *Hugo* Gesch. des Röm. Rechts. Ed. X. p. 6 — 8. Quidam legem latam esse volunt post annum 711, *Dirksenius*, post annum 713. *Sp.*

**) Conf. et ejusdem *Lamae*: Inscrizioni antiche collocate ne' muri della scala Farnese. (Parmae 1818. 4.), ubi plura habet de nostra lege in: Notizie preliminari. §. 3. p. 19 sq. not. 2. et §. 7. p. 37 sq. Isti illi Parmenses sunt *Ludovicus Bolla* et *Joh. Bapt. Comaschi*.

E recensione Marinii,

cum notis selectis Dirksenii.

Col. I.

IVSSVM. IVDICA. TVM. VE. ERIT. ID. RATVM. NE ESTO. QVODQVE QVIS IIII
QVE. QVOMQ. D. E. R. DECERNET. INTERDIICETVE. SEIVE. SPONSIONEM
FIEREI. IVDICAVERITVE.[1]) IVBEBIT. IVDICIVMVE. QVOD. D. E. R. DABIT. IS
IN. ID. DECRETVM. INTERDICTVM. SPONSIONEM. IVDICIVM. EXCEPTIO
NEM. ADDITO. ADDIVF.[2]) IVBETO. Q. D. R. OPERIS. NOVI. NVNTIATIONEM
II. VIR. IIII. VIR. PRAEFECTVSVE. EIVS. MVNICIPEI. NON REMEISSERIT
QVA. DE. RE. QVISQVE. ET. A. QVO. IN. GALLIA. CIS. ALPEINA. DAMNEI. INFECTEI
EX. FORMVLA. RESTIPVLAREI. SATISVE ACCIPERE. VOLET. ET. AB EO. QVEI xx.
IBEI. I. D.[3]) POSTVLAVERIT. IDQVE. NON. K. K.[4]) SE. FACERE. IVRAVERIT. TVM. ISQVO

. . . Jussum iudicatumue erit, id ratum ne esto; quodque quisque cunque de ea re decernet, interdicetue, siue sponsionem fieri iudicariue iubebit, iudiciumue quod de ea re dabit, is in id decretum, interdictum, sponsionem, iudicium, exceptionem addito, addiue iubeto: »*Qua de re operis noui nuntiationem Duumuir, Quatuoruir, Praefectusue eius municipii non remiserit.*«

XX. Qua de re quisque et a quo, in Gallia Cis-Alpina, damni infecti ex formula restipulari satisue accipere volet, et ab eo, qui ibi ius dicet, postulauerit, idque non calumniae caussa se facere iurauerit,

---

[1]) Iudicariue. — *Hugo.* [2]) ADDIVE legendum, praeeunte *Carlio.* [3]) Ius. Dicit. — *Carl.* — Melius: Ius. Dicet. [4]) Kalumniae. Kaussa. — *Id.* Cf. Valer. Probum de notis Rom.

D. E. R. INIVS. [5]) ADITVM. ERIT. EVM. QVEIINIVS EDVCTVS. ERIT. D. E. R. EX FORMV
LA. REPROMITTERE. ET. SEI. SATIS. DAREI. DEBEBIT. SATIS. DARE. IVBETO. DE
CERNITOQVEI. EORVM. ITA NON REPROMEISSERIT. AVT. NON. SATIS. DEDE
RIT SI QVID. INTERIM. DAMNI. DATVM. FACTVM. VE. EX. EA. RE. AVT. OB. E. R. EO
VE NOMINE. ERIT. QVAM OB REM. VT. EI. DAMNEI. INFECTEI. REPROMISSIO
SATISVE. DATIO. FIEREI. [6]) POSTVLATVM. ERIT. TVM. MAG. PROVE. MAG. II. VIR
IIII. VIR. PRAEFECVE. [7]) QVOQVOMQVE [8]) D. E. R. INIVS. ADITVM. ERIT. D. E. R. ITA. IVS
DEICITO. IVDICIA. DATO. IVDICAREQVE. [9]) IVBETO COGITO. PROINDE. ATQVE. SEI
D. E. R. QVOM. ITA. POSTVLATVM. ESSET. DAMN... [10]) INFECTEI. EX. FORMVLA
RECTE REPROMISSVM SATISVE DATVM. ESSET. D..... [11]) QVOD. ITA. IVDICIVM

tum is, quo de ea re in ius aditum erit, eum, qui in ius eductus erit, de ea re ex formula repromittere, et, si satisdari debebit, satisdare iubeto, decernito.

Qui eorum ita non repromiserit, aut non satisdederit, si quid interim damni datum, factumue, ex ea re, aut ob eam rem, eoue nomine, erit, quam ob rem, uti damni infecti repromissio satisuedatio fieret, postulatum erit, tum Magistratus Prouemagistratu, Duumvir, Quatuorvir, Praefectusue, quocunque de ea re in ius aditum erit, de ea re ita ius dicito, iudicia dato, iudicarique iubeto, cogito, proinde atque si de ea re, quum ita postulatum esset, damni infecti ex formula recta repromissum satisuedatum esset.

---

[5]) In Ius. — *Hugo.* [6]) FIERET. — *Id.* [7]) PRAEFEC. VE. i. e. Praefectusue. — *Carl.* — Cf. supra Lin. 6. et infra l. 28. [8]) QVODQVOMQVE. — *Id.* [9]) IVDICAREIQVE. — *Id.* [10]) DAMNEI. — *Id.* [11]) D. E. R. — *Id.*

DATVM. IVDICAREVE. IVSSVM. IVDICATVMVE. ERIT . .
VS. [12]) RATVMQVE. ESTO
DVM IN EA VERBA. SEIDAMNEI. INFECTEI. REPROMISSVM. NON. ERIT. IVDI
CIVM. DET. ITAQVE. IVDICARE. IVBEAT. I. F. S. [13]) ANTEQVAM. ID. IVDICIVM
Q. D. R. A. FACTVM. EST. Q. LICINIVS. DAMNI. [14]) INFECTEI. EO. NOMINE. Q. D
R. A. [15]) EAM. STIPVLATIONEM. QVAMIS. QVEI. ROMAE. INTER. PEREGREI
NOS. IVS. DEICET. INALBO. PROPOSITAM. HABET. L. SEIO. REPROMEISSISSET
TVM. QVIC. QVID. EVM. Q. LICINIVM. EX. EA. STIPVLATIONEL. [16]) SEIO. D. F. [17]) OPOR
TIRET. EX. F. B. D. Γ. IIS (sic.) E. I. [18]) Q. LICINIVM. L. SEIO. SEI. EX. DECRETO II. VIR

De ea re, quod ita iudicium datum, iudicareue iussum, iudicatumue erit, ius ratumque esto, dum in ea verba, si damni infecti repromissum non erit, judicium det, itaque iudicare iubeat: »*(Iudex fiat si,)* »*antequam id iudicium, qua de re agitur, factum* »*est, Quintus Licinius damni infecti, eo nomine,* »*qua de re agitur, eam stipulationem, quam is,* »*qui Romae inter peregrinos ius dicet, in albo pro*»*positam habet, Lucio Seio repromisisset, tum quid*»*quid eum Q. Licinium ex ea stipulatione L. Seio* »*dare facere oporteret ex fide bona, dare facere* »*sestertios . . . eum iube Q. Licinium L. Seio.*

---

12) IVS. — *Id.* 13) V. C. *Hugo*, F. in E. mutato, interpretatur: Iudex Esto! Si, etc.; satis recte, uti videtur; nam de confusione F. et E. litterarum tam Lex nostra, (I. 5. II. 26.) quam Heracleensis Tabula (Lin. 2. 15. 69. 85.) multa exempla praebent. (Cf. *Conradium* ad Tab. Heracl. Lin. 15. l. in Parerg. III. 3.) (Retractavit conjecturam suam Cl. *Hugo* in: Beiträge zur civil. Bücherkenntiſs. Tom. II. p. 129., nunc proponens *Judicium fiat*). *Sp.* Sed aliam interpretationem mecum communicauit Vir Illustr., qui litteram F. integram servandam, et utrumque siglum ita accipiendum esse putat: Iudicem Facio, vel, Iudex Fiat! 14) DAMNEI. — *Carl.* 15) *Carlius* exhibet: Q. D. KA., quod ita interpretatur: Qua De KAussa. 16) Stipulatione. L. (i. e. Lucio.) etc. 17) Dare Facere. — *Carl.* 18) Ex. Fide. Bona. Dare. Facere. Sestertios . . . Eum. Iube. — *Hugo.*

IIIIVIR . [19]) PRAEFEC . VE . MVTINENSIS . QVOD . EIVS . IIVIR . IIII . VIR . PRAEFEC
VE EX . LEGE . RVBRIA . SEIVE . ID . PL . VE . SC . [20]) EST DECREVERITQ . [21]) LICINIVS EO
NOMINE . QVA . D . R . A . L . SEIO . DAMNEI . INFECTEI . REPROMITTERE . NO
LVIT . C . S . N . P . A . AVT . SEI . DAMNEI . INFECTEI . SATIS DATVM . NON ERIT
IN EA . VERBA . IVDICIVM . DET . I . F . S . ANTEQVAM . ID . IVDICIVM . Q . D . R . A
FACTVM . EST . Q . LICINIVS . DAMNEI . INFECTEI . EO . NOMINE . Q . D . R . A . EA
STIPVLATIONE . QVAM . ISQVEI . ROMAE . INTER . PEREGRINOS . IVS . DEICET
INALBO . PROPOSITAM . HABET . L . SEIO . SATIS . DEDISSET . TVM . Q . Q . [22]) EVM
Q . LICINIVM . EXEA . STIPVLATIONE . L . SEIO . D . F . OPORTERET . EX . F . B . D . F
E . I . Q . LICINIVS . [23]) L . SEIO . SEI . EX DECRETO

»*Si ex decreto Duumuiri, Quatuoruiri, Praefectiue* »*Mutinensis, quod eius Duumuir, Quatuoruir, Prae-* »*fectusue, ex Lege Rubria siue id Plebisuescitum est,* »*decreuerit, Q. Licinius, eo nomine, qua de re agitur,* »*L. Seio damni infecti repromittere noluit* (*c.s.n.p.a.*)*).« Aut si damni infecti satisdatum non erit, in ea verba iudicium det: »*(Iudex fiat, si,) antequam id iudi-* »*cium, qua de re agitur, factum est, Q. Licinius* »*damni infecti, eo nomine, qua de re agitur, ea* »*stipulatione, quam is, qui Romae inter peregrinos* »*ius dicet, in albo propositam habet, L. Seio satis* »*dedisset, tum, quidquid eum Q. Licinium ex ea* »*stipulatione L. Seio dare facere oporteret ex fide* »*bona, dare facere eum iube Q. Licinium L. Seio,*

---

[19]) II Viri. IIII Viri. — *Hugo.* [20]) Plebisue Scitum. — *Carl.* [21]) Decreuerit. Q. (i. e. Quintus.) [22]) Quid Quid. — *Carl.* [23]) Licinium. — *Hugo.*

*) i. e. Condemna Si Non Paret Absolve. Conf. *Hugo* Beiträge l. l. *Sp.*

II. VIR. IIII. VIR. [24]) PRAEF. VE [25]) MVTI
NENSIS. QVOD. EIVS. IS. II. VIR. IIII. VIR. PRAEFEC. [26])
EX. LEGE. RVBRIA. SEI
VE. ID. PL. VE. SC. EST. DECREVERIT. Q. LICINIVS.
EO NOMINE. Q. D. R. A
L. SEIO. DAMNEI. INFECTEI. SATIS. DARE. NOLVIT.
C. S. N. P. A. DVM. II. VIR
IIII. VIR. ID. PRAEFECVE. D. E. R. IVS. ITA. DEICAT.
CVRETVE. VT. EI. [27]) EA. NO
MINA ET. MVNICIPIVM. COLONIA. LOCVS. INEO. IVDI-
CIO QVOD. EX. IEIS
QVAE PROXSVME. SS. [28]) ACCIPIENTVR. INCLVDEN-
TVR. [29]) CONCIPIANTVR
QVAE. INCLVDEI. CONCIPEI. S. D. M. [30]) OPORTERET. [31])
DEBEBITVE. NE QVID
EI. QVEI. D. E. R. AGET. PETETVE. CAPTIONEI. OB
E. R. AVT. EO. NOMINE. ESSE

»si ex decreto Duumuiri, Quatuoruiri, Praefectiue »Mutinensis, quod eius is Duumuir, Quatuoruir, »Praefectus, ex Lege Rubria siue id Plebisue sci- »tum est, decreuerit, Q. Licinius, eo nomine, qua »de re agitur, L. Seio damni infecti satisdare no- »luit (c. s. n. p. a.).«

Dum Duumuir, Quatuoruir Iuri Dicundo, Praefectusue de ea re ius ita dicat, curetue, uti ea nomina et municipium, colonia, locus, in eo iudicio, quod ex iis, quae proxime scripta sunt, accipiantur, includantur, concipiantur, quae includi, concipi sine dolo malo oportebit, debebitue, ne quid ei, qui de ea re aget, petetue, captioni ob eam rem, aut eo nomine, esse possit;

---

[24]) II Viri. IIII Viri. — *Hugo.* [25]) PRAEFECVE. — *Carl.* [26]) PRAEFECVE. — *Id.* [27]) Vtei. — *Hugo.* [28]) S.S. id est, Scripta Sunt. — *Carl.* [29]) Accipiantur, Includantur. — *Hugo.* [30]) Sine Dolo Malo. — *Marinius.* (l. l. Vol. II. p. 571.) [31]) OPORTEBIT. — *Carl.*

POSSIT. NEIVE. EA. NOMINA. QVA. (sic) INEARVM. QVA. FORMVLA. QVAE. S
S. S. [32] AVT. MVTINA. INEO. IVDICIO. INCLVDEI. CONCIPEI. CVRET. NISEI
IEI. QVOS. INTER. ID. IVDICIVM. ACCIPIETVR. LEISVE. [33] CONTESTABITVR
IEIS. NOMINIBVS. FVERINT. QVAE. INEARVM. QVA. FORMVLA. S. S. EST [34]
ET. NISEI. SEI. MVTINAE. EA. RES. AGETVR. NEIVE. QVIS. MAG. PROVE. MAG
NEIVE. QVIS. PRO. QVO. IMPERIO. POTESTATEVE. ERIT. INTERCEDITO. [35] NEI
VE. QVID. ALIVD. FACITO. QVO. MINVS. D. E. R. ITA IVDICIVM. DETVR

Col. II.

IVDICETVRQVE.

AQVOQVOMQ. PECVNIA. CERTA. CREDITA. SIGNATA. FORMA. P. P. R. [1] INEORVM. QVO. O. M. C. P

Neue ea nomina, qua in earum qua formula quae supra scripta sunt, aut Mutina, in eo iudicio includi, concipi curet, nisi ii, quos inter id iudicium accipietur, lisue contestabitur, iis nominibus fuerint, quae in earum qua formula supra scripta (sunt,) et nisi si Mutinae ea res agetur.

Neue quis Magistratus, Prouemagistratu, neue quis, pro quo imperio potestateue erit, intercedito, neue quid aliud facito, quo minus de ea re ita iudicium detur iudiceturque.

XXI. A quocunque pecunia certa credita, signata forma publica Populi Romani, in eorum quo oppido,

---

[32] Supra Scripta Sunt. — *Carl.* [33] IEISVE. — *Id.* [34] Supra Scripta Sunt. — *Hugo.* [35] INTERCEDITVM. — *Carl.*

[1] Publica Populi Romani. — *Marinius* l. l.

F. V. C. C. TVE. [2]) QVAE. SVNT. ERVNTVE. INGALLIA. CISALPEINA. PETETVR. QVAE. RES. NON PLVRIS. HS. XV. ERIT. SEI IS. EAM. PECVNIAM. INIVRE. APVD. EVM. QVEI. IBEI. I. D. P. [3]) EI. QVEI EAM. PETET. AVT. EI. QVOIVS. NOMINE. AB EO. PETETVR. D. O. [4]) DEBEREVE. SE CONFESSVS ERIT. NEQVE. ID. QVOD. CONFESSVS. ERIT. SOLVET. SATISVE. FACIET. AVT. SE. SPONSIONE IVDICIOQVE. VTEIVE. OPORTEBIT. NON. DEFENDET. SEIVE. IS. IBEI. D. E. R. INIVRE. NON RESPONDERIT. NEQVE. D. E. R. SPONSIONEM. FACIET. NEQVE. IVDICIO. VT EI. OPORTEBIT SE. DEFENDET. TVM. DE. EO. A. QVO. EA. PECVNIA. PETEITA. ERIT. DEQVE. EO. QVOI. EAM PECVNIAM. D. O. [5]) S. [6]) RES. LEX. IVS. CAVSSAQVE.

municipio, colonia, praefectura, foro, vico, conciliabulo, castelloue, quae sunt, eruntue, in Gallia CisAlpina, petetur, quae res non pluris sestertium quindecim mille erit, si is eam pecuniam in iure, apud eum, qui ibi iuri dicundo praeerit, ei, qui eam petet, aut ei, cuius nomine ab eo petetur, dare oportere, debereue se confessus erit, neque id, quod confessus erit, soluet, satisue faciet, aut se sponsione, iudicioque, utiue oportebit, non defendet, siue is ibi de ea re in iure non responderit, neque de ea re sponsionem faciet, neque iudicio, uti oportebit, se defendet, tum de eo, a quo ea pecunia petita erit, deque eo, cui eam pecuniam dare oportebit, sirems res, lex, ius,

---

[2]) *Carlius* ita interpretur: Quolibet Oppido, Municipio, Colonia, Praefectura, Foro, Vico, Conventu, Conciliabulo, Trinundinoue. — *Marinius* (l. l.) aliam solutionem proponit: In Eorum Quo Oppido, Municipio, Colonia, Praefectura, Foro, Vico, Castello, Conciliabulo, Triuioue. *Hugo* V. C. (in adnotatt. ad h. l.). Marinii interpretationem secutus est, excepto ultimo TVE., quod pro TerminnVE accipit; sed *in der Rechtsgesch.* (edit. quartae l. l.), sententia mutata, »*Tribu*VE« legendum esse putat. Sed viri eruditissimi me docuerunt — siglas C. TVE. corripiendas ac ita interpretandas esse: *Cas Tello*VE; litera T. posteriori C addita, ut faciliore negotio a priore C. (conciliabulo) discerneretur. (Iis adsentit *Hugo* Beiträge l. l. *Sp.*) [3]) Iuri Dicundo Praeerit. [4]) Dare. Oportere. — *Carl.* [5]) Dare. Oportebit. — *Hugo.* [6]) Siremps.

O. O. R. [7]) ESTO. ATQVE. [8]) VTEI. ESSET. ESSEVE
OPORTERET SEI. IS. QVEI. ITA. CONFESSVS. ERIT.
AVT. D. E. R. NON. RESPONDERIT. AVT. SE
SPOSIONE. IVDICIOQVE. VTEI. OPORTEBIT. NON. DE-
FENDERIT. EIVS. PECVNIAE. IEI
QVEI. EAM. SVO. NOMINE. PETIERIT. QVOIVE. EAM.
D. O. EX. IVDICIEIS. DATEIS. [9]) IVDI
CAREVE. RECTE. IVSSEIS. IVRE. LEGE. DAMNATVS.
ESSET. FVISSET. QVOIQVE. QVOMQVE
II. VIR. IIII. VIR. PRAEFECVE. VBEI. [10]) I. D. P. IS.
EVM. QVEI. ITA. QVID. CONFESSVS. ERIT
NEQVE. ID. SOLVET. SATISVE. FACIET. EVM. QVEI.
SE. SPONSIONE. IVDICIOVE. VTEIVE
OPORTEBIT. NON. DEFENDERIT. AVT. INIVRE. NON.
RESPONDERIT. NEQVE. ID. SOLVET
SATISVE FACIET. T. P. [11]) QVANTA. EA. PECVNIA. ERIT.
DE. QVATVM. INTER. EOS. AM

caussaque omnibus omnium rerum esto, atque uti esset, esseue oporteret, si is, qui ita confessus erit, aut de ea re non responderit, aut se sponsione iudicioque, uti oportebit, non defenderit, eius pecuniae ei, qui eam suo nomine petierit, cuiue eam dare oportebit, ex iudiciis datis, iudicareue recte iussis, iure, lege damnatus esset, fuisset.

Quique cunque Duumuir, Quatuoruir, Praefectusue (ibi) iuri dicundo praeerit, is eum, qui ita quid confessus erit, neque id soluet, satisue faciet, eum, qui se sponsione iudicioue, utiue oportebit, non defenderit, aut in iure non responderit, neque id solvet, satisuefaciet, tantae pecuniae, quanta ea pecunia erit, de qua tum inter eos ambigetur, duntaxat (sertertium)

---

[7]) Omnibus. Omnium. Rerum. — *Marinius* l. l. [8]) ADQVE. — *Carl.* — *Hugo* V. C. pro »*Atque,*« »*Aeque*« reponendum esse putat. (Retractavit opinionem in: Beiträge l. l. p. 131. *Sp.*) [9]) EX. IVDICEIS. DATIS. — *Carl.* [10]) Ibei. — *Hugo.* [11]) *Marinius,* (l. l. pag. 572. pr.) praeeunte Carlio, recte interpretatus est: »*Tantae Pecuniae.*«

BIGETVR. DVM. T. . .[12]) $\overline{XV}$. S. F. S.[13]) DVCI. IV-
BETO. QVEIQVE. EORVM. QVEM. ADQVEM
EA. RES. PERTINEBIT. DVXSERIT. ID. EI. FRAVDI. POE-
NAEVE. NE. ESTO. QVODQVE.[14]) ITA. FAC
TVM. ACTVM. IVSSVM. ERIT. ID. IVS. RATVMQVE.
ESTO. QVO. MINVS. IN. EVM. QVEI. ITA
VADIMONIVM. ROMAM. EX DECRETO. EIVS. QVEI. IBEI.
I. D. P. NON. PROMEISSERIT
AVT. VINDICEM. LOCVPLETEM. ITA. NON. DEDERIT.
OB. E. R. IVDICIVM. RECVP.[15]) IS. QVEI
IBEI. I. D. P. EX. H. L. DET. IVDICAREIQVE. D. E.
R. IBEI. CVRET. EX. H. L. N. R.[16])
AQVO. QVID. PRAETER. PECVNIAM. CERTAM. CREDI-
TAM. SIGNATAM. FORMA. P. P. R.
IN EORVM. QVO. O. M. C. P. E.[17]) (sic.) V. C. C. TVE.
QVAESVNT. ERVNTVE. IN GALLIA. CIS. ALPEIS[18]) XXII.
(sic.)

quindecim mille, sine fraude sua duci iubeto; quique eorum quem, ad quem ea res pertinebit, duxerit, id ei fraudi poenaeue ne esto; quodque ita factum, actum, iussum erit, id ius ratumque esto.

Quo minus in eum, qui ita vadimonium Romam, ex decreto eius, qui ibi iuri dicundo praeerit, non promiserit, aut vindecim locupletem ita non dederit, ob eam rem iudicium recuperatorium is, qui ibi iuri dicundo praeerit, ex hac lege det, iudicarique de ea re ibi curet, ex hac lege nihil rogatur.

XXII. A quo quid praeter pecuniam certam creditam, signatam forma publica Populi Romani, in eorum quo oppido, municipio, colonia, praefectura, foro, vico, conciliabulo, castelloue, quae sunt, eruntue, in Gallia cis Alpes, petetur, quodue cum eo agetur,

---

[12]) *Marinius* (l. l.) optime exponit: »*Dum Taxat.*« [13]) Sine Fraude Sua. [14]) QVOQVE. — *Carl.* [15]) Iudicium Recuperatorium. [16]) Ex Hac Lege Nihil Rogatur. [17]) F. — *Carl.* [18]) CISALPEIN. — *Id.*

PETETVR. QVODVE. QVOM. EO. AGETVR. QVAE. RES. NON. PLVRIS. HSXV. ERIT. ET. SEI

EA. RES. ERIT. DE. QVARE OMNEI. PECVNIA. IBEI. IVS. DEICEI. IVDICIAVE. DAREI. EX. H. L. DO [19])

SEI. IS. EAM. REM. QVAE. ITA. AB. EO. PETETVR. DEVE. EA. RE. CVM. EO. AGETVR. EI. QVEI. EAM

PETET. DEVE. EA. RE. AGET. AVT. IEI. QVOIVS. NOMINE. AB. EO. PETETVR. QVOMQVE. [20]) EO. AGE

TVR. INIVRE. APVD. EVM. QVEI. IBEI. I. D. P. D. E. P. [21]) RESTITVEREVE. OPORTERE. AVT

SE. DEBERE. EIVSVE. [22]) EAM. REM. ESSE. AVT. SE. EAM. HABERE. EAMVE. REM. DE

QVA. ARGVETVR. SE. FECISSE. OBLIGATVMVE. SE. EIVS. REI. NOXSIAEVE. ESSE. CONFES

quae res non pluris sestertium quindecim mille erit, et si ea res erit, de qua re omni pecunia ibi ius dici, iudiciaue dari ex hac lege (debebit oportebit,) si is eam rem, quae ita ab eo petetur, deue ea re cum eo agetur, ei, qui eam petet, deue ea re aget, aut ei, cuius nomine ab eo petetur, cumque eo agetur in iure, apud eum, qui ibi iuri dicundo praeerit, dare, (facere,) praestare, restituereue oportere, aut se debere, eiusue eam rem esse, aut se eam habere, eamue rem, de qua arguetur, se fecisse, obligatumue se eius rei, noxiaeue, esse, confessus erit, dixeritue, neque de ea re satis, uti oportebit, faciet,

---

[19]) D. O. — *Carl.* Quae sigla hoc loco per »*Dare Oportet,*« (siue, quod magis placet, »*Dare Oportebit*«) exponere contextus ratio vetat; interpretor itaque »*Debebit Oportebit.*« [20]) QVOMVE. — *Carl.* [21]) Iuri Dicundo Praeest, Dare, Edere, Praestare. — *Hugo.* — *Marinius* (l. l. pag. 572.) suspicari videtur, ex siglis nostris E. in F. mutandum esse; de quarum litterarum commutatione supra iam (l. 22.) exempla in medium protulimus. Hanc Marinii coniecturam verissimam esse puto, tum propter verborum »*Dare Facere Praestare*« usitatissimam conjunctionem, (L. 37. D. de Oper. libert. L. 6. C. eod. Tabula de mancipatione monumenti, apud Gruter. l. laud: MLXXXI.) tum, quia eadem verba in Capite nostro (Lin. 39.) iterum occurrunt, et Lineae 38. 39. verba linearum 29—37., contracta quidem, accurate referunt. (Adsentit Marinio *Hugo* Beitr. l. l. p. 132. *Sp.*) [22]) EIVSQVE. — *Carl.*

SVS. ERIT. DEIXSERITVE. [23]) NEQVE. D. E. R. SATIS. VTEI. OPORTEBIT. FACIET. AVT. SEI. SPON
SIONEM.' FIEREI. OPORTEBIT. SPONSIONEM. NON. FACIET. NON. RESTITVET
NEQVE. SE. IVDICIO. VTEI. OPORTEBIT. DEFENDET. AVT. SEI. D. E. R. INIVRE
NIHIL. RESPONDERIT. NEQVE. D. E. R. SE. IVDICIO. VTEI. OPORTEBIT. DEFENDET
TVM. DE EO. AQVO. EA. RES. ITA. PETETVR. QVOMVE. EO. D. E. R ITA. AGETVR. DEQVE
EO. QVOI. EAM. REM. D. F. P. [24]) RESTITVI. SATISVE. D. E. R. FIEREI. OPORTEBIT
S. L. R. I. C. Q. O O. R. E. ATQVE. VTEI. ESSET. ESSEVE. OPORTERET. SEI. IS. QVEI. ITA
QVID. EARVM. RERVM. CONFESSVS. ERIT. AVT. D. E. R. NON. RESPONDERIT. NEQ
SE. IVDICIO. VTEI. OPORTEBIT. DEFENDERIT DE. IEIS. REBVS. ROMAE. APVD. PR. [25])
EVMVE. QVEI. DE. IEIS. REBVS. ROMAE. I. D. P. ESSET. INIVRE. CONFESSVS ESSET

aut, si sponsionem fieri oportebit, sponsionem non faciet, non restituet, neque se iudicio, uti oportebit, defendet, aut si de ea re in iure nihil responderit, neque de ea re se iudicio, uti oportebit, defendet, tum de eo, a quo ea res ita petetur, cumue eo de ea re ita agetur, deque eo, cui eam rem dari, fieri, praestari, restitui, satisue de ea re fieri oportebit, sirems lex, res, ius, caussaque omnibus omnium rerum esto, atque uti esset, esseue oporteret, si is, qui ita quid earum rerum confessus erit, aut de ea re non responderit, neque se iudicio, uti oportebit, defenderit, de iis rebus Romae apud Praetorem, cumue, qui de iis rebus Romae iuri dicundo (prae) esset, in

23) DIXERITQVE. — *Carl.* 24) Dari. Fieri. Praestari. — *Hugo.*
25) PRaetorem. — *Carl.*

AVT. IBEI. D. E. R. NIHIL. RESPONDISSET. AVT. IV-
DICIO. SE. NON. DEFENDISSET
PRO. [26]) ISVE. QVEI. D. E. R. ROMAE. I. D. P. IN.
EVM. ET. INHEREDEM. EIVS. D. E. R. OM
NIBVS. ITA. IVS. DEICITO. DECERNITO. EOSQVE. DVCI.
BONA. EORVM. POSSIDERI
PROSCREIBEI. VE. VENEIREQVE. IVBETO. AC. SEI. IS.
HERESVE. EIVS. D. E. R. IN
IVRE. APVD. EVM. PR. EVMVE. QVEI. ROMAE. I. D. P.
PRAESSE. [27]) CONFESSVS ES
SET. AVT. D. E. R. NIHIL. RESPONDISSE. [28]) NEQVE.
SE. IVDICIO. VTEI. OPORTVIS
SET. DEFENDISSET. DVM. NEQVIS. D. E. R. NISEI.
P. R. [29]) ISVE QVEI. ROMAE. I. D. P
EORVM. QVOIVS. BONA. POSSIDEREI. PROSCREIBEI.
VENEIRE. DVCEIQVE
EVM. IVBEAT.
XXIII. QVEIQVOMQVE. IN EORVM. QVO. O. M. C. P. F. V.
C. C. T. VE. QVAE. IN. GAL

iure confessus esset, aut ibi de ea re nihil respondisset, aut iudicio se non defendisset.

Praetor, isue, qui de ea re Romae iuri dicundo praeerit, in eum, et in heredem eius, de ea re omnibus ita ius dicito, decernito, eosque duci, bona eorum possideri, proscribiue, venireque iubeto, ac si is, heresue eius, de ea re in iure apud eum Praetorem, eumue, qui Romae iuri dicundo (poterit) praeesse, confessus esset, aut de ea re nihil respondisset, neque se iudicio, uti oportuisset, defendisset;

Dum ne quis de ea re nisi Praetor, isue, qui Romae iuri dicundo praeerit, eorum cuius bona possideri, proscribi, venire, ducique eum iubeat.

XXIII. Quicunque in eorum quo oppido, municipio, colonia, praefectura, foro, vico, conciliabulo, castel-

---

[26]) RR. i. e. PRaetor. — *Hugo.* [27]) Iuri Dicundo Poterit Praeesse? — *Id.* (Sed in: Beitr. l. l. p. 132. — *I. D. praeest, praeesset. Sp.*)
[28]) RESPONDISSET. — *Carl.* [29]) PR. (PRaetor.) — *Id.*

LIA. CISALPEINA. SVNT. ERVNT, I. D. P. IS. INTER. EOS. QVEI. DE. FAMI
LIAE (sic) ERCISCVNDA. [30]) DEIVIDVNDA. IVDICIVM. SIBEI. DAREI. REDDEI. VE
IN EORVM. QVO. O. M., C. P. F. V. C. C. T. VE. QVAE. S. S. S. POSTV
LAVERINT. [31]) ITA. IVS. DEICITO. DECERNITO. IVDICIA. DATO. IVDICARE
IVBETO. VTEI. IN. EO. O. M. C. P. F. V. C. C. T. VE. INQVO IS QVOIVS . . .

loue, quae in Gallia CisAlpina sunt, erunt, iuri dicundo praeerit, is inter eos, qui de familia herciscunda, diuidunda, iudicium sibi dari, reddiue, in eorum quo oppido, municipio, colonia, praefectura, foro, vico, conciliabulo, castelloue, quae supra scripta sunt, postulauerint, ita ius dicito, decernito, iudicia dato, iudicare iubeto, uti in eo oppido, municipio, colonia, praefectura, foro, vico, conciliabulo, castellove, in quo is, cuius . . .

---

[30]) FAMILIA. HERCISCVNDA. — *Carl.* [31]) Postul — Auerint. — *Id.*

XXII. XXIII.

MONUMENTUM

APHRODISIENSE ET PLARASENSE.

(A. U. 714 et 717. ante Chr. 40 et 37.)

Apud *Chishullum* in: Antiquitates Asiaticae. Lond. 1728 f., tum in Editione Taciti *Oberliniana.* Lips. 1801. 8. Tom. II. p. 835; novissime in *Henr. Ed. Dirksen* »Versuche zur Kritik und Auslegung des röm. Rechts.« (Lips. 1823. 8.) p. 199—202.

Conf. *Taciti* Annal. III. 62. et vide *Eckhelii* doctrinam numor. vett. Tom. IV. p. 272. et *Platzmannum* de milit. honesta miss. Lips. 1818. 4. p. 27.

E recensione et versione Chishulli.

(Verba uncinis inclusa vel dubiae lectionis sunt, vel supplementa a Chishullo addita.)

I.

[*Μ. Ἀντώνιος αὐτοκράτωρ ὕπατος ἀποδεδει*] *γμένος τὸ β. καὶ*[*τὸ γ.*] *τριῶν ἀνδρῶν τῇ δ.* *) *τῶν δημοσίων πραγμάτων διατάξεως Πλαρασέων καὶ Ἀφροδεισιέων ἄρχȣσιν, βουλῇ, δήμῳ, χαίρειν.*

Εἰ ἔῤῥωσθε εὖ ἂν ἔχοι, ὑγιαίνω δέ καὶ αὐτὸς μετὰ [*τȣ̃*] *στρατεύματος. Σόλων Δημητρίȣ ὑμέτερος πρεσβευτὴς ἐπιμελέστατα πεφροντικὼς τῶν τῆς πόλεως ὑμῶν πραγμάτων, οὐ μόνον ἠρκέσθη ἐπὶ τοῖς γεγονόσιν οἰκονο*[*μή*] *μασιν, ἀλλὰ καὶ ἡμᾶς παρεκάλεσεν εἰς τὸ τȣ̃ γεγονότος ὑμῖν ἐπικρίματος καὶ δόγματος καὶ ὁρκίȣ καὶ νόμȣ ἀντιπεφονημένα ἐκ τῶν δημοσίων δέλτων ἐξαποστεῖλαι ὑμῖν τὰ ἀντίγραφα.*

---

*) i. e. *τῇ δευτεραίᾳ.* *Chishull.*

Ἐφ' οἷς ἐπαινέσας τὸν Σόλωνα μᾶλλον ἀπεδεξάμην, ἔσχον τε ἐν τοῖς ὑπ' ἐμȣ̃ γεινωσκομένοις, ᾧ καὶ τὰ καθήκοντα ἀπεμέρισα φιλάνθρωπα, ἄξιον ἡγησάμενος τὸν ἄνδρα τῆς ἐξ ἡμῶν τειμῆς. Ὑμῖν τε συνήδομαι ἐπὶ τῷ ἔχειν τοιȣ̃τον πολείτην.

Ἔστιν δὲ ἀντίγραφα τῶν γεγονότων ὑμῖν φιλανδρώπων τὰ ὑπογεγραμμένα, ἃ ὑμᾶς βούλομαι ἐν τοῖς δημοσίοις τοῖς παῤ ὑμῖν γράμμασιν ἐντάξαι.

Γράμματα Καίσαρος.

[M. Antonius Imperator Consul desig]natus iterum et [tertium] Triumvir [secundum] Reipub. Constituend. Plarasensium et Aphrodisiensium archontibus, concilio, populo, salutem.

Si valetis bene sit, ego quoque cum exercitu valeo. Solon Demetrii F. legatus vester, adhibita de rebus civitatis vestrae diligentissima cura, non solum ea, quae facta est rerum dispositione contentus fuit, sed et nos rogavit, ut exemplaria confirmationis vobis concessae, et decreti et juramenti, et legis expressa ex publicis tabulis vobis transmitterem. Hanc ob rem collaudans Solonem familiarius eum accepi habuique inter mihi cognitos; cui etiam ea, quae par erat, beneficia impertitus sum, dignum existimans hominem illo apud nos honore; vobisque congratulor, qui talem habetis civem.

Sunt vero infra scripta beneficiorum vobis indultorum exemplaria, quae inter publica apud vos scripta referri volo.

Litterae Caesaris.

II.

. . . . . *[ὕπατοι λόγȣς ἐποιήσαντο. Ἀρέσκειν τῇ Συγκλήτῳ περὶ ὧν ὁ Γάϊος Καῖσαρ ὑπὲρ Πλαρασέων καὶ Ἀφροδεισιέων ἔκρινεν, αὐτȣ̀ς κατὰ τὰ δί]καια ἐσθλά τε [πάντ]α ἐλευθέρȣς εἶναι, τῷ δε δικαίῳ, καὶ ταῖς [νομοθεσίαις ταῖς ἰδίαις τὴν πόλ]ιν τὴν Πλαρασέων καὶ Ἀφροδεισιέων χρῆ-*

σθαι, μήτε ἐγγύην ἐ[ισφέρειν, τȣτοις κατὰ τὸ παρὸν δόγμα κ]αὶ κέλευσιν ὁμολογεῖν. Ἅ τέ τινὰ ἔπαθλα τειμὰς φιλάνθρω[πα . . . τρεῖς ἄνδρες ὅ]ι τῆς τῶν δημοσίων πραγμάτων διατάξεως τῷ ἰδίῳ ἐπικρίματι Πλ[αρασεῦσι καὶ Ἀφροδεισιεῦσ]ι προσεμέρισαν, προσμεριȣσιν, συνεχώρησαν, συνεχωρήσȣσιν, τᾶ[υτα βέβαια γ]ενέσθαι. Ὁμοίως τε ἀρέσκειν τῇ Συγκλήτῳ τόν δῆμον τὸν Πλα[ρασέων καὶ Αφροδεἰσιέ]ων τὴν ἐλευθερίαν καὶ τήν ἀτέλειαν ἀυτȣς πάντων τῶν πραγ[μάτων ἔχειν καθ]άπερ τις πολιτεία τῷ καλλίστῳ δικαίῳ καλλίστῳ τε νόμῳ ἐστιν [χρωμένη, ἣ ἀπὸ δήμ]ου τοῦ Ῥωμαίων τὴν ἐλευθερίαν καὶ τὴν ἀτέλειαν ἔχει, φίλη τε καὶ σύ[μμαχος οὖσα. Τὸ δὲ] τέμενος Θεᾶς Ἀφροδίτης ἐν πόλει Πλαρασέων καὶ Ἀφροδεισιέων ἱερὸν ἔ[στω] ταυτῷ τῷ δικαίῳ, ταυτῇ δὲ δεισιδαιμονίᾳ, ᾧ δικαίῳ, καὶ ἡ δεισ[ιδαιμονία τὸ Ἐφε]σίας ἐστὶν ἐν Ἐφέσῳ. Κύκλῳ τε ἐκείνȣ τȣ ἱερȣ εἴτε τέμενος, εἶτ[ε ἱερὸς] τόπος ἄσυλος ἔστω. Ὅπως τε ἡ πόλις καὶ οἱ πολεῖται οἱ Πλαρασέων [και Ἀφροδεισιέων τῶ]ν κωμῶν, χωρίων, ὀχυρωμάτων, ὅρων, προσόδων πρὸς τὴν φιλίαν, τὸ [ἐφ' ἡμ]ῖν, κρατῶσιν, χρῶνται, καρπίζονταί τε, πάντων τῶν πραγμάτων ἀτε[λεῖς, μήτε φόρον δ]ιά τινὰ αἰτίαν ἐκείνων διδόναι, μηδὲ ξυνεισφέρειν ὀφείλωσιν, [ἀλλ' αὐτ]οῖς κατ' οὖσαν μετὰ ταῦτα ἐν ἑαυτοῖς κίρωσιν χρῶν[ται] . . . .

[Consules retulerunt, placere Senatui, quantum ad ea quae de Plarasensibus et Aphrodisiensibus Cajus Caesar censuit; quoad] jura commodaque [omni]a liberos eos fore, suo quoque jure [suisque legibus patriis uti], neve sponsionem aliquam [afferre Plarasensium et Aphrodisiensium civitatem; his omnibus per praesens hoc decretum] et jussionem consentire. Quinetiam quaecunque praemia, honores, bene[ficia . . . . Triumviri] R. C. propria sua comprobatione Pla[rasensibus et Aphrodisiensibu]s largiti sunt, largienturve, concesserunt, concedentve, ea [rata et firma] fore. Simili etinm modo Senatui placere, populum Pla[rasensium et Aphrodisiensi]um quoad[res] omnes libertatem habere et immunitatem [pro]ut quaevis alia civitas optimo jure optimaque lege [usa, quae a Populo]

Romano libertatem habet et immunitatem, amica [sociaque nostra. Templum] autem Deae Veneris in urbe Plarasensium et Aphrodisiensium sacrum eodem jure eademque religione [esto] quo jure [quaque religione] est Deae Ephesiae in Epheso. Quodque in circuitu est istius templi, sive septum sive [sacer locus] jure asyli esto. Ut autem civitas civesque Plarasenses [et Aphrodisienses] vicos, castella, munitiones, fines, proventus, amicorum ritu [quantum in no]bis est, possideant, utantur, fruanturque; rerum omnium immu[nes neve tributum] eorum nomine qualemcunque ob causam pendant, neve pecuniam conferre teneantur, [sed libere] iis utantur, juxta propriam, post haec decreta competentem ipsis potestatem . . . .

XXIV.

SENATUSCONSULTUM

DE MENSE AUGUSTO.

(Post A. U. 727. ante Chr. 27.)

E *Macrobii* Saturnal. Lib. I. c. 12. Tum editum et a *Reinesio* Synt. Inscript. p. 483. e schedis Langermannianis, tanquam exstans Romae in lapide.

Macrobius I. l. Augustus deinde est, qui Sextilis ante vocabatur, donec honori Augusti daretur ex Senatusconsulto, cujus verba subjeci:

> Cum imperator Caesar Augustus mense Sextili, et primum consulatum inierit, et triumphos tres in urbem intulerit: et ex Janiculo legiones deductae, secutaeque sint ejus auspicia ac fidem: et Agyptus hoc mense in potestatem populi Romani redacta sit: finisque hoc mense bellis civilibus impositus sit: atque ob has causas hic mensis huic imperio felicissimus sit, ac fuerit, placere Senatui, ut mensis Augustus appelletur.

Idem plebiscitum factum ob eandem rem, Sex. Pacuvio tribuno plebem rogante.

XXV.

SENATUSCONSULTI DE LUDIS SAECULARIBUS FRAGMENTA.

(A. U. 737. ante Chr. 17.)

In tabella marmorea apud Fulvium Ursinum Romae. Editum a *Fulvio Ursino* l. l. nro. XXV. tum a *Grutero* in Corp. Inscript. p. CCCXXVIII. 1.

. . . S. L. CESTIVS. L. PETRONIVS. RV . . . . .
. . . V. F. LVDOS. SAECVLARIS. [1] POST. COMPLVR . . .
. . . PPA. TRIBVNIC. POTESTATE. FVTVROS. QVO . . .
. . . . . QVI. ETIAM. QVOD. TALE. SPECTACVL . . . . . .
. . . S. QVI. NONDVM. SVNT. MARITALI. S . . . . . .
. . . STITVTI. NEQVE. VLTRA. QVAM. SEMEL. VLLI. MO [2] . . .
. . ENI. S. F. S. SPECTARE. LICEAT. IEIS. QVI. LEGE. DE. MARITA [3] . . .
. . . EM. ADFVER. ET. SENATVSCONSVLTVM. FACTVM. EST . . .
. . . NERE. AD. CONSERVANDAM. MEMORIAM. TANTAE. R . . .
. . AM. AENEAM. ET. MARMOREAM. INSCRIBI. S . . .

---

[1]) De ludis saecularibus vid. *Horatium* ex ed. *Mitscherlich.* T. II. p. 641-645. *Beck* Progr. quo indicit sacra saecularia a. 1800. in Academ. Lipsiensi celebrata. (Lips. 1801. 4.) p. 1-16. [2]) Ursinus supplet: *mortalium*. [3]) Significari legem de *maritandis ordinibus* Ursinus existimat.

. . . NI. Q. D. E. R. F. P. D. E. R. I. C. VTI. COS. A. A. VE ADHI . . .
. . . ARMOREAM. IN. QVIBVS. COMMENTARI . . . .
. . . P. INPERENT. VTI. REDEMPTORIBVS. EA . . . .
. . . VM. PROPOSITVM. EST. XV. VII . . . .
. . . S. EXISTVMAVIMVS. VT. OMNES. LIB . . . .
II. CONIVGESQVE . . .

. . . COS. V. F. DE. LVCARI.[4]) LVDORVM. SA . . .
. . . FIERENT. Q. D. E. R. F. P. D. E. R. I. C. VTI. QVONIAM. ANT. . . .
. . . SAECVLARES. XV. VIR. SACR. FACIVND. IN. SVMMA. CONSTITV . . .
. . . QVOS. PRO. SALVTE. CAESARIS. FECERVNT. LVCARIS. NOMINE. CONS . . .
. . . IT. INPERENT. VTI. EAM. PECVNIAM. DANDAM. ADTRIBVENDAM . . .
. . . INNO. C. SILANO. C. FVRNIO. COS. A. D. XIII. KAL. MART. SENAT . . .
. . . RIFICIVM. SAECVLARE. LOCARENTVR. IN. EA. VERBA. QV . . . . .
. . . . . VLLA. SCRIBVNDO. ADFVER. M. IVNIVS. M. F. SI . . .
. . . . INVS. C. ASINIVS. CN. F . . . .

---

4) De verbo *Lucari* vid. *Festum* v. Lucar. *Plutarch.* Qu. Rom. 88. *Macrob.* Saturnal. I. 4. *Calendar.* vetus ap. Gruterum p. 133. *Gesnerum* et *Forcellinium* h. v.

XXVI.

FRAGMENTA LEGIS DE AQUAEDUCTU.

(A. U. 743. ante Chr. 11. latis legibus antiquioris.)

Relata a *Frontino* in Comment. de aquaeductibus urbis Romae. Tum et edita in *Thom. Reinesii* Synt. Inscriptt. p. 467.

Frontinus l. l. art. 94. Apud antiquos omnis aqua in usus publicos erogabatur: et cautum ita fuit:

Ne. quis. privatus. aliam. ducat. quam. quae. ex. lacu. humum. accedit.

Haec enim sunt verba legis.

Idem l. l. art. 97. Agri vero, qui aqua publica contra legem essent irrigati, publicabantur. Mancipiorum etiam, si cum eo, qui adversus legem fecissent, multa dicebatur. In iisdem legibus adjectum est ita:

Ne. quis. aquam. oletato. dolo. malo. ubi. publice. saliet. si. quis. oletarit. sestertiorum. X. millia. multa. esto.

Oletato videtur esse olidam facito.

XXVII.

LEGIS AGRARIAE
FRAGMENTUM FRONTINIANUM,
QUOD
VULGO LEGIS MAMILIAE NOMINE VENIT.

(A. U. C. . . . . . [1])

Fragmentum hocce ex Hygino de limitibus superstes, continet tria *Legis Mamiliae, Rosciae* et *Fabiae,* ut vulgo arbitrantur capita, sed a genuino *Legis* certe *Mamiliae,* si *Car. Saxium* [2]) audimus, plane aliena. Hoc Hyginianum fragmentum primus *Hadrianus Turnebus* in Auctoribus legibusque rei agrariae (Paris. 1554. 4.) p. 182-184. et Lib. I. Adversar. c. 11. vulgavit, quem exceperunt:— 2) *Sigonius* Lib. II. de antiquo jure Italiae Libr. II. c. 2. — 3) *Justus Lipsius* Elector. Lib. I. c. 15. — 4) *Antonius Augustinus* Lib. de Legibus; Opp. T. I. p. 67. — 5) *Fulvius Ursinus* Not. ad Augustini l. l. in *Huj.* Opp. T. I. p. 155. sqq. — 6) *Barn. Brissonius* Lib. II. de formulis, cap. 26. ed. noviss. — 7) *Nic. Rigaltius* in Auctorib. finium regundor. (Paris. 1614. 4.) ab init. et quum maxime — 8) *Goesius* inter leges varias rei agrariae, adj. Auctorib. rei agrariae p. 339. sqq. junct. notis Goesii p. 182. sqq.

Conf. *Turnebi* Adversar. I. 11. (Par. 1580. f.) qui et de alio fragmento pervetustae legis agit ibid. XXVII. 21.

---

[1]) Forte propius ad tempora legis Quinctiae de aquaeductibus adcedens, quia a Frontino exhibita. [2]) Diss. ad legem Mamiliam finium regundorum (Traj. ad Rhen. 1779. 4. et rec. Lips. 1782. 4.) c. 4. -- Vera L. Mamilia de finibus est A. U. 589, nisi jam lata est A. U. 515,

LEX
MAMILIA. ROSCIA. PEDUCI. ALLIENA.[3]) FABIA.

Ex recensione Goesii.

K. L. III. Quae colonia hac lege deducta, quodve municipium, praefectura, forum, conciliabulum constitutum erit, qui ager intra fines eorum erit, qui termini in eo agro statuti erunt, quo in loco terminus non exstabit [4]), in eo loco is, cuius is ager erit, terminum restituendum curato: vtque recte factum esse velit, idque magistratus, qui in ea colonia, municipio, praefectura, foro, conciliabulo iure dicundo praeerit, facito, vt [5]) fiat.

K. L. IIII. Qui limites decumani, qui hac lege deducti erunt, quaecunque fossae limites [6]) in eo agro erunt, qui ager hac lege datus adsignatus erit, ne quis eos limites decumanos obsepito, neve quid in eis immolitum [7]), neve quid ibi positum habeto, neve eos arato, neve eas fossas obturato, neve quis sepito, quo minus suo itinere [8]) aqua ire fluere possit. Si quis adversus ea quid fecerit, in res singulas quotiescunque fecerit H-S. IIII. colonis, municipibusve iis, in quorum agro id factum erit, dare damnas esto: pecuniaeque qui volet petitio hac lege esto.

K. L. V. Qui hac lege coloniam deduxerit, municipium, praefecturam, forum, conciliabulum constituerit, in eo agro, qui ager intra fines eius coloniae, municipii, fori, conciliabuli, praefecturae erit, limites decumanique vt fiant, terminique [9]) statuantur, curato: quique fines ita statuerit, si fines eorum sunt, dum ne extra agrum colonicum, territoriumve fines ducat. Quique termini hac lege statuti erunt, ne quis eorum quem eiicito, neve commoveto [10]) sciens dolo malo. Si quis adversus ea fecerit, is in terminos singulos,

---

[3]) Al. *Peduciae, Alienae.* [4]) Al. *stabit.* [5]) Al. *eti.* [6]) Forte *limitis.* [7]) Al. *inolitum.* [8]) Al. *sui itineris.* [9]) Al. *terminatique.* [10]) Al. *loco moueto.*

quos eiecerit, locove moverit sciens [11]) dolo malo, H-S. XXV. in publicum eorum, quorum intra fines is ager erit, dare damnas esto, deque ea re curatoris, qui hac lege erit, iurisdictio, reciperatorumque datio addictio esto. Cum Curator hac lege non erit, tunc quicunque magistratus in ea colonia, municipio, praefectura, foro, conciliabulo iure dicundo praeerit, eius magistratus de ea re iurisdictio, iudicisque datio addictio esto, inque eam rem is, qui hac lege iudicium dederit, testibus publice dumtaxat X. denuntiandi potestatem facito, ita vt e re publica, fideque sua videbitur. Et si is, vnde ea pecunia petita erit, condemnatus erit, eam pecuniam ab eo, deve bonis eius, primo quoque die [12]) exigito, eiusque pecuniae, quod receptum erit, partem dimidiam ei, cuius vnius opera maxime is condemnatus erit, partem dimidiam in publicum redigito. Quo ex loco terminus aberit, si quis in eum locum terminum restituere volet [13]), sine sua fraude liceto facere, neve quid cui is ob eam rem hac lege damnas esto.

---

11) Al. *insciens*. 12) Al. *tempore*. 13) Al. *sumet*.

XXVIII.

LEGIS AGRARIAE FRAGMENTUM,

ADHAERENS

FRAGMENTO FRONTINIANO.

Ex *Hygini* fragmento de conditionibus agrorum p. 207. ed. *Goesii*, vel ed. *Turnebi* p. 148. sqq. ac *Rigaltii* p. 215., ubi adscribitur *Hygeno* de limitibus.

Hygeni Gromatici fragmentum de conditionibus agrorum pag. 207. ed. Goesii.

Sed et haec meminerimus in legibus saepe inveniri, quum ager est centuriatus ex alieno territorio paratusque ut adsignaretur in scriptum,

Quos agros, quae loca, quaeve aedificia intra fines (*puta illos*) et intra flumen (*illud*), intra viam (*illam*), dedero, adsignavero, in eis agris jurisdictio coercitioque esto coloniae (*illius*), cujus civibus agri adsignabuntur.

XXIX — XXXIV.

SENATUSCONSULTA SEX

DE

CURATORIBUS AQUARUM ET JURE DUCENDAE AQUAE.

(A. U. 743. ante Chr. 11.)

A *Frontino* Comm. de aquaeductibus art. 100. 104. 106. 108. 125. et 127. relata, unde ea decerpserunt quum maxime *Augustinus* Lib. de Legibus Opp. T. I. p. 135. sq. (ad quem locum nonnulla observavit *Ursinus* ibid. p. 159. sq.) tum *Brissonius* Lib. II. de formulis c. 81. p. 185. sq.; *Thom. Reinesius* in Synt. Inscriptt. p. 467 — 472.; *Donat.* Supplement. T. I. p. 474 — 475.; *Terrasson.* Adp. p. 9. sqq.

In interpretandis singulis versata est *Poleni* *) diligentia in edit. Frontini p. 174 sqq. Instar commentarii est quoque *Car. Gfr. de Winckler* Diss. de jure impetratae aquae. Lips. 1749. 4. et Opuscull. min. Vol. II. P. I. p. 1 — 50.

E recensione Keuchenii

I.

Quod. Q. Aelius. Tubero. P. Fabius. Maximus. Coss. V. F. de. iis. qui. Curatores. aquarum. publica-

*) Deinde etiam *Conradi de Allio* in ejus editione Frontini de aquaeductibus. Venet. 1792. 4. *Sp.*

rum. ex. Senatusconsulto. a. Caesare. Augusto. nominati. essent. ordinandis. D. E. R. Q. F. P. D. E. R. I. C. placere. huic. ordini. eos. qui. aquis. publicis. praeessent. cum. ejus. rei. causa. extra. urbem. essent. lictores. binos. et. servos. publicos. ternos. architectos. singulos. et. scribas. et librarios. accensos. praeconesque. totidem. habere. quot. habent. ii. per. quos. frumentum. plebei. datur. cum. autem. in urbe. ejusdem [1]. causa. aliquid. agerent. caeteris. apparitoribus. iisdem. praeterquam. lictoribus. utique. quibus. apparitoribus. ex. hoc. S. C. Curatoribus. aquarum. uti. liceret. [2] eos. diebus. [3] X. proximis. S. C. factum. esset. ad. aerarium deferrentur. [4] quique. ita. delati. essent. iis. Praetores. aerarii. mercede. [5] cibaria. quanta. Praefecti. frumento. danda. [6] dare. deferreque. solent. annua. darent. et. attribuerent. iisque. eas. pecunias sine. fraude. suas. facere. [7] liceret. utique. tabulas. chartas. caeteraque. [8] quae. ejus. curationis. causa. opus. esset. [9] iis. Curatoribus. praebenda. [10] Q. Aelius. P. Fabius. Coss, ambo. alterve. si. iis. videbitur. [11] adhibitis. Praetoribus. qui. aerario. praesint. [12] et. praebenda. locent.

II.

Quod Aelius. Tubero et P. Fabius. Maximus. [13] O. V. F. Coss. de. numero. publicorum. salientium. qui. in. urbe. essent. intraque. aedificia. urbi. conjuncta. quos M. Agrippa. fecisset. Q. F. P. D. R. I. C. neque. augeri. placere. nec. minui. numerum. publicorum. [14] salientium. quos. nunc. esse retulerunt. ii. quibus. negotium. a. senatu. est. imperatum. [15] ut. inspicerent. aquas. publicas. inirentque. numerum. sa-

---

[1]) *Ejus rei.* Sic Briss. [2]) *Uti quibus apparitoribus ex hoc S. C. Curatoribus aquarum VII. liceret.* Sic Briss. [3]) *In diebus.* [4]) *Deferrent.* [5]) *Mercedem. Mercedes.* Briss. [6]) *Dando.* [7]) *Capere.* [8]) *Caeras. Quacque.* [9]) *Essent.* [10]) *Pracberi.* [11]) *Si videbitur.* [12]) *Qui. aerario. pracsunt. praebenda. locent. ea. praebenda. locent.* [13]) Coss. V. F. [14]) Al. omitt. [15]) *Datum.*

lientium. publicorum. itemque. placere. Curatores. aquarum. quos. S. C. Caesar. Augustus. ex. senatus. autoritate. nominavit. dare. operam. ut. salientes. publici. quam. assiduissime. interdiu. et. noctu. aquam. in. usum. populi. funderent.

III.

Quod. Q. Aelius. Tubero. Q.[16]) Fabius. Maximus. Coss. V. F. quosdam. privatos. ex. rivis. publicis. aquam. ducere. Q. D. E. R. F. P. D. E. R. V. I. C. ne. cui. privato. aquam. ducere. ex. rivis. publicis. liceret. utique. omnes. ii. quibus. aquae ducendae. jus. esset. datum. ex. castellis. ducerent. animadverterentque. Curatores. aquarum. quibus. locis. intra. extraque. urbem. apte. castella. privati. facere. possent. ex. quibus. aquam. ducerent. quam. ex. castello. communem. accepissent a. Curatoribus. aquarum. ne. cui. eorum. quibus. aqua. daretur. publica. jus. esset. intra quinquaginta. pedes. ejus. castelli. ex. quo. aquam ducerent. laxiorem. fistulam. subjicere. quam. quinariam.

IV.

Quod Q. Aelius. Tubero. P. Fabius. Maximus. Coss. V. E. constitui. oporteret.[17]) quo. jure. extra. intraque. urbem. ducerent. aquas. iis. quibus. attributae. essent. Q. D. E. R. F. P. D. E. R. I. C. uti. iis. quoque. maneret. attributio. aquarum. exceptis. quae. in. usum. balneorum. essent. datae. aut. Augusti. nomine. quoad. iidem. domini. possiderent. id. solum. in. quo. accepissent. aquam.

V.

Quod Q. Aelius. Tubero. P. Fabius. Max. Coss. V. F. de. rivis. specubus. fornicibusque. Juliae. Martiae. Appiae. Tepulae. Anionis. refiiciendis. Q. D. E. R. F.

---

[16]) *P. Fabius.* [17]) *Oportere.* Sic Briss.

P. D. E. R. I. C. vt. cum ii. rivi. fornices. quos. Augustus. Caesar. se. refecturum. impensa. sua. pollicitus. senatui. est. reficerentur. Ex. agris. privatorum. terram. limum. lapidem. testam. harenam. lignam. ceteraque. quibus. ad. rem. opus. esset. unde. quaeque. earum. proxime. sine. iniuria. privatorum. tolli. sumi. portari. possint. viri. boni. arbitratu. aestimata. darentur. tollerentur. sumerentur. exportarentur. et. eas. res. omnes. exportandas. earumque. rerum. reficiendarum. causa. quotiens. opus. esset. per. agros. privatorum. sine. iniuria. eorum. itinera. actus paterent. darentur.

VI.

Quod. Q. Aelius. Tubero. P. Fabius. Maximus. V. F. aquarum. quae. in. urbem. venirent. itinera. occupari. monumentis. et. aedificiis. et. arboribus. conseri. Q. D. E R. F. P. D. E. R. I. C. cum. ad. reficiendos. rivos. specusque. per. quae. et. opera. publica. corrumpuntur. placere. circa. fontes. et fornices. et. muros. utraque. ex. parte. vacuos. centenos. quinos. denos. pedes. patere. et. circa. rivos. qui. sub. terra. essent. et. specus. intra. urbem. continentia. aedificia. utraque. ex. parte. quinos. pedes. vacuos. relinqui. ita. ut. neque. monumentum. in iis. locis. neque. aedificium. post. hoc. tempus. ponere. neque. conserere. arbores. liceret. si. quae. nunc. essent. arbores. intra. id. spacium. extirparentur. [18]) praeterquam. si. quae. villae. continentes. et. inclusae. aedificiis. essent. si. quis. adversus. ea. commiserit. in. singulas. res. in. dena. milia. damnas. esset. ex. quibus pars. dimidia. praemium. accusatori. daretur. cujus. opera. maxime. convictus. esset. qui. adversus. hoc. S. C. commisisset. pars. altera. media. in aerarium. redigeretur. deque. ea. re. judicarent. cognoscerentque. Curatores. aquarum.

---

[18]) Al. *exciderentur*.

XXXV.
LEX QUINCTIA
DE
POENIS EORUM,
QUI RIVOS, FISTULAS, CASTELLA, LACUS AQUARUM PUBLICARUM VIOLAVERINT VEL CORRUPERINT.

(A. U. 745. ante Chr. 9.)

E *Frontini* Comment. de aquaeductibus urbis Romae art. 129., superstitem, seorsim exhibuerunt *Augustinus* lib. de legibus. Opp. T. I. p. 78; *Brissonius* Lib. II. de formulis c. 21. p. 132. sq.; *Th. Reinesius* Synt. Inscriptt. cl. VII. nro. 10. p. 473 seqq.; *Maffejus* Istor. diplomat. c. 19. p. 48—50.; *Donatus* in Supplem. Thes. T. II. p. 476—479.; aliique; docto vero commentario post *Ursinum* (not. ad Augustini h. l. in *Huj.* Opp. T. I. p. 156.) illustravit *Jo. Polenus* in edit. Frontini (Patav. 1722. 4.) p. 218—230.

E recensione Keuchenii.

T. Quintius. Crispinus. Cos. populum. jure. rogavit. populusque. jure. scivit. in. foro. pro. rostris. aedis. divi. Julii. Po. Ro. et. Julias. tribui. Sergia. principium. fuit. pro. tribus. [1]) sex. L. F. Varro. quicunque. post. hanc. legem. rogatam. rivos. specus. fornices. fistulas. castella. tubulos. lacus. aquarum. publica-

[1]) *Tribu* Briss.

rum. quae. ad. urbem. ducuntur. earumve. 2) quam. sciens. dolo. malo. foraverit. ruperit. forare. rumpereve. curaverit. pejoremve. fecerit. quo. minus. ea. aqua. earumve. 3) qua. in. urbem. Romam. ire. cadere. flui. 4) pervenire. duci. possint. quove. minus. in. urbe. Roma. et. in. his. aedificiis. quae. urbi. continentia. sunt. erunt. in. hisque. hortis. praediis. locis. quorum. hortorum. praediorum. locorum. dominis. possessoribus. 5) V. F. 6) aqua. data. vel. adtributa. est. vel. erit. ut. saliat. distribuatur. dividatur. in. castella. lacus. immittatur. is. P. R. C. milia. dare. damnas. esto. et. qui. clam. quid. eorum. ita. fecerit. id. omne. sarcire. reficere. restituere. aedificare. ponere. et. celare. 7) demoliri. damnas. esto. sine. dolo. malo. atque. ita. omnino. ut. quicunque. Curator. aquarum. est. erit. si. 8) Curator. aquarum. est. vel. erit. tum. is. Praetor. qui. inter. cives. et. peregrinos. jus dicit. mulctam. pignoribus. coacto. coercito. eique. Curatori. aut. si. Curator. non. 9) erit. tum. ei. Praetori. eo. nomine. cogere. et. coercere. mulctae. dicendae. sive. pignoris. capiendi. jus. potestasque. esto. si. quid. eorum. servus. fecerit. dominus. ejus. centum. milia. populo. det. si. quis. circa. rivos. specus. fornices. fistulas. tubulos. castella. lacus. aquarum. publicarum. qua. ad. urbem. Romam. ducuntur. et. ducentur. terminatus. steterit. neque. quis. eo. loco. post. hanc. legem. rogatam. quid. opponit. molit. opsepit. figit. statuit. ponit. collocat. arat. seritve. 10) vel. in. eum. locum. quid. immittit. praeterquam. eorum. faciendorum. reponendorum. causa. praeterquam. quidem. hac. lege. licebit. oportebit. qui. adversus. ea. quid. fecerit. et. adversus. 11) ea. repserit. ex. jussu. causaque. omnium. rerum. omnibus. esto.

---

2) Alias absunt ista, *earumve. quam.* 3) Alias *eorumve. aquae.* 4) Alii *fluere.* 5) *Possessoribusve. aqua. data.* 6) Non agnoscit Brisson. 7) Alias absunt ista, *et. celare.* Sic Briss. 8) Briss. haec omittit usque ad *aut. se.* 9) *Nemo* Briss. 10) Ita legendum. 11) *Adversus. eum. Siremps. lex. jus. causaquae. omnium. rerum. omnibus. esto. utique. eset.*

damnas. utique. atque. uti. esset. esseque. oporteret. si. is. adversus. hanc. legem. rivum. specum. rupisset forassetve. quique. specum. forasset. rupissetve. quo. minus. in. eo. loco. pascere. herbam. foenum. secare. sentes. vepres. caprificos. Curatores. aquarum. qui. nunc. sunt. quique. erunt. circa. fontes. et. fontium. et. murorum. curam. rivos. et. specus. terminatos. arbores. vites. vepres. sentes. ripae. maceria. salicta. harundineta. excidantur. tollantur. effodiantur. excorticentur.[12]) utique. recte. factum. esse. volet. eoque. nomine. iis. pignoris. captio. mulcta. edici. .·.·.·. or. utique. esto.[13]) idque. iis. sine. fraude. sua. facere. liceat. jus. potestasque. esto. .·.·.·. [14]) quo. minus. vites. arboresque. villis. aedificiis. maceriisve. inclusae. sint. maceriae. quas. Curatores. aquarum. causa. cognita. ne. demolirentur. dominis. permiserunt. quibus inscripta. insculptaque. essent. ipsorum. qui. permisissent. Curatorum. nomina. maneant. ejus. [15]) hac. lege. nihil. abrogatur. quo. minus. ex. his. fontibus. rivis. specubus. fornicibus. aquam. haurire. sumere. iis. quibuscunque. Curatores. aquarum. permiserunt. praeterquam. rota. calice. machina. liceat. dum. neque. puteus. neque. foramen. novum. fiat. ejus. hac. lege. nihil. abrogatur.

---

12) Alias *excodicentur*. 13) *Mulctae. dictio. correctioque esto.* 14) Nihil hic videtur deesse. 15) Ita legendum.

XXXVI.

LEGIS DE MAGISTRIS AQUARUM. FRAGMENTUM.

E Codice Bibliothecae Barberiniae nro. **1239**. p. **54**. vulgatum a *Cajet. Marinio* in: Atti e Monumenti dei fratelli Arvali. P. I. p. 70. [Tum in *Henr. Ed. Dirksen* Beiträge zur Kunde des röm. Rechts. (Lips. **1825**. **8**.) p. **216**. seq. *Sp.*]

---

1 . . . .

2 . . A. ESTO. A. D. [1]) . . . .

3 . . . M. EX. H. L. [2]) CAPERE. GERERE. LICEBIT. S.

4 . . . . AM. IN CONLEGIO. AQVAE. INTRA. PATICABVLVM. QVO. DIE. MAG

5 . . . M. QVI. HOIVSCE. CONLEGI. QVOD. QVIDQVID. PENVS. SESE. VENIT

6 . . L. FECISSE. SCIENTEM. D. M. IN. SVO. MAGISTERIO. SVOSQVE. PROHIBVISSE

7 . . IS. SIT. A. MVLTA. [3]) ESTO

8 . . G. NI. ESTO. [4]) NIVE. SVFFRAGIVM. INITO. SI. QVIS. ADVERSVS. EA FAXIT. MVLTA

9 . . RE. PEREGRE. LONGIVS. P. C. XX. REI. PERIT. IS. CAVSA. MAGISTRORVM

10 . . ESTO. A. L. [5]) IDCIRCO. NIHILOMINVS. DEIERATIO. ESTO. APVD. MAGISTROS

11 . . VTI. S. S. E. A. E. [6]) MVLTA. ESTO

---

[1]) *Dirksen* legit: *multa esto* HS. D. [2]) *D.* legit: *magisterium ex hac lege.* [3]) *D.* leg. HS. D. MULTA ESTO. [4]) *D.* supplet MAG. NI. ESTO. [5]) *D.* supplet. MULTA ESTO HS. L. [6]) *D.* legit VTI. S. S. E. (*supra scriptum est*) HS. C.

12 . . TO. SI NON. DENVNTIARIT. IPSIVS. MVLTAM SVFFERTO

13 . . LEGE ACTIO ESTO

14 . . LICETO SI SEMEL SI SAEPIVS VOLET. DICTIO ESTO. A. I

15 . NIVE CRETVLENTVM EXEGISSE VELIT NISI. IN. DVABVS. LACVNIS. PRIVS EMET

16 . . GERERE. LICETO MAGISTRISVE, DENVNTIAMINO IN BIDVO. CONTINVO NINVNTIAB [7])

17 . . M. VENERIT. MVLTA. A. V. ESTO

18 . . ERIT. EX II. L. MAGISTER MAGISTRIVE. IVDICIVM. DANTO. QVI. INIVRAVERIT

19 . . RIS. RECVPERATOREM VNVM COMMVNEM. ADEVNDO SIMVLQVE IVRANTO

20 . . NI. ITA. IURASSIT. MVLTA. ESTO. A. D.

21 . . IVDICASSIT ITA VTI. S. S. E. MVLTA. ESTO. RECVPERATORE. VNOQVOTQVE

22 . . ITO. VTI. IVRET. ISQVE. SIBI. TESTIVM CAVSA. ESSE. DICET. MAGISQVAM

23 . . TVIS. REM. IVDICANTO. NI. ITA. IVDICARINT. ITA. MVLTA ESTO RECVPER

24 . . TO. ESSE ITA. GNATVM ESSE. NI. IVDICASSIT. A. V. MVLTA. ESTO. I. D. [8])

25 . . ESTO. A. V

26 . . . .

---

[7]) NI. NVNTIABITVR legit *D.* [8]) *D.* legit: ESTO. INTRA. DIES.

XXXVII. XXXVIII.

DECRETA DUO

PISANA

IN HONOREM LUCII ET CAJI CAESARUM.

(A. U. 756 et 757. post Christum natum 4 et 5.)

Pisis. Haec duo Cenotaphia primum vulgavit 1) *Curtius Pichena* in not. ad L. I. Ann. Taciti; itemque 2) *Octavius Boldonius* in Epigraphic. August. Perusiae 1660. f. L. II. c. 7. p. 57—60, qui a Franc. M. Cettinio descripta ac doctissimo commentario illustrata habuit; ea deinde ediderunt: — 3) *Reinesius* epist. 36. ad Rupertum, p. 295—298. et in Syntagm. Inscriptt. p. 479 sqq. — 4) *Fleetwoodius* Syll. Inscriptt. p. 71—74. — 5) *Jos. Martini* in Theatro Basilicae Pis. edit. Romae 1728. c. 18. p. 117. — 6) Cardinalis *Norisius* in Cenotaph. Pisan. in *Graevii* Thesaur. T. VIII. nro. 3. — 7) *Gorius* in Inscriptt. Antiq. Etrur. P. II. p. 10. at omnes hi non satis ad fidem lapidum, excepto Gorio. — 8) *Cph. Cellarius* in Orthogr. lat. T. I. post p. 390. — 9) *Donatus* in Supplem. Thesaur. T. II. p. 449. — [10) Novissime *Orellius* in Inscriptt. lat. select. amplissima collect. (Turici 1828. 8.) T. I. p. 162 sq. nro. 642. 643.

Blumius (Iter Italic. T. II. p. 111.) initium utriusque monumenti facillimae lectionis esse testatur, inde miratus, quo pacto de illo lis haberi quiverit. Primum incipit: D. XIII. K. OCTOBR. secundum vero: PISIS IN FORO IN AVGVSTEO. *Sp.*]

Adde adhuc *Clementis* Cardinalis Memorie Romane. I. 4. p. 179. Extant etiam in Suetonio *Burmanni* T. II. Adp. Inscriptt. p. 15—18.

I.

Cenotaphium Lucii Caesaris Augusti F.

1 D. XIII. K. OCTOBR. PISIS. IN. FORO. IN. AVGV-STEO. SCRIB. ADFVER

2 Q. PETILIVS. Q. F. P. RASINIVS. L. F. BASSVS. M. PVPPIVS. M. F

3 Q SERTORIVS. Q. F. PICA: CN. OCTAVIVS. CN. F. RVFVS. A. ALBIVS

4 A. F. GVTTA

5 QVOD. C. CANIVS. C. F. SATVRNINVS. $\overline{\text{II}}$VIR. V. F. DE. AVGENDIS. HONORIBVS

6 L. CAESARIS. AVGVSTI. CAESAR. PATRIS. PATRIAE. PONTIFICIS. MAXSVMI

7 TRIBVNICIAE. POTESTATIS $\overline{\text{XXV}}$. FILI. AVGVRIS. CONSVLIS. DESIGNATIS. PRINCIPIS [1]

8 IVVENTVTIS. PATRONI. COLONIAE. NOSTRAE. Q. D. E. R. F. P. D. E. R. I. C.

9 CVM SENATVS. POPVLI. ROMANI. INTER. CETEROS. PLVRIMOS. AC. MAXSIMOS

10 HONORES. L. CAESARIS. AVGVSTI. CAESARIS. PATRIS. PATRIAE. PONTIFICIS. MAXIMI. TRIBV

11 NICIAE. POTESTATIS $\overline{\text{XXV}}$. FILIO. AVGVRI. CONSVLI. DESIGNATO. PER.

12 CONSESVM. [2] OMNIVM. ORDINVM

* * *

13 TETVR. DATA. CVRA. C. CANIO. SATVRNINO. $\overline{\text{II}}$VIRO. ET. DECEM. PRIMIS. ELIGENDI [3]

14 ASPICIENDIQVE. VTER. EORVM. LOCVS. MAGIS. IDONEVS. VIDEATVR. EMENDVS [4]

15 PVBLICA. PECVNIA. A. PRIVATIS. EIVS. LOCI. QVEM. MAGIS. PROBAVERINT. VTIQVE

16 APVD. EAM. ARAM. QVOD. ANNIS. A. D. XII. [5] K. SEPT. PVBLICE. MANIBVS. EIVS. PER. MAGIS

---

[1] *Orellius* PRINCI... [2] *Orell.* COSESVM. [3] *Or.* ELIG... [4] *Or.* EMEND... [5] Sic supplevit Norisius, sed ex testimonio Monumenti Gabini ap. *Marini* Atti. I. p. 24. (*Orell.* nro. 644.) Clemens Cardinalis leg. censuit: A. D. XIII. KAL. OCTOB. quo die L. Caesar discessit. *Sp.*

17 TRATVS EOSQVE. QVI IBI. IVRI DICENDO. PRAE-
RVNT. TOGIS. PVLLIS AMICTOS
18 QVIBVS. EORVM. IVS. FASQVE. ERIT. EO. DIE. EIVS.
VESTIS. HABENDAE. INEERIAE. [6] MIT
19 TANTVR. BOSQVE. ET. OVIS. ATRI. INFVLIS. CAE-
RVLIS. INFVLATI DIIS. MANIBVS. EIVS
20 MACTENTVR. EAEQVE. HOSTIAE. EO. LOCO. ADOL-
EANTVR. SVPER. QVE. EAS
21 SINGVLAE. VRNAE. LACTIS. MELLIS. OLEI. FVNDAN-
TVR. AC. TVM. DEMVM. EACTAM [7]
22 CETERIS. POTESTATEM. SI. QVI. PRIVATIM. VELINT.
MANIBVS. EIVS. INFERIAS. MITTERE
23 NIVE. QVIS. AMPLIVS. VNO. CEREO. VNAVE. FACE.
CORONAVE. MITTAT. DVM. II. QVI. IM
24 MOLAVERINT. CINCTI. CABINO. RITV. STRVEM. LI-
GNORVM. SVCCENDANT. ADQVE
25 EXINDE. HABEANT.
26 VTI. LOCVS. ANTE. EAM. ARAM. QVO. EA. STRVES.
CONGERANTVR. COMPONANTVR. PATEAT [8]
28 QVOQVE. VERSVS. PEDES. XL. STIPITIBVSQVE. RO-
BVSTIS. SAEPIATVP. [9] LIGNORVMQVE
27 ACERVOS. EIVS. REI. GRATIA. QVOD. ANNIS. IBI.
CONSTITVATVR. CIPPOQVE. GRANDI
29 SECVNDVM. ARAM. DEFIXSO. HOC. DECRFTVM. CVM.
SVPERIORIBVS. DECRETIS. AD. EIVS [10]
30 HONORES. PERTINENTIBVS. INCIDATVR. INSCVLPA-
TVRVE. NAM. QVOD AD. CETERA
31 SOLEMNIA. QVAE. EODEM. ILLO. DIE. VITARE. CA-
VERIQVE. PLACVISSENT. PLACERENT
32 QVE. ID. SEQVENDVM. QVOD. DE. IIS. SENATVS.
P. R. CENSVISSET. VTIQVE. PRIMO [11]
33 QVOQVE. TEMPORE. LEGATI. EX. NOSTRO. ORDINE.
IMPER. CAESARE. AVGVSTVM
34 PATREM. PATRIAE. PONTIFICEM. MAXIMVM. TRIBV-
NICIAE. POTESTATIS. XXV.

---

[6] *Or.* INFERIAE. [7] *Or.* FACTAM. [8] *Or.* PATE..VOQVE. [9] *Or.* SAEPIATVR. [10] *Or.* EI... [11] *Or.* PRI...

35 ADEANT. PETANTQVE. AB. EO. VTI. COLONIS. IVLIENSIBVS. COLONIAE. OPSEQVENTI

36 IVLIAE.[12] PISANAE. EX. HOC. DECRETO. EA. OMIA.[13] FACERE. EXSEQVIQVE. PERMITTAT.

II.

Cenotaphium CaI Caesaris Augusti F.

1 PISIS. IN. FORO. IN AVGVSTEO. SCRIB. AD[14]

2 FVER. Q. SERTORIVS. Q. F. ATIITVS.[15] TACITVS. P. RASINIVS. L. F. BASSVS. L. LAPPIVS

3 P. F. THALLVS. Q. SERTORIVS. Q. F. ALPIVS. PICA. C. VETTIVS. L. F. VIRCVLA. M. HERIVS

4 M. F. PRISCVS. A. ALBIVS. A. F. GVTTA. TI. PETRONIVS, TI. F. POLLIO. L. FABIVS. L. F. BASSVS

5 SEX. APONIVS. SEX. F. CRETICVS. C. CANIVS. C. F. SATVRNINVS. L. OTACILIVS. Q. F. PANTHERA

6 QVOD. ADSVNT. CVM. IN. COLONIA. NOSTRA. PROPTER. CONTENTIONES. CANDIDATO

7 RVM. MAGISTRATVS. NON. ESSENT. ET. EA. ACTA. ESSENT. QVAE. INFRA. SCRIPTA. SVNT

8 CVM. AD. IIII. NONAS. APRILES. ALLATVS. ESSET. NVNTIVS. CAIVM. CAESAREM. AVGVSII.[16] PATRIS. PATR

9 AE. PONTIF. MAXSVMI. CVSTODIS. IMPERI. ROMANI. TOTIVSQVE. ORBIS. TERRARVM. PRAE

10 SIDIS. FILIVM. DIVI. NEPOTEM. POST. CONSVLATVM. QVEM. VLTRA. FINIS. EXTREMAS. POPV

11 LI. ROMANI. BELLVM. GERENS. FELICITER. PEREGERAT. BENE. GESTA. RE. PVBLICA. DEVICTEIS. AVT

12 INFIDEM RECEPTIS BELLICOSISSIMIS. AC. MAXSIMIS. GENTIBVS. IPSVM. VOLNERIBVS. PRO. RE

13 PVBLICA. EXCEPTIS. EX. EO. CASV. CRVDELIBVS. FATIS. EREPTVM. POPVLO. ROMANO. IAM. DESIGNA

14 TVM. IVSTISSVMVM. AC. SIMILLVMVM. PARENTIS. SVI. VIRTVTIBVS. PRINCIPEM. COLONIAEQVE

---

12) *Or.* ...LIAE. 13) Sic. 14) Haec linea deest ap. *Orell.* 15) *Or.* ATILIVS. 16) *Or.* AVGVSTI.

15 NOSTRAE. VNICVM. PRAESIDIVM. EAQVE. RES. NON. DVM. QVIETO. LVCTV. QVEM. EX. DECES

16 SV. L. CAESARIS. FRATRIS. EIVS. CONSVLIS. DESIGNATI. AVGVRIS. PRONI.[17] NOSTRI. PRINCI

17 PIS. IVVENTVTIS. COLONIA. VNIVEBSA.[18] SVSCEPERAT. RENOVASSET. MVLTIPLICASSETQVE

18 MOEROREM.[19] OMNIVM. SINGVLORVM. VNIVERSORVMQVE. OB. EAS. RES. VNIVERSI. DECV

19 RIONES. COLONIQVE. QVANDO. EO. CASV. IN. COLONIA. NEQVE. IIVIR. NEQVE. PRAEFECTI

20 ERANT. NEQVE. QVESQVAM.[20] IVRE. DICVNDO. PRAFRAT.[21] INTER. SESE. CONSENSERVNT. PRO

21 MAGNITVDINE. TANTAE. AC. TAM. INPROVISAE. CALAMITATIS. OPORTERE. EX. EA. DIE

22 QVA EIVS. DECESVS. NVNTIATVS. ESSET. VSQVE. AD. EAM. DIEM. QVA. OSSA. RELATA. ATQVE

23 CONDITA. IVSTAQVE. EIVS. MANIBVS. PERFECTA. ESSENT. CVNCTOS. VESTE MVTATA. T. EMPLIS

24 QVE. DEORVM. IMMORTALIVM. BALNEISQVE. PVBLICIS. ET. TABERNIS. OMNIBVS. CLAVSIS

25 CONVICTIBVS. SESE. APSTINERE. MATRONAS. QVAE. IN. COLONIA. NOSTRA. SVNT. SVBLVGERE

26 DIEMQVE. EVM. QVO. DIE. C. CAESAR. OBIT. QVI. DIES. EST. A. D. VIIII. K. MARTIAS. PRO. ALLIENSI

27 LVGVBREM. MEMORIAE. PRODI. NOTARIQVE. IN. PRAESENTIA. OMNIVM. IVSSV. AC

28 VOLVNTATE. CAVERIQVE NEQVOD SACRIFICIVM. PVBLICVM. NEVE. QVAE. SVPPLI

29 CATIONES NIVE SPONSALIA. NIVE. CONVIVIA. PVBLICA. POSTEA. IN. EVM. DIEM

30 EOVF[22] DIE. QVI. DIES. ERIT. A. D. VIIII. K. MART. FIANT. CONCIPIANTVR. INDICAN

31 TVRVE. NIVE. QVI. LVDI. SCAENICI. CIRCIENSESVE. EO. DIE. FIANT. SPECTENTVRVE

---

17) Patroni. 18) *Or.* VNIVERSA. 19) *Or.* MAERORUM. 20) *Or.* QVISQVAM. 21) *Or.* ERAT. 22) *Or.* EOVE.

32 VTIQVE. EO. DIE. QVOD. ANNIS. PVBLICE. MANIBVS. EIVS. PER. MAGISTRATVS. EOSVE

33 QVI. PISIS IVRE. DICVNDO. PRAERVNT. EODEM. LOCO. EODEMQVE. MODO. QVO

34 L. CAESARI. PARENTARI. INSTITVTVM, EST. PARENTETVR

35 VTIQVE. ARCVS. CELEBERRIMO. COLONIAE. NOSTRAE. LOCO. CONSTITVATVR. ORNA

36 TVS. SPOLEIS. DEVICTARVM. AVT. IN. FIDEM. RECEPTARVM. AB. EO. GENTIVM. SVPER

37 EVM. STATVA. PEDESTRIS. IPSIVS. TRIVMPHALI. ORNATV. CIRCAQVE. EAM. DVAE

38 EQVESTRES. INAVRATAE. GAI. ET. LVCI. CAESARVM. STATVAE. PONANTVR

39 VTIQVE. CVM. PRIMVM. PER. LEGEM. COLONIAE. DVO. VIROS. CREARE. ET. HABERE. PO

40 TVERIMVS. II. DVO. VIRI. OVI.[23]) PRIMI. CREATI. ERVNT. HOC, QVOD. DECVRIONIBVS

41 ET. VNIVERSIS. COLONIS. PLACVIT. AD. DECVRIONES. REFERANT. EORVM. PV

42 BIICA[24]) AVCTORITATE. ADHIBITA. LEGITVME. ID. CAVEATVR. AVCTORIBVSQVE

43 IIS IN. TABVLAS. PVBLICAS. REFERATVR. INTEREA. T. STATVLENVS, IVNCVS

44 FLAMEN AVGVSTALIS. PONTIF. MINOR PVBLICORVM. P. R. SACRORVM. ROGARE

45 TVR. VT. CVM. LEGATIS. EXCVSATA. PRAESENTI. COLONIAE. NECESSITATE. HOC

46 OFFICIVM PVBLICVM. ET. VOLVNTATEM. VNIVERSORVM. LIBELLO. REDDITO

47 IMP. CAESARI. AVGVSTO. PATRI. PATRIAE. PONTIF. MAXSIMO. TRIBVNICIAE

48 POTEST. $\overline{\text{XXVI}}$. INDICET

49 IDQVE. T. STATVLENVS. IVNCVS. PRINCEPS. COLONIAE. NOSTRAE. FLAMEN. AVGVST

---

23) *Or.* QVI. 24) *Or.* PVBLICA.

50 PONTIF. MINOR. PVBLICORVM. P. R. SACRORVM.
LIBELLO. ITA. VTI. SVPRA. SCRIPTVM
51 EST. IMPERATORI. CAESARI. AVGVSTO. PONTIFICI.
MAXIMO. TRIBVN. POTEST. XXVI. PATRI
52 PATRIAE REDDITO. FECERIT. PLACERE. CONSCRI-
PTIS. QVAE. AD. IIII. NONAS. APRILES
53 QVAE. SEX. AELIO. CATO. C. SENTIO. SATVRNI-
NO. COS. EVERVNT.[25]) FACTA. ACTA. CON
54 STITVTA. SVNT. PER. CONSENSVM. OMNIVM. OR-
DINVM. EA. OMNIA. ITA. FIERI. AGI. HA
55 BERI. OPSERVARIQVE. AB. L. TITIO A. F. ET. T.
ALIO. T. F. RVFO. IIVIRIS. ET. AB. EIS. QVICVM
56 QVE. POSTEA. IN. COLONIA. NOSTRA. IIVIR. PRAE-
FECTI. SIVE. QVI. ALI. MAGISTRATVS
57 ERVNT OMNIA. IN. PERPETVOM. ITA. FIERI. AGI.
HABERI. OBSERVARIQVE. VTIQVE. L. TITIVS
58 A. F. T. ALLIVS. T. F. RVFVS. IIVIRI. EA. OMNIA.
QVAE. SVPRASCRIPTA. SVNT. EX. DECRETO
59 NOSTRO. CORAM. PRO. QVAESTORIBVS. PRIMO.
QVOQVE. TEMPORE. PER. SCRIBAM. PV
60 BLICVM. IN. TABVLAS. REFERENDA. CVRENT
61 CENSVERE

---

[25]) *Or.* FVERVNT.

*) XXXIX.

SENATUSCONSULTUM
IN HONOREM GERMANICI.

(A. U. 772. Christi. 19.)

In tabula aenea, fortasse in Angliam translata. Editum: 1) a *Fea* in: Frammenti di fasti consolari e trionfali. (1820.) p. XVI. — 2) a. *B. G. Niebuhrio* in: »Rheinisches Museum für Philologie, Geschichte und griechische Philosophie. Erster Jahrgang.« (Bonn. 1827. 8.) p. 350 — 354.

Argumentum Senatusconsulti videas in *Taciti* Annal. II. 83.

Fragm. I.

uTERQVE DOMESTIC
CAESAR. AVG
CITRA MARE. SE
ALIQVAM
canituR. IN PALATIO
IN EODEM. LIBRO
germANICVM. ARBITRA
SENATVI. PLACERE. VTI
imaGINES. PONERENTVR. SVPRa
ceterA. QVAE. EX. S. C. HONORANDI
QVI. INTER. ALIA. EODEM. VOLumine
MARI. PROVINCIARVM. ASIAticarum
grATIAS. AGERE. ET. AGNOSCere
OSARENT. VBI. TERE
ISCVM. QV
ARENT

Fragm. II.

M
. . VM
RATIS. T
I ASCO . . MI
NON. PARCES
CAESARIS. PONTificis max.
ANTONIAE. MATris
ALTER. JANVS. FIERET
REGIONIBVS. QV
CON. VENIENS. RV
TERTIVS. JANVS. VEro exer
CITVS. DEINDE. PEI (?) Ger
MANIS. ET. PRAEC tumu
LVM. DRUSI. FACE
ET. CVM. ESSET. IN. E
EX. HOC. S. C. FACTVS ubi corpus germanici
CAESARIS. CREMATum
RASSET. TRI

XL.

DECRETUM VEJENTANUM
IN HONOREM C. JULII GELOTIS.

(A. U. 779. Chr. 26.)

In Museo Ciampino. Repertum inter Vejorum rudera. Editum: 1) apud *Fabrettum*, p. 170. Cap. III. — 2) apud *Mazochium* ad tabb. Heracleenses. P. II. p. 450 — 452.

---

1. CENTVM. VIRI. MVNICIPII. AVGVSTI. VEJENTIS
2. RÓMAE IN AEDEM. VENERIS. GENETRICIS. CVM. CONVENIS
3. SENT. PLACVIT. VNIVERSIS. DVM. DECRÉTVM. CONSCRIBERÉTVR
4. INTERIM. EX. AVCTÓRITATE. OMNIVM. PERMITTI
5. C. JVLIO. DIVI. AVGVSTI. L. GELÓTI. QVI. OMNI. TEMPORE
6. MVNICIP. VÉJÓS. NON. SÓLVM. CONSILIO. ET. GRÁTIÁ. ADIVVERIT
7. SED. ETIAM. IMPÉNSIS. SVIS. ET. PER. FILIVM. SVVM. CELEBRÁRI
8. VOLVERIT. HONÓREM. EI. IVSTISSIMVM. DECERNI. VT
9. AVGVSTALIVM. NVMERÓ. HABEÁTVR. AEQVE. AC. SI. ÉO
10. HONÓRE. VSVS. SIT. LICEATQVE. EI. OMNIBVS. SPECTÁCVLIS
11. MVNICIPIO. NOSTRO. BISELLIO. PROPRIO. INTER. AVGVS

12. TÁLES. CONSIDERE. CÉNISQVE. OMNIBVS. PVBLICIS
13. INTER. CÉNTVMVIRÓS. INTERESSE. ITEMQVE. PLACERE
14. NÉ. QVOD. AB. EÓ. LIBERISQVE. EIVS. VECTIGAL. MÝ-
NICIPII
15. AVGVSTI. VEIENTIS. EXIGERETVR

ADFVERVNT

C. SCAEVIVS CVRIATIVS	CN. OCTAVIVS SABINVS

IIVIR

L. PERPERNA PRISCVS	L. SEMPRONIVS GRACCVS
M. FLÁVIVS RVFVS. Q	P. ACVVIVS. P. F. TRO
T. VETTIVS RVFVS. Q	C. VEIANIVS. MAXIMVS
M. TARQVITIVS SATVRNIN	T. TARQVITIVS. RVFVS
L. MAECILIVS SÉRVIVS	C. IÝLIVS. MERVLA
L. FAVONIVS LVCANVS	

ÁCTVM

GAETVLICO. ET. CALVISIO COS.

XLI.

ORATIO

IMPERATORIS CLAVDII

DE CIVITATE GALLIIS DANDA.

(A. U. 801. Chr. 48.)

Tabulae aereae duae Lugduni erutae ad latus aedis S. Sebastiani anno 1528. Ejus meminit *Tacit.* Annal. XI. 24.

Primus edidit *Lipsius* ad Tacit. l. l. Excursu A., et in Auctario ad *Smetii* Inscript. p. 23 sqq.; tum explicavit *Jac. Sponius* Recherches des Antiquités et Curiosités de la ville de Lyon. c. 8. p. 170 sqq. Repetita ap. *Gruterum* p. DII. et imprimis in *Menetrier* histoire civile et consulaire de la ville de Lyon. Lyon. 1696. f.

Oberlinus ad Tacit. Annal. XI. 24. confirmat, hanc tabulam hodienum etiam post obsessionem servari Lugduni incolumem.

Tabula prima.

1. MAE. RERVM. NOSTR. . . . SII [1]) . . . .
2. EQVIDEM. PRIMAM. OMNIVM. ILLAM. COGITATIONEM. HOMINVM. QVAM
3. MAXIME. PRIMAM OCCVRSVRAM. MIHI. PROVIDEO. DEPRECOR. NE
4. QVASI. NOVAM. ISTAM. REM. INTRODVCI. EXHORRESCATIS. SED. ILLA

---

[1]) Deest ap. *Lipsium.*

5. POTIVS. COGITETIS. QVAM. MVLTA. IN. HAC. CIVITATE. NOVATA. SINT. ET
6. QVIDEM. STATIM. AB. ORIGINE. VRBIS. NOSTRAE. IN. QVOD. FORMAS
7. STATVSQVE. RES. P. NOSTRA. DIDVCTA. SIT
8. QVONDAM. REGES. HANC. TENVERE. VRBEM. NE. TAMEN. DOMESTICIS. SVCCES
9. SORIBVS. EAM. TRADERE. CONTIGIT. SVPERVENERE. ALIENI. ET. QVIDAM. EXTER
10. NI: VT. NVMA. ROMVLO. SVCCESSERIT. EX. SABINIS. VENIENS. VICINVS. QVI
11. DEM. SED. TVNC. EXTERNVS. VT. ANCO. MARCIO. PRISCVS. TARQVINIVS
12. PROPTER. TEMERATVM. SANGVINEM. QVOD. PATRE. DEMARATO. CO
13. RINTHIO. NATVS. ERAT. ET. TARQVINIENSI. MATRE. GENEROSA. SED. INOPI
14. VT. QVAE. TALI. MARITO. NECESSE. HABVERIT. SVCCVMBERE. CVM. DOMI. RE
15. PELLERENTVR. A. GERENDIS. HONORIBVS. POSTQVAM. ROMAM. MIGRAVIT
16. REGNVM. ADEPTVS. EST. HVIC. QVOQVE. ET. FILIO. NEPOTIVE. EJVS. NAM. ET
17. HOC. INTER. AVCTORES. DISCREPAT. INSERTVS.[2] SERVIVS. TVLLIVS. SI. NOSTROS
18. SEQVIMVR. CAPTIVA. NATVS. OCRESIA. SI. TVSCOS. CAELI. QVONDAM. VI
19. VENNAE. SODALIS. FIDELISSIMVS. OMNISQVE. EJVS. CASVS. COMES. POST
20. QVAM. VARIA. FORTVNA. EXACTVS. CVM. OMNIBVS. RELIQVIS. CAELIANI
21. EXERCITVS. ETRVRIA. EXCESSIT. MONTEM. CAELIVM. OCCVPAVIT. ET. A. DVCE. SVO
22. CAELIO. ITA. APPELLITATVS. MVTATOQVE. NOMINE. NAM. TVSCE. MASTARNA

---

[2] *Lipsius*: INCERTVS.

23. EI. NOMEN. ERAT. ITA. APPELLATVS. EST. VT.
DIXI. ET REGNVM. SVMMA. CVM. REI
24. P. VTILITATE. OPTINVIT. DEINDE. POSTQVAM.
TARQVINI. SVPERBI. MORES. IN
25. VISI. ÇIVITATI. NOSTRAE. ESSE. COEPERVNT.
QVA. IPSIVS. QVA. FILIORVM. EJVS
26. NEMPE. PERTAESVM. EST. MENTES. REGNI. ET.
AD. CONSVLES. ANNVOS. MAGIS·
27 TRATVS. ADMINISTRATIO. REIP. TRANSLATA. EST
28. QVID. NVNC. COMMEMOREM. DICTATVRAE. HOC.
IPSO. CONSVLARI. IMPE
29. RIVM. VALENTIVS. REPERTVM. APVD. MAJORES.
NOSTROS. QVO. IN AS
30. PERIORIBVS. BELLIS. AVT. IN. CIVILI. MOTV.
DIFFICILIORE. VTERENTVR
31. AVT. IN. AVXILIVM. PLEBIS. CREATOS. TRIBV-
NOS. PLEBEI. QVID. A. CONSV
32. LIBVS. AD. DECEMVIROS. TRANSLATVM. IMPE-
RIVM. SOLVTOQVE. POSTEA
33. DECEMVIRALI. REGNO. AD. CONSVLES. RVRSVS.
REDITVM. QVID. IM [3]) V
34. RIS. DISTRIBVTVM. CONSVLARE. IMPERIVM. TRI-
BVNOS. MILITVM
35. CONSVLARI. IMPERIO. APPELLATOS. QVI. SENI.
ET. SAEPE. OCTONI. CREAREN
36. TVR. QVID. COMMVNICATOS. POSTREMO. CVM.
PLEBE. HONORES. NON. IMPERI
37. SOLVM. SED. SACERDOTIORVM. QVOQVE. JAM.
SI. NARREM. BELLA. A. QVIBVS
38. COEPERINT. MAJORES. NOSTRI. ET. QVO. PRO-
CESSERIMVS. VEREOR. NE. NIMIS
39. INSOLENTIOR. ESSE. VIDEAR. ET. QVAESISSE.
JACTATIONEM. GLORIAE. PRO
40. LATI. IMPERII. VLTRA. OCEANVM. SED. ILLOC.
POTIVS. REVERTAR. CIVITATEM

---

[3]) *Lips.* IMP...

Alterius tabulae verba sunt:

41. . . . . SANE

42. . . . . NOVO . . . . DIVVS. AVG. . . . . NO . . . LVS. ET. PATRVVS. TI

43. CAESAR. OMNEM. FLOREM. VBIQVE. COLONIARVM. AC. MVNICIPIORVM. BO

44. NORVM. SCILICET. VIRORVM. ET. LOCVPLETIVM. IN. HAC. CVRIA. ESSE. VOLVIT

45. QVID. ERGO. NON. ITALICVS. SENATOR. PROVINCIALI. POTIOR? EST. IAM

46. VOBIS. CVM. HANC. PARTEM. CENSVRAE. MEAE. APPROBARE. COEPERE. QVID

47. DE. EA. RE. SENTIAM. REBVS. OSTENDAM. SED. NE. PROVINCIALES. QVIDEM

48. SI. MODO. ORNARE. CVRIAM POTERINT. RECIPIENDOS. PVTO

49. ORNATISSIMA. ECCE. COLONIA. VALENTISSIMAQVE. VIENNENSIVM. QVAM

50. LONGO. IAM. TEMPORE. SENATORES. HVIC. CVRIAE. CONFERT. EX. QVA. COLO

51. NIA. INTER. PAVCOS. EQVESTRIS. ORDINIS. ORNAMENTVM. L. VESTINVM. FA

52. MILIARISSIME. DILIGO. ET. HODIEQVE. IN. REBVS. MEIS. DETINEO. CVIVS. LIBE

53. RI. FRVANTVR. QVAESO. PRIMO. SACERDOTIORVM. GRADV. POST. MODO. CVM

54. ANNIS. PROMOTVRI. DIGNITATIS. SVAE. INCREMENTA. VT. DIRVM. NOMEN. LA

55. TRONIS. TACEAM. ET. ODI. ILLVD. PALESTRICVM. PRODIGIVM. QVOD. ANTE. IN. DO

56. MVM. CONSVLATVM. INTVLIT. QVAM. COLONIA. SVA. SOLIDVM. CIVITATIS. ROMA

57. NAE. BENEFICIVM. CONSECVTA. EST. IDEM. DE. FRATRE. EIVS. POSSVM. DICERE

58. MISERABILI. QVIDEM. INDIGNISSIMOQVE. HOC CASV. VT. VOBIS. VTILIS

59. SENATOR. ESSE. NON. POSSIT

60. TEMPVS. EST. JAM. TI. CAESAR. GERMANICE. DETEGERE. TE. PATRIBVS. CONSCRIPTIS

61. QVO. TENDAT. ORATIO. TVA. JAM. ENIM. AD. EXTREMOS. FINES. GALLIAE. NAR

62. BONENSIS. VENISTI

63. TOT. ECCE. INSIGNES. IVVENES. QVOD. INTVEOR. NON. MAGIS. SVNT. PAENITENDI

64. SENATORES. QVAM. PAENITET. PERSICVM. NOBILISSIMVM. VIRVM. AMI

65. CVM. MEVM. INTER. IMAGINES. MAIORVM. SVORVM. ALLOBROGICI. NO

66. MEN. LEGERE. QVOD. SI. HAEC. ITA. ESSE. CONSENTITIS. QVID. VLTRA. DESIDERA

67. TIS. QVAM. VT. VOBIS. DIGITO. DEMONSTREM. SOLVM. IPSVM. VLTRA. FINES

68. PROVINCIAE. NARBONENSIS. IAM. VOBIS. SENATORES. MITTERE. QVANDO

69. EX. LVGDVNO. HABERE. NOS. NOSTRI. ORDINIS. VIROS. NON. PAENITET

70. TIMIDE. QVIDEM. P. C. EGRESSVS. ADSVETOS. FAMILIARESQVE. VOBIS. PRO

71. VINCIARVM. TERMINOS. SVM. SED. DESTRICTE. IAM. COMATAE. GALLIAE

72. CAVSA. AGENDA. EST. IN. QVA. SI. QVIS. HOC. INTVETVR. QVOD. BELLO. PER. DE

73. CEM. ANNOS. EXERCVERVNT. DIVOM. IVLIVM. IDEM. OPPONAT. CENTVM

74. ANNORVM. IMMOBILEM. FIDEM. OBSEQVIVMQVE. MVLTIS. TREPIDIS. RE

75. BVS. NOSTRIS. PLVSQVAM. EXPERTVM. ILLI. PATRI. MEO. DRVSO. GERMANIAM

76. SVBIGENTI. TVTAM. QVIETE. SVA. SECVRAMQVE. A. TERGO. PACEM. PRAES

77. TITERVNT. ET. QVIDEM. CVM. AD. CENSVS. NOVO. TVM. OPERE. ET. INADSVE

78. TO. GALLIIS. AD. BELLVM. ADVOCATVS. ESSET. QVOD. OPVS. QVAM. AR

79. DVVM. SIT. NOBIS. NVNC. CVM. MAXIME. QVAMVIS. NIHIL. VLTRA. QVAM

80. VT. PVBLICE. NOTAE. SINT. FACVLTATES. NOSTRAE. EXQVIRATVR. NIMIS

81. MAGNO. EXPERIMENTO. COGNOSCIMVS.

Lin. 8. F. NEC.
— 26. F. OMNES pro MENTES.
— 48. Pr. RECIPIENDOS Reinesius legit REJICIENDOS.
— 77. Pr. AD CENSUS legendum videtur A CENSU.

XLII. XLIII.

SENATUSCONSULTA DUO

DE

AEDIFICIIS NEGOTIATIONIS CAUSA NON DIRUENDIS.

(A. U. 801 et 809. Chr. 48 et 56.)

Utrumque in eadem tabula aenea, inter ruinas Herculanei oppidi effossa, superstes Neapoli apud Matthaeum de Capua Conchae principem servatum est. Utrumque ediderunt: 1) *Julius Caesar Capaccius* Antiquitatum et historiarum Neapolitanarum (Neap. 1607. 4.) Lib. II. c. 9. — 2) *Th. Reinesius* Inscriptt. Cl. VII. n. 11. p. 475. sq. — 3) Emendatius *Jo. Bapt. Donius* Inscriptt. antiq. ab *Ant. Franc. Gorio* editae. Cl. II. n. 66. p. 84. sq. [1])

Conf. *Reinesii* Epist. ad Rupertum. 36. p. 292. sq. et *J. G. S.* (i. e. *Jo. Gfr. Senfii*) Comm. ad SCC. Cn. Hosidio Geta etc. de aedificiis negotiationis causa non diruendis (Lips. 1756. 4.) p. 9 — 18. Adde *Theophil. Ludolf. Münteri* Parerga historico-philologica (Goetting. 1749. 8.) Parerg. I. §. 18. p. 28—30. p. 47. sqq.

---

[1]) Deinde in: Mémoires sur la ville souterraine découverte au pied du Mont. Vesuve. Paris. 1748. et ap. *Terrassonum* nro. 27. 28. *Sp.*

I.

CN. HOSIDIO. GETA. L. VAGELLIO. COSS. X. KAL. OCTOBR. S. C.

CVM. PROVIDENTIA. OPTVMI. PRINCIPIS. TECTIS. QVOQVE. VRBIS. NOSTRAE. ET. TOTIVS. ITALIAE. AETERNITATI. PROSPEXERIT. QVIBVS. IPSE. NON. SOLVM. PRAECEPTO. AVGVSTISSIMO. SED. ETIAM. EXEMPLO. SVO. PRODESSET. CONVENIRETQVE. FELICITATI. SAECVLI INSTANTIS. PROPORTIONI. PVBLICORVM. OPERVM. ETIAM. PRIVATORVM. CVSTODIAE. DEBERENTQVE. ABSTINERE. SE. OMNE. CRVENTISSIMO. GENERE. NEGOTIATIONIS. NE. INIMICISSIMAM. PACE. FACIEM. INDVCERENT. RVINIS. DOMVM. VILLARVMQ. PLACERE. SI. QVIS. NEGOTIANDI. CAVSA. EMISSET. ALIQVOD. AEDIFICIVM. VT. DIRVENDO. PLVS. ACQVIRERET. QVAM. QVANTI. EMISSET. TVM. DVPLAM. PECVNIAM. QVA. MERCATVS. EAM. REM. ESSET. IN. AERA. INFERRI. VTIQVE. DE. EO. NIHILOMINVS. AD. SENATVM. REFERRETVR. CVMQVE. AEQVE. NON. OPORTERET. MALO. EXEMPLO. VENDERE. QVAM. EMERE. VENDITORES. QVOQVE. COERCERENTVR. QVI. SCIENTES. DOLO. MALO. CONTRA HANC. SENATVS. VOLVNTATEM. VENDIDISSENT. PLACERE. TALES. VENDITIONES. IRRITAS. FIERI. CAETERVM. TESTARI. SENATVM. DOMINIO. CONSTITVI. QVI. RERVM. SVARVM. POSSESSORES. FVTVRI. ALIQVAS. PARTES. EARVM. MVTAVERINT. DVM. NON. NEGOTIATIONIS. CAVSA. ID. FACTVM. CENSVERINT.

IN. SENATV. FVERVNT. CCC. LXXXIII.

II.

VOLVSIO. P. CORNELIO. COS. VI. NON. MART. S. C. QVOQVE. VOLVSIVS. P. CORNELIVS. VERBA. FECERVNT. DE. POSTVLATIONE. NECESSARIORVM. ALLIATORIAE. CELSILLAE. Q. D. E. R. F. P. D. E. R. I. C.

CVM. S. C. QVOD. FACTVM. EST. HOSIDIO. GETA. L. VAGELLIO. COS. CLARISSIMIS. VIRIS. ANTE. X. K.

OCT. AVCTORE. D. CLAVDIO. CAVTVM. ESSET. NE. QVIS. DOMVM. VILLAMVE. DIRVERET. QVOD. SIBI. ADQVIRERET. NEVE. QVIS. NEGOTIANDI. CAVSA. EORVM. QVID. EMERET. VENDERETVE. POENAQVE. IN. EMPTOREM. QVI. ADVERSVS. ID. S. C. FECISSET. CONSTITVTA. ESSET. ITA. VEL. IS. QVI. QVICQVID. EMISSET. DVPLVM. EIVS. QVANTI. EMISSET. IN. AERARIVM. INFERRI. COGERETVR. ET. EIVS. QVAM. VENDIDISSET. IRRITA. FIERET. VENDITIO. DE. IIS. AVTEM. QVI. RERVM. SVARVM. POSSESSORES. FVTVRI. ALIQVAS. PARTES. EARVM. MVTASSENT. DVMMODO. NON. NEGOTIATIONIS. CAVSA. MVTASSENT. NIHIL. ESSET NOVATVM. ET. NECESSARII. ALLIATORIAE. CELSILIAE. VXORIS. ATTIL. LVPERCI. ORNATISSIMI. VIRI. EXPOSVISSENT. HVIC. ORDINI. PATREM. EIVS. ALLIATORIVM. CELSVM. EMISSE. FVNDOS. CVM. AEDIFCIIS. IN. REGIONE. MVLINIENSI. QVI. VOCARENTVR. CAMPI. MATRI. IN. QVIBVS. LOCIS. MERCATVS . . . . . SVPERIORIBVS. SOLITVS. ESSET. TEMPORIBVS. IAM. PER. ALIQVOD. DESISSET. HABERE. EAQVE. AEDIFICIA. LONGA. VETVSTATE. DILABERENTVR. NEQVE. REFACTA. VSVI. ESSENT. FVTVRA. QVIA. NEQVE. HABITARET. IN. IIS. QVISQVAM. NEC. VELLET. IN. DESERTA. ERVENTIA. COMMIGRARE. NE. QVID. FRAVD. MVLTAE. POENAEQ. ESSET. CELSILIAE. SI. EA. AEDIFICIA. DE. QVIBVS IN. HOC. ORDINE. ACTVM. ESSET. AVT. DEMOLITA. FVISSENT. AVT. EA. CONDITIONE. SIVE. PER. SE. SIVE. CVM. AGRIS. VENDIDISSET. AVT. EMPTORI. SINE. FRAVDE. SVA. EA. DESTRVERE. TOLLEREQVE. LICERET.

IN. FVTVRVM. AVTEM. ADMONENDOS. CAETEROS. ESSET. VT. ABSTINERENT. SE. A. TAM. FOEDO. GENERE. NEGOTIATION. HOC. PRAECIPVE. SAECVLO. QVO EXCITARI. NOVARI. ORNARI. IN. VNIVERSA. QVIBVS. FELICITAS. ORBIS. TERRARVM. SPLENDERET. MAGIS. CONVENIRE. QVAM. RVINIS. AEDIFICIORVM. ALIAM PARTEM. DEFORMEM. ITALIAE . . . . . ET. ADHVC. RETINERE. PRIORVM. TEMPORVM. ITA. VT. DICERETVR. SENECTVTE. ACTVM . . . . . CENSVERE. IN. SENATV.

XLIV. XLV.

EDICTA DUO GRAECA

CN. VIRGILII CAPITONIS ET TIBERII JULII ALEXANDRI

AD STATUM AEGYPTI PUBLICUM

SPECTANTIA.

(A. U. 802 et 821. post Chr. 49 et 68.)

Reperta sunt, porticui templi insculpta, in Oasi magna Aegypti prope vicum El Khargeh a *Friderico Caillaud.* a. 1818., iterum non multo post descripta a duobus Anglis, *Hyde* et *Bart* (? *Sp.*). Apographum Hydianum publici juris factum in *the Classical Journal* 1821. (Lond. ap. Valpy) Vol. XXIII. pag. 156—165. et pag. 365—371., sub titulo: »Greek inscriptions, copied by Mr. *Hyde* in the Oasis, communicated through *Henry Salt* Esq. Consul general in Egypt;«— tum in: »A journey to two of the Oases of upper Egypt by *Sir Archibald Edmonstone Bart* Lond. ap. Murray. 1822, junctis restitutionibus versioneque Anglica Doctoris *Young:* p. 75 — 85 (textus), p. 85 — 98 (versio anglica) p. 106. 107 (notas).

Calliaudianum exemplum edidit *Letronne* in: *Journal des Savans.* 1822. p. 674 — 684; separatim vero sub titulo: »Deux inscriptions grecques gravées sur le pylône d'un temple égyptien dans la grande Oasis, et contenant des décrets rendus par le préfet de l'Égypte, sous les règnes de Claude et de Galba; découvertes par M. *Calliaud* en Juillet 1818, restituées et traduites par M. *Letronne:*« quocum jungas ejusdem *Letronnii* « Recherches pour servir à l'histoire de l'Égypte pendant la domination des Grecs et des Romains, tirées des inscriptions grecques et latines relatives à la chronologie, à l'ètat des arts, aux usages civils et réligieux de ce pays. « Paris. 1823.

[Particulas quasdem ediderunt, illustraveruntque *Henr. Ed. Dirksen* in: » Beiträge zur Kunde des römischen Rechts. (Lips. 1825.) p. 304 — 307., et *Schrader* in: » Kritische Zeitschrift für Rechtswissenschaft. (Tübingae 1826.) T. I. Fasc. II. p. 129—131.

Deinde edidit Edictum Tiberii Julii Alexandri *A. Rudorff* in: » Rheinisches Museum für Philologie, Geschichte und griechische Philosophie. (Bonnae. 1828.) Zweiten Jahrganges erstes Heft. p. 64 — 84. Zweites Heft, p. 133 — 190., junctis notis criticis et amplo commentario. *Sp.*]

GREEK INSCRIPTIONS,

Copied by Mr. HYDE in the Oasis: communicated through Henry SALT, Esq. Consul-General in Egypt. (The Classical Journal Num. XLV. for March 1821. *(Lond.* 8.*) p.* 156 — 165. *and Num. XLVI. for June* 1821. *(ib.) p.* 365 — 371.

Part I.

p. 156 *ΙΟΥΛΙΟΣ ΔΗΜΗΤΡΙΟΣ ΣΤΡΑΤΗΓΟΣ ΘΑΣΕ ω ι Β— ΔΑ - ΔΟΣ ΙΟΥ*
ΠΕΜΦΘΕΝΤΟΣ ΜΟΙ ΔΙΑΤΑΓΜΑΤοΣ ΥΠΟΤΟΥ ΚΥΡΙΟΥ ΗΓΥ
ΜΟΝΟΣ
ΤΙΒΕΡΙΟΥ ΙΟΥΛΙΟΥ ΑΛΕΞΑνΔΡΟΥ ΤΟ ΑΝΤΙΓΡΑΦΟΝ ΥΜΕΙΝ Υ
ΠΕΤΑΞΑΙΝ ΕΙΔΟΥΣ ΑΠΟλΑΥΗΤΕ ΤωΝ ΕΥΕΡΓΕΤΙωλ L Β λΟΥ
ΚΙΘΥ ΝΒΙΟΥ ΓΕΒΑΣΤΟΥ ΣΟΥΛΠΙΚΙΟΥ
ΓΑλΒΑ ΑΥΤΟΚΡΑΤΟΡΟΣ ΦΑωΦΙ Α ΙΟΥΝΑ ΣΥΒΑΣΤΗΙ ΤΙΒΡΙΟΣ
ΙΟΥλΙΟΣ ΑλΕΞΑΝΔΡΟΣ λΕΓΕΙ : ΠΑΣΑΝ ΠΡΟΝΟΙΑΝ ΠΟΙΟΥ
ΜΕΝΟΣ ΤΟΥ ΔΙΑΜΕΝΕΙΝ Τω ΠΙΡΟΣΗΚΟ.ΤΙ Κ
ΤΑΣΤΗΜΑΤΙ ΤΗΝ ΠΟλΙΝ ΑΠΟΛΑΥΟΥΣΑΝ Τω ΝΕΥΕΡΓΕΣΙωΝ

ΑΣ ΕΧΕΙ ΠΑΡΑΤωΝ ΣΕΒΑΣΤωΝ ΚΑΙ ΤΟΥ ΤΗΝ ΑΙΓΥΠΤΟΝ ΕΝ ΕΥΣΤΑΘΕΙΑ ΔΙΑΓΟΥΣΑΝ ΕΥΘΥΜωΣ ΥΠΗΡΕΤΕΙΝ· ΤΗΙ ΤΕ ΕΥΘΗΝΙΑ ΚΑΙ ΤΗΙ ΜΕΓΙΣ

ΤΗΙ Πω. ΝΥΝ ΚΑΙΡωΝ ΕΥΔΑΙΜΟΝΙΑ ΜΗΙ ΒΑΡΥΝΟΜΕΝΗΝ ΚΑΙ ΝΑΙΣ ΚΑΙ ΑΔΙΚΟΙΣ, ΕΙΣΠΡΑΞΕΣΙ ΣΧΕΔΟΝ ΔΕ ΕΞ ΟΥ ΤΗΣ Π ΟΛΕΣ ΕΠΕΒΗΝ ΚΑΤΑΒοωΜΕΝΟΣ ΥΠΟ ΤωΝ ΕΝΤΥΣΧΑΝΟΝ ΤωΝ ΚΑΙ ΚΑΤΟΝΙΟΥ ΚΑΙ ΚΑ

ΤΑ ΠΛΗΘΗΙ ΤωΝ ΤΕ ΕΝΘΑΔΕ ΕΥΣΧΗΜΟΝΕΣΤΑΤωΝ ΚΑΙ ΤωΝ p.157
ΤωΝ ΓΕωΡΓΟΥΝΤωΝ ΤΗΝ ΧωΡΑΝ ΜΕΜΦΟΜΕΝωΝ ΤΑΣ ΕΓΓ ΓΙΣΤΑΣ ΕΝΟΜΕΝΑΣ ΕΠΗΡΕΙΑΣ ΟΥ ΔΙΕΛΙΠΟΝ ΜΕΝ ΚΑΤΑ ΤΗΝ ΕΜΑΥΤΟΥ ΝΜΙΝ ΤΑ ΕΠΕΙΓΟΝ

ΤΑ ΕΠΑΝΟΡΘΟΥΜΕΝΟΣ ΙΝΑ ΛΕ ΕΥΟΥΜΟΤΕΒΟΙ ΠΑΝΤΑ ΕΛΠΙΖΗ ΝΤΕ ΠΑΡΑ ΤΟΥ ΕΠΙΛΑΜΨΑΝΤΟΣ ΗΜΗΝ ΕΠΙ ΣωΤΗΡΙΑ ΤΟΥ ΠΑΝΤΟΣ ΑΝΘΡωΠωΝ ΓΕΝΟΥΣ ΕΥΕΡΓΕΤΟΥ ΣΕΒΑΣΤΟΥ ΑΥ ΤΟΚΡΑΤΟΡΟΣ ΓΑΛΒΑ ΤΑ ΤΕ ΠΡΟΣ ωΤΗΡΙΑΝ

ΑΙ ΤΑ ΠΡΟΣ ΑΠΟΛΑΥΣΙΝ ΚΑΙ ΓΙΝωΣΚΗΤΕ ΟΠΕφΡΟΝΤΙΣΑ ΤωΝ ΠΡΟΣ ΤΗΝ ΥΜΕΤΕΡΑΝ ΒΟΗΘΕΙΑΝ ΑΝΗΚΟΝΤωΝ ΠΡΟΕΓΡΑ ΨΑ ΑΝΑΓΚΑΙωΣ ΠΕΙ ΕΚΑΣΤΟΥΣ ΤωΝ ΕΠΙΖΗΤΟΥΜΕΝωΝ ΟΣΑ ΕΞΕΣΤΙ ΜΟΙ ΚΡΕΙ

ΝΕΙΝ ΚΑΙ ΠΟΙΕΙΝ ΤΑΒ ΜΕΙΖΟΝΑ ΚΑΙ ΔΕΟΜΕΑΝ ΤΗΣ ΕΟΥ ΑΥ ΤΟΚΡΑΤΟΡΟΣ ΔΥΝΑΜΕωΣ ΚΑΙ ΜΕΓΑΛΕΙΟΠΗΤΟΣ ΑΥΤωΙ ΔΗΛωΣω ΜΕΤΑ ΠΑΣΗΣ ΑΛΗΘΕΙΑΣ ΤωΝ ΘΕωΝ ΤΑΝΙΕΣΑΜΕ ΝωΝ ΕΙΣ ΤΟΥΤΟΝ ΤΟΝ

ΙΕΡωΤΑΟΝΤ ΑΙΡΟΝ ΤΗΝ ΤΗΣ ΟΙΚΟΥΜΕΝΗΣ ΑΣΦΑΛΕΙΑΝ ΕΓΝ ωΝ ΓΑΡ ΠΡΟ ΠΑΝΤΟΣ ΕΥΛΟΓωΤΑΤΗΝ ΟΥΣΑΙ ΠΗ ΕΝΤΕΥΣ ΙΝ ΥΜωΝ ΥΠΕΡ ΤΟΥ ΜΗΕ ΑΚΟΝΤΑΣ ΑΝΘΡωΠΟΥΣ ΕΙΣ ΤΕΛω ΝΕΙΑΣΗΙΛΑ

ΛΑΓ ΜΙΣΘωΣΕΙΣ ΟΥΣΙΑΚΑΣ ΠΑΡΑ ΤΟ ΚΟΙΝΟΝ. ΘΟΣ ΤωΝ ΕΠΑΡ ΧΕΙωΝ ΠΡΟΣ ΒΙΑΝ ΑΓΕΣΘΑΙ ΚΑΙΟΤΙ ΟΥ ΟΑ..... Ι ΚΑΛ. ΨΕ ΤΑ ΠΡΑΓΜΑΤΑ Ο ΠΟΛΛΟΥΣ ΑΠΕΙΡΟΥΣ ΟΝΤΑΓ ΤΗΣ ΤΟΙΑΥ

ΤΗΣ ΠΡΑΓΜΑΤΕΙΑΣ ΑΧΘΗΝΑΙ ΜΕΤΑΝΑΓΚΗΣ ΕΠΙΒΛΗΘΕΝΤωΝ ΑΥΤΟΙΣ ΤωΝ ΤΕΛωΝ ΔΙΟΠΕΡ ΚΑΥΤΟΣ ΟΥΤΕ ΗΓΑΓΟΝ ΤΙΝΑ ΕΙΣ ΤΕΛωΝΕΙΑΝ ΗΙ ΜΙΣΘωΣΙΝ ΟΥΤΕ ΑΞω ΙΣΙΑωΣ ΤΟΥΤΟ

ΣΥΜΦΕΡΕΙΝ ΚΑΙ ΤΑΕΣ ΚΥΡΙΑΚΑΙΣ ΨΗΦΟΙΣ ΤΟ ΜΕΤΑ ΠΡΟΘΥ p.158
ΜΙΑΣ ΕΚΟΝΤΑΣ ΠΡΑΓΜΑΤΕΥΕΣΘΑΙ ΤΟΥΣ ΔΥΝΑΤΟΥΣ ΠΕ ΠΕΙΣΜΑΙ ΔΕ ΟΤΙ ΟΥΔ ΕΙΣ ΤΟΝΕΜΟΝ ΑΚΟΝΤΑΣ ΤΙΛΑΞΕΙ ΤΕ ΛωΝΑΣ

ΗΙ ΜΙΣΘωΤΑΣ ΑΛΛΑ ΔΙΑΜΙΣΘωΣΕΙ ΤΟΙΣ ΒΟΥΛΟΜΕΝΟΙΣ ΥΚΟΥ

ΣΙωΣ ΠΡΟΕΡΧΕΣΘΑΙ ΜΑΛΟΝ ΤΗΝ ΤωΝ ΠΡΟΤΕΡωΝ ΕΠΑΡΧ
ωΝ ΑΙωΝΟΝ ΕΥΝΘΕΙΑΝ ΨΥΛΑΣΣωΝ ΗΙ ΤΗΝ ΠΡΟΣΚΑΙΡΟΝ
ΤΙΝΟΣ ΑΔΙΚΙΑΝ

ΜΕΙΜΗΣΑΜΕΝΟΣ ΕΠΕΙ ΔΗ ΙΕΝΙΟΙ ΠΡΟΨΑΣΕΙ ΤωΝ ΔΗΜΟΣΙωΝ
ΚΑΕ ΑΛΛΟΤΡΕΑ ΔΑΝΕΙΑ ΠΑΡΑΧωΡΟΥΜΕΝΟΙ ΕΙΣ ΤΕ ΠΟ
ΠΡΑΚΤΟΡΕΙΟΝ ΠΙΝΑΣ ΠΡΕΔΟΣΑΝ ΚΑΙ ΕΙΣ ΑΛΛΑΣ ΨΥΛΑ
ΚΑΣ ΑΣ ΚΑΙ ΑΑΥΤΟ ΤΟΥΤΟ

ΕΓΝωΝ ΑΝΑΙΡΕΘΕΙΣΑΣ ΙΝΑΙ ΠΡΑΞΕΙΣ ΤωΝ ΔΑΝΕΙωΝ ΕΚ ΤωΝ
ΥΠΑΡΧΟΝΤωΝ ωΣΙ ΚΑΙ ΜΗΙ ΕΚ ΤωΝ ΠωΜΑΤωΝ ΕΠΟΜΕΝΟΣ
ΗΙ ΤΟΥ ΘΕΟΥ ΣΕΒΑΣΤΟΥ ΒΟΥΛΗΣΕΙ ΚΕΛΕΥωΙ ΜΗΔΕΝΑ ΠΗΙ
ΤωΝ ΔΗΜΟΣΙωΝ ΠΡΟΦ

ΣΕΙ ΠΑΡΑΧωΡΕΙΣΘΑΙ ΠΑΡ ΑΛΛωΝ ΔΑΝΕΙΑ ΑΜΗΙ ΑΥΤΟΣ ΕΞ
ΑΡΧΗΣ ΕΔΑΝΙΣΕΝ ΜΗΙ ΔΟΛωΣ ΚΤΑ ΚΛΕΙΕΣΘΑΙ ΤΙΝΑΣ ΕΛ
ΕΥΘΕΡΟΥΣ ΕΙΣ ψΥΛΑΚΗΝ ΗΝΤΙΝΟΥΝ ΕΙ ΜΗΙ ΚΑΚΟΥΡΓΟΝ
ΜΗΑ ΕΙΣ ΤΟ ΠΡΑΚ

ΤΟΡΕΙΟΝ ΕΞω ΙΙωΝ ΟΦΕΙΛΟΝΤωΝ ΕΙΣ ΤΟΝ ΚΥΡΙΑΚΟΝ ΛΟΓΟΝ
ΙΝΑ ΔΕ ΜΗΙ ΑΛΜΟΘΕΝ ΒΑΡΥΝΗΙ ΤΑΓ ΠΡΟΓ ΑΛΛΗΛΟΥΣ
ΣΥΝΑΛΛΑΓΑΣ ΤΟ ΤωΝ ΔΗΜΟΣΙωΝ ΟΝΟΜΑ ΜΗΔΕ ΣΥΝΕΧωΣΙ
ΤΗΝ ΚΟΙΝΗΝ ΤΙΣΤΙΝ

ΟΙ ΤΗΙ ΠΡωΤΟΠΡΑΞΙΑ ΠΡΟΣ Α ΜΗ ΔΕΙ ΚΑΤΑΧΡωΜΕΝΟΙ ΔΑΙ ΠΕ
ΡΙ ΤΑΥΤΗΣ ΑΝΑΓΚΑΙωΣ ΠΡΟΕΓΡΑψΑ ΕΔΗΛωΘΗΙ ΓΑΡ ΜΟΙ
ΠΟΛΛΑΚΙΣ ΟΤΙ ΗΔΗΙ ΤΙΝΕΣ ΚΑΙ ΥΠΟΘΗΚΑΣ ΕΠΕΙΡΑΣΑΝ
ΑΦΕΛΕΣΘΑΙ ΝΟΜΙΜωΣ

p.159 ΤΕΓΟΝΥΙΑΣ ΚΑΙ ΑΠΟΔΕΔΟΜΕΝΑ ΔΑΝΕΙΑ ΠΑΡΑ ΤωΝ ΑΠΟΛΑ
ΒΟΝΤωΝ ΑΝΑΠΡΑΣΣΕΙΝ ΠΡΟΣ ΒΙΑΝ ΚΑΙ ΑΓΟΡΑΣΜΟΥΣ Α
ΝΑΛΑΣ ΤΟΥΣ ΠΟΙΕΙΝ ΑΠΟΣΠωΝΤΕΣ ΤΑ ΚΤΗΜΑΤΑ ΤωΝ ω
ΝΗΣΑΜΕΝωΝ ωΣ

ΣΥΜΒΕΒΑΗΚΟΤωΝ ΤΙΣΙΝ ΑΝΑΒΟΛΑΙ ΚΑΙ ΕΙΛΗΦΟΣ ΕΙΣ ΤΟΥ ΦΙΣ
ΚΟΥ ΗΙ ΣΤΡΑΤΗΓΟΙΣ ΗΙ ΠΡΑΓΜΑΤΙΚΟΙΣ ΗΙ ΑΛΛΟΙΣ ΤωΝ
ΠΡΣΟΦΕΙΛΗΚΟΤωΝ ΤωΙ ΔΗΜΟΣΙωΙ ΛΟΓωΙ ΚΕΛΕΥωΙ ΟΥΝ
ΟΣΤΙΣΣΑΝ ΕΝΘΑΔΕ

ΕΠΙΤΡΟΠΟΣ ΤΟΥ ΚΥΡΙΟΥ ΗΙ ΟΙΚΟΝΟΜΟΣ ΥΠΟΠΤΟΝ ΤΙΝΑ Ε
ΧΗΙ ΤωΝ ΕΝ ΤΟΙΣ Δ.. ΜΟΣΙΟΙΣ ΠΡΑΓΜΑΣΙ ΟΝΤωΝ ΚΑΤΕΧ
ΕΣΘΑΙ ΑΥΤΟΥ ΤΟ ΟΝΟ. Α ΗΙ ΠΡΟΓΡΑΦΕΙΝ ΙΝ...... ΣΙΣ ΤωΙ
ΤΟΙΟΥΤωΙ ΣΥΝΒΑΛΛΗΙ

ΗΙ ΜΑΡΗΙ ΤωΝ ΥΠΑΡΧΟΝΤωΝ ΑΥΤΟΥ ΚΑΤΕΧΕΙΝ ΕΝ ΤΟΙΣ ΔΗ
ΜΟΣΙΟΙΣ ΓΡΑΜΜΑΤΟΦΥΛΑΚΙΟΙΣ ΠΡΟΣ ΟΦΕΙΛΗΜΑ ΕΑΝ

ΔΕ ΤΙΣ ΜΗΤΕ ΟΝΟΜΑΤΟΣ ΚΑΤΕΣΧΗΜΕΝΟΙ ΜΗΤΕ ΤωΝ Υ
ΠΑΡΧΟΝΤωΝ ΚΡΑΤΟΥ
.ΜΕΝωΝ ΔΑΝΙΣΗΙ ΝΟΜΙΜωΣ ΛΑΒωΝ ΥΠΟΘΗΚΗΝ ΗΙ ΦΘΑΣΗΙ Δ
ΕΔΑΝΙΣΕΝ ΚΟΜΙΣΑΣΘΑΙ ΗΙ ΚΑΙ ώΝΗΣΗΤΑΙ ΤΙ ΜΗΙ ΚΑΤΕ
ΧΟΜΕΝΟΥ ΤΟΥ ΟΝΟΜΑΤΟΣ ΜΗΔΕ ΤΟΥ ΥΠΑΡΧΟΝΤΟΣ ΟΥ
ΔΕΝ ΠΡΑΓΜΑΕΞΕΙ
ΤΑΣ ΜΕΝ ΓΑΡ ΠΡΟΙΚΑΣ ΑΛΛΑΤΡΙΑΣ ΟΥΣΑΣ ΚΑΙ ΟΥ ΤωΝ ΕΙΛΗ
ΦΟΤωΝ ΑΝΔΡωΝ ΚΑΙ Ο ΘΕΟΣ ΣΕΒΑΣΤΟΣ ΕΚΕΛΕΥΣΕΝ ΚΑΙ
ΟΙ ΕΠΑΡΧΟΙ ΕΚ ΤΟΥ ΦΙΣΚΟΥ ΤΑΙΣ ΓΥΝΑΙΞΙ ΑΠΟΔΙΔΟΣΘΑΙ
ωΝ ΒΕΒΑΙΑΝ ΔΕΙ
ΤΗΝ ΠΡωΤΟΠΡΑΞΙΑΝ ΦΥΛΑΣΣΕΙΝ ΕΝΕΤΕΥΧΘΗΝ ΔΕ ΚΑΙ ΠΕΡΙ
ΤωΝ ΑΤΕΛΕΙωΝ ΕΝ ΑΙΣ ΕΣΤΙΝ ΚΑΙ ΤΑ ΠΡΟΣ ΔΙΚΑ ΑΞΙΟΥΝΤω
Ν ΑΥΤΑΣ ΦΥΛΑΧΘΗΝΑΙ ωΣ Ο ΘΕΟΣ ΚΛΑΥΔΟΣ
ΕΓΡΑΨΕΝ ΠΟΣΤΟΜω ΝΠΟΛΥωΝ ΚΑΙ ΛΕΓΟΝΤωΝ ΥΣΤΕΡΟΝ ΚΑ p.160
ΤΑΚΕΚΡΙΣΘΑΙ ΤΑΥΤΟΙ ΔΙ ωΤωΝ ΠΡΑΧΘΕΝΤΑ ΕΝ ΤωΙ ΜΕΣωΙ
ΧΡΟΝωΙ ΜΕΤΟ ΦΛΑΚΚΟΝ ΚΑΤΑΚΡΕΙΝΑΙ ΚΑΙ ΠΡΟ ΤΟΥΤΟΝ
ΘΕΟΝ
ΚΛΑΥΔΙΟΝ ΑΠΟΛΥΣΑΙ ΕΠΕΙ ΟΥΝ ΚΑΙ ΒΑΛΒΙΛΛΟΣ ΚΑΙ ΟΥΗΣ
ΤΕΙΝΟΣ ΤΑΥΤΑ ΑΠΕΛΣΑΝ ΑΜΦΟΤΕΡωΝ ΤωΝ ΠΑΡΧωΝ ΕΠΙ
ΚΡΙΜΑΤΑ ΦΥΛΑΣΣωΝ ΚΑΙ ΕΚΙΝωΝ ΚΑΤΗΚΟΛΟΥΘΗΚΟΤωΝ
ΤΗΣ
ΤΟΥ ΟΣΟΥ ΚΛΑΥΔΙΟΥ ΧΑΡΙΤΙ ωΣΤΕ ΑΠΟΛΕΛΥΣΘΑΙ ΤΑ ΜΗΔΕ
ΠωΓΕΞΑΥΤωΝ ΕΙΣ ΠΡΧΘΕΝΤΑ ΔΗΛΟΝΟΤΙ ΕΙΣ ΤΟ ΛΟΙΟΝ ΤΗ
ΡΟΥΜΕΝΗΣ Α.ΤΕΛΕΙΑΣ ΚΑΙ ΚΟΥΦΟΤΕΛΕΙΑΣ ΥΠΕΡ ΔΕ
ΤωΝ ΕΚ ΤΟΥ ΚΑΙΣΑΡΟΣ ΛΟΓΟΥ ΠΡΑΧΘΕΝΤωΝ ΕΝ ΤωΙ ΜΕΣωΙ
ΧΡΟΝωΙ ΠΕΡΙ ωΝ ΕΚΦΟΡΙΑ ΚΑΤΕΚΡΙΘΗΙ ωΣ ΟΥΗΣΤΕΙΝΟΣ
ΕΚΕΛΕΥΣΕΝ ΤΑ ΚΑΘΗΚΟΝΤΑ ΤΕΛΕΙΣΘΑΙ ΚΑΙ ΑΥ
ΤΟΣ ΕΣΤΗΜΙ ΑΠΟΛΥ ΑΥΚωΣ ΤΑ ΜΗ ΑΠωΙ ΕΙΕΠΡΑΧΘΕΝΤΑ ΚΑΙ
ΠΡΟΣ ΤΟ ΜΕΛΛΟΝ ΜΕΝΕΙΝ ΑΥΤΑ ΕΠΙ ΤΟΙΣ ΚΑΘΗΚΟΥΣΙ Δ
ΔΙΚΟΝ ΓΑΡ ΕΣΤΙΝ ΤΟΥΣ ωΝΗΣΑΜΕΝΟΥΣ ΚΤΗ . . .
ΜΑΤΑ ΚΑΙ ΤΙΜΑΣ ΑΥΤωΝ ΑΠΟΔΟΝΤΑΣ ωΣ ΔΗΜΟΣΙΟΥΣ ΓΕωΡ
ΓΟΥΣ ΥΚΦΟΡΙΑ ΑΠΑΙΤΕΙΣΘΑΙ ΤωΝ ΙΔΙωΝ ΕΔΑΦωΝ ΑΚΟΛΟΥ
ΘΟΝ ΕΣΤΙΝ ΤΗ ΤωΝ ΣΕΒΑΣΤωΝ
ΧΑΡΙΣ ΚΑΙ ΤΟ ΤΟΥΣ ΕΝ . . ΝΕΙΓ ΑΛΕΞΑΝΔΡΕΙΣ ΚΑΙ ΕΝ ΤΗ . . Ο . Ο
. . . . ΕΡΓΙΑ . ΙΚΑ ΤΟΗΟ . . . . — — ΠΝ . . . .
ΠΟΛΛΑΚΙΣ ΜΕΝ ΕΠΕΖΗΤΗΣΑΤΕ ΚΑΥΤΟΣ ΔΕ ΦΥΛΑΣΣωΙ ωΣΤ
Ε ΜΗΔΕΝΑ ΤωΝ ΕΝΓΕΝωΝ ΑΛΕΞΑΝΔΡΕωΝ ΕΙΣ ΛΕΙΤΟΥΡΓΙ
ΑΣ ΧωΡΙΚΑΣ ΑΓΕΣΘΑΙ ΜΕΛΗΣΕΙ ΔΥ

p.161 ΜΟΙ ΚΑΙ ΤΑΣ ΣΤΡΑΤΗΓΙΑΣ ΜΕΤΑ ΔΙΑΛΟΓΙΣΜΟΝ ΠΡΟΣ ΤΡΙΕ
ΤΙΑΝ ΕΝΧΙΡΙΖΕΙΝ ΤΟΙΣ ΚΑΤΑΣΤΑΘΗΣΟΜΕΝΟΙΣ ΚΑΘΟΛ
ΟΥ ΔΕ ΥωΙ ΟΣΑΚΙΣ ΕΠΑΡΧΟΣ ΕΠ ΑΥΤΟΝ ΑΧΘΕΝΤΑ ΕΦΘΑ

ΣΕΝ ΚΡΕΙΝΑΣ ΑΠΟΛΥΣΑΙ ΜΗΚΕΤΙ ΕΙΣ ΔΙΑΛΟΓΙΣΜΟΝ ΑΓΥΣ
ΘΑΙ ΕΑΝ ΔΕ ΚΑΙ ΔΥΟ ΕΠΑΡΧΟΙ ΤΟ ΑΥΤΟ ΠΕΦΡΟΝΗΚΟΤΕΣ
ωΣΙ ΚΑΙ ΚΟΛΑΣΤΕΟΣ ΕΣΤΙΝ Ο ΕΓΛΟΣΙΣΤΗΣ Ο ΤΑ ΑΥΤΑ ΕΙ
Σ ΔΙΑΛΟΓΙΣΜΟΝ

ΑΡωΝ . . Ι ΜΗΔΕΝΑ ΑΛC ΠΟΙωΝ ΠΛΗΝ ἘΡΓΥΡΙΣΜΟΥ ΠΡΟΦΑΣΙΝ
ΚΑΤΑΛΕΙΠωΝ ΕΑΥΤωΙ ΚΑΙ ΤΟΙΣ ΑΛΛΟΙΣ ΠΡΑΓΜΑΤΙΚΟΙΣ
ΠΟΛΛΟΣ ΟΥΝ ΗΞΙωΣΑΝ ἘΚΣΤΗΑΙ ΜΑΛΛΟΝ ΤωΝ ΙΔΙωΝ ΚΤ
ΗΜΑΚωΝ ωΣ

ΠΛΕΙΟΝ ΤΗΣ ΤΙΜΗΣ ΑΥΤωΝ ΑΝΗΛωΚΟΤΕΣ ΔΙΑ ΤΟ ΚΑΘΕΚΑΣ
ΤΟΝ ΔΙΑΛΟΓΙΣΜΟΝ ΤΑ ΑΥΤΑ ΠΡΜΑΤΑ ΕΙΣ ΚΡΙΣΙΝ ΑΣΕΣ
ΘΑΙ ΤΟ ΔΑΥΤΟ ΚΑΙ ΠΕΡΙ ΤωΝ ΕΝ ΙΔΙωΙ ΛΟΣωΙ ΠΡΑΓΜΑΤω
ΝΑΓΜΕΝωΝ ΙΣΤΗΜΙ ωΣ

ΤΕ ΕΙΤΙ ΚΡΙΘΕΝ ΑΠΕΛΥΘΗΙ ΗΙ ΑΠΟΛΥΘΗΣΕΤΑΙ ΥΠΟ ΤΟΥ Π
ΡΟΣΤωΗ ΔΙωΙ ΛΟΠωΙ ΤΕΤΑΓΜΕΝΟΥ ΜΗΚΕΤΙ ΕΞΕΙΑΙ ΤΟΥ
ΤωΙ ΕΙΣΓΓΕΛΛΕΙΝ ΚΑΤΗΓΟΡωΙ ΜΗΔΕ ΕΙΣ ΚΡΙΣΙΝ ΑΓΕΣ
ΘΑΙ ΗΙ ΟΤΟΥΤΟ ΠΟΙΗΣΑΣ ΑΠΑΡΑΙΤΗ

ΤωΣ ΖΗΜΙωΘΗΣΕΤΑΙ ΟΥΔΕΝ ΓΑΡ ΕΣΤΑΙ ΠΕΡΑΣ ΤωΝ ΣΥΚΦΑ
ΝΗΜΑΤωΝ ΕΑΝ ΤΑ ΑΠΟΛΕΛΥΜΕΝΑ ΑΓΗΤΑΙ ΕωΣ ΤΙΣ ΑΥΤ
Α ΚΑΤΑΚΡΕΙΝΗ ΙΗΔΗΙ ΔΕ ΤΗΣ ΠΟΛωΣ ΣΧΕΔΟΝ ΑΟΙΚΗΚ
ΟΥ ΓΕΝΟΜΕΝΗΣ ΔΙΑ ΤΟ

ΠΛΗΘΟΣ ΤωΝ ΣΥΚΟφΑΝΤωΝ ΚΑΙ ΠΑΣΗΣ ΟΙΚΙΑΣ ΣΥΝΓΑΡΑΣ
ΣΟΜΕΝΗΣ ΑΝΑΓΚΑΙωΣ ΚΕΛΕΥωΙ ΕΑΝ ΜΕΝ ΤΙΣ ΤωΝ ΕΝ Ι
ΔΙωΙ ΛΟΓωΙ ΚΑ · ΗΓΟΡωΝ ωΣ ΕΤΡωΙ ΣΥΝΗΓΟΡωΝ ΕΙΣΑΓΗΙ
ΥΠΟΘΕΣΙΝ ΠΑΡΙΣΤΑΣΘΑ ΥΠ

p.162 ΑΥΤΟΥ ΤΟΝ ΠΡΟΣΑΓΓΕΙΛΑΝΤ ἈΙΜΑ ΜΗΔΕ ΕΚΕΙΝΟΣ ΑΚΙΝ
ΔΥΝΟΣ ΙΙΕ ΑΝ ΔΕ ΙΔΙωΙ ΟΝΟΜΑΤΙ ΚΑΤΕΝΕΓΚωΝ ΤΡΕΣ Υ
ΠΟΘΕΣΕΙΣ ΜΗΙ ΑΠΟΔΕΙΞΗΙ ΜΗΚΕΤΙ ΕΞΕΙΝΙ ΑΥΤωΙ ΚΑΤ
ΗΓΟΡΕΙΝ ΑΛΛΑ ΤΟ ΗΜΙΣΥ ΑΥΤΟΥ

ΤΗΣ ΟΥΣΙΑΣ ΑΝΑΛΑΜΒΑΝΕΣΘΑΙ ΑΔΙΚωΤΑΤΟΝ ΠΑΡΕΣΤΙΝ
ΠΟΛΛΟΙΣ ΕΠΑΓΟΝΤΑ ΚΙΝΔΥΝΟΥΣ ἸΠΡΟΥΣΙωΝ ΚΑΙ ΤΗΣ
Π · ΙΜΙΑΣ ΑΥΤΟΝ ΔΙΑΠΑΝΤΟΣ ΑΝΕΥΘΥΝΟΝ ΕΙΝΑΙ ΚΑΙ Κ
ΑΘΟΛΟΥ ΔΕ

. ΛΕΥΙΟΜΑΙ ΤΟΝ ΓΝωΜΟΝΑ ΤΟΥ · ἈΙΟΥἈΘΕΟΥ . . . . ΛΙΤΑ
ΚΑΙΝΗ ΠΟΙΗΘΕΝΤΑ ΠΑΡΑ ΤΑΣ ΤωΝ ΣΕΒΑΣΤωΝ ΧΑΡΙΤΑΣ Ε
. . ΝΟ . . ωΣΑΙΙΣΙ . CΗΓΟΙ . . . ω . . . .

ΕΛΕΣΧΘΕΝΤΑΣΣΥΚΟΦΑΝΤΑΣωΣΕΛΙΕΤΙΜωΡΗΣΑΜΗΝΟΥΚ
ΑΓΝΟωΙΛΟΤΙΠΟΛΛΗΝΠΡΟΝΟΙΑΝΠΟΙΕΙΣΘΕΚΑΙΤΟΥΤ
ΗΝΑΙΓΥΠΤΟΝΕΝΕΥΕΤΑΘΕΙΑ.........ΕΞΗΣ.....
ΧΟΡΗΓΙΑΣΕΧΕΤΕΟΣΑΟΙΟΝΤΕΗΝΕΠΗΝωΡΘωΣΑΗΝΕΝΕΤΥ
ΧΟΝΓΑΡΜΟΙΠΟΛΛΑΚΙΣΟΙΚΑΘΟΛΗΝΤΗΝΧωΡΑΝΣ. ωΜ
ΟΥΝΤΕΚΑΙΕΛΗΛωΣΑΝΤΙΡΟΛΛΑΙ.... ΚΑΤΕΚΡΙΘΗΣ.....
ΑΠΑΛΛΑΤΕΛΕΣΜΑΤΑΣΙΤΙΚΑΚΑΙΑΡΓΥΡΙΚΑΚΑΙΟΥΚΕΞΟΝ
ΤΟΙΣΒΟΥΛΜΕΝΟΙΣΕΥΧΕΡωΣΚΑΘΟΛΙΚΟΝΤΙΚΑΙΝΙΖΕΙΝ
ΤΑΥΤΑΛΕΚΑΙ ΤΑ ΤΟΙΑΥΤΑ ΚΑΤΑΚΡΙΜΑΤΑΟΥΚΕΠΙΤ
ΗΝΘΗΒΑΙΛΑΜΟΝΙΟ.....
... ΛΕΕΜΙΤΟΥΣΠωΡΡωΙΝΟΜΟΥΣΤΗΕωΙ ΧωΡΑΣΑΛΛΑΚΑΙΤΑ
ΠΡΟΑΣΤΑ ΤΗΣΠΟΛΕωΣΕΦΘΑΣΕΝΤΗΝΤΕΑΛΕΞΑΝΔΡΕωΝ
ΚΑΛΟΥΜΕΝΗΝΧωΡΑΝΚΑΙΤΟΝ ΜΑΡΕωΤΗΝ.............
. ΙΕΙΑΤΑΝΟΜΝΣΤΡΑΤΗΓΟΙΣΙΝΑΕΙΤΙΝΑΚΑΙΝωΣΤΗΙΕΓΓΙ p.163
ΣΤΑΠΕΝΤΑΕΤΙΑΤΑΜΗΙ ΠΡΟΤΕΡΟΝ ΤΕΛΟΥΜΕΝΑΚΑΘ
ΟΛΙΚωΣΗΙ ΠΛΗΘΙΚωΣΝΟΜωΝΗΙΤΟΠΑ.............
ΕΚΡΙΘΗΙ ΤΑΙΤΑ ΕΙΣ ΤΗΝ ΠΡΟΤΕΡΑΝ ΤΑΞΑΠΟΚΑΤΑΣΤΗΣω
ΣΙΝ ΠΑΡΕΝΤΕΣΑΥΤωΝ ΤΗΝΑΠΑΙΤΗΣΙΝΑ ΚΑΙΕΠΙΤΟΝ
ΛΙΑΛΟΓΙΣΜΟΝΑΧΘΕΝΤΑΕΚΤωΝ..................
Γ..ωΑΣΑ· ΕΤΙΚΑΙΠΡΟΤΕΡΟΝΚΑΙΤΗΝΑΜΕΤΡΟΝΕΞΟΥΣΙΑΝ
ΤωΝΕΣΛΟΓΙΣΤωΝΛΙΑ ΤΟ· ΠΑΝΤΑΣΑΥΤωΝΚΑΤΑΒΟΑΝΕ
ΠΙ ΤωΙΠΑΡΑΓΡΑΦΕΙΝΑΥΤΟΥΣΠΑΙΣΤΑΕΚΤ............
.... ΝΕΖΟΥ ΕΥΝΕΒΑΙΝΕΝΑΥΤΟΥΣΜΕΝΑΓΡΥΡΙΖΕΣΘΑΙΤΗΝ
ΛΕ ΑΙΓΥΠΤΟΝ ΑΝΑΣΤΑΤΟΝ ΓΕΙΝΕΣΘΑΙ ΚΑΙ ΝΥΝ ΤΟΙΣ
ΑΥΤΟΙΣΠΑΡΑΓΓΕΛΛωΙΜΗΛΕΝΕΞΟΜΟΙωΜ.............
.. ΓΥΑΦΕ· ΝΑΛΛ·· ΠΙΑ ΛΛΟΤΙΤωΙ ΚΑΘΟΛΟΥ ΧωΡΙΣ ΤΟΥΚΡΕΙ
ΝΑΙ ΤΟΝΕΠΑΡΧΟΝΚΕΛΕΥωΙΛΕΚΑΙΤΟΙΣΣΤΡΑΤΗΓΟΙΣ
ΜΗΛΕΝΠΑΡΑΚΓΛΟΠΣΤωΝΜΕΤΑΛΑΜΒΑΝΕΙΝΧωΡΙ.Σ.....
.. ΠΕΠΑΡΧΟΥΚΑΙΟΙΑΛΛΟΙΛΕΠΡΑΓΜΑΤΙΚΟΙΕΑΝΤΙΕΥΡΕ
ΘωΣΙΨΕΥΛΕΣΗΙ ΠΑΡΑΤΟΛΕΟΝ ΠΑΡΑΓΕΣΙΑΦΟΤΕΣ ΚΑΙ
ΙΑΚΗΙ . . . .
ΤΟΙΣΙΔΙωΤΑΙΣΑΠΟΔωΣΟΥΣΙΝΟΙΟΝΑΠΗΤΗΘΗΣΑΜΜΑΙΟ
....
.... ΥΕ. ΙΣΤΟΔΗΜΟΣΙΟΝΤΗΣΛΑΥΤΗΣΚΑΚΟΤΕΧΝΙΑΣΕΓ p.164
ΤΙΝΑΙΠΙΛΕΣΗΙΚΑΤΑΛΥΝΟψΙΝΑΠΑΙΤΗΣΙΕ. ΥΠΡΟΣΤΗ
ΝΟΥΣΑΝΑΝΒΑ...........
ΠΟΛΑΙ-ΠΡΟΣΣΥΝΚΡΙΣΙΝΑΡΧΑΙΑΣΕΤΕΡωΝΤΙΝωΝΑΝΑΒ
ΑΣΕω...... ΤΗΣΑΛΗΘΕΙΑΣΑΥΤΗΣΟΥΛΕΝΔΟΚΕΙΔΙΚΑΙ
ΟΤΕ.. ΡΟΝΕΙΝΑΙΘΑΓ........ ....

. . . . . Ι. ΙΛΑΙΚΑΙΠΡΟΘΥΜωΤΕωΡΓΕΙΝ ΤΟΥΣΑΝΘωΠΟΥ. Α. . . Σ ΟΤΙ ΠΡΟΣ ΤΟ ΑΛΗΘΕΣΤΗΣ ΟΥΣΗΣ ΑΝΑΒΑΣΕωΣ ΚΑΙ ΤΗΣ ΒΕΒΡΙΓΧ. . . . .

. . . . . . ΥΠΡΟΣ LΙΚΟΦΑΝΤΙΑΝΤωΝ ΚΑΤΑ ΣΥΝΨΙΝ ΠΑΙΑΙΡΑΙΠΨ ΟΡωΝωΝ ΗΙ ΑΠΑΙΤΗΣΙΣΕΣΤΑΙ ΕΑΝΔΕΤΙΣ ΕΞΕΛΕΓΧΟΗΙ ΨΕΣΑ. . . . . . .

. . . . . ΝΤΟΝ ΤΡΙΠΛΑΣΙΟΝ ΑΠΟΔωΕ,ΟΣΟΙ ΜΕΝ ΓΑΡ ΕΦΟΒΗΘΗΣ ΑΝ Α· ΟΥΣΑΝΤΕΣ ΠΕΡΙ ΑΝΑΜΕΤΡΗΣΕωΣ ΤΗΣ ΕΝ ΤΗΙ Λ. . ΞΑΝΔΡΕω. . . . . .

. . . . . . ΛΕΝΕΛΑΙΤΗΙΑΙΧΑΙΑΣΙΣ. . ΙΣΗΝΟΥΔΕΠΟΤΕΣΧΟΙΝΙΟΝ ΚΑ· ΙΙΝΕΧΘΗΙ ΜΗΙ ΜΑΤΗΝ ΕΥΝ· ΕΙΣΘωΣΑΝ ΟΥΤΕ. . . ΤΟΛ ΜΗΣ. . . . . . .

. . . . . . ΙΤΗΝΑΝ. . ΕΤΡΙΙΣΙΝ ΟΥΤΕ Τ. . . ΗΣΕΤΙΜΕΝΕΙΝ ΤΑΡΟΦ. Ι. Ε. . . ΕΞΑΙωΝΟΣ ΑΥΤΗΣ ΔΙΚΧ. . ΤΟΛ ΑΥΤΟΙΣ ΤΗΜΡ. . . Ι ΙΙΤωΝΤΟ. . . . . . .

p.165 . . . . ωΝΠ ΡΣΓΕΝΗΜΑΤωΝωΣΤΕ ΔΕΝ ΕΠ ΑΥΤωΝ ΚΑΙΝΙΖΕΣΘ ΑΙ ΠΕΡΙ ΔΕ ΤωΝ ΑΡΧΑΙΟΤΣ. . . . . . ΕΣΕωΝΕΝΚΕΙ. . . . ΝΥΜΟ ΝΑΙΣΗ. . . . .

. . . . Ε. ΝΗΟ. ΣΑΙ ΠΟΛΛΑΚΙΣ. . . . ΠΑΕ. Ν Π. ΡΙΕΙΗΣΑΝ ΠΛΗΝ ΑΡΓΥΡΙΣΜΟΥ ΤωΝ ΑΙΜ. ωΝ ΚΑΙ ΤΗΣ Τω. . . . . . ΠΟΝΕΠΙΙ Α . . . .

. . Ε. . . ΤωΑΥΤΟΝ ΡΑΓΟΡΙ ΓΡΑΦ. . . ΗΤΑ ΤωΝ ΑΛω. . ΕΑ ΑΥΤωΙ ΛΗΛωΙ ΤωΙ ΜΟΝωΙ ΔΥΝΑΜ. . . ΟΙ ΤΑ ΤΟΙΑΥΤΑ ΟΛ. . . . . ωΣΣΚ ΚΟΠΤ. . . . .

. . . ΑΙΤΗΣΝΑ. ΤωΝ ΙΗΤω ΗΓωΤΗΦΙΑΣΗΙ Λ. ΝΕΚΗΣ. . ΡΓΕΣΤΑ ΚΑΙ ΠΡΟΝΟΙΑ. . . . . ΓΣ ΠΙωΤΟ. . . . . ΛΕΙΒΙΟΥ. . . . .

. ΒΑΝΑΙ. ΑΡΟΣΣΕΙΟ ΑΓΠΥ ΑΥΤΟΚΡΑΤΟΡΟΣ. . ΠΙΦ. ΙΒ. . . . .

p.365

Part. II.

The middle of the South side of the East front of the first Propylon to the great Temple at Ghirgé.

ΓΝΑΙΟΣΟΥ. . . ΛΙΟΣΚΑΠΙΤωΝΗΛΕΠΕΙ

ΚΑΙΠΛΛΑΙΜΕΜΗΚΟΥΟΝΤΙΝΑΣΑΑΠΑΝΑΣΑΔΙΚΟΥΣΚΑΙΓΑΡ ΑΛΟΓΗ

ΑΣ ΥΠΟ ΤωΝ ΠΛΕΟΝΕΚΤΙΚωΣΚΑΙΑΝ. . ΔωΟΤΑΙΟΕΕΟΥΣΙΑΙΣ ΑΠΟ

ΧΡωΜΕΝωΝ ΓΕΙΝΕΣΘΑΙ ΚΑΙ ΝΥΝ ΔΕ ΕΝ ΤΗ ΤωΝ ΑΙΒΥωΗΜΑΛ
ΙΣΤΑ
ΕΓΝωΝ ΥΠΟΘΕΣΕΓΟΤΙ ΑΝΑΛΙΣΚΕΤΑΙ ΤΙΝΑΑΡ. ΑΖΟΝΤωΝ Α
ΛΟ
ωΣ ΤωΝ ΕΠΟ ΤΑΙΣ ΧΡΕΙΑΙΣ ωΣ ΥΠΟΚΟΜΣΝΑ ΕΙΣ ΔΑΠΑΝΑΣ
ΚΑΙ ΚΟΝΙΑΣ ΑΥΤωΝ ΤΑ ΜΗΤΕ ΟΝΤΑ ΜΗΤΕ Ο. ΦΕΙΛΟΝΤΑΣ ΙΝ
ΑΙ
Ο ΜΟΙωΣ ΔΕ ΚΑΙ. ΑΝω ΑΡΕΙωΝ ΟΝΟΜΑΤΙ ΑΙΟΚΕΛΥωΝ ΤΟΥΣ
ΑΙΟΛΕΥΟΠΤΑΣ ΑΙ.ΑΤωΝ ΝΟΜωΝ ΣΤΡΑΤΙωΤΑΣ ΑΙΗΠΗΣΙΣ ΚΑΙ
Τ.ΑΤΟΡΑΣ ΚΑΙ ΕΚΑΤΟΝΤΑΡΧΑΣ ΚΑΙ ΧΕΙΛΙΑΡΧΟΥΣ ΚΑΙ ΤΟΥ
ΟΛΛΙ
ΠΟΥΣ ΑΠΑΝΤΑΣ ΜΙΗΛΕΝ ΛΑΜΒΑΝΕΙΝ ΜΗΔΕ ΑΝΓΡΕΥΕΙΝ Ε
ΙΜΗΙ
ΤΙΝΕΣ ΕΜΑΛΙΠΛωΜΑΤΑ ΕΧΟΡΕΙΝ ΚΑΙ ΤΟΥΤΟΥΣ ΔΕ ΣΤΕΓΗΙ p.366
ΜΟΝΟΝ ΔΕ
ΧΕΣΘΑΙ ΤΟΥΣ ΑΙΕΡΧΟΜΕΝΟΥΣ ΥΠΟΚΕΙΜΕΝΟΝ ΤΕ ΜΗΔΕΝΑ
ΜΙΙΛΕΝΠΡΑΤ
ΤΕΙΝ ΕΞωΤωΝ ΥΠΟΜΑΨΙΜΟΥ ΣΤΑΘΕΝΤωΝ Ο ΑΝ ΔΕ ΤΙΣ ΑωΙΗ.
ωΣ ΔΕ
ΔΟΜΕΝΟΝ ΛΟΓΙΣΗΤΑΙ ΚΑΙ ΕΙΣ ΠΡΑΞΗΙ ΔΗΜΟΣΙΑ ΤΟΥΤΟΝ ΤΟ
ΛΕΚΑΙΠΛΟΥΝ
ΕΡωΙΕΚΠΡΑΞωΙ ΟΥ ΑΣΤΟΣ ΕΠΡΑΞΕΝ ΤΟΝ ΝΟΜΟΝ ΚΑΙ ΤωΙ ΜΗ
ΝΙΣΑΝΤΙ
ΤΟΤΕΤΙΛΑΠΛΑΣΕΙΟΝ ΜΕΙΟΣ ΔωΣωΙ ΕΚ ΤΗΣ ΤΟΥ ΚΑΤΑΚΡΙΘ
ΕΝΤΟΣ ΟΥΣΙΑΣ
Ο . . . . . ΑΣΙΛΙΚΟΙ ΓΡΑΜΜΑΤΕΙΣ ΚΑΙ ΚωΜΟΓΡΑΜΜΑΤΕΙΣ ΚΑΙ
ΤΟΠΟΓΡΑΜ
Α . . . ΕΙΣ ΚΑΤΑ ΝΟΜΟΝ ΠΑΝΤΑ ΟΣΑ Α ΑΠΑΝΤΑΙ ΕΚ ΤΟΥ ΝΟΜ
ΟΥ ΕΙΣ ΤΙΝΑ
.ΠωΠΡΑΚΤΑΙ ΠΑΡΑΛΟΓωΣ Η ΑΛΛΟΤ. ΑΝΑΝΑΦΟΘωΟΑΝ ΚΑΙ Σ.....
ΕΞΗΚΟΝΤΕ ΣΙΛΟΤωΣΑΝ ΟΙ ΔΕ ΠΤ. ΣΘΗΒΑΙ ΑΕΣΔΙΑ. ΕΤΡΑΛΗ
. ΟΡΟ . .
ΛΟΓΙΣΤΗΡΙΑ ΚΑΙ ΠΡΟΣ ΒΑΣΙΛΕΙ ΔΗΝ ΤΟ. ΚΑΙΣΑΡΟΣ ΑΠΕΛΕ
ΤΟΕΡΟΝΗ . . . Γ
ΤΟΥ ΛΟΓΙΣΤΗΡΙΟΥ ΚΑΙ ΤΟΥΣ ΕΚΛΟΓΙΣΤΑΣ ΠΕΜΠΕ ΤΟΣΑΝΙ
ΝΕΑΝ. ΠΑ. ΤΟΑΙ
ΚΑΙ ΟΝ ΔΕ ΛΟΓΕΥΜΕΝΟΝ Η ΠΕΡΙΤΑΓΜΕΝΟΝ Η ΤΟΥΤΟ ΛΟΡΟω
ΣΟΜΑΙ ΟΜΟΙωΣ.

p.367 North corner of South side of East front of the first Propylon at Ghirgé.

Δ . . . ΛΟΜΑΙ . ΔΗΛΟΥΣΘΑΙ.
Π . ΟΣΗΑΡΓΥΡΙΟΝΔΙ
ΜΗΝΣΚΕΠΑΕΤΙΚΟΥΟ
ΠΡωΤΟΝΑΚΟΥΣΑΣΕ
ΠΑΡΑΤΗΝΤΟΥΚΥΡΙΟΥ
ΕΤΟΛΜΗω . ΝΗΣΚΕ
ΠΗΣΤΙΑΛΜΒΑΝΟ . .
ΛΑΚΙΣΠΑ . ΑΤ
ΕΑΝΤΟΣΓω
ΡΟΓΡΑΦΗ
ΣΤΡΑΤΗωΙ . ΓΙ
ΞΗΚΟΝΤΑ
ΡΟΝΠΡΟΣΤ
ΣΟΕωΕΑ
ΠΕΙΝΠΑΣ
ΚΑΙΤΑΑΜ
ΚΑΙΤΟΙΥΣΤΗΙΑ
ΠΗΡΕΛΣΤΟΥ
ΗΛΗΠΣΟΛΕΓωΙ
ΤωΝΕΙΚΑΙ
ΝΟΙΤΟΤ . . ΤΟΥΣΑ
ΦΕΣΟΛΗ . Α
. ΕΛΑΣω
. . ΙΤωΝ
. . ΝΜΟΙΜΕΤΑ
. ΑΓΡ . . ΑΠ . ΟΤΙΟΣΣΣ
. ΤΥΟΠΟΛΗΤΟΥΟΛΟΥΝΗ

p.368 South side of the Eastern Portal of the first Propylon to the great Temple at Ghirgé.

ΑΙΑ . . ΕΛΛΕΤΗΣΙΝΕΞΗΙΤωΙΒΟΥΛΟΜΕΝ
• . . . ΟΥΣΨΕΥΣΑΜΕΝΟΥΕΚΕΛΕΥωΔ . . .
. . . . . . ΠΕ . . ΒΙΤΑΣΤωΝΝΟΜωΝΤωΝ
. . . . ωΗΛΟΣωΝΑΝΑΓ . . . ΙΝΕ ΙΚΕ

......ΜωΙΦΥΣΠΕΜΠΕΙΝ. ΜΟ. ΤΙΚΑΙ
Ο. ΛΣΙΑΣΔΗΝΚΑΙ. ΗΣ
ΛΟΝΑΪΙΝΣΙΣΛΙΑ.. ΓΙΕ
.. ΑΥΤωΝΕΙΝΑΙΦΑΝΕΡΟΝ
ΗΜΑΔΟΓΟΥΟΕΙΗΙω
Τ.. ΝΑΙωΙΛΟ
ΕΘΟΥΣΠΡΟΣΕ
ΚΑΙΟΑΡΕΣΣΕΡ
ω. ΑΧ. Α....

Under the Winged Globe. North Front of the Propylon to the Temple at Sheikh Douchey.

ΥΠΕΡΤΗΣΤΟΥΚΥΡΙΟΥΑΥΤΟΚΡΑΤΟ
ΑΕ
ΡΟΣΚΑΙΣΑΡΟΣΝΕΡΟΥΑ
ΤΡΑΙΑΝΟΥΑΡΙΣΤΟΥΣΕΒΑΣΤΟΥΓΕΡΜΑΝΙΚΟΥΔΑΚΙΚΟΥΤΥΧ
ΗΣΕΠΙΜΑΡΚΟΥΡΟΥΤΙΛΙΟΥΛΟΥΠΟΥ
ΕΠΑΡΧΟΥΑΙΓΥΠΤΟΥΣΑΡΑΠΙΔΙΚΑΙΙΣΙΔΙΘΕΟΙΣΜΕΓΙΣΤΟΙΣ
ΟΙΑΠΟΤΗΣΚΥΣΕΜΣΟΙΓΡΑ. ΑΝ
ΤΕΣΤΗΝΟΙΚΟΔΟΜΗΝΤΟΥΠΥΛωΝΟΣΣΥΣΕΡΓΙΑΣΧΑΡΙΝΕΠΟΙΗ p.369
ΛΙΘ
ΣΑΝ... Ι. ΙΦΑΥΤΟΚΡΑΤΟΡΟΣΚΑΙΣΑΡΟΣ
ΚΙ
ΝΕΡΟΥΑΤΡΑΙΑΝΟΥΑΡΙΣΤΟΥ ΣΕΒΑΣΤΟΥ ΓΕΡΜΑΝΙΚΟΥ ΔΑΝΚ
ΟΥ ΠΑΧΜΝ Α

East side of South Portal of First Propylon at Sheikh Douchey.

ΘΝΡΑ. ΑΙΡΑΥΘΟΝΑωΜΗ. ΑΤΟΤΗΧεΟCεΝΤΟC
Υ†ΗΝΟΜΕΑΘΕΗΕΝΡΙΧ. ΟΑΡΧΕΡΕΥc
ΙΙΡΟCΔΕΤΙΚΑΙΤΟΝΑΝΥCCΕΚ. ΛωΝΑΙΗΕΙ
ΝΙΚΥΕΙ
ΡΥΠΑΡΟCΕΝΝΑΕΤ. ΠΚΕ.... ΟΜΙΖΟΜΕ
ΝΟΙΝ
ΛΘ††ΑΤΑΙΝΑΙΠΟCCΝΟΙCΕΠΕ-. ΝΥΠΟ
ΠΑΕΙΔΕΧΕCΘΑΙ
ΥΥΑΡΤΤΟΙΟ. ΕΡΠΟΜΕΝΗΠΕΔΙΣω
ΠΑCΙΓΑCCΧΗ—ΟΝΟΙCΙΝΑω. Μ......
ΗΠΙΟCΟΑΜΟCωΝΥΙΟΕΟ. ΟΥ.. ΕΜ....

West side, South Portal, of First Propylon at South Douchey.

ΕΑΤΕΡΟΝΗΕ........Η
†ΥΝΕΧΕΕ.Ε..ΠΟΝΑCC
This consisted of Five Lines utterly uncopyable.

p.370 South Corner of East Front of First Propylon to the Great Temple at Ghirgé.

ΠΟΣΙΔωΝΙΟΣ ΣΤΡΑΤΗΓΟΣ
ΤΗΣΠΕΜΦΘΕΙΣΗΣΜΟΙΥΠΟΤΟΥΚΥΡΙΟΥΗΓΕΜΟΝΟΣ
ΕΠΙΣΤΟΛΗΣ ΣΥΝΤωΙ ΥΠΟΤΕΕΤΑΓΜΕΝωΙ ΠΡΟΣΤΑ
..... ΤΑΑΙΙ. ΓΡΑΦΑΤΜΕΙΝΥΠΟΤΕΤΑΧΑΙΝΕΙΔΟ
..... ΑΤΑΚΙ..ΟΙΘΗΤΕΚΑΙ ΜΗΔΕΝΥΠΕΝΑΝΤΙΟΝ ΤΟΙΣ ΠΡΟΣ
.... ΣΠΗ.Ο..ΕΝΑΤΟΥΤΙΒΕΡΙΟΥΚΛΑΥΔΙΟΥ ΚΑΙΣΑΡΟΣ
.... ΚΟΥ ΑΥΤΟΚΡΑΤΟΡΟΣΜΕΧΕΙΟ.Ξ
.... ΗΤωΝ ΠΟΣΕΙΔωΝΙωΙ ΣΤΡΑΤΗΓΟΙΟΛΣΕ
ΤΗΣΠΟΛΕωΣωΙΟ.ΘΗΚΑ ΑΙΑΤΧΕΜΑ
ΡΟωΨΑΣ..ΥΛΟΜΑΙΟΥΝ.ΕΕΜ
ΤΕΤΗΙΜΗΤΡΟΠΟΛΕΙΤΟΥΝΟΜΟΥ ΚΑΙ ΚΑΘΕΝΑΥΠΣΡΟ
ΘΕΙΝΑΙΣΑΦΕΟΙ ΚΑΙ ΕΥΣΗΜΟΙΣ
ΚΑΙ ΡΣ. ΤΙ.ΑΗΝΑΓΕΝΗΤΑΙΤΑΥ.ΕΜΟΥ.

Portal to S. by W. Front of Temple at »Casr. Zayan,« at Gunakh.

ΑΜΕΝΗΒΙΘΕωΙΜΕΓΙΣΤωΙΤΧΟΝΕΜΥΡωΣΚΑΙ ΤΟΙΣ
ΣΥΝΝΑΟΙΣ ΘΕΟΙΣΥΠΕΡΚΤΗΣΕΙΣΑΙωΝΑΔΙΑΜΟΝΗΣ ΑΝΤω
ΝΕΙΝΟΥ
ΚΑΙΣΑΡΟΣ ΤΟΥ ΚΥΡΙΟΥ ΚΑΙ ΤΟΥΣΥΝΠΑΝΤΟΣ ΑΥΤΟΥ ΟΙΚΟΥ
ΟΣΗΚΟΣΤΟΥΙΕΡΟΥΚΑΙΤΟ
ΠΡΟΝΑΟΝΕΚΚΑΙΝΗΣΚΑΤΕΣΚΕΥΑΣΘΗΕΠΙΛΟΥΙΛΙΟΥ
ΗΛΙΟΔωΡΟΥΕΠΑΡΧΟΥΑΙΓΥΠΤΟΥ
p.371 *ΣΕΠΤΙΜΙΟΥ ΜΑΡΚωΝΟΣ ΕΠΙΣΤΡΑΤΗΓΟΥ ΣΤΡΑΤΗΓΟΥΝΤΟΣ*
ΠΑΙΝΙΟΥ ΚΑΙ ΠΙωΝΟΣ
ΕΤΟΥΣΤΡΙΤΟΥ ΑΥΤΟΚΡΑΤΟΡΟΣ ΚΑΙΣΑΡΟΣ ΤΙΤΟΥ ΑΙΝΟΥ ΑΔ
ΡΙΑΝΟΥΑΝΤωΝΕΙΝΟΥ
ΣΕΒΑΣΤΟΥ ΕΥΣΕΒΟΥΣ ΜΕΣΟΡΗΟΚ
ΤωΚΑΙΔΕΚΑΤΗ.

EDICTUM TIBERII JULII ALEXANDRI

secundum restitutionem Rudorffii.

Nota numeralis 1. designat apographum Caillaudianum, 2. Hydeianum, 3. restitutionem Letronnii in: Journal des Savans, 4. editionem Letronnii separatim editam, 5. recensionem Youngianam.

[§. 1.] *Ἰούλιος Δημήτριος, στρατηγὸς Ὀάσεως Θηβαΐ-* 1
δος, τοῦ πεμφθέντος μοι διατάγματος ὑπὸ τοῦ κυρίου ἡγε-
μόνος, Τιβερίου Ἰουλίου Ἀλεξάνδρου τὸ ἀντίγραφον ὑμῖν 2
ὑφέταξα, ἵν' εἰδότες ἀπολαύητε τῶν εὐεργεσιῶν. L. B̄. *Λου-*
κίου Λιβίου [1]) *Σεβαστοῦ Σουλπικίου| Γάλβα αὐτοκράτορος,* 3
φαωφὶ Ā, *Ἰουλίᾳ* [2]) *Σεβαστῇ.*

[§. 2.] *Τιβέριος Ἰούλιος Ἀλέξανδρος λέγει· Πᾶσαν πρό-*
νοιαν ποιούμενος τοῦ διαμένειν τῷ προσήκοντι κα|ταστή- 4
ματι τὴν πόλιν ἀπολαύουσαν τῶν εὐεργεσιῶν, ἃς ἔχει παρὰ
τῶν Σεβαστῶν, καὶ τοῦ τὴν Αἴγυπτον ἐν εὐσταθείᾳ διάγου-
σαν εὐθύμως ὑπηρετεῖν τῇ τε εὐθηνίᾳ καὶ τρισμεγίστῃ [1])|
τῶν νῦν καιρῶν εὐδαιμονίᾳ, μὴ βαρυνομένην καιναῖς καὶ 5
ἀδίκοις εἰσπράξεσι, σχεδὸν δὲ ἐξ οὗ τῆς πόλεως ἐπέβην, κα-
ταβοώμενος ὑπὸ τῶν ἐντυγχανόντων καὶ κατ' ὀλίγους [2]) *καὶ*
κα|τὰ πλήθη, τῶν τε ἐνθάδε εὐσχημονεστάτων καὶ τῶν γε- 6
ωργούντων τὴν χώραν μεμφομένων τὰς ἔγγιστα γενομένας
ἐπηρείας, οὐ διέλιπον μὲν κατὰ τὴν ἐμαυτοῦ δύναμιν τὰ
ἐπείγον|τα ἐπανορθούμενος· ἵνα δὲ εὐθυμότεροι πάντα ἐλπί- 7
ζητε παρὰ τοῦ ἐπιλάμψαντος ἡμῖν ἐπὶ σωτηρίᾳ τοῦ παντὸς
ἀνθρώπων γένους εὐεργέτου Σεβαστοῦ αὐτοκράτορος Γάλβα,
τά τε πρὸς σωτηρίαν| καὶ τὰ πρὸς ἀπόλαυσιν, καὶ γινώσκη- 8
τε, ὅτι ἐφρόντισα τῶν πρὸς τὴν ὑμετέραν βοήθειαν ἠκόν-

[§. 1.] [1]) 1. 2. 3. 4. *τοῦ Θεοῦ ἀειβίου* 5. [2]) 1. 2. 3. 4. *ἔτους* B. 5.
[§. 2.] [1]) 1. 2. 3. 4. *τῇ μεγίστῃ* 5. [2]) 1. 2. 3. 4. *οἴκου* 5.

των [3]), προέγραψα ἀναγκαίως περι ἑκάστου τῶν ἐπιζητου-
9 μένων, ὅσα ἔξεστί μοι κρί|νειν καὶ ποιεῖν· τὰ δὲ μείζονα καὶ
δεόμενα τῆς τοῦ αὐτοκράτορος δυνάμεως καὶ μεγαλειότητος
αυτῷ δηλώσω μετὰ πάσης ἀληθείας, τῶν θεῶν ταμιευσαμέ-
10 νων [4]) εἰς τοῦτον τὸν ἱερώτατον καιρὸν τὴν τῆς οἰκουμένης
ἀσφάλειαν.

[§. 3.] Ἔγνων γὰρ πρὸ παντὸς εὐλογωτάτην οὖσαν τὴν
ἔντευξιν ὑμῶν ὑπὲρ τοῦ μὴ ἄκοντας ἀνθρώπους εἰς τελω-
11 νείας ἢ αλ|λας μισθώσεις οὐσιακὰς παρὰ τὸ κοινὸν [ἔ]θος [1])
τῶν ἐπαρχιῶν πρὸς βίαν ἄγεσθαι, καὶ ὅτι οὐκ ὀλ[ίγως]
ἔβλαψε τὰ πράγματα τὸ πολλοὺς ἀπείρους ὄντας τῆς τοιαύ-|
12 της πραγματείας, ἀχθῆναι μετ' ἀνάγκης, ἐπιβληθέντων αὐτοῖς
τῶν τελῶν· διόπερ καὶ αὐτὸς οὔτε ἤγαγόν τινα ἐς τελωνείαν
13 ἢ μίσθωσιν, οὔτε ἄξω, εἰδὼς τοῦτο| συμφέρειν καὶ ταῖς κυ-
ριακαῖς ψήφοις, τὸ μετὰ προθυμίας ἑκόντας πραγματεύεσθαι
τοὺς δυνατούς· πέπεισμαι δὲ, ὅτι οὐδ' εἰς τὸ μέλλον ἄκον-
14 τάς τις ἄξει τελώνας| ἢ μισθωτὰς, ἀλλὰ διαμισθώσει τοῖς
βουλομένοις ἑκουσίως προέρχεσθαι μᾶλλον τὴν τῶν προτέ-
ρων ἐπάρχων, αἰώνιον συνήθειαν φυλάσσων, ἢ τὴν πρόσ-
15 καιρόν τινος ἀδικίαν| μιμησάμενος.

[§. 4.] Ἐπειδὴ ἔνιοι προφάσει τῶν δημοσίων καὶ ἀλλό-
τρια δάνεια παραχωρούμενοι, εἴς τε τὸ πρακτόρειόν τινας
παρέδοσαν καὶ εἰς ἄλλας φυλακὰς, ἃς καὶ δι' αὐτὸ τοῦτο|
16 ἔγνων ἀναιρεθείσας, ἵνα αἱ πράξεις τῶν δανείων ἐκ τῶν
ὑπαρχόντων ὦσι καὶ μὴ ἐκ τῶν σωμάτων, ἑπόμενος τῇ τοῦ
θεοῦ Σεβαστοῦ βουλήσει, κελεύω μηδένα τῇ τῶν δημοσίων
17 προφά|σει παραχωρεῖσθαι παρ' ἄλλων δάνεια, ἃ μὴ αὐτὸς
ἐξ ἀρχῆς ἐδάνεισεν [1]), μηδ' ὅλως κατακλείεσθαί τινας ἐλευ-
θέρους εἰς φυλακὴν ἡντινοῦν, εἰ μὴ κακοῦργον, μηδ' εἰς τὸ
18 πρακ|τόρειον, ἔξω τῶν ὀφειλόντων εἰς τὸν κυριακὸν λόγον.

[§. 5.] Ἵνα δὲ μηδαμόθεν βαρύνῃ τὰς πρὸς ἀλλήλους
συναλλαγὰς τὸ τῶν δημοσίων ὄνομα, μηδὲ συνέχωσι [1]) τὴν
19 κοινὴν πίστιν| οἱ τῇ πρωτοπραξίᾳ πρὸς ἃ μὴ δεῖ καταχρώ-
μενοι, καὶ περὶ ταύτης ἀναγκαίως προέργαψα. ἐδηλώθη γάρ

---

[3]) 1. 2. 3. 4. ἀνηκόντων 5. [4]) 1. 2. 3. 4. δανεισαμένων 5. [§. 3.] [1]) 5. ἦθος. 3. 4. [§. 5.) [1]) 1. 2. 3. 4. 5. συγχέωσι Dobree Class. Journ. Tom. XXX. p. 140.

μοι πολλάκις, ὅτι ἤδη τινὲς καὶ ὑποθήκας ἐπείρασαν ἀφε-
λέσθαι νομίμως| γεγονυίας, καὶ ἀποδεδομένα δάνεια παρὰ 20
τῶν ἀπολαβόντων ἀναπράσσειν πρὸς βίαν, καὶ ἀγορασμοὺς
ἀναδάστους [2]) ποιεῖν, ἀποσπῶντες τὰ κτήματα τῶν ὠνησαμέ-
νων, ὡς| συμβεβληκότων τισὶν ἀναβολικὰ εἰληφόσι ἐκ τοῦ 21
φίσκου, ἢ στρατηγοῖς, ἢ πραγματικοῖς, ἢ ἄλλοις τῶν προσω-
φειληκότων τῷ δημοσίῳ λόγῳ. κελεύω οὖν, ὅστις ἂν [3]) ἐν-
θάδε| ἐπίτροπος τοῦ κυρίου ἢ οἰκονόμος ὕποπτόν τινα ἔχῃ 22
τῶν ἐν τοῖς δημοσίοις πράγμασι ὄντων, κατέχεσθαι αὐτοῦ
τὸ ὄνομα ἢ προγράφειν, ἵν[α μηδ] εἰς [4]) τῷ τοιούτῳ συμ-
βαλλῃ,| ἢ [5]) μέρη τῶν ὑπαρχόντων αὐτοῦ κατέχειν ἐν τοῖς 23
δημοσίοις γραμματοφυλακίοις πρὸς ὀφείλημα [6]). Ἐὰν δέ τις,
μήτε ὀνόματος κατεσχημένου, μήτε τῶν [7]) ὑπαρχόντων κρα-|
τουμένων, δανίσῃ νομίμως λαβὼν ὑποθήκην, ἢ φθάσῃ ἃ 24
ἐδάνισεν κομίσασθαι, ἢ καὶ ὠνήσηταί τι, μὴ κατεχομένου
τοῦ ὀνόματος, μηδὲ τοῦ ὑπαρχόντος, οὐδὲν πρᾶγμα ἕξει·|
τὰς μὲν γὰρ προῖκας, ἀλλοτρίας οὔσας [8]) καὶ οὐ τῶν εἰλη- 25
φότων ἀνδρῶν, καὶ ὁ θεὸς Σεβαστὸς ἐκέλευσεν καὶ οἱ ἔπαρ-
χοι ἐκ τοῦ φίσκου ταῖς γυναιξὶν ἀποδίδοσθαι, ὧν βεβαίαν
δεῖ| τὴν πρωτοπραξίαν φυλάσσειν. 26

[§. 6.] Ἐνετεύχθην δὲ καὶ περὶ τῶν ἀτελειῶν καὶ κου-
φοτελειῶν, ἐν αἷς ἐστι καὶ τὰ προσοδικὰ [1]) ἀξιούντων αὐτὰς
φυλαχθῆναι, ὡς ὁ θεὸς Κλαύδιος| ἔγραψεν Ποστόμῳ ἀπο- 27
λύων, καὶ λεγόντων ὕστερον κατακεκρίσθαι τὰ ὑπὸ ἰδιωτῶν
πραχθέντα ἐν τῷ μέσῳ χρόνῳ μετὰ τὸ [2]) Φλάκκον κατακρῖ-
ναι καὶ πρὸ τοῦ τὸν θεὸν| Κλαύδιον ἀπολῦσαι. Ἐπεὶ οὖν 28
καὶ Βάλβιλλος καὶ Οὐηστῖνος, ταῦτα ἀπέλυσαν, ἀμφοτέρων
τῶν ἐπάρχων ἐπικρίματα φυλάσσω [3]), καὶ ἐκείνων κατηκο-
λουθηκότων| τοῦ θεοῦ Κλαυδίου χάριτι, ὥστε ἀπολελύσθαι 29
τὰ μηδέπω ἐξ αὐτῶν εἰσπραχθέντα, δηλονότι εἰς τὸ λοιπὸν
τηρουμένης αὐτοῖς τῆς [4]) ἀτελείας καὶ κουφοτελείας.

[§. 7.] Ὑπὲρ δὲ| τῶν ἐκ τοῦ Καίσαρος λόγου πραθέν- 30
των [1]) ἐν τῷ μέσῳ χρόνῳ, περὶ ὧν ἐκφόρια κατεκρίθη, ὡς

---

[2]) 1. 3. 4. ἀναλάστους 2. 5. [3]) 1. 2. 4. 5. ἐὰν 3. [4]) 3. 4. [5]) 1. 2. 3. 4. ἢ $\overline{β}$ μέρη 5. [6]) προσοφείλημα 3. 4. 5. [7]) 1. 2. 5. μήτε ὑπαρχόντων 3. 4. [8]) 1. 2. 3. 4. ἀλλοτριαξούσας 5. [§. 6.] [1]) 1. 3. 4. προσοδικά. 2. 5. [2]) 1. 2. 3. 4. μεθ' ὃ 5. [3]) 4. 5. φυλάσσων 1. 2. 3. [4]) 1. τηρουμένης ἀτελείας 2. 5. αὐτοῖς ἀτελείας 3. 4. [§. 7.] [1]) πραχθέντων 1. 2. 3. 4. 5.

31 Οὐηστῖνος ἐκέλευσεν τὰ καθήκοντα τελεῖσθαι, καὶ αὐ|τὸς ἵστη-
μι, ἀπολελυκὼς τὰ μηδέπω εἰσπραχθέντα, καὶ πρὸς τὸ μέλ-
λον μένειν αὐτὰ ἐπὶ τοῖς καθήκουσι· ἄδικον γάρ ἐστι τοὺς
32 ὠνησαμένους κτή|ματα καὶ τιμὰς αὐτῶν ἀποδόντας ὡς δημο-
σίους γεωργοὺς ἐκφόρια ἀπαιτεῖσθαι τῶν ἰδίων ἐδαφῶν.
33 [§. 8.] Ἀκύλουθον δέ ἐστι [1]) ταῖς τῶν Σεβαστῶν| χά-
ρισι καὶ τὸ τοὺς ἐγγενεῖς Ἀλεξανδρεῖς καὶ ἐν τῇ [π]όλει φι-
λεργίᾳ [2]) καταικοῦντας ε[ἴ]ς μ[ηδε]μίαν [ἀπρεπῆ [3]) λει]τουρ[ρ-
34 γίαν ἄγεσθαι. Τοῦτο γὰρ [4])]| πολλάκις [5]) μὲν ἐπεξητήσατε,
καὐτὸς [6]) δὲ φυλάσσω, ὥστε μηδένα τῶν ἐγγενῶν Ἀλεξαν-
35 δρέων εἰς λειτουργίας χωρικὰς ἄγεσθαι. Μελήσει δέ| μοι καὶ
τὰς στρατηγίας μετὰ διαλογισμὸν πρὸς τριετίαν ἐγχειρίζειν
τοῖς κατασταθησομένοις.
[§. 9.] Καθόλου δε κελεύω [1]), ὅσα εἷς [2]) ἔπαρχος ἐπ'
36 αὐτὸν ἀχθέντα ἔφθα|σεν κρίνας ἀπολῦσαι, μηκέτι εἰς διαλο-
γισμὸν ἄγεσθαι· ἐὰν δὲ καὶ δύο ἔπαρχοι τὸ αὐτὸ πεφρονη-
κότες ὦσι, καὶ κολαστέος ἐστὶν ὁ ἐκλογιστὴς ὁ τὰ αὐτὰ εἷς δια-
37 λογισμὸν | ἄγων [κα]ὶ μηδὲν ἄλλο ποιῶν πλὴν ἀργυρισμοῦ
πρόφασιν καταλείπων ἑαυτῷ καὶ τοῖς ἄλλοις πραγματικοῖς.
πολλοὶ οὖν ἠξίωσαν ἐκστῆναι [3]) μᾶλλον τῶν ἰδίων κτημά-
38 των, ὡς | πλεῖον τῆς τιμῆς αὐτῶν ἀνηλωκότες, διὰ τὸ καθ'
ἕκαστον διαλογισμὸν τὰ αὐτὰ πράγματα εἰς κρίσιν ἄγεσθαι.
[§. 10.] Τὸ δ' αὐτὸ καὶ περὶ τῶν ἐν ἰδίῳ λόγῳ πραγμά-
39 των ἀγομένων ἵστημι, ὥσ|τε εἴ τι κριθὲν ἀπελύθη ἢ ἀπολυ-
θήσεται ὑπὸ τοῦ πρὸς τῷ ἰδίῳ λόγῳ τεταγμένου, μηκέτι ἔξ-
εῖναι τοῦτο [1]) εἰσαγγέλλειν κατηγόρῳ μηδὲ εἰς κρίσιν ἄγεσθαι,
40 ἢ ὁ τοῦτο ποιήσας ἀπαραιτή|τως ζημιοθήσεται. Οὐδὲν γὰρ
ἔσται πέρας τῶν συκοφαντημάτων, ἐὰν τὰ ἀπολελυμένα ἄγη-
ται, ἑώς τις αὐτὰ κατακρίνῃ. Ἤδη δὲ τῆς πόλεως σχεδὸν
41 ἀοικήτου γενομένης διὰ τὸ | πλῆθος τῶν συκοφαντῶν καὶ
πάσης οἰκίας συνταρασσομένης, ἀναγκαίως κελεύω, ἐὰν μέν
τις τῶν ἐν ἰδίῳ λόγῳ κατηγορῶν ὡς ἑτέρῳ συνήγορῶν εἰσά-
42 γῃ ὑπόθεσιν, παρίστασθαι ὑπ' | αὐτοῦ τὸν προσαγγείλαντα,

[§. 8.] [1]) 1. 3. 4. *ΕΕ. ΤΙΝΤΙΙ.* 2. ἔτι τῇ 5. [2]) *ΟΛΛΙΑ* (?) *ΦΙΛΕΡ* (?) *ΓΙΑΜ* (?) *ΟΛΑΙ. ΦΙΛΕΡΓΙΑΙ* 2. διὰ φιλεργίας 3. 4. αια φιλεργίᾳ 5. [3]) ἄλλην 3. 4. [4]) ἢ τὰς καθηκούσας ἄγεσθαι 3. 4. [5]) Πολλάκις 3. 4. 5. [6]) 1. 2. 4. 5. καὶ αὐτὸς 3. [§. 9.] [1]) 1. 3. 4. *ΛΕΥΩΙ* 2. λέγω 5. [2]) ὁσάκις 1. 2. 3. 4. 5. [3]) 1. 2. 3. 4. ἐκστῆσαι 5. [§. 10.] [1]) τούτῳ 1. 2. 3. 4. 5.

ἵνα μηδὲ ἐκεῖνος ἀκίνδυνος ᾖ· ἐὰν δὲ ἰδίῳ ὀνόματι κατενεγ-
κὼν τρεῖς ὑποθέσεις μὴ ἀποδείξῃ, μηκέτι ἐξεῖναι αὐτῷ κατη-
γορεῖν, ἀλλὰ τὸ ἥμισυ αὐτοῦ | τῆς οὐσίας ἀναλαμβάνεσθαι· 43
ἀδικώτατον γάρ ἐστι πολλοῖς ἐπάγοντα κινδύνους ὑπὲρ οὐ-
σιῶν καὶ τῆς ἐπιτιμίας [2]) αὐτὸν διαπαντὸς ἀνεύθυνον εἶναι.
Καὶ καθόλου [δια|κε]λεύσομαι [3]) τὸν γνώμονα τοῦ ἰδίου λό- 44
γου, [4]) καὶ τὰ [5]) καινοποιηθέντα [6]) παρὰ τὰς τῶν Σεβαστῶν
χαρίτας ἐπανορθωσάμενος [7]) προγράψω [ἐμμένειν οἷς καὶ
αὐτὸς καὶ πρότερον τοὺς [8]) ἐξ]|ελεγχθέντας [9]) συκοφάντας 45
ὡς ἔδει ἐτιμωρησάμην.

[§. 11.] Οὐκ ἀγνοῶ [1]) δ', ὅτι [2]) πολλὴν πρόνοιαν ποιεῖ-
σθε καὶ τοῦ τὴν Αἴγυπτον ἐν εὐσταθείᾳ [δια]μ[ένειν] [3]), ἐξ
ἧς [ἃς — —[4])]| χορηγίας ἔχετε ὅσα οἷόν τε ἦν ἐπηνωρθω- 46
σάμην [5]). Ἐνέτυχον γάρ μοι πολλάκις οἱ καθ' [6]) ὅλην τὴν
χώραν γεωργοῦντες καὶ ἐδήλωσαν, ὅτι πολλὰ καινῶς [7]) κατε-
κρίθησ[αν [8]) προσοδικὰ | ἢ ἄλλα] [9]) τελέσματα σιτικὰ καὶ 47
ἀργυρικὰ καὶ οὐκ ἐξὸν τοῖς βουλομένοις εὐχερῶς καθολικόν
τι καινίζειν. Ταῦτα δὲ καὶ τὰ τοιαῦτα κατακρίματα οὐκ ἐπὶ
τὴν Θηβαΐδα μόν[ην, | οὐ]δὲ [10]) ἐπὶ τοὺς πόῤῥω νομοὺς τῆς 48
κάτω χώρας, ἀλλὰ καὶ τὰ προάστια [11]) τῆς πόλεως ἔφθασεν
τήν τε Ἀλεξανδρέων καλουμένην χώραν καὶ τὸν Μαρεώτην.
[Δι' ὃ γράφω]| [12]) τοῖς κατὰ νομὸν στρατηγοῖς [13]), ἵνα, εἴ 49
τινα καινῶς τῇ ἔγγιστα πενταετίᾳ, τὰ μὴ πρότερον τελούμε-
να, καθολικῶς τῇ πληθικῶς νομῶν ἢ τοπα[ρχιῶν ἢ ἀρου-
ρῶν [14]) κατ]|εκρίθη, ταῦτα εἰς τὴν προτέραν τάξιν ἀποκατα- 50
στήσωσιν παρέντες αὐτῶν τὴν ἀπαίτησιν, ἃ καὶ [15]) ἐπὶ τὸν

---

[2]) 1. 2. 3. 4. ἀτιμίας 5. [3]) 3. 4. δὲ κελεύω καὶ 5. [4]) 1. 3. 4. *ΔΙΟΥΛΘΕΟΥ* 2. Λειβίου θεοῦ 5. [5]) *ΑΙΤΑ* 1. . . . . . . *ΑΙΤΑ* 2. πάντα τὰ 3. 4. λόγου καινὰ ποιηθέντα 5. [6]) 1. 2. 3. 4. καινὰ ποιηθέντα 5. [7]) *ΕΝΟ . . ΩCΑΠΕ* (?) *ΝΟC ΠΡΟΙΡ* (?) *Α* (?) *Ψ* (?) *ΩΙ* 1. *Ε . . ΝΟ . . ΩCΑΠCΙ . ΟΠΓΟΙ . . . Ω* 2. ἐπανορθῶσαι [περὶ ὧν] προγράψω 3. 4. [8]) [ἀναγκαίως. Ἤδη δὲ καὶ αὐτὸς τοὺ]ς 3. 4. [9]) Böckh. *ΕΛΕΓΧΘΕΝΤΑC* 1. 2. λεχθέντας 3. 4. δειχθέντας 5. [§. 11.] [1]) 1. 2. 5. ἀγνοῶν 3. 4. [2]) 1. 2. 4. 5. δὲ ὅτι 3. [3]) 4. — *ΛΑΜ* (?) — 1. — — — 2. 3. 5. [4]) Böckh. πολλὰς καὶ μεγάλας 3. 4. [5]) 1. 2. 3. 4. ἐπανωρθωσάμην 5. [6]) 1. 2. 3. 4. πολλάκις καθ' 5. [7]) 1. 3. 4. *ΠΟΛΛΑΙ* . . . . 2. πολλάκις 5. [8]) 5. κατεκρίθη 3. 4. [9]) — | *ΙΗΛΛΑ* 1. — | *ΑΙΗΛΛΑ* 2. καὶ μεγάλα 3. 4. [10]) 3. 4. 5. [11]) 1. *ΠΡΟΑCΤΑ* 2. 5. προάστεια 3. 4. [12]) κελεύω οὖν 3. 4. [13]) 1. 2. 3. 4. νομοστρατηγοῖς 5. [14]) τοπαρχιῶν ἐπηρεαζομένων 3. τ. ἐπηρεασθέντων 5. ἀδικηθέντων 4. τοπα . . ἐκριθήσαν τὰ εἰς 5. [15]) 1. 2. 5. ἀπαίτησιν καὶ 3. 4.

διαλογισμὸν ἀχθέντα ἐκ τῶν [γεωργούντων οὐκ εἰσπράξω 16).|
51 Ἐλαττώσας] δ' ἔτι καὶ 17) πρότερον καὶ τὴν ἄμετρον ἐξουσίαν
τῶν ἐκλογιστᾶν διὰ τὸ πάντας 18) αὐτῶν καταβοᾶν ἐπὶ τῷ
52 παραγράφειν αὐτοὺς πλεῖστα ἐκτ[ὸς τοῦ κρῖναι τὸν ἔπ|αρ-
χο]ν 19), ἐξ ο[ὗ] συνέβαινεν αὐτοὺς μὲν ἀργυρίζεσθαι, τὴν δὲ
Αἴγυπτον ἀνάστατον γίνεσθαι, καὶ νῦν τοῖς αὐτοῖς παραγγέλ-
53 λω, μηδὲν ἐξομοίωμα 20) — — [πα|ρα]γράφειν 21) ἀλλαχῇ
ἢ ἄλλο τι 22) τῶν 23) καθόλου χωρὶς τοῦ κρῖναι τὸν ἔπαρ-
χον. Κελεύω δὲ καὶ τοῖς στρατηγοῖς μηδὲν παρὰ ἐκλογι-
54 στῶν μεταλαμβάνειν χωρὶς ὑ[φέσεως | το]ῦ 24) ἐπάρχου.
Καὶ οἱ ἄλλοι δὲ πραγματικοὶ ἐάν τι εὑρεθῶσι ψευδὲς ἢ παρὰ
τὸ δέον παραγεγραφότες, καὶ τοῖς ἰδιώταις ἀποδώσουσιν
55 ὅσον 25) ἀπητήθησαν 26) καὶ τὸ 27) —| ἀποτίσουσι[ν] 28) εἰς
τὸ δημόσιον.

[§. 12.] Τῆς δ' αὐτῆς κακοτεχνίας ἐστὶν καὶ ἡ λεγομέ-
νη 1) κατὰ σύνοψιν ἀπαίτησις οἱ πρὸς τὴν οὖσαν ἀνάβα[σιν
56 τοῦ Νείλου ποτα|μοῦ, ἀ]λλὰ πρὸς 2) σύγκρισιν ἀρχαιοτέ-
ρων 3) τινῶν ἀναβάσε[ων. Ἐπεὶ δὲ] τῆς 4) ἀληθείας αὐτῆς
οὐδὲν δοκεῖ δικαιότερον εἶναι, θαῤ[ῥεῖν βούλομαι — — |
57 — 5)] καὶ 6) προθύμως γεωργεῖν τοὺς ἀνθώπους, [εἰδότα]ς 7),
ὅτι πρὸς τὸ ἀληθὲς τῆς οὔσης ἀναβάσεως καὶ τῆς βεβρεγμ[έ-
58 νης κατὰ τὴν ἀνάβασιν χώρας 8)| ἀλλ' ο]ὐ πρὸς συκοφαν-
τίαν τῶν κατὰ σύνοψιν παραγραφομένων 9) ἡ ἀπαίτησις
ἔσται. Ἐὰν δέ τις ἐξελεγχθῇ ψευσάμε[νος 10) τὴν ἀπαίτη-

---

16) [μηδέπω εἰσπραχθέντων ἀπολύσωσι 3. [τοιούτων ἐγκλημάτων μὴ ἀπολύσω 4. 17) *C — ΩΔ* (?) *Α* (?) *CNETIKA* 1. *Γ..ΩACAETI* 2. ἐκόλασα δ' ἔτι καὶ 3. 4. 18) 1. 3. 4. *ΠΑΝΚΑC* 2. τὸ πᾶν κατ' 5. 19) *ΕΚΤ*— 1. *ΕΚΠ*— 2. ἐκποδὼν ποιηθέντων τῶν γεωργῶν 3. 20) 4. *ΕΞΟΜΟΤΩΜΑ* (?) 1. *ΕΞΟΜΟΙΩΜ* 2. ἐξ ὁμοίων 3. ἐξομοιώματος 5. 21) *Ι. Π* (?) *Ω* (?) *ΦCIN* 1... *ΠΥΑΦΕΝ* 2. ἀναγράφειν 3. προγράφειν 5. 22) *Α.ΑΛΧ* (?) *ΤΙΠ* (?) *ΑΛΛΟΤΙ* 1. *ΑΛΑ..ΠΙΑΛΛΛΟΤΙ* 2. ἀλλαχῇ ἄλλο τι 3. 4. 23) τῷ 1. 2. 3. 4. 5. 24) *ΧΩΡΙCΥ — C* 1. *ΧΩΡΙC — Π* 2. χωρὶς ἐπιχωρήσεως τῆς 3. 4. — η 5. 25) 3. 4. οἷον 1. 2. 5. 26) 3. 4. *ΑΠΗΤΗΘCΗΛΜ-ΜΑΙΟ* 1. 2. ἀπητήθη ἐξ ἀρχαίου 5. 27) τοσοῦτον 3. 4. 28) 3. 4. — *ΙΓ* (?) *ΟΥΕΙCΙ* (?) *C* (?) 1. — *ΥΕ . ΙC* 2. [§. 12.] 1) 1. 2. 3. 4. εἰσὶν ἀποδεδεγμέναι κατὰ σύνοψιν ἀπαιτήσεις 5. 2) 3. 4. πολλαὶ πρὸς. 3) ἀρχαίας ἑτέρων 1. 2. 3. 4. 5. 4) ἐμοὶ γὰρ τῆς 3. ἐπεὶ τῆς 4. 5) θαῤῥεῖν δὲ βουλόμενος καὶ καθ' ὅλην τὴν χώραν κατοικεῖν καὶ θαῤῥοῦντας δὲ βουλόμενος καθ' ὅλην κ. τ. λ. 4. θαι — — ι — ιδαι 5. 6) *ΙΚΙΛΙ* (?) 1. *ΙΛΛΙ* 2. καὶ 3. 4. 5. 7) 5. κελεύω 3. 4. 8) βεβρεγμένης γῆς κατὰ τὴν ἀνάβασιν 3. 4. — χώρας — | — οὐ 5. 9) *ΠΑΡΑΓΡΑΦΟΝ. ΝΩΝ* 1. *ΠΑΙΑΙ-ΡΑΙΨΟΡΩΝΩΝ* 2. παραγραφόντων 3. 4. καὶ ἀρχαίων φόρων ὧν ἡ 5. 10) 3. 4· ἐξελέγχων ἐψεύσατο 5.

σιν [11]), εἰς τὸ | δημό]σιον τριπλάσιον [12]) ἀποδωσει. Ὅσοι 59
μὲν γὰρ ἐφοβήθησαν ἀ[κ]ούσαντες περὶ ἀναμετρήσεως τῆς ἐν
τῇ Ἀλεξανδρέω[ν χώρᾳ [13]) καὶ | ἐν] τῷ Μενελαΐτῃ [14]) ἀρ- 60
χαίας γῆς, [εἰ]ς ἣν [15]) οὐδέποτε σχοίνιον κατενέχθη, μὴ μά-
την ἐνοχλείσθωσαν· [16]) οὔτε [γάρ τ]ι[ς] τολμήσε[ι [17]) — —
— | [18]) τὴν ἀναμέτρησιν, οὔτε — — — [19]) μένειν γὰρ ὀφεί- 61
λει τὸ [20]) ἐξ αἰῶνος αὐτῆς δικ[αίωμα] [21]). Τὸ δ' αὐτὸ ἵστημι
[πε]ρὶ [22]) τῶν — — — | — [23]) προσγεννημάτων ὥστε [μη-] 62
δὲν [24]) ἐπ' αὐτῶν καινίζεσθαι.

[§. 13.] Περὶ δὲ τῶν ἀρχαιοτέ[ρων — — [σεων [1]) ἐγ-
κει[μένω]ν ὑμῖν [2]) αἷς — — | — — — πολλάκις [3]), ὥ[στε 63
οὐ] [4]) πλέον περιε[πο]ίησαν [5]) πλὴν ἀργυρισμοῦ τῶν πρα-
γ[ματικ]ῶ[ν] [6]) καὶ τῆς τῶ[ν γεωρ]γῶν [7]) ἐπ[ηρείας [8]) — —
Καί|σα]ρι [Σεβα]στῷ α[ὐτ]οκράτορι γράψ[ω μ]ετὰ [9]) τῶν ἄλ- 64
λων ὅσα αὐτῷ [10]) δηλῶ τῷ [11]) μόνῳ δυναμ[ένῳ] τὰ τοιαῦτα
ὁλ[οσχερ]ῶς [12]) ἐκκόπτ[ειν. Ἐπ' ἐκείνῳ γάρ ἐστι τῶν | ἐν 65

---

[11]) τοῦτο 3. 4. [12]) 3. 4. τούτου τριπλάσιον 5. [13]) 3. 4. 5. [14]) Böckh. *I* (?) *Ω* (?) *IA. E. NCΛAITHI* 1. *ΔENEΛAITHI* 2. καίπερ βεβαιωμένης καὶ τῆς 3. 4. οὐδὲν ἔδει τῆς 5. [15]) 5. *ΓIC. CHN* 1. 2. εἰς τὴν γῆν 3. 4. [16]) Böckh. *EYN* (?) *O* (?) *K* (?) *EICΘΩCAN* 1. *EYN* (?). *EICΘΩCAN* 2. συνδείσθωσαν 3. 4. ἐννοείσθωσαν 5. [17]) *OYTE . . . I. TOΛMHCE* 1. 2. οὔτε τις τολμήσεται 3. οὔτε τις τολμήσει 4. οὔτε ἐτόλμησαν 5. [18]) 5. — *AI* 1. — | — | 2. ἀνανεοῦσθαι 3. 4. [19]) *C . . . IHCETAI* 1. *T . . . HCETI* 2. εἰσηγήσεται 3. ἐπιχωρήσεται 4. τολμήσουσιν ἔτι 5. [20]) *OΦIΛEIT. EΞ* 1. *OΦ. I. E . . . EΞ* 2. ὀφείλετε ἐξ 3. ὀφείλετε τοῖς ἐξ 4. ὀφείλει ἐξ αἰῶνος 5. [21]) *ΔIK* (?) ..... *Ξ* (?) *O* (?) 1. *ΔIX . . TO* 2. δικαιώμασι 3. 4. δίκαιον 5. [22]) *ICTHMP . . IPI* (?) 1. *I CTHMP . . . III* (?) 2. ἵστημι καὶ περὶ 3. 4. 5. [23]) *TO* — — | — *ΩN* 1. 2. 5. τοιούτων ἄλλων 3. τὸ καθόλου καινῶν καὶ ἀδίκων 4. [24]) *ΩCTE. ΔEN* 2. *OCTE . . . . ΔEN* 1. οὐδὲν 3. 4. [§. 13.] [1]) *APXAIOTCA* (?) . . . . *C* (?) *O* (?) *ECEΩN* 1. *APXAIOTE* . . . . . *ECEΩN* 2. ἀρχαιοτελείων ἐτείων 3. 4. ἀρχαιοτέρων ἀναμετρήσεων 5. [2]) *YMΩN* 1. *YMON* 2. ὑμῶν 3. 4. νημοναις 5. [3]) *AICII* — — | — *C* (?) *O* (?) *NHA* (?) *AT* (?) *CAI* 1. *AICH* — — | — *E. NHω. CAI* 2. αἷς τὴν τῶν τελῶν ἀπαίτησιν ἐμέτρησαν οἱ ἐγλογισταὶ 3. 4. η — εν η οσαι 5. [4]) 3. 4. [5]) 3. 4. *ΠEPIC* . . . . . *IHCAN* 1. *Π. PIEIHCAN* 2. περιείησαν 5. [6]) 3. 4. ἀγομένων 5. [7]) 3. 4. *TΩ* (?) . . . . *ΠΩ* (?) *N* 1. *TΩ* . . . . . *ΠON* 2. 5. [8]) *EΠII* (?) *H* (?) — 1. *EΠIIA* 2. 5. ἐπιτρίψεως τε καὶ ἐνοχλήσεως 3. ἐπιτρίψεως 4. [9]) *ΓΓAΨ . . . IETA* 1. *ΓPAΦ . . . HTA* 2. γράψω καὶ τὰ μέγιστα 3. 4. γράφων . . ἢ τὰ 5. [10]) *AΛΛΩ . . EAAYTΩ* 1. *AΛΩ. EAYTΩI* 2. τῶν ἄλλων αὐτῷ 3. 4. ἐὰν αὐτῷ 5. [11]) 5. *ΔHAΩITΩI* 1. *ΔHAΩTΩI* 2. δηλώσω 3. 4. [12]) *OΛ . . . ΩC* 1. *OΛ . . . . ΩC* 2. ὁλικῶς 3. 4.

Αἰγύπτῳ][13] *πάντων [μόν]ῳ*[14] *σωτηρίας καὶ ἐ[ὐε]ργεσία καὶ διηνεκὴς πρόνοια.*

66 [*Ἔτο*]*υς*[15] *πρώτο[υ Λουκ]ίου Λειβίου*[16] [*Σουλπικίου Γάλ*]*βα Καίσαρος Σεβαστοῦ αὐτοκράτορος.* [*ἐ*]*πιφ*[*ὶ*] $\overline{IB}$.[17]).

EDICTUM CN. VIRGILII CAPITONIS.

E libro »Classical Journal«.

The middle of the South side of the East front of the first Propylou to the great Temple at Ghirgé.

Γναιός ου . . . λιος καπιτων ἠλέπει, καὶ πάλαι μὲν ἤκουόν τινας δαπανὰς ἀδίκους καὶ γὰρ ἀδογη ἁς ὑπὸ τῶν πλεονεκτικῶν καὶ αν..δω οταιοε ε ὀυσίαις ἀποχρωμένων γείνεσθαι καὶ νῦν δέ ἐν τή τῶν λιβύωη μάλιστα ἔγνων ὑποθέσει, ὅτι αναλίσκεται τινδαρ. αξόντων ἀδοώστων ἐπὸ ταῖς χρείαις ὡς ὑποκόμενα εἰς δαπάνας καὶ ἐόνιας ἀυτῶν τὰ μήτε ὄντα μήτε ὀφείλοντας ἰναι, ὁμοίως δὲ καὶ. ἄνω ἀρείων ὀνόματι διοκελεύων τοὺς διοδευοπτας διὰ τῶν νόμων στρατιώτας ἀιήπησις καὶ τάτορας καὶ ἑκατοντάρχας καὶ χειλιάρχους καὶ τοῦ ὁ ἀδιποῦς ἅπαντας μηδὲν λαμβάνειν μήδε ἀνγρεύειν, ἐι μὴτινες ἔμα διπλώματα ἐχόρειν καὶ τούτους δὲ στέγη μόνον δέχεσθαι τοὺς διερχομένους, ὑποκείμενόν τε μήδενα μηδὲν πράτειν ἔξω των ὑπὸ μαψίμου σταθέντων, ὁ ἄν δέ τις δῳη ὡς δεδόμενον λογίσηται καὶ εἰς πραξη δημόσα τοῦτον τὸ δεκαπλοῖν ἔρῳ ἐκπράξῳ ουαστος ἔπράξεν τὸν νόμον καὶ τῷ μηνίσαντι τοτε τὴ απλασεῖον μεῖος δώσῳ ἐκ τῆς τοῦ κατακριθέντος ὀυσίας,

---

[13]) Böckh. — — *ACTIIΩ*] (?) 1. — — *AITHC*] 2. *Ἤδη γὰρ ὑμῖν ἀπεδείχθη περὶ τὴν* 3. 4. [14]) *ΠΑΝ* (?) *ΤΩΝΙ . ΙΩΙ* 1. *ΝΑ . ΤΩΝΙΗΤΩΗ* 2. *πάντων ὑμῶν* 3. 4. *αἰτῆσ]αι τῶν αὐτῶν* 5. *πάντων καὶ σωτηρία* Böckh. [15]) *ΠΡΟΝΟΙΑ . . . ΥC* 1. *ΠΡΟΝΟΙΑ . . . . ΥC* 2. [16]) 1. 3. 4. *ΔΕΙΒΙωΥ* 2. *Ἀειβίου* 5. [17]) . . . *C* (?) *ΙΦ* $\overline{IB}$ 1. . . *ΠΙΦ. ΙΒ* . . . . 2.

ο . . . . . ασιλικοὶ γραμματεῖς καὶ κωμογραμματεῖς καὶ τοπογραμματεῖς κατὰ νόμον πάντα, ὅσα δαπανᾶται ἐκ τοῦ νόμου εἴς τινα. πῶπρακται παραλογώση ἄλλο τ. ανά- . . . . . . δ . . . . . ναφοθωοανκαις. . . . ἐξήκοντε σιδότωσαν, οἱ δὲ πτ.σ θηβάιδες δια. ἑτρλλη. ορυ. . λογιστήρια καὶ πρὸς βασιλείδην το. καίσαρος ἀπέλετο ἐρόνη . . . γ τοῦ λογιστηρίου καὶ τοὺς ἐκλογιστας πέμπε τόσα νιν εαν. πα. τὸ δίκαιον λελυγευμένον ἢ περιτάγμενον ἤ τοῦτο δοροώσομαι ὁμοίως.

North corner of South side of East front of the first Propylon at Ghirgé.

Δ. . . λομαι. δηλοῦσθαι π. ὅση ἀργύριον δεμὴν σκέπα ἐτίκουο πρῶτον ἄκούσασε παρὰ τὴν τοῦ κυρίου ἐτολμὴ ονησκεπης τι λαμβανο. . λάκις πα. λτ ἑαύτος γωρογράφη στρατήῳ γιξηκόνταρον προστσοωεαπειν πᾶς καὶ τὰ ἀμ καὶ τοι υστῃ δ πηρελς τοῦ ἤδη πσολέγῳ τῶν ἐι καινοὶ τοτ. . τοῦσαι ρεσο αή. ἐλάσω . . ιτων . . νμοι μετα . αγρ. . ἀπ. ὀτίοσσσ. δυοπολη τοῦ ὅλου νή.

South side of the Eastern Portal of the first Propylon to the great Temple at Ghirgé.

Αια. . ἐδαέτησιν ἔξ η τῷ βούλομεν . . . ους ψευσαμένου ἐκελεύω δ — πέ. . βιτας τῶν νόμων τῶν — ωηλόσων ἀναγ . . . ινε. . ἰκε. . . . . . μωιφυς πέμπειν. μο. τικαῖο. λ σιάσδην καὶ .ης δοναιινσις διὰ. . γ'ιε. . ἀυτων εἶναι φανερὸν ἠμαδόγουο εἴῃ ωτ. . ν διῳλοέθους προς ἐκαιο ἀγεῖς σέρω. αχ. τα. . . .

Under the Winged Globe. North Front of the Propylon to the Temple at Sheikh Douchey.

Ὑπὲρ τῆς τοῦ κυρίου ἀυτοκράτορος Καίσαρος Νέρου Ἀτραιάνου Ἀρίστου Σεβαστοῦ Γερμανικοῦ Δακίκου τυχῆς ἐπὶ Μάρκου Ρουτιλίου Λούπου, ἐπάρχου Ἀιγύπτου, Σαράπιδι καὶ Ἴσιδι θεοῖς μεγίστοις οἱ ἀπὸ τῆς κυσέμσοι γράψαντες τὴν οἰκο-
ν Lat
δόμην τοῦ πύλωνος συςεργίας χάριν ἐποίησαν . . . ι. ιφ ἀυτο-

κράτορος Καίσαρου Νέρου Ἀτραιάνου Ἀρίστοῦ Σεβαστοῦ Γερμανικοῦ Δακίκου πάχμην λ

East side of South Portal of First Propylon at Sheikh Douchey.

Θυρα. αιραυρυνδωμη. ατοτηχεοcεντοc Υ†ήνόμεα θεηενριχ. οαρχεερευc προc δε τι καὶ τον ανυccεκ. λωναιη ἐινικύει ῥυπάροcεν υλετ. πκε.... ὁμιζομένοιν λθ††άταιναι προc c νοιcεπε — ν ὑποπάει δέχεσθαι υναρτοῖο. ἑρπομένη πεδίσω πᾶσι γαc cχη⁝ονοιcιν α ω. μ...... ἠπίοσο αμοσων υιοεο. ον.. εμ....

West side, South Portal, of First Propylon at South Douchey.

Ἐατερονηε — η † υνεχεε. ε.. πονὰcc

This consisted of five Lines utterly uncopyable.

South Corner of East Front of First Propylon to the great Temple at Ghirgé.

Ποσιδώνιος στρατηγὸς τῆς πεμφθείσης μοι ὑπὸ τοῦ κυρίου ἡγέμονος ἐπιστολῆς σὺν τῷ ὑποτεταγμένῳ πρὸς τὰ— τα απ. γραφατμειν ὑποτέταχαι νεῖδο — ἀτὰκι.. οἴθητε καὶ μηδὲν ὑπ ενάντιον τοῖς πρὸς — σπίη. ο.. ενα τοῦ Τιβερίου

τῷ

Κλαυδίου Καίσαρος — κου ἀυτοκράτορος μεχεῖο. ξ — ητῶν Ποσειδωνίῳ στρατηγοῖοασε τῆς πόλεως ὠίο. θηκαδία τχεμαροωψας.. ὑλομαίουν. εεμτε τῇ μητροπόλει τοῦ νόμου καὶ καθεναυ πσροθεῖναι σάφεοι καὶ ἐυσήμοις καιρσ. τι. ἀήναγεν ηταιταυ. ἐμοῦ.

Portal to S. by W. Front of Temple at »Casr Zayan«, at Gunakh.

Ἀμενηβι θεῷ μεγίστῳ τχονεμίρως καὶ ταῖς συνναοῖς θεοῖς ὑπερκτήσεις αἴωνα διαμονῆς Ἀντονείνου Καίσαρος τοῦ κυρίου καὶ τοῦ σὺνπάντος ἀυτοῦ οἴκου ὀσηκόστου ἱεροῦ καὶ τὸ πρόναον ἐκ καινῆς κατεσκευάσθη ἐπιάου ἰδίου Ἡλιοδώρου ἐπάρχου Ἀιγύπτου, Σεπτιμίου Μαρκῶνος ἐπὶ στρατηγοῦ στρατηγοῦντος παινίου καὶ πίωνος ἔτους τρίτου ἀυτοκράτορος Καίσαρος Τίτου Ἀίλιου Ἀδριανου Ἀντωνείνου Σεβαστοῦ ἐυσεβοῦς μεσόρη ὄκτω καὶ δεκάτη.

XLVI.

SENATUSCONSULTUM DE IMPERIO VESPASIANI.

(A. U. 823. Chr. 70.)

In tabula aenea Capitolina medio Saeculo XIV. Romae inventa, etiam nunc superstes, sed aliqua parte truncatum, cujus fidem non defuerunt, qui gravibus e causis in dubium vocarent [1]). Edidit primus 1) *Franciscus de Albertinis* Opusculo de mirabilibus novae et veteris urbis Romae (Rom. 1510. 4.) Lib. II. c. 5. n. 16. fol. 5. n. 69. sq.; 2) tum *Jacob. Mazochius* in Epigrammatib. antiq. urbis. (Rom. 1521. f.) f. 14. sq. cf. Corrigenda in fine. — 3) *Petrus Apianus* in Inscriptt. sacros. vetust. (1534.) fol. 256. — 4) *Onuphrius Panvinius* in Fastis Consularib. (Venet. 1558. 8.) p. 178. ed. Heidelb. 1588. — 5) *Barnab. Brissonius* de formulis. II. 27. — 6) *Martin. Smetius* in Inscriptt. fol. 52. b. — 7) *Boissardus* in Antiquit. Rom. (1598.) T. II. nro. 140. — 8) *Gruterus* in Corp. Inscriptt. p. CCXLII. — 9) *Pighius* in Annal. T. III. p. 609. sq. — 10) *Jac. Gutherius* de officio domus August. (Paris. 1628. 4.) L. I. c. 31.— 11) *Leop. Metastasius* in Libro sing. de Lege Regia, seu tabula aenea Capitolina, notis, animadversionibus et variis quaestionibus illustrata. Rom. 1757. 4. — 12) *Andr. Guil. Cramerus* in Comment. de vita et

---

[1]) Egerunt id maxime *Mich. Conr. Curtius* Comment. de Senatu Rom. Lib. I. c. 3. p. 32 — 35. et *Petr. van Spaan* Diss. de SC. de imperio Vespasiani spurio. Lugd. Bat. 1768. 4. Novissime hoc saxum volvit *Cph Saxius* Or. in legis Regiae patronos. Ultraj. 1798. 4. p. 29. sqq. (Conf. insuper *Heinecc.* Antiq. I. 2., ibique videas Epicrisin *Hauboldi.* Authentiam SCti novissime evicit *Niebuhrius,* in: Röm. Geschichte. Ed. II. p. 356. *Sp.*)

legislatione Vespasiani. (1785.) p. 20 — 53. — 13) Optime *Franciscus Eugenius Guascus* in Musei Capitolini antiquis inscriptionibus. T. III. (Romae. 1775 vel potius 1778. f.) Cap. XII. nro. 1391. p. 246. — [14) Deinde ap. *Orellium* Corp. Inscriptt. T. I. p. 567. *Sp.*] Comparet et in quibusdam Taciti edd. e. g. *Ernestii* (Excurs. ad Tacit. T. II. p. 582.), *Broterii* T. V. p. 40., *Oberlini*, etc. tum in *Gravinae* Originib. p. 504. sqq. *Reinoldi* Opusc. p. 386 — 388. Conf. *Saxii* Onomasticon. T. I. p. 259 — 264. et. p. 576. sqq.

E recensione Guasci.

FOEDVSQVE CVM QVIBVS. VOLET. FACERE. LICEAT ITA VTI LICVIT. DIVO AVG. || TI IVLIO. CAESARI. AVG. TIBERIOQVE CLAVDIO. CAESARI. AVG. GERMANICO. ||

VTIQVE EI SENATVM. HABERE. RELATIONEM. FACERE. REMITTERE. SENATVS || CONSVLTA. PER RELATIONEM. DISCESSIONEMQVE. FACERE. LICEAT || ITA VTI LICVIT. DIVO AVG. TI. IVLIO. CAESARI. AVG. TI. CLAVDIO. CAESARI. || AVGVSTO. GERMANICO. ||

VTIQVE. CVM. EX VOLVNTATE. AVCTORITATEVE. IVSSV. MANDATVVE. EIVS || PRAESENTEVE. EO. SENATVS. HABEBITVR. OMNIVM. RERVM. IVS PERINDE || HABEATVR SERVETVR. AC. SI. E LEGE SENATVS. EDICTVS. ESSET. HABERETVRQVE. ||

VTIQVE. QVOS. MAGISTRATVM POTESTATEM. IMPERIVM. CVRATIONEMVE || CVIVS. REI. PETENTES. SENATVI. POPVLOQVE. ROMANO. COMMENDAVERIT || QVIBVSVE SVFFRVGATIONEM. SVAM. DEDERIT. PROMISERIT. EORVM || COMITIS. QVIBVSQVE. EXTRA. ORDINEM. RATIO. HABEATVR. ||

VTIQVE. EI. FINES. POMERII. PROFERRE. PROMOVERE. CVM. EX REPVBLICA || CENSEBIT. ESSE. LICEAT. ITA. VTI. LICVIT. TI. CLAVDIO. CAESARI. AVG. || GERMANICO

VTIQVE. QVAECVMQVE. EX VSV. REIPVBLICAE. MAIESTATE DIVINARVM || HVMA'RVM' PVBLICARVM. PRIVATARVMQVE. RERVM. ESSE. E || ÇENSEBIT. EI. AGERE. FACERE. IVS. POTESTASQVE. SIT. ITA. VTI. DIVO. AVG. || TIBERIOQVE. IVLIO. CAESARI. AVG. TIBERIOQVE. CLAVDIO. CAESARI. || AVG. GERMANICO. FVIT

VTIQVE. QVIBVS. LEGIBVS. PLEBEIVE. SCITIS. SCRIPTVM. FVIT. NE. DIVVS. AVG. || TIBERIVSVE. IVLIVS. CAESAR. AVG. TIBERIVSQVE. CLAVDIVS. CAESAR. AVG. || GERMANICVS. TENERENTVR. IIS. LEGIBVS. PLEBISQVE. SCITIS. IMP. CAESAR || VESPASIANVS. SOLVTVS. SIT. QVAEQVE. EX QVAQVE LEGE ROGATIONE || DIVVM. AVG. TIBERIVMVE. IVLIVM. CAESAREM AVG. TIBERIVMVE || CLAVDIVM. CAESAREM. AVG. GERMANICVM. FACERE. OPORTVIT || EA. OMNIA. IMP. CAESARI. VESPASIANO. AVG. FACERE. LICEAT ||

VTIQVE. QVAE. ANTE. HANC. LEGEM. ROGATAM. ACTA. GESTA || DECRETA. IMPERATA. AB. IMPERATORE. CAESARE. VESPASIANO. AVG. || IVSSV. MANDATVVE. EIVS A. QVOQVE. SVNT. EA. PERINDE. INSTA. RATAQ. || SINT AC SI. POPVLI. PLEBISVE. IVSSV. ACTA. ESSENT.

SANCTIO.

SIQVIS HVIVSCE. LEGIS ERGO. ADVERSVS LEGES ROGATIONES. PLEBISVE. SCITA || SENATVSVE. CONSVLTA. FECIT. FECERIT. SIVE QVOD. EVM EX LEGE. ROGATIONE || PLEBISVE. SCITO. S. VE. C. FACERE OPORTEBIT. NON. FECERIT. HVIVS. LEGIS || ERGO ID. EI NE FRAVDI. ESTO. NEVE QVIT. OB EAM. REM. POPVLO DARE DEBETO || NEVE CVI DE EA RE. ACTIO. NEVE IVDICATIO. ESTO NEVE. QVIS. DE EA RE APUD || . . . AGI SINITO.

XLVII.

DECRETUM

VEL HERCULANENSIUM VEL POMPEJANORUM

IN HONOREM MEMMIORUM.

(Ante A. U. 832. Chr. 79. [1])

Herculanei sive Pompejis, ad radices Vesuvii.

Editum: 1. a *Capaccio* Lib. II. hist. Neapol. c. 9. — 2) a *Reinesio* in Epistol. 36. ad Rupert. p. 295 — 298. et in Syntagmate Inscriptionum. Cl. VII. n. 15. p. 484. — 3) in *Geo. Henr. Martini* »Das gleichsam auflebende Pompeji.« Cap. V. p. 86. sq. — 4) inprimis in *Jo. Ern. Imm. Walchii:* Antiquitates Herculanenses literariae. p. XII — XXII. junct. p. LXI. n. 55.

---

1. PRIDIE. K. MARTIAS. IN. CVR. SCRIBENDO. ADFVERE
2. CVNCTI. QVOD. VERBA. FACTA. SVNT. M. M. MEMMIOS
3. RVFOS. PAT. ET. FIL. ET. VIRI . . . ITER. PEQVNIA. PONDE
4. RALI. IN. CHALCIDICVM. ET. SCHOLAM. SECVNDVM
5. MVNICIP. SPLENDOREM. FECISSE. QVAE. TVERI. PVBLICE
6. DECRETO. D. E. R. I. C. PLACERE. HVIC. ORDINI. CVM

---

[1]) Pompeji et Herculaneum oppida cum eversa sint A. U. 832. Chr. 79., necesse est, ut inscriptio sit hoc anno recentior.

7. M. M. RVFI. PAT. ET. FIL. II. VIR. ITER. IN. EDENDIS. MV
8. NERIBVS. ADEO. LIBERALES. FVERINT. VT. EORVM. MO
9. NVMENTA. DECORI. MVNICIPIO. SINT. ADEO. DILIGEN
10. TES. VT. VITIEIS. PONDERVM. OCCVRRERINT. IDQ. IN
11. PERPETVVM. PROVEDERINT. PLACERE. DECVRIONIB.
12. M. M. MEMMIOS. RVFOS. PAT. ET. FIL. DVM. II. VIVERENT
13. EORVM. POS . . . . M. ET. SCHOLA. ET. CHALCIDI. QVAE
14. IPSI. FECISSENT. PROCVRATIONEM. DARI. VTIQVE. SER
15. VOS. EIVS . . . . MPIVS. EST . . . . NEGOTIO. PRAEPONE
16. RENT. NEQVE. INDE. ABDVCI. SINE. DECVRIONVM. DE
17. CRETO. ET. M. M. MEMMIIS. RVFIS. PAT. ET. FIL. PVBLICE
18. GRATIAS. AGEI. QVOD. ITERATIONI. HONORI. EORVM
19. NON. AMBITIONEI. NEQVE. IACTATIONI. SVAE. DEDE
20. RINT. SED. IN. CVLTVM. MVNICIPI. ET. DECOREM
21. CONTVLERINT.

XLVIII.

SANCTIO PRAGMATICA VESPASIANI AD CIVITATEM SABORAM.

(A. U. 832. Chr. 79.)

Saborae. E tabula aerea ad Cannetum oppidum, sive circa Mallaga Cannete, quae olim Sabora, a rustico arante reperta. Edita: 1) a *Fabricio* Monument. IV. p. 20. sq. — 2) apud *Gruterum* p. CLXIV. — 3) apud *Jo. Marianam* de reb. Hispan. Lib. IV. c. 81. et in Hisp. illustrat. T. II. p. 296. — 4) a *Terrassono* nro. XXXVI. — 5) in *Thom. Joann. Pigeaud* [1]) Diss. de Vespasiano imperatore ejusque jurisprudentia. Lugd. Bat. 1762. 4. p. 74. sq. — 6) in *Andr. Guil. Crameri* D. Vespasiano. Jenae 1785. 8. p. 204—210.

Inest etiam *Gutherio* de offic. domus Aug. L. III. c. 17. et *Fleetwoodio* Inscriptt. syllog. p. 78.

E recensione Gruteri.

1. IMP. CAES. VESPASIANVS. AVG. PONT.
2. MAX. TRIB. POT. VIIII. IMP. XX. COS. IX.
3. S. D. IIII. VIRIS ET. DECVRIONIBVS. SABOREN.
4. CVM. MVLTIS. DIFFICVLTATIBVS. CIVITATEM. VESTRAM
5. IAM. PREMI. INDICETIS. PERMITTO. VOBIS. OPPIDVM. SVB

---

1) Verus auctor *Jo. Henr. Jungius.*

6. NOMINE. MEO. VT. VOLTIS. IN. PLANICIEM. EX-
STRVERE
7. VECTIGALIA. QVAE. A. DIVO. AVGVSTO. ACCE-
PISSE. DICITIS
8. CVSTODIO. SI. QVA. NOVA. ADICERE. VOLTIS. DE.
IIIS. PROCOS.
9. PROVINC. ADIRE. DEBETIS. EGO. ENIM. RESPONSO.
PRIVS. AB
10. EO. NON. ACCEPTO. CONSTITVERE. NIHIL. POSSVM.
DECRETVM
11. VIII. KAL. AVG. LEGATOS. DIMISI. IIII. KAL. EAS-
DEM. VALETE
12. C. CORN. SEVERVS. M. SEPTIMIVS. COELIVS. II
VIRI. P. P.

F. C.

Varietas lectionis, ex scriptura Marianae.

Lin. 1. CAE. M.
— 2. PONTIFEX MAXIMVS. M.
TRIBVNITIAE POTESTATIS VIIII. IMP. XIIX. COS. VIII. M.
— 3. SALVTEM DICIT — SABORENSIVM. M.
— 4. Pr. CIVITATEM. M. habet: INFIRMITATEM.
— 5. JAM omissum a M.
— 6. IN PLANVM. M.
— 7. AB — AVG. M.
— 8. PROCONSVLEM. M.
— 9. PROVINC. deest ap. M. — DEBEBITIS EGO ENIM NVLLO RESPONDENTE. M.
— 10. NIL POSSVM DECRETVM VESTRVM ACCEPI. M.
— 11. — KA. AVG. — KA. EASDEM. M.
— 12. h. e. publica pecunia fieri curarunt. Sed *Mariana* paullo aliter: PVBLICA PECVNIA IN AERE INCIDERVNT.

XLIX.

RESCRIPTUM
VESPASIANI
AD REMPUBLICAM VANACINORUM.

(Intra A. U. 822 — 832. Chr. 69 — 79.)

Repertum in lamina aerea, in vico plagae septentrionalis insulae Corsicae. Editum: 1) in *Muratorii* Thes. Inscript. T. II. p. 1091. nro. 1. et T. IV. p. 2004. nro. 2. — 2. in *Th. Jo. Pigeaud* D. de Vespasiano Imperatore. (L. B. 1762. 4.) c. 2. §. 8. p. 75. sq.

IMP. CAESAR. VESPASIANVS. AVGVSTVS.
MAGISTRATIBVS. ET. SENATORIBVS
VANACINORVM. SALVTEM. DICIT
OTACILIVM. SAGITTAM. AMICVM. ET. PROCV
RATOREM. MEVM. ITA. VOBIS. PRAEFVISSE
VT. TESTIMONIVM. VESTRVM. MERERETVR
DELECTOR.
DE. CONTROVERSIA. FINIVM. QVAM. HA
BETIS. CVM. MARIANIS. PENDENTI. EX
IS. AGRIS. QVOS. A. PROCVRATORE. MEO
PVBLILIO. MEMORIALE. EMISTIS. VT
FINIRET. CLAVDIVS. CLEMENS. PROCV
RATOR. MEVS. SCRIPSI. EI. ET. MENSOREM
MISI.
BENEFICIA. TRIBVTA. VOBIS A. DIVO
AVGVSTO. POST. SEPTIMVM. CONSVLA

TVM. QVAE. IN. TEMPORA. GALBAE. RETI
NVISTIS. CONFIRMO
EGERVNT. LEGATI
LASEMO. LEVCANI. F. SACERD. AVG
EVNVS. TOMASI. F. SACERD. AVG
C. ARRVNTIO. CATELLO. CELERE. M
ARRVNTIO. AQVILA. COS. IIII. IDVS. OCTOBR.

L.

EPISTOLA

DOMITIANI

SPECTANS AD LITEM INTER FALERIENSES ET FIRMANOS DE SUBSECIVIS.

(A. U. 835. Chr. 82.)

In tabula aenea longa P. III. lata P. II. effossa in Piceno apud Falerienses an. 1599. Edita: 1) apud *Nicol. Rigaltium* Obss. ad Script. rei agrar. p. 45. ed. Rigalt. vel p. 230 sq. ed. *Goesii.* — 2) ap. *Gruterum* Corp. Inscript. p. MLXXXI. nro. 2. — 3) in *Gutherii* libr. de offic. dom. August. L. II. c. 12. — 4) ap. *Fleetwood* Inscriptt. p. 101. — 5) in *Scip. Maffei* Istor. diplom. c. 8. p. 23.

---

1. IMP. CAESAR. DIVI. VESPASIANI. F. DOMITIANVS. AVGVSTVS
2. PONTIFEX. MAX. TRIB. POTEST. IMP. $\overline{\text{II}}$. COS. $\overline{\text{VIII}}$. DESIGNAT. $\overline{\text{VIIII}}$.
3. PP. SALVTEM. DICIT.
4. $\overline{\text{IIII}}$. VIRIS ET DECVRIONIBVS FALERIENSIVM EX PICENO. QVID CONSTITVERIM DE
5. SVBSICIVIS COGNITA CAVSA INTER VOS ET FIRMANOS VT NOTVM HABERETIS
6. HVIC EPISTVLAE SVBIICI JVSSI.
7. P. VALERIO PATRVINO . . . . . . COS
8. XIIII KAL. AVGVSTAS

9. IMP. CAESAR. DIVI. VESPASIANI. F. DOMITIANVS. AVG. ADHIBITIS VTRIVSQVE

10. ORDINIS. SPLENDIDIS VIRIS COGNITA CAVSA INTER FALERIENSES ET FIRMANOS

11. PRONVNTIAVI QVOD SVBSCRIPTVM EST.

12. ET VETVSTAS LITIS QVAE POST TOT ANNOS RETRACTATVR A FIRMANIS ADVERSVS FALE

13. RIENSES VEHEMENTER ME MOVET CVM POSSESSORVM SECVRITATI VEL MINVS

14. MVLTI ANNI SVFFICERE POSSINT ET DIVI AVGVSTI DILIGENTISSIMI ET INDVLGENTISSIMI

15. ERGA QVARTANOS SVOS PRINCIPIS EPISTVLA QVA ADMONVIT EOS VT OMNIA

16. SVBSICIVA SVA COLLIGERENT ET VENDERENT QVOS TAM SALVBRI ADMONITIONI

17. PARVISSE NON DVBITO. PROPTER QVAE POSSESSORVM JVS CONFIRMO.

18. VALETE. D. XI. K. AVG. IN ALBANO.

19. AGENTE CVRAM T. BOVIO VERO

20. LEGATIS P. BOVIO SABINO

21 P. PETRONIO ACHILLE D. D. P.

LI.

DECRETUM MUNICIPALE.

(Intra A. U. 834 — 849. Chr. 81 — 96.)

Romae in aenea tabella apud *Fulvium Ursinum*, editum ab eodem nro. XXII. tum in *Aldi Manutii* Orthogr. Ed. I. p. 76. 77. Ed. II. p. 74. 75. et apud *Gruterum* p. CCCCLVI. nro. 1.; novissime in *Car. Fea* frammenti di Fasti Consolari. Adp. p. 9. nro. 24. et vid. opus ipsum p. XLVII. Conf. *Jac. Zabarella* Gli Arronzii (Padova. 1655. 4.) p. 22 sqq. ubi tamen solum initium monumenti exstat usque ad verba: *Pomponium Bassum.*

L. ARRVNTIO. STELLA
L. JVLIO. MARINO. COS.
XIIII. KAL. NOV
M. ACILIVS. PLACIDVS. L. PETRONIVS. FRONTO
IIII. VIR. I. D. S. C. FERENTIN. IN. CVRIA. AEDIS. MER
CVRI. SCRIBVNDO. ADFVERVNT. Q. SEGIARNVS MAE
CIANVS. T. MVNNIVS. NOMANLINVS.
QVOD. VNIVERSI. V. F. T. POMPONIVM BASSVM. CLARISSIMVM. VIRVM. DEMANDATAM. SIBI. CVRAM. AB INDVLGENTISSIMO. IMP. CAESARE. NERVA. TRAIANO AVGVSTO. GERMANICO. QVA. AETERNITATI. ITALIAE SVAE. PROSPEXIT. SECVNDVM. LIBERALITATEM. EIVS ITA. ORDINARI. VT. OMNIS. AETAS. CVRAE. EIVS MERITO
GRATIAS. AGERE. DEBEAT. FVTVRVMQVE. VT. TANTAE

VIRTVTIS. VIR AVXILIO. SIT. FVTVRVS. MVNICIPIO
NOSTRO. Q. D. E. R. F. P. D. E. R. I. C.
ΩN. PLACERE. CONSCRIPTIS. LEGATOS. EX. HOC. ORDINE
MITTI. AD. T. POMPONIVM BASSVM. CLARISSI
MVM. VIRVM. QVI. AB. EO. IMPETRENT. IN. CLIEN
TELAM. AMPLISSIMAE. DOMVS. SVAE. MVNI
CIPIVM. NOSTRVM. RECIPERE. DIGNETVR
PATRONVMQE. SE. COOPTARI. TABVLA
HOSPITALI. INCISA. IN. HOC. DECRETO. IN. DOMO
SVA. POSITA. PERMITTAT. CENSVERE
EGERVNT. LEGATI
A. CAECILIVS. A. F. QVIRINALIS. ET
QVIRINALIS F.

AD AVGVST AD AVGVST
TEM. C. P. TEM. C. P.

LII.

CAPUT MANDATORUM.

(Fortasse Nervae aut Trajani, intra A. U. 849 — 852. Chr. 96 — 99.)

Relatum a *Frontino* Comment. de aquaeductibus. Art. 110. Conf. propter aetatem art. 94. *Bachii* hist. jur. p. 391. Exhibet et *Reinesius* Synt. Inscriptt. p. 468.

Caducam. neminem. volo. ducere. nisi. qui. meo. beneficio. aut. priorum. principum. habent. nam. necesse. est. ex. castellis. aliquam. partem. aquae. effluere. cum. hoc. pertineat. non. solum. ad urbis. nostrae. salubritatem. sed. etiam. ad. utilitatem. cloacarum. abluendarum.

LIII.

DECRETUM

DECURIONUM AQUILEIENSIUM.

IN HONOREM C. MINICII ITALI CONDITUM.

(A. U. 858. Chr. 105.)

Ex opere: »Delle Antichita Italiche«, auctore Don. *Gianrinaldo* Conte *CARLI* (Milano. 1789. 4.) Parte III. p. LXI. sq.

C. MINICIO. C. F.
VEL. ITALO. IIII. VIRO. I. D
PRAEF. COH. V. GALLOR. EQVIT
PRAEF. COH. I. BREVSOR. EQVIT. C. R
PRAEF. COH. II. VASC. EQ. TRIB. MILIT. LEG. VI. VICI
PRAEF. EQ. ALAE. I. SIGN. C. R. DONIS. DONAT. A. DIVO
VESPASIANO. CORON. AVREA. HAST. PVR
PROCV. PROVINC. HELLESPONTI. PROC. PROVINC. ASIAE. QVAM
MANDATV. PRINCIPIS. VICE. DEFVNCTI. PRO. COS. REXIT. PROCVRAT
PROVINCIARVM. LVGDVNENSIS. ET. AQVITANICAE. ITEM. LACTORE
PRAEFECTO. ANNONAE. PRAEFECTO. AEGYPTI. FLAMINI. DIVI. CLAVDI.
DEC. DEC. [1])

---

[1]) Questa inscrizione era scolpita nella facciata di un grande piedestallo nel di cui lato destro v' era il *Decreto dei Decurioni*, accennato in fine di essa. Questo comprendeva tre pezzi di marmora, il pezzo di mezzo non si è rinvenuto. Rimangono i due pezzi laterali: dai

P. TVLLIVS. MA		AMVLA. IIII. VIRI. I. D. III. ./:. IVN. '
S. C. SCRIB. ADF		PROCVLVS. C. APPVLEIVS. CELER
A. IVNIVS. G.		SEX. COSSVTIVS. SECVNDVS
QVOD. V. F. S. IN. HO		SSIMVM. VIRVM. QVIDQVID. CONSE
QVI. GRATIAE. AV	Pars	ES. EQVESTRIS. DIGNITATIS. POTVERIT
IT. OMNE. AD. AV		M. SVAM. CONVERTISSE. NEC. VLLO
SE. FELICIOREM	haec	BORET. Q. D. E. R. F. P. D. E. R. I. C.
CVM. C. MINIC		VNC. PRAECIPVVM. VIRTVTVM
SVARVM. FI	intermedia	RTVNAM. LOCIS. . . LIFICAVERIT - -
ET. SVPER. CET		A. SACRATISSIMVM. PRINCIPEM
TRAIANVM. A	periit.	VS. VT. INCOLAE. QVIBVS. FERE. CENSE
MVR. MVNERI		T. VT. PLENIOREM. INDVLGENTIAM
MAXIMI. IMPER		IGISSE. P. H. O. ADQVE. E. R. P. V. STATVAM
AEREAM. CVM		MQVE. NOSTRVM. BASI. INSCRIBI
QVO. TESTATIV		CE. GLORIEMVR. CENSVER

ALITER

TI. IVLIO. *CANDIDO. ITER. A. IVLIO*. QVADRATO. II. COS

quali però si releva, che il Senato Aquilejese per gli meriti di esso *C. Minicio* gli eresse una statua di metallo, ordinando, che nella base inciso fosse il decreto. Il nome dei Consoli ci fa anche conoscere l'anno di esso, cioè il CV. di G. Cristo. *Carli.*

LIV.

MONUMENTUM

CUI ADDITUM DECRETUM A DECURIONIBUS MUNICIPII CAERITUM FACTUM.

(A. U. 867. C. 114.)

Apud Maffeios in tabula marmorea Romae. Editum: 1) a *Fulvio Ursino* nro. XXXV. — 2) apud *Brisson.* de formul. II. 169. — 3) ap. *Aldum Manutium* in Orthogr. Ed. I. p. 285. Ed. II. p. 283. — 4) in *Mart. Smetii* Inscriptt. fol. 15. — 5) ap. *Gruterum* p. CCXIV.

---

1 VESBINVS. AVG. L. PHETRIVM. AVGVSTALIBVS

2 MVNICIPI. CAERITVM. LOCO. ACCEPTO. AREP

3 SVA. INPENSA. OMNI. EXORNATVM. DONVM. DEDIT

4 DESCRIPTVM. ET. RECOGNITVM. FACTVM. IN. PRONAO. AEDIS. MARTIS

5 EX. COMMENTARIO. QVEM JVSSIT. PROFERRI. CVPERIVS. HOSTILIANVS. PER. T. RVSTIVM. LYSIPONVM

6 SCRIBAM. IN. QVO. SCRIPTVM. ERAT. IT. QVOD. INFRA. SCRIPTVM. EST

7 L. PVBLILIO. CELSO. II. C. CLODIO. CRISPINO. COS. IDIBVS. APRILIB

8 M. PONTIO. CELSO. DICTATORE. C. SVETONIO. CLAVDIANO. AEDILE. IVRI. DICVNDO. PRAEF. AERARI. COMMENTARIVM. COTTIDIANVM. MVNICIPI CAERITVM. INDE. PAGINA. XXVII. KAPITE. VII

9 M. PONTIVS. CELSVS. DICTATOR. ET. C. SVETONIVS. CLAVDIANVS DECVRIONES. IN. TEMPLO. DIVOR. CORROGAVERVNT. VBI. VESBINVS. AVG. LIB. PETIT

10 VT. SIBI. LOCVS. PVBLICE. DARETVR. SVB. PORTICV. BASILICAE. SVLPICIANAE. VTI. AVGVSTALIB. IN. EVM. LOCVM. PHETRIVM. FACERET. VBI. EX

11 CONSENSV. DECVRIONVM. LOCVS. EI. QVEM. DESIDERAVERAT. DATVS EST. PLACVITQ. VNIVERSIS. CVRIATIO. COSANO. CVRATORI. OB. EAM. REM

12 EPISTVLAM. MITTI. IN. CVRIAM FVERVNT. PONTIVS. CELSVS. DICTAT. SVETONIVS. CLAVDIANVS. AED. IVRIDIC. M. LEPIDIVS. NEPOS

13 AEDIL. ANNON. POLLIVS. BLANDVS. PESCENNIVS. FLAVIANVS. PESCENNIVS. NATALIS. LOLLIVS. CALLIMVS. PETRONIVS. INNOCENS. SERGIVS. PROCVLVS

14 INDE. PAGINA. ALTERA. KAPITE. PRIMO. MAGISTRATVS. ET. DECVRION. CVRIATIO. COSANO. SAL. IDIB. AVG. DESIDERANTI. A. NOBIS

15 VLPIO. VESBINO. CONSILIVM. DECVRION. COEGIMVS. A. QVIB. PETIT. VT. SIBI. LOCVS. PVBLICE. IN. ANGVLO. PORTICVS. BASILIC. DARETVR. QVOD. SE. AVGVSTALIB

16 PHETRIVM. PVBLICE. EXORNATVRVM. SECVNDVM. DIGNITAT. MVNICIPI. POLLICERETVR. GRATIAE. HVIC. ACTAE SVNT. AB. VNIVERSIS. PLACVIT. TAMEN. TIBI

17 SCRIBI AN. IN. HOC. QVOQVE. ET. TV. CONSENSVRVS. ESSES. QVI LOCVS. REI. P. IN. VSV. NON. EST. NEC. VLLO. REDITV. ESSE. POTEST. INDE. PAGINA. VIII. KAPITE. I

18 CVRIATIVS. COSANVS. MAG. ET. DEC. CAERETANOR. SAL. EGO. NON. TANTVM. CONSENTIRE. VOLVNTATI. VESTRAE. SET. ET. GRATVLARI. DEBEO. SIQVI. REM. P. N.

19 EXSORNAT. ACCEDO. ITAQ. SENTENTIAE. VESTRAE

NON. TANQVAM. CVRATOR. SED. TANQVAM. VNVS.
EXSORDINE. CVM. TAM. HONESTA. EXSEMPLA
20 ETIAM. PROVOCARI. HONORIFICA. EXSORNATIONE.
DEBEANT DATA. PRID. IDVS. SEPTEMBR.
AMERIAE
21 ACT. IDIB. IVNIS. Q. NINNIO. HASTA. P. MANI-
LIO. VOPISCO. COS
22 DEDICATVM. K. AVG. ISDEM . COS.

LV.

RESCRIPTUM HADRIANI AD MINUCIUM FUNDANIUM PRO CHRISTIANIS.

(A. U. 879. C. 126.)

Ex *Eusebii* historia ecclestica. IV. 9. Latinum, quod *Justinus Martyr* Apologiae suae longiori seu primae subjunxerat (conf. *Justini* Apologia p. 100. Ed. Thirlbii), intercidit, sed forte servatum est id ipsum in versione latina *Rufini,* ut conjecit *Jo. Traug. Leber. Danzius* Diss. I. de Eusebio Caesariensi. §. 34. not. 28. p. 125. Conf. *Jo. Toscani Mandoritii* Juris publici Romani arcana. Tom. II. P. I. (Neapol. 1770. 4.) p. 227 — 471.

E recensione Valesii.

Μινȣκίῳ Φȣνδάνιῳ· ἐπιστολὴν ἐδεξάμην γραφεῖσάν μοι ἀπὸ Σερεννίȣ Γρανιανȣ̃ λαμπροτάτȣ ἀνδρὸς, ὅν τινα σὺ διεδέξω. ȣ̓ δοκεῖ μοὶ ȣ̓̃ν τὸ πρᾶγμα ἀζήτητον καταλιπεῖν, ἵνα μή τε οἱ ἄνθρωποι ταράττωνται, καὶ τοῖς συκοφάνταις χορηγία κακȣργίας παρασχεθῇ. ἐι ȣ̓̃ν σαφῶς εἰς ταύτην τὴν ἀξίωσιν οἱ ἐπαρχιῶται δύνανται διϊσχυρίζεσθαι κατὰ τῶν χριστιανῶν, ὡς καὶ πρὸ βήματος ἀποκρίνασθαι, ἐπὶ τȣ̃το μόνον τραπῶσιν, ἀλλ' ȣ̓κ ἀξιώσησιν, ȣ̓δὲ μόναις βοαῖς. πολλῷ γὰρ μᾶλλον προσῆκεν εἴ τις κατηγορεῖν βȣ́λοιτο, τȣ̃τό σε διαγινώσκειν. εἴ τις ȣ̓̃ν κατηγορεῖ καὶ δείκνυσι τι παρὰ τȣ̀ς νόμȣς πράττοντας, ȣ̔́τως ὅριζε κατὰ τὴν δύναμιν τȣ̃ ἁμαρτήματος· ὡς μὰ τὸν ἡρακλέα εἴτις συκοφαντίας χάριν τȣ̃το προτείνοι, διαλάμβανε ὑπὲρ τῆς δεινότητος, καὶ φρόντιζε ὅπως ἄν ἐκδικήσειας.

LVI.

SENTENTIA ANTONINI PII

(A. U. 892. C. 139.)

Edita: 1) ap. *Sponium* in Miscellaneis eruditae antiquitatis (Lugdun. 1685. f.) p. 352. — 2) in *Muratorii* Thesauro T. I. p. 326. nro. 4.

. . . .

1 *ΕΝ ΡΩΜΗ ΕΙΛΕΜΜΕΝΩΝ ΤΩΝ ΑΝΤΙΓΡΑΦΩΝ ΕΝ....*

2 *ΑΙ ΝΕΩΚΟΡΟΥ ΤΟΥ ΔΙΟΣ ΤΩ ΑΥΤΟΝ ΜΗ ΔΥΝΑΣΘΑΙ ΧΩΡΙΣ....*

3 *ΠΑΡΧΕΙΝ ΤΗΝ ΠΕΡΙ ΤΟΥΤΟΥ ΠΡΟΝΟΙΑΝ ΠΟΙΗΣΑΣΘΑΙ ΔΙΑ ΠΡΟΔΗΛΟΥ*

4 *ΤΟΥ ΘΕΟΠΡΕΠΟΥ Η ΤΙΣ ΙΕΡΩΣΥΝΗ ΑΚΟΛΟΥΘΕΙ ΤΟΙΣ ΤΟΥ ΘΕΟΥ ΜΥΣΤΗΡΙΟΙΣ*

5 *ΔΙΟΣ ΦΙΛΟΘΕΕ ΚΑΙ ΦΙΛΑΝΘΡΟΠΕ ΚΑΙΣΑΡ ΚΕΛΕΥΣΑΙ ΔΟΘΗΝΑΙ ΜΟΙ ΤΑ*

6 *ΑΝΤΙΓΡΑΦΑ ΤΩΝ ΥΠΟΜΝΗΜΑΤΩΝ ΩΣ ΚΑΙ Ο ΘΕΟΣ ΠΑΤΗΡ*

7 *ΣΥΝΕΧΩΡΗΣΕΝ*

8 IMP. CAESAR. T. AELIVS. HADRIANVS. ANTONINVS. AVGVSTVS

9 PIVS. SEXTILIO. ACVTIANO. SENTENTIAM DIVI PATRIS MEI SI

10 QVID PRO SENTENTIA DIXIT DESCRIBERE TIBI PERMITTO

11 RESCRIPSI RECOGN. VNDEVICENSIMVS ACT. VI. IDVS APRIL.

12 ROMAE CAES. ANTONINO $\overline{II}$ ET PRAESENTE $\overline{II}$ COS.

13 *ΕΣΦΡΑΓΙΣΘΗ ΕΝ ΡΩΜΗ ΠΡΟ ΤΡΙΩΝ ΝΩΝΩΝ ΜΑΙΩΝ ΑΥΤΟΚΡΑΤΟΡΙ*

14 *ΚΑΙΣΑΡΙ Τ. ΑΙΛΙΩ ΑΔΡΙΑΝΩ ΑΝΤΟΝΕΙΝΩ ΤΟ Β. ΓΑΙΩ ΒΡΟΥΤΤΙΩ*

15 *ΠΡΑΙΣΕΝΤΙ ΤΟ Β. ΥΠΑΤΟΙΣ ΠΑΡΗΣΑΝ Τ. ΦΛ. ΜΑΚΡΕΙΝΟΣ . . . ΛΑΤΑΝΙΟΣ*

16 *ΦΛΑΟΥΙΟΣ ΔΗΜΟΣΘΕΝΙΑΝΟΣ ΛΑΙΤΙΟΣ ΕΡΜΟΓΕΝΗΣ ΑΙΛΙΟΣ . . . .*

17 *Μ. ΑΝΤΩΝΙΟΣ ΚΡΙΣΠΟΣ Λ. ΛΙΚΙΝΝΙΟΣ ΛΑΒΕΙΝΙΑΝΟΣ Μ. ΚΟΣΚΩΝΙΟΣ*

18 *ΚΑΡΙΚΟΣ ΤΙ. ΚΛΑΥΔΙΟΣ ΑΚΤΙΟΣ*

19 STASIME DAPENI EDITE EX FORMA SENTENTIAM VEL

20 CONSTITVTIONEM.

LVII.

DECRETUM

DECURIONUM GABINORUM

(A. U. 893. C. 140.)

E libro: Monumenti Gabini della villa Pinciana descritti da *Ennio Quirino Visconti* (in Roma. 1797. presso Ant. Fulgonio. 8.) post p. 146. Conf. et p. 107 — 146. ubi notae ad hoc monumentum quaedam exhibentur. Conf. *Ant. Augustini* Dialogos de medallas inscriziones y otras antiguedades cum interpr. lat. *Andr. Schotti.* Dial. IX. in *Augustini* Opp. T. VIII. p. 170 — 187. *Claud. Salmasii* de modo usurar. c. 7. p. 283. sq. et *Gaet. Marini* Gli Atti e Monumenti de' fratelli Arvali. p. 562. sq.

Nonnullae harum inscriptionum jam descripta fuerant in: »Anthologia Romana« 1792. Marzo. n. XLI. sed parum diligenter. Nec minus in »Bibliothek der alten Literatur und Kunst, herausgegeben von *A. H. L. Heeren.* St. X. Inedita« p. 3 — 8. non tamen Decretum nostrum.

[Exstat et in *Visconti* Museo Pio-Clementino. T. VI. p. 239. et apud *Orellium* Inscriptt. T. I. p. 186. nro. 775. *Sp.*]

---

1 IN HONOREM. MEMORIAE. DOMVS. DOMITIAE. AVGVSTAE. CN. DOMTTI. CORBVLONIS

2 FIL. DOMITII. POLYCARPVS. ET. EVROPE. LOC. DAT. DECRETO. ORDINIS. DECVS. AEDEM

3 FECERVNT. ET. EXORNAVERVNT. STATVIS. ET. RELIQVIS REBVS. PECVNIA. SVA. EIVSDEM

4 QVE TVTELAM. IN PERPETVVM. REIPVBLICAE. DEDERVNT. SVB. INSCRIPTIONE INFRA SCRIPTA

5 IMP. CAESAR. T. AELIO. HADRIANO. ANTONINO. AVG. PIO. $\overline{\text{III}}$. M. AELIO. AVRELIO. CAES. COS. $\overline{\text{VIIII}}$. K. MAIAS. GABIS. IN MVNICIPIO. IN CVRIA AELIA. AVGVSTA. SCRIBENDO. ATFVIT. VNI. VERSVS. ORDO

6 DECVRIONVM. REFERENTIBVS. L. VIPSTANO. L. F. C. L. PVBLICO. LA [1] MESSALLA. L. SETRIO. L. F PAL. PRISCO. $\overline{\text{IIII}}$. VIR. Q. Q. CN. DOMITIVM. POLYCARPVM NOMINE SVO. ET DOMITIAE. EVROPES CONIVGIS SVAE

7 OFFERRE ORDINI DECVRIONVM. ET. SEVIRVM. AVGVSTALIVM. HS. $\overline{\text{X}}$. $\overline{\text{M}}$. $\overline{\text{N}}$. QVIAMPRIDEM. [2] EXTRVXISSET. TEMPLVM. IN HONOREM. AC MEMORIAM. DOMITIAE. CORBVLONIS. FIL. ET. HOC. PIETATIS SVAE AD. FECTV [3]

8 EXORNET. ET MELIOREM FACIAT ORDINEM. $\overline{\text{N}}$. SINGVLIS. ET. IAM. VNIVERSISQVE PRODESSE FESTINET. AT. QVOS. EX REDITV. EIVS PECVNIAE. FRVCTVM SEMPER DESIDERET. PERVENIRE CONFVGIENDO AT

9 AETERNAM REM. PVBL. $\overline{\text{N}}$. PETENDO. VT SECVNDVM. EXEMPLVM CODICILLORVM CL. VITALIS. STIPVLATIONE INTERPOSITA DESIDERIO SVO TALIS. CONDICIO DECERNERETVR. VT. EX REDITV. EIVS PECVNIAE

10 III. IDVS FEBRAR. NATALE DOMITIAE PRAESENTIBVS DECVRIONIB. ET. S. EVIR [4] DISCVMBENTIBVS IN PVBLICO AEQVIS PORTIONIBVS. FIERET DIVISIO ITEM HOC AMPLIVS IN TVTELA. ET ORNATIONIBVS

11 TEMPLI HS. $\overline{\text{V}}$. $\overline{\text{M}}$. $\overline{\text{N}}$. SVB EADEM CONDICIONE INFERRET. Q D. E R. F P. D. E. R. I. T. C [5]

---

[1] *Orell.* Publicola. [2] *Or.* qui jam pridem. [3] *Or.* adfectu. [4] *Or.* sevir. [5] Quod de ea re fieri placuit, de ea re ita censuerunt.

12 PLACERE. VNIVERSIS. SECVNDVM RELATIONEM. SS. PECVNIAM ACCIPI PRAESTARIQVE IN PERTVVM.[6] VT CELEBRARETVR NATALIS DIES. AC MEMORIA DOMITIAE CORBVLONIS. FIL. ET EX REDITV HS. $\overline{\text{X}}$. $\overline{\text{M}}$. $\overline{\text{N}}$.

13 DIVISIONIBVS FACTIS DISCVMBERETVR IN PVBL. ET SI VLLO TEMPORE INTERMISSVM ESSET QVO MINVS PRAESTARETVR. IT QVOT. ORDO DECREVISSET AVT SI ORDO RESCIDISSET DECRETVM

14 SVVM MVTASSETVE CONDICIONEM TVM OMNIS SVMMA QVAE IN. HANC REM ACCEPTA ESSET EADEM CONDICIONE MVNICIPIBVS TVSCVLANIS CON FESTIM. RENVMERARETVR

15 HOC DECRETVM POST TRES RELATIONES PLACVIT IN TABVLA AEREA SCRIBI ET PROPONI IN PVBLICO VNDE DE PLANO RECTE LEGI POSSIT.

---

[6]) *Or.* perpetuum.

LVIII.

RESCRIPTUM
ANTONINI PII CUM LIBELLO.

(A. U. 908. C. 115.)

Extat lapidi incisum Romae in domo Jacobi Alberini (nunc in collegio Romano). Editum: 1) in *Jac. Mazochii* Epigrammat. antiquae urbis (1521.) fol. CXXXII. — 2) apud *Fabricium* in Monumentis. IV. p. 19. sq. — 3) in *Aldi Manutii* Ortograph. Ed. I. (Venet. 1566.) p. 478. sq. Ed. II. (1591.) p. 469. sq. — 4) a *Grutero* in Corpore Inscript. p. DCVII. nro. 1. — 5) in *Fleetwoodii* Inscriptt. p. 190. — 6) in *Guther.* de offic. dom. Aug. Lib. I. c. 35. — 7) Correctius et cum variis lectionibus apud *Muratorium* T. II. p. 572. Conf. *Anton. Zirardinum* ad Impp. Theodosii jun. et Valentiniani III. Novellas leges. pag. 245 — 247. — 8) iterum descriptum a. D. Abbate Pet. Lazzeri, et editum in *Seb. Donati* Supplement. ad Nov. Thes. vett. inscriptt. T. II. Class. VIII. p. 241. nro. 7. — 9) Deinde apud *Spangenberg.* Tabul. negot. forens. nro. LXX.

E recensione Donati.

VELIVS. FIDVS. IVBENTIO. CELSO. COL
LEGAE. SVO. SALVTEM. DESIDERI. FRA

[1]) Editum quoque: ab *Apiano* in Inscriptt. sacror. vetustatis (1534) p. CCXLVIII. — a *Terrassono.* p. 45. — a *Ficorono* »la bulla d'oro de' fanciulli nobili Romani« p. 70. — Aeri incisum in »Nouveau traité de diplomatique«. Tom. IV. tab. 64. *Sp.*

TER. ARRI. ALPHII. ARRIAE. FADILLAE. DOMI
NI. N. IMP. ANTONINI. AVG. MATRIS. LIBERTI
LIBELLVM. TIBI. MISI. COGNITI. [2]) MIHI EX
LONGO. TEMPORE. PRIMAE. IVBENTUTIS
ETIAM. MIRATVS. CVM. [3]) AB AEDIBVS ES
SEM. QVOT. EO. LO. [4]) SE. CONTVLISSET. A. QVO
DIDICI. CAVSAS. EREQVITIONIS. [5]) SET. ET. RE
LIGIONIS. MAGNOPE. A. DOMINO. N. IMP
IMPETRASSE. ITA. NE. QVA. MORA. [6]) VIDEA
TVR. EI. PER. NOS. FIERI. LIBELLVM. SVBSCRIP
TVM. PER. EVDEM. PVBLICVM. SINE. MORA
MIHI. REMITTAS. OPTO. TE. SALBON. ET. FELICEM. ES [7])

EXEPLV. LIBELLI. DATI

CVM. ANTE. HOS. DIES. CONIVGE. ET. FILIVM. AMI
SERIM. ET. PRESSVS. NECESSITATE. CORPORA. EORVM
FICTILI. SARCOFAGO. COMMENDAVERIM. DONI
QVIES. LOCVS. [8]) QVEM. EMERAM. AEDIFICARETVR. VI
A. FLAMINIA. INTER. MILIAR. II. ET. III. EVNTIBVS. A
B. VRBE. PARTE. LAEVA. CVSTODIA. MONVMENTI
FLA. THVMELES. A. MESOLAEMOS. ..LI. ORCILI [9])
ROGO. DOMIN. [10]) PERMITTAS. MIHI. IN. EODEM. LO
CO. IN. MARMOREO. SARCOFAGO. QVEM. MIHI. MO
DO. COMPARAVI. EA. CORPORA. COLLIGERE. VT. CVAN
DO. NE. [11]) EGO. ESSE DESIER. PARITER. CVM. EIS. PONAR

DECRETVM. [12]) FIERI. PLACET. IVBENTIVS. CELSVS
PROMAGISTER. SVBSCRIPSI. III.
NONAS. NOEMBR.
ANTIO. POLIONE. ET. OPIMIANO. KOS. ORDINALIS
SEVERO. ET. SABINIANO. [13]) COS

Variae lectiones.

2) *Lucii Arrii — liberti libellum tibi misi, cognitum.* Apian.

3) Pro *erequitionis* A. *executionis.*

4) Al. *sum.* Deest ap. Ap.

5) *Loco.* A.

6) Apianus habet: *set et religionis set a Magno Antonino D. N. Imperatore impetrasset tam aequa mora videbatur.*

7) FL BOEN ES Benedictini, qui siglam putant, tali modo eam solventes: *et florentem bene omnino esse me scias*, sive: *bene omnia esse me scito.*

8) *Donec quietis locus.* A.

9) *Fla. Thumeles a Mesolo M. Seli Orcili.* Gruter. *Flavi tumulus ante solum Seji Orcili*, Apianus; *tumulum et urnam Seliordi*, alii secundum Terrassonum; *flant thumuli flesmae* (*a fleo*, sive *elesmae ab* ἔλεος) *solemnes*, Benedictini; *fla. thumeles maesolaem stil. orcili*, alii.

10) *Domita*, al.

11) *Me.* A. *Quandoque ego esse desiero*, alii.

12) *Feretrum.* A. Grut. Terrass.

13) *Sabino.* A.

LIX.

DECRETUM

TERGESTINUM.

(Intra A. U. 891 et 914. C. 138 et 161.)

In muro Tergestinae civitatis, ante portam S. Laurentii.

Editum: 1) ab *Apiano* p. 355. — 2) apud *Fabricium* Monum. IV. f. 36 — 39. Annot. p. 81. sqq. — 3) apud *Gruterum* p. CCCCVIII. nro. 1. — 4) in: *Ireneo della Croce* Istoria antica e moderna sacra e profana della città di Trieste. (Venezia. 1698. f.) p. 145. — 5) apud *Terrassonum* nro. LX. p. 51. sq. — 6) emendatius et cum ipso monumento collatum, in: *Don Gianrinaldi Conte Carli* della Antichità Italiche. P. II. (Milano. 1788. 4.) Lib. II. §. 2. p. 76 — 85. ubi p. 77 — 79. textus exhibetur, et a p. 79 — 85. quaedam commentationis causa adjiciuntur. Conf. Ibid. P. III. (Milano. 1789. 4.) Supplement. alla Parte II. §. II. §. LIX. sq.

E recensione Carlii.

C . . . . . . M . . 1) a)
. . . . . . SPANIVS 2) LENTVLVS ET 3) b)
. . S 4) NEPOS IIVIR. IVR. DIC. V. F.

. . . . . . 5) c) SEVERVM. CLARISSIMVM. VIRVM. MVLTA IAM. PRIDEM. IN. REMP NOSTRAM. BENEFITIA. CONTVLISSE. VT. QVI. A. SVA. PRIMA. STATIM. AETATE.

ID. EGERIT. VT. IN. ADAVGENDA. [6] PATRIA. SVA. ET. DIGNITATE. ET. ELOQVENTIA. CRESCERET [7] NAM. ITA. MVLTAS. ET. MAGNIFICAS. CAVSAS. PVBLICAS. APVD OPTIMVM. PRINCIPEM. ANTONINVM. AVG. PIVM. ADSERVISSE. [8] EGISSE. VICISSE. SINE. VLLO. QVIDEM. AERARII. NOSTRI. IMPENDIO. VT. QVAMVIS. ADMODVM. ADOLESCENS. SENILIBVS. TAMEN. ET. PROFECTIS. OPERIBVS. AC. FACTIS. PATRIAM. SVAM. NOSQVE. INSVPER. SIBI. VNIVERSOS. OBSTRINXERIT. [9] NVNC. VERO. TAM. GRANDI. BENEFITIO. TAM. SALVBRI. INGENIO. TAM. PERPETVA. VTILITATE. REMP. N. ADFECISSE. VT. OMNIA. PRAECEDENTIA. FACTA. SVA. QVAMQVAM. IMMENSA. ET. EXIMIA. SINT. FACILE. SVPERAVIT. [10] NAM. IN. HOC. QVOQVE. MIRABILEM. ESSE. C. V. VIRTVTEM. QVOD. COTIDIE. [11] BENEFICIENDA. [12] [d] ET. IN. PATRIA. SVA. TVENDA. IPSE. SE. VINCAT. ET. IDCIRCO. QVAMVIS. PRO. MENSVRA. BENEFITIORVM. EIVS. IMPARES. IN. REFERENDA. GRATIA. SIMVS. INTERIM. TAMEN. PRO. TEMPORE. VEL. FACVLTATE. VT. ADIVVET. SAEPE. FACTVRVS. [13] REMVNERANDAM. ESSE. C. V. BENEVOLENTIAM. NON. VT. ILLVM. PRONIOREM. HABEAMVS. ALIVD. ENIM. VIR. ITA. NATVS. NON. POTEST. FACERE. SED. VT. NOS. IVDICANTIBVS. GRATOS. PRAEBEAMVS. ET. DIGNOS. TALI. DECORE. TALIQVE. PRAESIDIO. Q. F. P. D. E. R. I. C. [14] PRIMO. CENSENTE. L. CAPVRNIO. CERTO. [15] CVM. FABIVS. SEVERVS. VIR. AMPLISSIMVS. ATQVE. CLARISSIMVS. TANTA. PIETATE. TANTAQVE. ADFECTIONE. REMP. N. AMPLEXVS. SIT. ITAQVE. PRO. MINIMIS. MAXIMISQVE. COMMODIS. PIVS. EXCVBIT. [e] ATQ. OMNEM. PRAESTANTIAM. ASSEVERAT. [16] [f] VT. MANIFESTVM. SIT. ID. EVM. AGERE. VT. NON. MODO. NOBIS. SED. PROXIMIS. QVOQVE. CIVITATIBVS. DECLARATVM. VELIT. ESSE. SE. NON. [17] ALI. QVAM. PATRIAE. SVAE. NATVM. ET. CIVILIA. STVDIA. QVAE. IN. EO. QVAMVIS. ADMODVM . . . . VERE. [18] [g] IAM. SINT. PERACTA. ATQ. PERFECTA. AC. SENATORIAM. DIGNITATEM. HAC. MAXIME. EX. CAVSSA. CONCVPIVISSE. VTI. PATRIAM.

SVAM. TVM. [19]) ORNATAM. TVM. AB. OMNIBVS INIVRIIS. TVTAM. DEFENSAMQ. PRAESTARET.[20]) [h]) INTERIM. APVD. IVDICES. A. CAESARE. DATOS. INTERIM. APVD. IPSVM. IMPERATOREM. CAVSISQVE. PVBLICIS. PATROCINANDO. QVAS. CVM. IVSTITIA. DIVINI. PRINCIPIS. TVM. SVA. EXIMIA. AC. PRVDENTISSIMA. ORATIONE. SEMPER. NOBIS. [21]) CVM. VICTORIA. FIRMIORES. REMISIT. [22]) EX. PROXIMO. VERO. VT. MANIFESTATVR. CAELESTIBVS. [23]) LITERISQVE. ANTONINI. AVG. PII. TAM. FOELICITER. DESIDERIVM. PVBLICVM. APVD. EVM. SIT. PROSECVTVS. IMPETRANDO. VT. CARNI. CATALIQVE. ATTRIBVTI. A. DIVO. AVGVSTO. PIO. REIPVBLICAE. NOSTRAE. PROVT. QVI. MERVISSENT. VITA. [24]) ATQVE. [25]) CENSV. PER. AEDILITATIS. GRADVM. IN. CVRIAM. NOSTRAM. ADMITTERENTVR.[26]) ET. AERARIVM. NOSTRVM. DITAVIT. ET. CVRIAM. NOSTRAM. COMPLEVIT. [27]) ET. VNIVERSAM. REMPVBLICAM. NOSTRAM. CVM. GREGARIIS. [28]) AMPLIAVIT. ADMITTENDO. AD. HONORVM. COMMVNIONEM. ET. VSVRPATIONEM. ROMANAE. CIVITATIS. ET. [29]) OPTIMVM. ET. LOCVPLETISSIMVM. QVEMQVE. VT. SCILICET. QVI. OLIM. ERANT. TANTVM. IN. REDITV. PECVNIARIO. NVNC. ET. IN. ILLO. IPSO. DVPLICI. QVIDEM. PER. HONORARIAE. NVMERATIONEM. REPERIANTVR . . . . [30]) [i]) CVM. QVIBVS. MVNERA. DECVRIONATVS. IAM. [31]) VT. PAVCIS. [32]) ONEROSA. HONESTE. DE. PLENO. COMPARTIVNTVR. [33]) [k]) AD. CVIVS. [34]) GRATIAM. HABENDAM. VT. IN. SAECVLA. PERMENSVRAM. EIVSMODI. BENEFITIO. OPORTVERAT. QVIDEM. SI. FIERI. POSSET. ET. [35]) SI. VERECVNDIA. CLARISSIMI. VIRI. PERMITTERET. VNIVERSOS. OBVIAM. IRE. ET. GRATIAS. EI. [36]) IVXTA. OPTIMVM. PRINCIPEM. AGERE. SED. QVONIAM. CERTVM. EST. NOBIS. ONEROSVM. EI. FVTVRVM. TALE. NOSTRVM. OFFITIVM. ILLIVS. [37]) CERTE. PROXIME. FIERI. OPPORTVNO. [38]) STATVAM. AVRATAM. [39]) EQVESTREM. PRIMO. QVOQVE. TEMPORE. IN. CELEBERRIMA. FORI. NOSTRI. [40]) PARTE. PONI. ET. IN. BASI. EIVS. HANC. NOSTRAM. CENSENSIONEM.[l]) ATQVE. HOC. DECRETVM. INSCRIBI. VTI.

AD. POSTEROS. NOSTROS. TAM. VOLVNTAS. AMPLISSIMI. VIRI. QVAM. FACTA. PERMANEANT. PETIQVE. A. FABIO. VERO. [41]) EGREGIO. VIRO. [42]) PATRE. SEVERI. VTI. QVANDOQVIDEM. ET. COMMENTVM. HOC. IPSIVS. SIT. PROVIDENTIA. [43]) QVA. REMPVBLICAM. N. INFATIGABILI. CVRA. GVBERNAT. ET. IN. HOC. PIVS. [44]) [m]) PVBLICI. BENEFICII. QVOD. TALEM. [45]) NOBIS. ET. IMPERIO. CIVEM. PROCREAVIT. ATQVE. FORMAVIT. CVIVS. OPERA. STVDIOQVE. ET. ORNATIORES. ET. TVTIORES. [46]) IN. DIES. NOS. MAGIS. MAGISQVE. SENTIAMVS: VTI. EA. PLACVISSE. IN. HANC. REM. ADSENSVM. [47]) SVVM. LEGARI. MANDARIQVE. [48]) [n]) SIBI. VT. GRATIAS. PVBLICE. CLARISSIMO. VIRO. MANDATV. NOSTRO. AGAT. ET. GAVDIVM. VNIVEBSORVM. SINGVLORVMQVE. AC. VOLVNTATEM. VT. MAGISTER. TALIVM. RERVM. IN. NOTITIAM. EIVS. PERFERAT. CENSVERVNT.

Variantes lectiones.

CARLI P. III. (Milano. 1789. 4.) Supplemento alla Parte II. §. II. p. LIX. sq.

Ora adducemo alcune varianti estratte dal P. *Cortenovis*, al confronto dell' inscrizione di Fabio Severo, stampata da noi nella Parte II. pag. 77. con la copia esistente nel codice del *Tomitano*. Comincia

Colon. I. a)	KL. NOVEMR.
b)	HISPANIVS. LENTVLVS etc.
c)	FABIVM. SEVERVM etc.

Delle quali Parole presentemente poche se ne rilevano.

Colon. II.	nel Codice.
d) lin. 5. BENEFICIENDA	BENEFACIENDO.
Colon. III.	
e) lin. 3. EXCVBIT	EXCVBVIT.
f) lin. 5. ASSEVERAT	AVXERAT.
g) lin. 14. ADMODVM ... VERE	ADMODVM. IVVENE.
h) lin. 23. PRAESTARET	SERVARET.

Colon. IV.

i) lin. 27. REPERIANTVR...CVM	REPERIVNTVR. VT. ET. IPSI. SINT. CVM etc.
k) lin. 31. COMPARTIVNTVR	COMPARTIAMVR.
Colon. V.	
l) lin. 14. CENSENSIONEM	CONSENSIONEM.
Colon. VI.	
m) lin. 4. HOC. PIVS.	HOC. OPVS.
n) lin. 15. MANDARIQVE. SIBI	MANDARIQVE. PERMITTAS. SIBI etc.

Variantes lectiones e Grutero collectae.

1) *Kl. Novembr.* G.
2) *Hispanius.* G.
3) 4) Desunt ap. G.
5) *Fabium.* G.
6) *Tuenda.* G.
7) *Cresseret.* G.
8) Sic et G. — *Conseruisse vicisse sine ullo quidem aerari.* Cod. Redii.
9) *Obstrinserit.* G.
10) *Superarit.* G.
11) Sic et G. *contulit in ben.* Cod. R.
12) *Benefaciendo.* G.
13) Sic et G. *Saepe idem facturus.* Fabr.
14) *Quod fieri placere decere q. f. p. d. e. r. i. c.* Grut. qui tamen addit: »puto haec verba interpretamentum esse quatuor literarum sequentium.«
15) *Calfurnio certo Spatio.* G. *Certo* non habet Cod. R.
16) *Praestentiam auxent.* G. *Praestantiam ... xerut.* Cod. R.
17) *Si non.* G. *Declara... ium vi id esse si non aliquam patriae suae natum ei civilia studia* etc. Cod. Red. Quae hic sequuntur in Codice Redii separata sunt, et iis suprascriptum est: *in alio lapide juxta hunc.* Locus mire corruptus apud Apianum.

18) *Admodum juvene*. G.
19) *Cum*. G.
20) *Servaret*. G. Cod. R. cum lacuna ... *arti*.
21) *Semper ad nos*. G. Cod. R. *nobis*.
22) Sic et G. Cod. R. *injunxit*.
23) *Carminibus*. G.
24) *Talia*. G.
25) *Absq*. G.
26) *Ac per hoc civitatem Romanam adipiscerentur*, addit G.
27) *Et aerarium nostrum jam ditatum complevit*. G.
28) *Cum eo moeniis*. G.
29) *Ut*. G.
30) Pro lacuna habet G. *ut et ipsi sint, cum quibus*.
31) Deest ap. G.
32) Addit G. *jam*.
33) *Compartiamur*. G.
34) Addit G. *quidem*.
35) *Ac*. G.
36) *Universos nos nobilium ire et gratis legitimas L. L. juxta*. G.
37) *Illud*. G.
38) G. addit *triumpho*.
39) G. addit *ei*.
40) *Nostrae urbis*. G.
41) *Viro*. G.
42) Deest ap. G.
43) *Providentiae*. G.
44) *Prius*. G.
45) *Et*. G.
46) *Et tutiores* deest ap. G.
47) *Additum*. G.
48) *Permittat* addit G. *Sp*.

LX.

DECRETUM BARCINONENSE.

(Post A. U. 922. C. 169.)

Barcinone pro aede divorum Justi et Pastoris, lapidi insculptum, in angulo exteriori domus Berenger de Recheseno. Exscripsit illud, explicavitque 1) *Anton. Augustinus* »Dialogos de medallas inscriciones y otras antiguedades«, cum interpr. lat. *Andr. Schotti* in Opp. T. VIII. p. I — 142. — 2) *Brissonius* de formul. VII. c. 157. — 3) *Pujades* in Annal. Catalon. Lib. IV. c. 45. fol. 188. — 4) *Gruterus* p. CCCLXXVIII. 1. — 5) ex Augustini editione Hispanica et versione illius libri Italica (Rom. 1625. p. 247.) *Ulr. Frid. Koppius* Tachygraphiae veterum. Vol. I. §. 202. p. 171. sq. — 5) ap. *Spangenberg*. Tabul negot. forens. nro. VII. Conf. *Andr. Schott*. Observat. V. 32. et *Freher*. I. parerg. c. 19.

E recensione Koppii

Col. I.

L. CAECILIVS. L F
PAP. OPTATVS
7. LEG. VII. G. FEL
ET. 7. LEG. XV. APOLLIN
MISSVS . HONESTA
MISSIONE. AB. IMP. M.
AVR. ANTONINO. ET. AVR
VERO. AVG. ATLECTVS. AB. [1]) TARR
INTER. IMMVNES. CONSECVT

---

[1]) August. ANTE; Freher. A. BARCINONENS. INTER.

IN HONORES. [2]) AEDILIC
II. VIR. III. FLAM. ROMAE
DIVORVM. [3]) AVGVSTOR
QVI. R. P. BARC. [4]) ITA. EG. DO LEGO
DARIQVE. VOLO. ✱ VII Ɵ. EX
QVORVM. VSVRIS. SEMISSIB
EDI. VOLO. QVODANNIS. SPECTAC
PVGILVM. DIE. IIII. IDVVM. IVNII
VSQVE. AT ✱ CCL. ET. EADEM. DIE
EX. -X-. CC. OLEVM. IN. THERMIS. PVBLIC
POPVLO. PRAEBERI. ET TECTA. [5]) PRES
TARI. EA. [6]) CONDITIONE. VOLO. VT
LIBERTI. MEI. ITEM. LIBERTOR. MEOR
LIBERTARVMQVE. LIBERTI. QVOS. 7
HONOR

L. D. D. D.

Col. II.

SEVIRATVS. CONTIGE
RIT. AB. OMNIBVS. MV
NERIBVS. SEVIRATVS. EX
CVSATI. SINT. QVOT. SI. QVIS
EORVM. AT. MVNERA
VOCITVS. FVERIT
TVM. EA. -X- VII. Ɵ. AT
REMPVB. TARRAC
TRANSFERRI. IVBEO
SVB. EADEM. FORMA
SPECTACVLORVM. QVOT
S. S. EST. EDENDORVM
TARRACONE

---

[2]) Grut. omittit: IN. [3]) Aug. inserit IN. [4]) Aug. legit vel †A. EG. pro: *ita legavit*, vel †ALC pro *Italic.* [5]) Grut. HECQ. [6]) Salmas. de modo usurar. c. 7. legendum esse statuit: ET. EISTA. (*ista*) PRAESTARE; Herald. obs. ad jur. Att. et Rom. II. 19. RECTE.

LXI.

EDICTUM

M. AURELII ANTONINI

PRO CHRISTIANIS.

(A. U. 929. Chr. 176. [1])

Relatum ab Eusebio Lib. IV. H. Eccl. c. 13. quod Justini Martyris Apologiae subjicitur, cum latina Rufini versione, repetita Hist. miscell. X. 12. *Νοθείας* tamen postulatur a *Jo. Traug. Lebr. Danzio* Diss. I. de Eusebio, ejusque fide historica recte aestimanda p. 125 — 127; at minus idoneis, ut videtur, argumentis.

E recensione Valesii.

Αὐτοκράτωρ Καῖσαρ Μάρκος Αὐρήλιος Ἀντωνῖνος Σεβαστὸς, Ἀρμένιος, ἀρχιερεὺς μέγιστος, δημαρχικῆν ἐξουσίας τὸ πέμπτον καὶ δέκατον, ὕπατος τὸ τρίτον, τῷ κοινῷ τῆς Ἀσίας χαίρειν. ἐγὼ μὲν οἶδα ὅτι καὶ τοῖς θεοῖς ἐπιμελές ἐστι, μὴ λανθάνειν τοὺς τοιούτους. πολὺ γὰρ μᾶλλον ἐκεῖνοι κολάσαιεν ἂν τοὺς μὴ βουλομένους αὐτοὺς προσκυνεῖν, ἢ ὑμεῖς. οὓς εἰς ταραχὴν ἐμβάλλετε, βεβαιοῦντες τὴν γνώμην αὐτῶν ἥνπερ ἔχουσιν, ὡς ἀθέων κατηγοροῦντες. εἴη δ' ἂν κἀκείνοις αἱρετὸν, τὸ δοκεῖν κατηγορουμένοις τεθνάναι μᾶλλον, ἢ ζῆν, ὑπὲρ τοῦ οἰκείου Θεοῦ. ὅθεν καὶ νικῶσι, προιέμενοι τὰς ἑαυτῶν ψυχὰς, ἤπερ πειθόμενοι οἷς ἀξιοῦτε πράττειν αὐτούς. περὶ δὲ τῶν σεισμῶν τῶν γεγονότων καὶ γινομένων, οὐκ ἄτοπον ὑμᾶς ὑπομνῆσαι, ἀθυμοῦντας μὲν ὅταν περὶ ὦσι, παραβάλλοντας δὲ τὰ ἡμέτερα πρὸς τὰ ἐκείνων. οἱ μὲν οὖν εὐπαῤῥησιαστότεροι γίνονται πρὸς τὸν Θέον· ὑμεῖς δὲ παρὰ πάντα τὸν χρόνον καθ᾽ὃν ἀγνοεῖν δοκεῖτε, τῶν τε Θεῶν καὶ τῶν ἄλλων ἀμελεῖτε, καὶ τῆς θρησκείας τῆς περὶ τῶν ἀθανάτων. ὃν δὴ τοὺς χριστιανοὺς θρησκεύοντας ἐλαύνετε καὶ διώκετε ἕως θανάτου. ὑπὲρ δὲ τῶν τοιούτων, ἤδη καὶ πολλοὶ τῶν περὶ τὰς ἐπαρχίας ἡγεμόνων καὶ τῷ θειοτάτῳ ἡμῶν ἔγραψαν πατρὶ, οἷς καὶ ἀντέγραψε μηδὲν ἐνοχλεῖν τοῖς τοιούτοις, εἰ μὴ φαίνοιντό τι περὶ τὴν Ῥωμαίων ἡγεμονίαν ἐγχειροῦντες καὶ ἐμοὶ δὲ περὶ τῶν τοιούτων πολλοὶ ἐσήμαναν· οἷς δὴ καὶ ἀντέγραψα καταλουθῶν τῇ τοῦ πατρὸς γνώμῃ. εἰ δέ τις ἐπιμένοι τινὰ τῶν τοιούτων εἰς πράγματα φέρων ὡς δὴ τοιοῦτον, ἐκεῖνος ὁ καταφερόμενος ἀπολελύσθω τοῦ ἐγκλήματος, καὶ ἐὰν φαίνηται τοιοῦτος ὤν· ὁ δὲ καταφέρων, ἔνοχος ἔσται δίκης. προετέθη ἐν Ἐφέσῳ ἐν τῷ κοινῷ τῆς Ἀσίας.

LXII.

SENTENTIA

IMPP. M. AURELII ANTONINI ET L. AUREL. COMMODI

DE

LIMITIBUS INSTITUTIS INTER MERCATORES ET MANCIPES.

(Intra A. U. 929 — 930. C. 176 — 180.)

Romae in viridario Caesiorum, in Carinis, e via Salaria adducta tabula marmorea. Edita: apud *Gruterum* p. CXCIX. 6. — 2) apud *Murator.* T. II. p. 573. nro. 4. — 3) in *Marini* Iscriz. Alb. p. 28 — 31.

Conf. ad hanc inscriptionem *Leop. Andr. Guadagni* Lettera delle Leggi Censorie (Firenze. 1731. 4.) §. 16.

IMP. CAESAR M. AVRELIVS
ANTONINVS AVG
GERMANICVS SARMAT ET
IMP. CAESAR L. AVRELIVS
COMMODVS AVG
GERMANICVS SARMATIC
HOS LIMIDES CONSTITVI IVSSERVNT
PROPTER CONTROVERSIAS QVAE
INTER MERCATORES ET MANCIPES [1])
ORTAE ERANT VTI FINEM

---

[1]) *Municipes* Schedae Cittadinae.

DEMONSTRARENT VECTIGALI
FORICVLIARI [2]) TE ANSARII
PROMERCALIVM SECVNDVM
VETEREM LEGEM SEMEL DVM
TAXAT EXIGVNT . . . [3])

[2]) Al. *fovencularii et ans.* — *Antarii* Fabret. emend. p. II.
[3]) *Exigundum* Citt. Conf. *Guther.* Lib. III. de off. D. Aug. p. 563.

LXIII.

RESCRIPTUM

IMP. ANTONINI CARACALLAE.

(Intr. A. U. 966 et 971. C. 213 et 218.)

Ex *Augustini* Lib. II. de conjugiis adulterinis ad Pollentium cap. 7. Opp. T. VI. p. 408. ed. Benedictinor. Exstat et in *Schultingii* Jurisprud. Antejust. p. 705. inter fragm. Cod. Gregoriani Libr. XIII. tit. 2. — Conf. *J. H. Böhmer* Spec. jurisprud. Antejustinian. ex Augustino §. 20 — 25. in Exercitatt. ad Pand. T. I. p. 244 — 255.

Sane meae literae nulla ex parte causae praejudicabunt. Neque enim si penes te culpa fuit, ut matrimonium solveretur, et secundum legem Juliam uxor tua Euphrasia [1]) nuberet, propter hoc rescriptum meum adulterii damnata erit, nisi constet esse commissum. Habebunt autem ante oculos inquirere [2]), an cum tu pudice viveres, illi quoque bonos mores colendi auctor fuisti: periniquum enim mihi videtur esse, ut pudicitiam [3]) ab uxore exigat, quam ipse non exhibet. Quae res potest et virum damnare, non ob compensationem mutui criminis rem inter utrumque componere, vel causam facti tollere.

---

1) *Papasia uxor tua.* Bened. 2) *Hoc inquirere.* Bened. 3) Bened. addunt: *vir.*

LXIV.

DECRETUM MUNICIPALE

IN HONOREM NUMMIAE VARIAE.

(A. U. 995. C. 242.)

Apud Anton. Augustinum Archiepiscopum Tarraconensem in aenea tabula Tarraconae. Editum a *Fulv. Ursino.* nro. XXVI. Conf. *Brissonium* de formul. II. 169. *Gruterum* p. CCCCXLIII. 6. *Mazochium* ad tabb. Heracl. P. II. p. 396. sq.

C. VETTIO ATTICO ET
C. ASINIO PRAETEXTATO COS
PR. IDVS APRIL

1 PELTVINI. VESTINIS. IN. CVRIA. AVG. ORDINEM. HABENTIBVS. T. AVIDI
2 ACCO. RESTITVTO. ET. T. BLAESIO. NATALE. AEDD. Q. Q. SCRIBVNDO. AD
3 FVERVNT. QVOD VNIVERSI. VERBA. FECERVNT.
4 NVMMIAM. VARIAM. C. F. SACERDOTEM. VENERIS. FELICIS. EA. ADFECTI
5 ONE. ADQVE. PRONO. ANIMO. CIRCA. NOS. AGERE. COEPISSE. PRO. INSTITVTO
6 BENIVOLENTIAE. SVAE. SICVT. ET. PARENTES. EIVS. SEMPER. EGERVNT. VT
7 MERITO. DEBEAT. EX. CONSENSV. VNIVERSORVM. PATRONA. PRAEFECTVRAE
8 NOSTRAE. FIERI. QVO. MAGIS. MAGISQVE. HOC HONORE. QVI. EST. APVT. NOS. POTISSI

9 MVS. TANTAE. CLARITATI. EIVS. OBLATO. DI-
GNATIONE. BENIGNITATIS. EIVS. GLORI
10 OSI. ET. IN. OMNIBVS. TVTI. AC. DEFENSI. ES-
SE. POSSIMVS. Q. D. E. R. F. P. D. E. R. I. C.
11 PLACERE. VNIVERSIS. CONSCRIPTIS. NVMMIAE. VA-
RIAE. C. F. SACERDOTI. VENERIS
12 FELICIS. PRO. SPLENDORE. DIGNITATIS. SVAE.
PATROCINIVM. PRAEFECTVRAE. NOS
13 TRAE. OFFERI. [1]) PETIQVE. AB. EIVS. CLARI-
TATE. ET. EXIMIA. BENIGTATE. VT. HVNC
14 HONOREM. SIBI. A. NOBIS. OBLATVM. LIBENTI.
ET. PRONO. ANIMO. SVSCIPERE
15 ET. SINGVLOS. VNIVERSOS. QVE. NOS. REMQVE.
PVBLICAM. NOSTRAM. IN CLI
16 ENTELAM DOMVS. SVAE. RECIPERE. DIGNETVR.
ET. IN. QVIBVSCVMQVE
17 RATIO. EXEGERIT. INTERCEDENTE. AVCTORITA-
TE. DIGNITATIS. SVAE. TVTOS. DE
18 FENSOS. [2]) QVE. PRAESTET. TABVLAMQVE. AE-
NEAM. HVIVS. DECRETI. N. VERBA. CONTI
19 NENTEM. OFFERRI. EI. PER. AVIDIACCVM. RE-
STITVTVM. ET. BLAESIVM. NATALEM. Q. Q.
20 ITEM NVMISENVM. CRESCENTEM. ET. FL. PRISCVM.
PRIMORES. ORD. N. VIROS. CENSVER.

---

[1]) DEFERRI. Ms. Pighii a Grutero collatum. [2]) FENSOSQVE NOS. Ms. Pighii.

* LXV.

RESCRIPTUM

IMPP. VALERIANI ET GALLIENI

AD

JULIUM APELLAM.

(Circa A. U. 1010 — 1013. C. 257 — 260.)

Smyrnae in lapide. Rescriptum graeco-latinum: editum a *Sponio* in Miscellan. p. 355.

ΑΓΑΘΗΙ ΤΥΧΗΙ

ΑΥΤΟΚΡΑΤΩΡ ΚΑΙΣΑΡ ΠΟΥΒΛΙΟΣ ΛΙΚΙΝΝΙΟΣ ΟΥΑΛΕΡΙΑ
ΝΟΣ ΕΥΣΕΒΗΣ ΕΥΤΥΧΗΣ ΣΕΒΑΣΤΟΣ ΚΑΙ ΑΥΤΟΚΡΑΤΩΡ
ΚΑΙΣΑΡ ΠΟΥΒΛΙΟΣ ΛΙΚΙΝΝΙΟΣ ΓΑΛΛΙΗΝΟΣ ΕΥΤΥΧΗΣ ΣΕΒΑΣΤΟΣ
ΚΑΙ ΛΙΚΙΝΝΙΟΣ . . . . ΕΠΙΦΑΝΕΣΤΑΤΟΣ
ΚΑΙΣΑΡ ΙΟΥΛΙΩ ΑΠΕΛΛΑ ΙΔΙΩ ΧΑΙΡΕΙΝ
ΑΜΦΙΒΟΛΟΝ ΕΣΤΙΝ ΚΑΙ ΕΝ ΤΟΥΤΩ ΤΑ ΟΡΙα
ΕΝΤΑ ΤΗΡΕΙΣ . . ΓΝΩΜΗ . . ΚΑΙ ΟΝΗΤΑΣ
ΣΥΓκΛΗΤΙ ΚΑΙ ΟΙΚΙΑΣ Ζ ΕΝ ΤΑΙΣ·ΕΝΟΧΛΕΙ . . .
ΑΙΔΙΟΙ ΑΡΧ. ΤΟΥΤΩΝ ΤΩΝ ΠΟΛΕΩΝ ΕΝ ΑΙΣ
ΑΥΤΟΝ ΚΕΚΤΗ . . . ΗΣ ΦΡΟΝΤΙΖΟΥΣΙΝ ΙΝΑ . . .
ΑΡΙΣΤΑ ΑΡΕΣ . . . ΤΩ ΠΑΡΑΦΥΛΑΣΣΗΤΑΙ
ΕΡΡΩΣΟ ΑΠΕΛΛΑ.

. . . .

MAGISTRATVS HARVM CIVITA . . .
QVIBVS TE SVGGERIS POSSIDERE AGERE CVRAM . .
QVI QVOD OPTIME PLACVISSE PERSPICITVR PERPETVA
OBSERVATIONE TENEATVR VALE APELLA CARISSIME
NOBIS

DATA V. KAL. JVN.

LXVI.

DECRETUM
DECURIONUM CUMANORUM.

(A. U. 1042. C. 289.)

Apud »*Friedr. Münter* Nachrichten von Neapel und Sicilien.« p. 72. sq

---

M. MACRIO. BASSO. IRACONIO
QVINTIANO. C. S. K. IVNIS.
CVMIS. IN. TEMPLO. DIVI. VESPA
SIANI. IN. ORDINE. DECVRIONVM.
QVEMI. M. MALLONIVS. VNDAN.
ET. Q. CLAVDIVS. ACILIANVS. PRAEF.
COEGERANT. SCRIBVNDO. SORTE.
DVCTI. ADIVERVNT. CAELIVS. PAN
NVCHIVS. CVRTIVS. VOLIVOS. CONSIDI
VS. FELICIANVS. REFERENTIBVS. PR.
DE. SACERDOTE. FACIENDO. MATRIS.
DEAE. BAIANAE. IN. LOCVM. RESTITVTI.
SACERDOTIS. DEFVNCTI. PLACVIT. VNI
VERSIS. LICINIVM. SECVNDVM.
SACERDOTEM. FIERI.
XV. SAC. FAC. PR.
ET. MAGISTRATIBVS. CVMAN. SAL.
CVM. EX. EPISTVLA. VESTRA. COGNOVE
RIMVS. CREASSE. VOS. SACERDOTEM.
MATRIS. DEVM. LICINIVM. SECVNDVM
IN. LOCVM. CLAVDI. RESTITVTI. DEFVN

CTI. SECVNDVM. VOLVNTATEM VESTRAM.
PERMISIMVS. EI. OCCAVO. ET.
CORONA. DVMTAXAT. INTRA.
FINES. COLONIAE. VESTRAE. VTI.
OPTAMVS. VOS. BENE. VALERE.
PONTIVS. GAVIVS. MAXIMVS.
PRO. MAGISTRO. SVBSCRIPSI. XVI. KAL.
SEPTEMBRES. M. VMBRIO. PRIMO.
T FL. COELIANO. COS.

* LXVII.

EDICTUM

DIOCLETIANI.

DE PRETIIS RERUM.

(A. C. 303.)

In lapide apud Stratonicen (Eski-Hissár). Descriptum primo A. 1709. cum reliquis a *Chishullo* [1]) in Antiq. Asiat. editis graecis inscriptionibus, per *Sherardum*, tunc temporis apud Smyrnenses Consulem Britannicum mercimoniis curandis constitutum, transmissumque Comiti of Oxford, unde transiit apographum in Museum Britannicum, ubi reperitur inter Codices Harleianos. Cod. 7509. Deinde iterum detectum novissime a *Guilielmo Bankes*, quem de eo dedisse ferunt exemplum lithographice editum.

Ex apographo Sherardino partem hujus Edicti, pretia rerum ipsa continentem, publici juris fecit *Guilielmus Martinus Leake* in: »Journal of a Tour in Asia minor, with comparative remarks on the ancient and modern Geography of that country.« (Londini. 1824. 8.) p. 329 — 338. qui suspicatur, non a Diocletiano, sed a Theodosio demum esse promulgatum.

Pleniorem Edicti notitiam dedit, illustravitque illud; comparatis pretiis illis cum nostris, *Moreau de Jonnés*, in commentatione coram Regii Instituti Parisini membris lecta, necdum, ut putamus, typis commissa; cujus vero epitomen videas in »Tübinger Mor-

---

1) Qui et mentionem nostri monumenti injicit. p. 165. Conf. *Jac. Cuperi* Epistolarn. p. 109.

genblatt für gebildete Stände.« A. 1827. nro. 99. et 100 [2]).

Exemplo Bankesiano destituti, damus hic partem Edicti a Leakio editi, adspersis variantibus lectionibus, a *Carol. O. Müllero* V. Cl. Prof. Gottingens. ex apographo Sherardino ipso enotatis, quas benevole nobiscum communicavit *Heerenius* V. Cl.

Leake p. 329.

»It consists of a decree, very long and wordy-followed by a list of articles of provision in most common use among the Romans, with prices annexed to each of them. The decree makes some allusion to the damages sustained by recent incursions of the Barbarians into the Roman empire, and to its actual pacific state. It contains repeated reflections on the avarice of forestallers, who frustrate the bounty of nature; refers to the plenty which general reigns in Asia; directs that those engaged in the traffic of provisions shall never exceed the subjoined prices in time of scarcity; and denounces capital punishment against such as shall infringe the decree which is promulgated to the whole world-called *our* world: the decree being as usual in the first person. There is no mention however made of the Emperor's name, but there are some expressions which seem to indicate that his reign had already been of some length.«

Ibid. p. 331.

»The characters seem to have been executed by a Greek engraver, and to have been left unfinished, so that the *S* resembles a Greek gamma, and the *A* a lambda. The following is a specimen of the characters, as nearly as they can be represented by printed types.

ETΓEMPERPRAECEPTORMETUΓIUΓTIΓΓI
MUΓOFFICIORUMINUENITUREΓΓEMODE
RATORPLACETΓIQUIΓCONTRAFORMAM
ΓTATUTIHUIUΓCONUIXUΓFUERITAUDE
NTIACAPITALIPERICULOΓUBICIETUR

i. e. *Et semper praeceptor metus justissimus invenitur esse mo-*

---

[2]) Edictum plus LXXX articulis constare, ibi innuitur.

derator. Placet si quis formam statuti hujus convictus fuerit audentia capitali periculo subjicietur.

The following is the list of provisions with their prices. It is very possible that Mr. W. Bankes may have procured a more complet copy of the Inscription, and a longer list.

It should be observed that the denomination of the coin, here expressed by an asterisk, is in the original denoted by the usual sign of the denarius, namely *X* with a transverse line, or an asterisk with six points. The sign of quantity here expressed by *f*, which nearly resembles the note in the original, is probably *S* for sextarius, with a transverse line; but it may be worthy of remark, that this note is not commonly found in ancient manuscripts like the asterisk for drachma or denarius.«

Conditi ital *f* unum * viginti quatuor
Apsinthi ital *f* unum * viginti
Rhosati ital *f* unum * viginti
Item olei
Olei floris ital *f* unum * viginti quatuor
Olei sequentis ital *f* unum * viginti qua
Olei cibari ital *f* unum * duodecim
Olei raphanini ital *f* unum * octo
Aceti ital *f* unum * sex
Liquaminis primi ital *f* unum * se . . .
Liquaminis secundi ital *f* unum * decem
Salis F. M̊. [1]) unum * centum
Salis conditi italicum *f* unum * o . . .
Mellis optimi ital *f* unum * cu . . .
Mellis secundi ital *f* unum * vig . . .
Mellis foenicini ital *f* unum * octo . .
Item carnis
Carnis porcinae ital po [2]) unum * duodecim
Carnis bubulae ital po unum * octo
Carnis caprinae sive vervecinae ital po unum * . . .
Vulvae ital po unum * viginti quattuor

---

[1]) Modius. [2]) Pondus, libra.

Suminis ital po unum * viginti
Ficati optimi ital po unum * sedecim
Laridi optimi ital po unum * sedecim
Pernae optimae petasonis sive Menapicae vel
Ceritanae ital po unum * viginti
Marsicae ital po unum * viginti
Adipis recentis ital po unum * duodecim
Axungiae ital po unum * duodecim
Ungellae — quattuor et Aqualiculum pretio quo distrahitur
Isicium porcinum unciae unius * duod . . .
Isicia bubula ital po unum * decem
Lucanicarum ital po unum * sedecem
Lucanicarum bubularum ital po uno * dec . .
Fasionus pastus * ducentis quinquaginta
Fasionus agrestis * centum viginti quinque
Fasia pasta po . . . * ducentis
Fasiana non pasta * centum
Anser pastus * ducentis
Anser non pastus * centum
Pullo . . . * sexaginta
Perdix . . . * triginta
Turtur . . . * duodecim
Turdorum . . . * sexaginta
Palumb . . . . * viginti
Columb . . . . * viginti quattuor
Attagen * viginti
Anas * cuadraginta
Lepus * centum quinquaginta
Cuniculus * quadraginta
. pe . . viginti
. . . . quadraginta
. . . . . . sedecim
Femina . . . . .
Coturnices n * numero ducentis
Sturni decem * viginti
Aprunae ital po * sedicim
Cervinae ital po * duodecim

Dorcis sive caprae vel dammae ital po duodecim
Porcinae lactantis * sedicim
Agnus M po . . . * duodecim
Haedus M po I * duodecim
Sevi ital po I * sex
Butyri ital po I * sedecim
Item pisces
Piscis aspratilis marini ital po I * viginti quattuor
Piscis secundi ital po I * sedecim
Piscis fluvialis opt. po I * duodecim
Piscis secúndi fluvialis ital po I * octo
Pisci salsi ital po I * sex
Ostriae no centum * centum
Echini no centum * quinquaginta
Echini recentis purgati ital *f* unum * quadraginta
Echini salsi ital *f* unum * centum
Sphondili marini no centum * quinquaginta
Sagenici ital po I * duodecim
Sardae sive Sardinae po I * sedecim
Item Cardus majores no quinque * decem
Sequentes no decem . . . .
Intibus optima no decem . . .
Sequentis no decem . . . .
Malvae maximae no VI . .
Malvae sequentis decem . . . .
Lactucae optimae no V . . . .
Sequentes no decem * quattuor
Coliculi optimi no V * quattuor
Sequentes no X * quattuor
Cumae optimae fascem I * quinque
Porri maximi no X * octo
Sequentes no viginti . . . .
Betae maximae no V . . . .
Sequentes no X . . . .
Radices maximae . . . .
Sequentes . . . . .
Rapae maximae no X . . .
Sequentes no X . . .

Ceparum siccarum . . . .
Cepae verdes . . . .
Sequentes . . . . .
Capparis . . . . .
Sisinariorum ital . . . .
Cucurbitae . . . .
Sequentes . . . .
Melopepones . . . .
Sequentes . . . .
Pepones . . . .
Fasiolorum . . . .
Asparagi Hortulani . . .
Asparagi Agrestes . .
Rusci . . . . .
Ciceris . . . .
Fabae virdes . . .
. . . etiam
licitum sit . . . . .
Frumenti K M̊ . . .
Hordei K M̊ unum *
Centenum sive sicale K M̊ unum . . .
Milipisti K M̊ * centum
Militegri K M̊ * quinquaginta
Panicii K M̊ * quinquaginta
Speltae . . . K M̊ * centum
Scandulae sive speltae K M̊ * triginta
Fabae fressae . . . * centum
Fabae non fressae * sexanta
Lenticlae . . . . * centum
Herviliae . . . . * octocenta
Pisae fractae . . . * centum
Pisae non fractae . . . * sexacinta
Ciceris . . . . * centum
Hervi . . . . * centum
Avenae . . . . * triginta

Foeni graeci . . . * centum
. . . scripturae versuum no [3]) centum . . .
Tabellanioni in scriptura livelli bel tabulae versibus no [4]) centum . . . . . .
Bracario pro excisura et urnatura
Pro birro qualitatis primae * se [5]) . . . .
Pro birro qualitatis secundae [6]) quadra . .
Pro Caracalli [7]) majori * viginti
Pro Caracalli minori * viginti
Pro Vracibus * viginti
Pro Udonibus * quattuor
Sarcinatori in beste soubtili replicatoriae * sex . . .
Eidem aperturae cum suvsutura sit olosericae * quinquaginta
Eidem aperturae cum subsutura subsericae * triginta
Subsuturae in beste grossiori * quattuor.

Müllerus addit has lineas:

Entunclunequestraequoactilealbumsibenisrumlibra rum trium * centum
tussueldinprobos levior aut vilior estimaretur qui tot annorum reticentiam nostram.

EXCERPTA

e: »*Tübinger Morgenblatt.*« 1827. *nro.* 99. 100.

»Das aufgefundene Edict Diokletians besteht aus mehr als achtzig Artikeln; es unterscheidet sich streng von dem, das er, nach Aurelius Victor, im

---

[3]) V *Müller.* [4]) V *Müller.* [5]) sem . . . *Müller.* [6]) Secondae. M. [7]) Carallia. M.

Jahr 302, also ein Jahr früher, erliefs, in welchem die Kornpreise für die morgenländischen Provinzen festgesetzt murden, denn das neuentdeckte enthält keine Bestimmung über Getreide. Für alle darin aufgeführten Gegenstände ist ein Maximum festgesetzt, das den Preis zur Zeit der Hungersnoth vorstellt; die Münze ist der römische Denarius, das Mafs für Flüssigkeiten der Sextarius, das Gewicht das römische Pfund. Vor August's Zeiten galt der Denar 24½ Kreuzer (18 Sous), sein Werth sank aber nach und nach, und unter Diokletian galt er blofs noch 12 Kreuzer (9 Sous). Das römische Pfund war gleich 12 Unzen oder 24 Loth, und der Sextarius kam dem vierten Theil eines Mafses, dem Schoppen oder dem französischen halben Litre, nahe.

Moreau de Jonnès las im Pariser Institut eine Abhandlung über diesen Fund; er giebt die Tafel des Edicts mit dem römischen höchsten Preis der Artikel, und dem mittlern Preis in neuerer Münze. Als diesen mittlern Preis, den zu jener Zeit die Lebensmittel gehabt haben sollen, nimmt er die Hälfte des auf dem Stein angegebenen Maximum an, und stützt sich bei dieser Bestimmung auf die allgemeine Annahme, dafs die Hungersnoth beginnt, wenn der Preis der Lebensmittel auf das Doppelte vom Preise in gewöhnlichen Zeiten steigt; so wollte, als im Jahr 1793 die Preise sich verdoppelt hatten, der Konvent, gleich Diokletian, sie auf dieser Höhe feststellen und verhindern, dafs sie nicht überschritten würden. Sollten auch diese Gründe nicht überzeugend sein, sollte namentlich manchem auch dieser mittlere Preis noch übermäfsig erscheinen, und derselbe mit den Angaben verschiedener Schriftsteller und anderer geschichtlicher Denkmale im Widerspruch stehen, so bleibt doch, da nicht blofs der Preis der Lebensmittel, sondern auch der Arbeitslohn angegeben ist, das Verhältnifs zwischen beiden dasselbe, ob man den Geldwerth erhöht oder erniedrigt; und da der Arbeitslohn der genaueste, sicherste Ausdruck des innern Werths der Producte ist, so lernen wir diesen durch Vergleichung mit jenem kennen. Nach diesen Angaben hätten Lohn und Unterhalt zehn bis zwanzig Mal mehr gekostet, als jetzt, und vergleicht man den Werth der Lebensmittel mit dem Arbeitslohn, so erscheint die Theurung der Lebensbedürfnisse noch übermäſsiger. Wenn der Ueberfluſs an edlen Metallen auf diese hohen Preise wirkte, so trug gewiſs der Mangel an Gewerbfleiſs und Productivität auch viel dazu bei; und wenn auch diese Angaben der Kritik und Vergleichung mit andern Monumenten noch sehr bedürfen, so setzen sie doch in's grellste Licht die Wahrheit: daſs zwei Drittheile dieses Herrschervolkes von Fisch, Käse und schlechtem Getränke lebten, während Vitellius in Einem Jahre für seine Tafel dreiundvierzig Millionen Thaler brauchte.«

	Maximum in röm. Münze.	Mittelpreis in neuer Münze.	
	Denare.	fl.	kr.
1) Arbeitslohn.			
Dem Ackermann für den Tag..	25	2	36
— für Arbeiten im Hause....	50	5	12
Dem Maurer......................	50	5	12
» Mörsermacher..............	50	5	12
» Marmor- u. Mosaikarbeiter	60	6	18
» Schneider für ein Kleid..	50	5	12
» » bloſs für's Nähen	6	—	36
Für Patricierschuhe (*calcei*)....	150	16	56
» Bauernschuhe (*caligae*)....	120	13	48
» Soldatenschuhe.............	100	11	36
» Senatorenschuhe...........	100	11	36
» Frauenschuhe..............	60	6	14
» Sandalen für Soldaten (*campagi*)........................	75	7	50

	Maximum in röm. Münze.	Mittelpreis in neuer Münze.	
	Denare.	fl.	kr.
Dem Barbier für den Mann.....	2	—	12½
Dem Thierarzt (*mulomedicus*), um die Thiere zu scheeren und die Hufe zu beschneiden..........	6	—	36½
— um sie zu striegeln und den Kopf zu reinigen..............	20	2	6
Für einen Monat Unterricht in der Baukunst..................	100	10	22
Dem Anwalt für eine Bittschrift an die Gerichte..............	250	25	36
Für die Verhandlung vor Gericht	1000	103	30
2) Wein-Preise.			
Picener, Tiburtiner, Sabiner, Amineer, Sorenter, Setiner, Falerner, der Sextar...............	30	3	10
Alte Weine der ersten Sorte..	24	2	30
» » der zweiten Sorte	16	1	40
Gemeiner Wein...............	8	—	51
Bier (*camum*)...................	4	—	25½
Egyptisches Bier (*zythum*)......	2	—	12¼
Asiatischer Gewürzwein (*caroenium Moeonium*)..............	30	3	10
Attischer Gerstenwein...........	24	2	30
Abkochung von verschiedenen Traubenarten (*Decoctum*).....	16	1	40
3) Fleisch-Preise.			
Ochsenfleisch, das römische Pfund	8	1	8
Hammel- oder Ziegenfleisch.....	8	1	8
Lamm- oder Zickleinfleisch.....	12	1	40

	Maximum in röm. Münze.	Mittelpreis in neuer Münze.	
	Denare.	fl.	kr.
Schweinefleisch..................	12	1	40
Der beste Speck................	16	2	15
Der beste Schinken aus dem Lande der Marsen................. ...	20	2	48
Frisches Schweinefett...........	12	1	40
Bauch u. Eingeweide des Schweins	16	2	15
Grofse Leber von einem mit Feigen gemästeten Schweine (*ficatum*)........................	16	2	15
Schweinsfüfse, jeder............	4	—	25½
Bratwurst von frischem Schweinefleisch (*isicium*), eine Unze wiegend........................	2	—	12¼
Eine von frischem Ochsenfleisch (*isicia*)........................	10	1	35
Bratwurst von geräuchertem und gewürztem Schweinefleisch (*lucanicae*)........................	16	1	40
— von geräuchertem Ochsenfleisch........................	10	1	35
4) Geflügel u. Wildpret.			
Ein männlicher gemästeter Pfau	250	25	36
Ein weiblicher gemästeter Pfau	200	20	42
Ein wilder männlicher Pfau....	125	12	46
Ein wilder weiblicher Pfau.....	100	10	21
Eine fette Gans.................	200	20	42
Eine nicht gemästete............	100	10	21
Ein Huhn........................	60	6	18
Eine Ente.......................	40	4	12
Ein Rebhuhn.....................	30	3	10
Ein Hase........................	150	16	56
Ein Kaninchen..................	40	4	12

	Maximum in röm. Münze.	Mittelpreis in neuer Münze.	
	Denare.	fl.	kr.
5) Fische.			
Seefische, erste Sorte............	24	2	30
» zweite Sorte..........	16	1	40
Flufsfische, erste Sorte..........	12	1	15
» zweite Sorte.........	8	—	50
Gesalzene Fische...............	6	—	36½
Austern, das Hundert...........	100	10	21
6) Efsbare Gewächse.			
Der beste Lattich, fünf Stücke..	4	—	25
— zweite Sorte, zehn Stücke..	4	—	25
Gemeiner Kohl, vom besten ein Stück........................	4	—	25
Blumenkohl, vom besten, fünf Stücke........................	4	—	25
— zweite Sorte, zehn Stücke..	4	—	25
Rothe Rüben, von den besten, fünf Stücke..................	4	—	25
— zweite Sorte, zehn Stücke..	4	—	25
Die gröfsten Rettiche...........	4	—	25
7) Andere Efswaaren.			
Honig, vom befsten, der Sextar.	40	4	12
» zweite Sorte............	20	2	6
Oel, erste Sorte...............	40	4	12
» zweite Sorte...............	24	2	30
Ein Mittel, um den Appetit zu reizen, aus Fischlake (*liquamen*).........................	6	—	36½
Trockner Käse, das römische Pfund......................	12	1	15

LXVIII.

EDICTUM

IMPP. GALERII, CONSTANTINI ET LICINII.

(A. U. 1064. C. 311.)

Latine extat apud *Lactantium* de mortibus persecutorum, cap. 34.; graece apud *Eusebium* Hist. eccles. VIII. 17. Secundum Lactantium propositum est Nicomediae pridie Kal. Majas.

E recensione Buenemanni.

Inter cetera, quae pro reipublicae semper commodis atque utilitate disposuimus, nos quidem volueramus antehac, juxta leges veteres et publicam disciplinam Romanorum cuncta corrigere; atque id providere, ut etiam Christiani, qui parentum suorum reliquerant sectam, ad bonas mentes redirent. Siquidem quadam ratione tanta eosdem Christianos voluntas invasisset, et tanta stultitia occupasset, ut non illa vetera instituta sequerentur, quae forsitan primum parentes eorumdem constituerant; sed pro arbitrio suo, atque ut iisdem erat libitum, ita sibimet leges facerent, quas observarent, et per diversa varios populos congregarent. Denique quum ejusmodi nostra jussio exstitisset, ut ad veterum se instituta conferrent; multi periculo subjugati, multi etiam deturbati sunt, atque quum plurimi in proposito perseverarent, ac videremus, nec diis eosdem cultum ac religionem debitam exhibere, nec Christianorum Deum observare; contemplatione mitissimae nostrae clementiae, intuentes et consuetudinem sempiternam, qua solemus cunctis hominibus veniam indulgere, promtissimam in his quoque indulgentiam nostram credidimus porrigendam; ut denuo sint Christiani, et conventicula sua componant, ita ut ne quid contra disciplinam agant. Alia autem epistola judicibus significaturi sumus, quid debeant observare. Unde juxta hanc indulgentiam nostram, debebunt Deum suum orare pro salute nostra, et reipublicae, ac sua, ut undiqueversum respublica praestetur incolumis, et securi vivere in sedibus suis possint.

Versio graeca ex Eusebio secundum recensionem Valesii.

Αὐτοκράτωρ Καῖσαρ Γαλέριος Οὐαλέριος Μαξιμῖνος, Ἀνίκητος, Σεβαστὸς, Ἀρχιερεὺς Μέγιστος, Γερμανικὸς Μέγιστος, Αἰγυπτιακὸς Μέγιστος, Θηβαικὸς Μέγιστος, Σαρματικὸς Μέγιστος, πεντάκις Περσῶν Μέγιστος, δὶς Καρπῶν Μέγιστος, ἑξάκις Ἀρμήνιων Μέγιστος, Μήδων Μέγιστος, Ἀδιαβηνῶν Μέγιστος. Δημαρχικῆς ἐξουσίας τὸ εἰκοστὸν. Αὐτοκράτωρ ἐννεακαι δέκατον· ὕπατος τὸ ὄγδοον. Πατὴρ πατρίδος. Ἀνθύπατος. καὶ Αὐτοκράτωρ Καῖσαρ Φλαύιος Ουαλέριος Κωνσταντῖνος· Ἐυσεβὴς, Ἐυτυχὴς, Ἀνίκητος, Σεβαστὸς, Ἀρχιερεὺς Μέγιστος, Δημαρχικῆς ἐξουσίας, Αὐτοκράτωρ τὸ Πέμπτον. ὕπατος, Πατὴρ πατρίδος, Ἀνθύπατος, καὶ Αὐτοκράτωρ Καῖσαρ Ουαλέριος Λικιννιανὸς. Ἐυσεβὴς, Ἐυτυχὴς, Ἀνίκητος, Σεβαστὸς. Ἀρχιερεὺς Μέγιστος. δημαρχικῆς ἐξουσίας τὸ τέταρτον, αὐτοκράτωρ τὸ τρίτον, ὕπατος. Πατὴρ πατρίδος, ἀνθύπατος, ἐπαρχιώταις ἰδίοις χαίρειν. μεταξὺ τῶν λοιπῶν ἅπερ ὑπὲρ τοῦ χρησίμου καὶ λυσιτελοῦς τοῖς δημοσίοις διατυπούμεθα, ἡμεῖς μὲν βεβουλήμεθα πρότερον κατὰ τοὺς ἀρχαίους νόμους καὶ τὴν δημοσίαν ἐπιστήμην τὴν τῶν Ῥωμαίων, ἅπαντας ἐπανορθώσασθαι. καὶ τούτου πρόνοιαν ποιήσασθαι, ἵνα καὶ οἱ χριστιανοὶ οἵ τινες τῶν γονέων τῶν ἑαυτῶν καταλελοίπασι τὴν αἵρεσιν, εἰς ἀγαθὴν πρόθεσιν ἐπανέλθοιεν· ἐπείπερ τίνι λογισμῷ τοσαύτη αὐτοὺς πλεονεξία κατεσχήκει καὶ ἄνοια κατειλήφει, ὡς μὴ ἕπεσθαι τοῖς ὑπο τῶν πάλαι καταδειχθεῖσιν, ἅπερ ἴσως πρότερον καὶ οἱ γονεῖς αὐτῶν ἦσαν καταστήσαντες. ἀλλὰ κατὰ τὴν αὐτῶν πρόθεσιν καὶ ὡς ἕκαστος ἐβούλετο, οὕτως ἑαυτοῖς καὶ νόμους ποιῆσαι, καὶ τούτους παραφυλάττειν, καὶ ἐν διαφόροις διάφορα πλήθη συνάγειν. τοιγαροῦν τοιούτου ὑφ᾽ ἡμῶν προσάγματος παρακολουθήσαντος, ὥστε ἐπὶ τὰ ὑπὸ τῶν ἀρχαίων κατασταθέντα ἑαυτοὺς μεταθήσαιεν. πλεῖστοι μὲν κινδύνῳ ὑποβληθέντες, πλεῖστοι δὲ ταραχθέντες, παντοίους θανάτους ὑπέφερον· καὶ ἐπειδὴ τῶν πολλῶν τῇ αὐτῇ ἀπονοίᾳ διαμενόντων, ἑωρῶμεν μήτε τοῖς θεοῖς τοῖς ἐπουρανίοις τὴν ὀφειλομένην θρησκείαν προσάγειν αὐτοὺς μήτε τῶν χριστιανῶν προσέχειν, ἀφορῶντες εἰς τὴν ἡμετέραν φιλανθρωπίαν καὶ τὴν διηνεκῆ συνήθειαν, δι᾽ ἧς εἰώθαμεν ἅπασιν ἀνθρώποις συγγνώμην ἀπονέμειν. προθυμότατα καὶ ἐν τούτῳ τὴν συγχώρησιν τὴν ἡμετέραν ἐπεκτεῖναι δεῖν ἐνομίσαμεν. ἵνα αὖθις ὦσι χριστιανοὶ, καὶ τοὺς οἴκους ἐν οἷς συνήγοντο συνθῶσιν οὕτως, ὥστε μηδὲν ὑπεναντίον τῆς ἐπιστήμης αὐτοὺς πράττειν· δι᾽ ἑτέρας δὲ ἐπιστολῆς τοῖς δικασταῖς δηλώσομεν, τί αὐτοὺς παραφυλάξασθαι δεήσει. ὅθεν κατὰ ταύτην τὴν συγχώρησιν τὴν ἡμετέραν, ὀφείλουσι τὸν ἑαυτῶν Θεὸν ἱκετεύειν περὶ τῆς σωτηρίας τῆς ἡμετέρας, καὶ τῶν δημοσίων, καὶ τῶν ἑαυτῶν. ἵνα κατὰ πάντα τρόπον καὶ τὰ δημόσια παρασχεθῇ ὑγιῆ καὶ ἀμέριμνοι ζῆν ἐν τῇ ἑαυτῶν ἑστίᾳ δυνηθῶσι.

LXIX.

EDICTUM MEDIOLANENSE

IMPP. CONSTANTINI M. ET LICINII.

(A. C. 313.)

E *Lactantii* de mortibus persecutorum c. 48. et *Eusebii* Hist. eccl. X. 5.

E recensione Buenemanni.

Quum feliciter tam ego Constantinus Augustus, quam etiam ego Licinius Augustus apud Mediolanum convenissemus, atque universa, quae ad commoda et securitatem publicam pertinerent, in tractatu haberemus; haec inter cetera quae videbamus pluribus hominibus profutura, vel in primis ordinanda esse credidimus, quibus divinitatis reverentia continebatur; ut daremus et Christianis, et omnibus, liberam potestatem sequendi religionem, quam quisque voluisset; quo quidquid divinitatis in sede coelesti, nobis atque omnibus, qui sub potestate nostra sunt constituti, placatum ac propitium possit exsistere. Itaque hoc consilio salubri ac rectissima ratione ineundum esse credidimus, ut nulli omnino facultatem abnegandam putaremus, qui vel observationi Christianorum, vel ei religioni mentem suam dederet, quam ipse sibi aptissimam esse sentiret; ut possit nobis summa divinitas, cujus religioni liberis mentibus obsequimur, in omnibus solitum favorem suum benivolentiamque praestare.

Quare scire dicationem tuam convenit, placuisse nobis, ut, amotis omnibus conditionibus, quae prius scriptis, ad officium tuum datis, super Christianorum nomine videbantur, nunc caveres, ut simpliciter unusquisque eorum, qui eamdem observandae religioni Christianorum gerunt voluntatem, citra ullam inquietudinem ac molestiam sui id ipsum observare contendant. Quae sollicitudini tuae plenissime significanda esse credidimus, quo scires, nos liberam atque absolutam colendae religionis suae facultatem iisdem Christianis dedisse. Quod quum iisdem a· nobis indultum esse pervideas, intelligit dicatio tua, etiam aliis religionis suae vel observantiae, potestatem similiter apertam et liberam, pro quiete temporis nostri esse concessam, ut in colendo, quod quisque delegerit, habeat liberam facultatem, quas . . . . honori, neque cuiquam religioni, aut aliquid a nobis . . . . . Atque hoc insuper in persona Christianorum statuendum esse censuimus; quod si eadem loca, ad quae antea convenire consuerant, de quibus etiam datis ad officium tuum literis certa ante hac forma fuerat comprehensa, priore tempore aliud vel a fisco nostro, vel ab alio quocumque videntur esse mercati, eadem Christianis sine pecunia et sine ulla pretii petitione, postposita omni frustratione atque ambiguitate, restituantur. Qui etiam dono fuerunt consecuti; eadem similiter iisdem Christianis quantocius reddant: etiam vel hi qui emerunt, vel qui dono erunt consecuti, si putaverint de nostra benivolentia aliquid; vicarium postulent, quo et ipsis per nostram clementiam consulatur. quae omnia corpori Christianorum protinus per intercessionem tuam ac sine mora tradi oportebit. Et quoniam iidem Christiani non ea loca tantum, ad quae convenire consuerunt, sed alia etiam habuisse noscuntur, ad jus corporis eorum, id est, ecclesiarum, non hominum singulorum pertinentia; ea omnia lege, quae superius comprehendimus, circa ullam prorsus ambiguitatem vel controversiam iisdem Christianis, id est, corpori et conventiculis eorum, reddi jubebis; supradicta scilicet ratione servata, ut ii, qui eadem sine pretio, sicut diximus, restituerint, indemnitatem de nostra benivolentia sperent. In quibus omnibus supradicto corpori Christianorum intercessionem tuam efficacissimam exhibere debebis, ut praeceptum nostrum quantocius compleatur; quo etiam in hoc per clementiam nostram quieti publicae consulatur. Hactenus fiet, ut sicut superius comprehensum est, divinus juxta nos favor, quem in tantis sumus rebus experti, per omne tempus prospere successibus nostris cum beatitudine publica perseveret. Ut autem hujus sanctionis benivolentiae nostrae forma ad omnium possit pervenire notitiam, prolata programmate tuo haec scripta, et ubique proponere, et ad omnium scientiam te perferre conveniet, ut hujus benivolentiae nostrae sanctio latere non possit.

VERSIO GRAECA EX EUSEBIO.

E recensione Valesii.

Ἤδη μὲν πάλαι σκοποῦντες τὴν ἐλευθερίαν τῆς θρησκείας οὐκ ἀρνητέαν εἶναι, ἀλλ' ἑνὸς ἑκάστου τῇ διανοίᾳ καὶ βουλήσει ἐξουσίαν δοτέον τοῦ τὰ θεῖα πράγματα τημελεῖν κατὰ τὴν αὐτοῦ προαίρεσιν, ἕκαστον κεκελύκειμεν, σοῖς τε χριστιανοῖς, τῆς αἱρέσεως καὶ τῆς θρησκείας τῆς ἑαυτῶν τὴν πίστιν φυλάττειν. ἀλλ' ἐπειδὴ πολλαὶ καὶ διάφοροι αἱρέσεις ἐν ἐκείνῃ τῇ ἀντιγραφῇ, ἐν ᾗ τοῖς αὐτοῖς συνεχωρήθη ἡ τοιαύτη ἐξουσία, ἐδόκουν προστεθεῖσθαι σαφῶς, τυχὸν ἴσως τινὲς αὐτῶν μετ' ὀλίγον ἀπὸ τῆς τοιαύτης παραφυλάξεως ἀνεκρούοντο· ὁπότε εὐτυχῶς ἐγὼ Κωνσταντῖνος ὁ Αὔγουστος, κἀγὼ Λικίννιος ὁ Αὔγουστος, ἐν τῇ Μεδιολάνῳ ἐληλύθειμεν, καὶ πάντα ὅσα πρὸς τὸ λυσιτελὲς καὶ τὸ χρήσιμον τῷ κοινῷ διέφερεν, ἐν ζητήσει ἔσχομεν, ταῦτα μεταξὺ τῶν λοιπῶν ἅτινα ἐδόκει ἐν πολλοῖς ἅπασιν ἐπωφελῆ εἶναι μᾶλ-

λον δὲ ἐν πρώτοις διατάξαι ἐδογματίσαμεν, οἷς ἡ πρὸς τὸ θεῖον αἰδώς τε καὶ τὸ σέβας ἐνείχετο. τοῦτ᾽ ἔστιν ὅπως δῶμεν καὶ τοῖς χριστιανοῖς καὶ πᾶσιν ἐλευθέραν αἵρεσιν, τοῦ ἀκολουθεῖν τῇ θρησκείᾳ ᾗ δ᾽ ἂν βουληθῶσιν· ὅπως ὅ, τί ποτέ ἐστι θειότης καὶ οὐρανίου πράγματος, ἡμῖν καὶ πᾶσι τοῖς ὑπὸ τὴν ἡμετέραν ἐξουσίαν διάγουσιν εὐμενὲς εἶναι δυνηθῇ. τοίνυν ταύτην τὴν βούλησιν τὴν ἡμετέραν, ὑγιεινῷ καὶ ὀρθοτάτῳ λογισμῷ ἐδογματίσαμεν, ὅπως μηδενὶ παντελῶς ἐξουσία ἀρνητέα ᾖ, τοῦ ἀκολουθεῖν καὶ αἱρεῖσθαι τὴν τῶν χριστιανῶν παραφύλαξιν ἢ θρησκείαν. ἑκάστῳ τε ἐξουσία δοθείη τοῦ διδόναι ἑαυτοῦ τὴν διάνοιαν ἐν ἐκείνῃ τῇ θρησκείᾳ, ἣν αὐτὸς ἑαυτῷ ἁρμόζειν νομίζῃ. ὅπως ἡμῖν δυνηθῇ τὸ θεῖον ἐν πᾶσι τὴν ἔθιμον σπουδὴν καὶ καλοκἀγαθίαν παρέχειν. ἅτινα οὕτως ἀρέσκειν ἡμῖν ἀντιγράψαι ἀκόλουθον ἦν, ἵν᾽ ἀφαιρεθεισῶν παντελῶς τῶν αἱρέσεων, αἵτινες τοῖς προτέροις ἡμῶν γράμμασι τοῖς πρὸς τὴν σὴν καθοσίωσιν ἀποσταλεῖσι περὶ τῶν χριστιανῶν ἐνείχοντο, καὶ ἅτινα πάνυ σκαιὰ καὶ τῆς ἡμετέρας πρᾳότητος ἀλλότρια εἶναι ἐδόκει, ταῦτα ὑφαιρεθῇ, καὶ νῦν ἐλευθέρως τε καὶ ἁπλανῶς ἕκαστος τῶν τὴν αὐτὴν προαίρεσιν ἐσχηκότων τοῦ φυλάττειν τὴν τῶν χριστιανῶν θρησκείαν, ἄνευ τινὸς ὀχλήσεως, τοῦτο αὐτὸ παραφυλάττοι. ἅτινα τῇ σῇ ἐπιμελείᾳ πληρέστατα δηλῶσαι ἐδογματίσαμεν, ὅπως εἰδείης ἡμᾶς ἐλευθέραν καὶ ἀπολελυμένην ἐξουσίαν τοῦ τημελεῖν τὴν ἑαυτῶν θρησκείαν τοῖς αὐτοῖς χριστιανοῖς δεδωκέναι. ὅπερ ἐπειδὴ ἀπολελυμένως αὐτοῖς ὑφ᾽ ἡμῶν δεδωρῆσθαι θεωρεῖ ἡ σὴ καθοσίωσις, καὶ ἑτέροις δεδόσθαι ἐξουσίαν τοῖς βουλομένοις τοῦ μετέρχεσθαι τὴν παρατήρησιν καὶ θρησκείαν ἑαυτῶν· ὅπερ ἀκολούθως τῇ ἡσυχίᾳ τῶν ἡμετέρων καιρῶν γίνεσθαι φανερόν ἐστιν, ὅπως ἐξουσίαν ἕκαστος ἔχῃ τοῦ αἱρεῖσθαι καὶ τημελεῖν, ὁποῖον δ᾽ ἂν βούληται θεῖον. τοῦτο δὲ ὑφ᾽ ἡμῶν γέγονεν, ὅπως μηδεμιᾷ τιμῇ μὴ δὲ θρησκείᾳ τινὶ μεμειῶσθαι τι ὑφ᾽ ἡμῶν δοκοίη. καὶ τοῦτο δὲ πρὸς τοῖς λοιποῖς εἰς τὸ πρόσωπον τῶν χριστιανῶν δογματίζομεν, ἵνα τοὺς τόπους αὐτῶν εἰς οὓς το πρότερον συνέρχεσθαι ἔθος ἦν αὐτοῖς, περὶ ὧν καὶ τοῖς πρότερον δοθεῖσι πρὸς τὴν σὴν καθοσίωσιν γράμμασι, τύπος ἕτερος ἦν ὡρισμένος τῷ προτέρῳ χρόνῳ. ἵν᾽ εἴ τινες ἢ παρὰ τοῦ ταμείου τοῦ ἡμετέρου, ἢ παρά τινος ἑτέρου φαίνοιντο ἠγορακότες τούτους, τοῖς αὐτοῖς χριστιανοῖς ἄνευ ἀργυρίου καὶ ἄνευ τινὸς ἀπαιτήσεως τῆς τιμῆς ὑπερτεθείσης, δίχα πάσης ἀμελείας καὶ ἀμφιβολίας ἀποκαταστήσωσι. καὶ εἴ τινες κατὰ δῶρον τυγχάνωσιν εἰληφότες τοὺς αὐτοὺς τόπους, οπως εἰ τοῖς αὐτοῖς χριστιανοῖς τὴν ταχίστην ἀποκαταστήσωσιν οὕτως, ἢ οἱ ἠγορακότες τοὺς αὐτοὺς τόπους, ἢ οἱ κατὰ δωρεὰν εἰληφότες αἰτῶσί τι παρὰ τῆς ἡμετέρας καλοκαγαθίας, προσέλθωσι τῷ ἐπὶ τόπων ἐπάρχῳ δικάζοντι, ὅπως καὶ αὐτῶν διὰ τῆς ἡμετέρας χρηστότητος πρόνοια γίνηται. ἅτινα πάντα τῷ σωματίῳ τῶν χριστιανῶν παρ᾽ αὐτὰ διὰ τῆς σῆς σπουδῆς ἄνευ τινὸς παρολκῆς παραδίδοσθαι δεήσει. καὶ ἐπειδὴ οἱ αὐτοὶ χριστιανοὶ οὐ μόνον ἐκείνους εἰς οὓς συνέρχεσθαι ἔθος εἶχον, ἀλλὰ καὶ ἑτέρους τόπους ἐσχηκέναι γινώσκονται, διαφέροντας οὐ πρὸς ἕκαστον αὐτῶν, ἀλλὰ πρὸς τὸ δίκαιον τοῦ αὐτῶν σώματος, τοῦτ᾽ ἔστι τῶν χριστιανῶν ταῦτα πάντα ἐπὶ τῷ νόμῳ ὃν προσειρήκαμεν, δίχα παντελοῦς τινὸς ἀμφισβητήσεως τοῖς αὐτοῖς χριστιανοῖς, τοῦτ᾽ ἔστι τῷ σώματι αὐτῶν καὶ τῇ συνόδῳ, ἑκάστῳ αὐτῶν ἀποκατασταῆναι κελεύσεις. τοῦ προειρημένου λογισμοῦ δηλαδὴ φυλαχθέντος, ὅπως οὗτοι οἵ τινες τοὺς αὐτοὺς ἄνευ τιμῆς, καθὼς προσειρήκαμεν, ἀποκαθιστῶσι, τὸ ἀζήμιον τὸ ἑαυτῶν παρὰ τῆς ἡμετέρας καλοκαγαθίας ἐλπίζοιεν. ἐν οἷς πᾶσι τῷ προειρημένῳ σώματι τῶν χριστιανῶν τὴν σπουδὴν δυνατώτατα παρασχεῖν ὀφείλεις, ὅπως τὸ ἡμέτερον κέλευσμα τὴν ταχίστην παραπληρωθῇ. ὅπως καὶ ἐν τούτῳ διὰ τῆς ἡμετέρας χρηστότητος πρόνοια γίνηται τῆς κοινῆς καὶ δημοσίας ἡσυχίας. τούτῳ γὰρ τῷ λογισμῷ, καθὼς καὶ προείρηται, ἡ θεία σπουδὴ περὶ ἡμᾶς, ἧς ἐν πολλοῖς ἤδη πράγμασιν ἀπεπειράθημεν, διὰ παντὸς τοῦ χρόνου βεβαίως διαμεῖναι. ἵνα δὲ ταύτης τῆς ἡμετέρας νομοθεσίας καὶ τῆς καλοκαγαθίας ὅρος πρὸς γνῶσιν πάντων ἐνεχθῆναι δυνηθῇ, ταῦτα τὰ ὑφ᾽ ἡμῶν γραφέντα, πανταχοῦ προθεῖναι καὶ εἰς γνῶσιν πάντων ἀγαγεῖν ἀκόλουθόν ἐστιν, ὅπως ταύτης τῆς ἡμετέρας καλοκαγαθίας ἡ νομοθεσία μηδένα λαθεῖν δυνηθῇ.

LXX.

EDICTUM CONSTANTINI MAGNI

DE ORDINE JUDICIORUM PUBLICORUM.

(A. Chr. 314.)

Romae e schedis Ambrosianae Bibliothecae. Apud *Muratorium* Novo thesauro veterum Inscriptionum. Tom. II. p. 580. (Mediol. 1740. f.)

Sunt fragmenta Legum nonnullarum a Constantino M. Augusto promulgatarum. Locus: *Sane si quis* etc. totidem paene verbis legitur in Codicis Theod. Lib. IX. tit. 5. lege unica. (cf. leg. 3. Cod. Just. *eod.*) De *libertorum* quoque *adcusationibus*, contra patronos suos agitur titulo eodem et subsequenti 6. De *famosis libellis* sunt aliae leges in eodem libro. tit. 34. Ad *Caesariones* quod attinet, hic memoratos, eorum mentionem habes in eodem Codice. Liber X. tit. 7. qui est de *Caesarianis*, quorum infamiam ibi et alibi Gothofredus erudite prodit.

---

1 ODO IVDICIO REPELLATVR VTRVM QVICVNQVE INTENTIONIBVS SVIS PROBATIONES

2 HABEAT ADEVNDI IVDICIS LIBERAM POTESTATEM AC MANIFESTIS INDICIIS

3 ECEDAT VT PRO QVALITATE FACTVRVM COMPETENTER IN EVM QVI CONVICTVS FVERIT

4 VT QVOD SI MINIME POTVERIT EAQ. INTENTAVERIT CONPROBARE SCIRE DEBET- SE

5 TENTIAE SVBI-VGANDVM. SANE SI QVIS ALICVI MAIESTATIS CRIMEN INTENDERIT.

6 SMODI OBIECTVS MINIME QVEMQVAM PRIVILEGIO DIGNITATIS ALICVIVS ASTRICTIORI

7 ONE TVENTVR. SCIAT SE QVOQ. TORMENTIS ESSE SVBDENDVM SI ALIIS MANIFESTIS INDI

8 VT ARGVMENTIS ACCVSATIONEM SVAM NON POTVERIT CONPROBARE CVM IN EO QVI

9 E TEMERITATIS DEPREHENDATVR ILLVD QVOQ. TORMENTIS ERVI OPORTEAT CVIVS

10 DQVE INSTINCTV AD ACCVSATIONEM ACCESSISSE VIDEATVR VT AB OMNIBVS TANTI

11 CONSCIIS VINDICTA POSSIT REPORTARI ❦

12 AVTEM QVOD ADEVNDI QVOQ. IVDICIS TAM STATVTIS PARENTVM NOSTRORVM QVAM

13 STRIS SANCTIONIBVS INTERCLVSA SIT FACVLTAS OMNIBVS COGNITVM EST CVM EIVSMODI

14 AVDIENTIA NON DEBEAT COMMODARI QVANDOQVIDEM EOS PRO TANTI SCELERIS AVDACIA

15 VENIAT SVBIVGARI ❦

16 NE SINE LIBERTIS QVI DOMINOS VEL PATRONOS ACCVSARE AVT DEFERRE TEMPTANT EIVS

17 IVXTA ANTIQVI QVOQ. IVRIS STATVTVM OBSERVANDVM ESSE CENSVIMVS VT SCILICET

18 M ATROCIS AVDACIAE STATIM IN ADMISSI IPSIVS EXORDIO PER SENTENTIAM IVDICIS

19 R AC DENEGATA AVDIENTIA PATIBVLO ADFIXVS QVI AD EIVSMODI DESPERATIONEM

20 T EXEMPLVM CETERIS PRAESTET NE SVIS IN POSTERVM AVDACIAE SIMILI EXISTAT ❦

21 VNDIQ VERSVM SECVRITATI INNOCENTIVM CONSVLATVR PLACET ETIAM FAMOSOS

22 N ADMITTI QVOS SINE NOMINE PROPOSITOS SI QVI INVENERIT STATIM DESTRAHERE AD

23 E VEL IGNI DEBEBIT EXVRERE IN QVIBVS ETIAM IVDICIVM EIVSMODI OBSERVA. PER IGNEM

24 SIT VT SI FORTE AD SE TALIS LIBELLVS PERLATVS
FVERIT IS EVM PRAECIPIAT CONCIT
25 IVSMODI SCRIPTVRAM AB AVDIENTIA IVDICIS PE-
NITVS OPORTET SVBMOVERI MANEN
26 OS INQVISITIONE QVI LIBELLOS EIVSMODI PRO-
PONERE AVSI FVERINT VT REPERTI DEBI
27 TATIS SVAE POTIVS SVBICIANTVR ❦
28 ITAQVE OMNIBVS TAM AD PRAEFECTOS NOSTROS
QVAM ETIAM ET PRAESIDES ET RATI
29 MAGISTRVM PRIVATAE SCRIPTA DIREXIMVS QVO-
RVM EXEMPLA ALIO EDICTO NOSTRO
30 SMODI LEGEM STATVTVMQ. CONTINENT PLENISSIME
DECLARATVR ❦
31 STIS CONSCIENTIA VESTRA QVAE TESTIS EST PRAE-
BET EAM SVMMAM CLEMENTIAE ·
32 PECTIBVS ET FVISSE SEMPER ET ESSE CVRATVM
VT BEATITVDO VRBIS ROMANAE
33 NOSTRIS OBTEMPERET ADVERSVS OMNES OMNINO
CALVMNIAS QVAS IN VNIVERSVM
34 S° CAESARIANORVM DESPERATIO PORRIGEBAT FIR-
MISSIMIS MVNITA SECVRITATIBVS ❦

LXXI. LXXII.

EDICTA
APRONIANA DUO.

(A. C. 339.)

Romae in palatio, quod est ad sanctos Apostolos, in tabula marmorea. Primum exhibent 1) *Jo. Mazochius* Epigrammat. (1521) f. XV. b. — 2) *Petr. Apianus* Inscriptt. (1534.) f 256. — 3) *Geo. Fabricius* Monument. p. 34. junct. not. p. 81. — 4) *Aldus Manutius* in Orthogr. Ed. I. p. 90. sq. Ed. II. p. 88. sq. — 5) *Franc. Juretus* Miscellan. ad Auctar. Epistol. Symmachi ep. 28. p. 321 sq.; tum 6) *Guil. Philander* ad Vitruv. X. 1. p. 205. sq. ed. *Jo. de Laet,* qui vocat pecuariam legem; secundum *Aldus Manutius* l. c. Ed. I. p. 602. Ed. II. p. 591. Utrumque editum apud *Brisson.* de formul. L. III. cap. 20., et aqud *Gruterum* p. DCXLVII. nro. 6 et 7., tum in *Heinecc.* hist. edicti et edicti perpetui L. I. cap. V. §. 6 — 8., deinde cum amplo commentario in *de Winckler:* Epistolae duae ad edicta Aproniana. Lips. 1743. et 1744. 4. et in *Ejus* Opusculis. Vol. I. p. 200 — 216., ut et in *Matth. Ant. Bouchaud* Recherches historiques sur les édits des magistrats Romains; in Commentariis Academ. Inscriptt. Paris. Tom. XLV. p. 459 — 470.

De L. Turcio Aproniano plura habet *Pet. Maria Amiani* in: Dissertazione critico-lapidaria sopra l'antico Arco di Fano innalzato all' Imperatore Cesare Augusto, di Pier *Maria Amiani* da Fano. Fano 1772. 4. per decem paginas ultimas.

I.

EX. AVCTORITATE.
TVRCI. APRONIANI. V. C.
PRAEFECTI. VRBIS
RATIO. DOCVIT. VTILITATE. SVA
DENTE. CONSVETVDINE. MI
CANDI. SVMMOTA. SVB. EXAGIO.
POTIVS. PECORA. VENDERE. QVAM.
DIGITIS. CONLVDENTIBVS. TRADE
RE. ET. ADPENSO. PECORE. CAPITE.
PEDIBVS. ET. SEVO. LACTANTE. ET.
SVBGVLARI. LANIO. CEDENTIBVS.
RELIQVA. CARO. CVM. PELLE. ET. INTE
RANEIS. PROFICIAT. VENDITORI
SVB. CONSPECTV. PVBLICO. FIDE. PON
DERIS COMPROBATA. VT. QVANTVM.
CARO. OCCISI. PECORIS. ADPENDAT.
ET. EMTOR. NORIT. ET. VENDITOR.
COMMODIS OMNIBVS. ET. PRAEDA. DA
MNATA. QVAM. TRIBVNVS. OFFI
CIVM. CANCELLARIVS. ET SCRIBA.
DE. PECVARIIS. CAPERE. CONSVEVE
RANT. QVAE. FORMA. INTERDICTI.
ET. DISPOSITIONIS. SVB. GLADII PE
RICVLO. PERPETVO. CVSTODIEN
DA. MANDATVR.

II.

EX. AVCTORITATE. TVRCI.
APRONIANI. V. C. PRAEF.
VRB.
LICET. FORMAM. DISPOSITIONIS. ACTA.
CONTINEANT. AD. FIDEM. TAMEN. GESTORVM.
PLENIVS. MEMORIA. TRADENDAM. TABVLAM.
PLACVIT. ADFIGI. QVAE. PVBLICARET.
ORDINEM. RERVM. QVOM. SVARIOS.

VIDEREMVS. DAMNIS. ADFECTOS. ET. EOS. ETIAM.
ORDINES. QVI. SVARIAM. FACIVNT. PROVIDIMVS.
HIS. LEVAMEN. ET. TITVLO. CANONICO. VINARIO.
VT. VIGINTI. QVINQVE MILLIA. AMPHORVM.
ANNVA. CONSEQVANTVR SVB. EA. DIVISIONE. VT.
DVAE. PARTES. SVARIIS. TERTIA. VERO. HIS.
ORDINIBVS. SVFFICIAT. QVI. SVARIAM. RECOGNOSCVNT.
ITA. VT. IIDEM. ORDINES. IVXTA. CONSVETVDINEM.
TAM. PROPRIVM. QVOD. APPELLATVR. QVAM. ANNONIS.
EXSOLVANT. ET. MODERATIONE. ADHIBITA.
PERINDE. A. POSSESSORE. SVSCIPIANT. ATQVE.
SVSCIPERE. SVNT. SOLITI. ANTIQVO. MORE.
PRAEEVNTE. INTERDICENTES. NE. ENORMIA.
ILLA. INDEBITAQVE. PRAESTENTVR. QVAE. TAM.
TRIBVNVS. QVAM. PATRONI. DIVERSI. ET. VARIA.
CONSEQVEBANTVR. OFFICIA. CONTRA. QVOD.
INTERDICTVM. SI. QVI. AVSI. FVERINT. DE.
COMMVNI. LARGIRI. ET. SCRIBAE. QVIDEM.
CETERIQVE. POENAE SVBIACEANT.

LXXIII.

CONSTITUTIO

IMPERATORUM GRATIANI, VALENTINIANI II. ET THEODOSII M. [1]).

(A. C. 381.)

Reperta fuit anno 1609, dum sacellum Joannis VII. P. P. destrueretur, in ejus solo; nunc est in ambitu confessionis D. Petri. Primo edita: in »Le sacre grotte Vaticane« da *Torrigio*. 1635. p. 21. — tum: 2) in *Donii* Inscriptt. antiq. Class., XX. nro. 120. — 3) in *Jo. Ciampini* de sacris aedificiis a Constantino M. constructis libro. (Rom. 1693. f.) c. 4. Sect. 15. p. 105. sq. — 4) in: Leges novellae V. anecdotae Impp. Theodosii Jun. et Valentiniani III. opera et studio *Jo. Chph. Amadutii*, in Auctario ad calcem indicis, p. 321. sq. ubi textus exhibetur et illustratur. — 5) in *Seb. Donati* Supplem. ad Nov. Thes vett. Inscriptt. T. II. Cl. VIII. p. 240. n. 1.

E recensione Donati.

1 . . . . MPER. AVGGG. ELEVTHERIO. SVO. SALVTEM

---

[1]) *Amadutius* l. c. p. 324. probare tamen conatur, deberi eam potius Arcadio, Honorio, et Theodosio II., et esse inscriptam Fl. Annio Eucbario Epiphanio Praefecto Urbi, et pridem A. C. 407.

2 . . . . PRAECIPVO. CVNCTORVM. PLANE. EST. TENENDA. CONSENSV

3 . . . . INO. FAS. DVCIMVS. VEL. CVLTIBVS. VT. VLLA. DEPEREAT. PRAEROGA

4 . . . . INLVDERE. ADQVE. INSVLTARE. RELIQVIIS. PRAEDIVM. PRO

5 . . . . EO. SACRIS. CERTVM. EST. MINISTERIIS. ATQVE. MISTERIIS

6 . . . . IVM. SAEPTA. CONSVRGERENT. VERVM. ETIAM. PAVPERVM

7 . . . . HOC. IVGITER. DIVINA. COMMVNITER. ADQVE. HVMANA

8 . . . . EODEM. CONSTITVTA. POSSESSIO. EXPERIATVR. EMPTORES

9 . . . . AMQVE. PERPETVAM. PRAETER. VENERABILES. CVLTVS. VLLA

10 . . . . VS. MVNIENDIS. FIDES. ADQVE. REVERENTIA. PERENNIS

11 . . . . AIESTATE. PERPETVA. CERTVM. EST. ESSE. VENERABILEM

12 . . . . E. CASTODIAM. ❦ DATA. DIE. PRIDIAE. KAL. MAIAS ❦

13 . . . . CC. CONSS.

14 PROSB.

LXXIV.

CONSTITUTIO
HONORII IMPERATORIS
DE
CONVENTIBUS ANNUIS IN URBE ARELATENSI HABENDIS.

(A. C. 418.)

Primus ejus mentionem injicit *Hincmarus Rhemensis* de jure metropolitanorum (Opp. T. II. p 730. ed. *Sirmondi*); tum ediderunt: 1) *Nicolaus Cusanus* in opere de concordantia catholica. Lib. III. c. 30. (*Cusani* Opera. Paris. 1514. ap. Ascensium. f. fol. LXXI.) — 2) *Josephus Scaliger* in Lectionibus Ausonianis. (1573.) cap. 24. e shedis *Franc. Roaldi.* — 3) *Jacobus Sirmondus* in not. ad Sidonii Apollinaris Carm. XV. 115. (1614.) — 4) *Car. Frid. Christ. Wenck* in Ed. Codicis Theodosiani Librorum V. priorum (Lips. 1825. 8.) p. 370 — 384.

E recensione Wenckii.

Impp. Honorius et Theodosius A. A. V. I. Agricolae Praefecto Galliarum.

Saluberrima magnificentiae tuae suggestione inter reliquas reipublicae utilitates evidenter instructi, observanda provincialibus nostris, id est, per septem provincias, mansura in aevum auctoritate decernimus, quod sperari plane ab ipsis provincialibus debuisset. Nam cum propter privatas ac publicas necessitates, de singulis civitatibus, non solum de provinciis singulis, ad examen magnificentiae tuae vel honoratos confluere, vel mitti legatos, aut possessorum utilitas, aut publicarum ratio exigat functionum: maxime opportunum et conducibile judicamus, ut servata posthac annis singulis consuetudine, constituto tempore, in metropolitana id est in Arelatensi urbe, incipiant septem provinciae habere concilium. In quo plane tam singulis, quam omnibus in commune consulimus. Primum, ut optimorum conventu, sub illustri praesentia praefecturae, si id tamen ratio publicae dispositionis obtulerit, saluberrima de singulis rebus possint esse consilia.

Tum, quicquid tractatum fuerit et discussis ratiociniis constitutum, nec latere potiores provincias poterit et parem necesse est inter absentes aequitatis formam justitiaeque servari. Ac plane praeter necessitates publicas etiam humanae ipsi conversationi non parum credimus commoditatis accedere, quod in Constantina urbe jubemus annis singulis esse concilium. Tanta enim loci opportunitas, tanta est copia commerciorum, tanta illic frequentia commeantium, ut quicquid usquam nascitur, illic commodius distrahatur. Neque enim ulla provincia ita peculiari felicitate laetatur, ut non haec propria Arelatensis soli credatur esse foecunditas. Quicquid enim dives Oriens, quicquid adoratus Arabs, quicquid delicatus Assyrius, quod Africa fertilis, quod speciosa Hispania, quod fortis Gallia potest habere praeclarum, ita illic affatim exuberat, quasi ibi nascantur omnia, quae ubique constat esse magnifica. Jam vero decursus Rhodani, et Turoni recursus, necesse est, ut vicinum faciant ac pene conterminum vel quod iste praeterfluit, vel ille quod circuit. Quum ergo huic serviat civitati quicquid habet terra praecipuum, ad hanc velo, remo, vehiculo, terra, mari, flumine deferatur, quicquid singulis nascitur: quomodo non multum sibi Galliae nostrae praestitum credant, cum in ea civitate praecipiamus esse conventum, in qua divino quodam munere commoditatum et commerciorum opportunitas tanta praestatur? Siquidem hoc, rationabili plane probatoque consilio, jam et vir illustris Praefectus Petronius observari debere praeceperit; quod interpolatum vel incuria temporum, vel desidia tyrannorum, reparari solita prudentiae nostrae auctoritate decernimus, Agricola, Parens carissime atque amantissime. Unde illustris magnificentia tua et hanc praeceptionem nostram, et priorem sedis suae dispositionem secuta, id per septem provincias in perpetuum faciet custodiri, ut ab Idibus Augusti, quibuscunque mediis diebus, in Idus Septembris, in Arelatensi urbe noverint honorati, possessores, vel judices singularum provinciarum, annis singulis concilium esse servandum; ita ut de Novempopulana, et secunda Aquitania, quae provinciae longius constitutae sunt, si earum judices certa occupatio tenuerit, sciant, legatos juxta consuetudinem esse mittendos. Qua provisione plurimum et provincialibus nostris gratiae nos intelligimus utilitatisque praestare, et Arelatensis urbis, cujus fidei secundum testimonia atque suffragia Parentis Patriciique nostri, multum debemus, non parum adjicere nos constat ornatui. Sciat autem magnificentia tua, quinis auri libris judicem esse mulctandum, ternis honoratos vel curiales, qui ad constitutum locum intra definitum tempus venire distulerint.

Data XV. Kalend. Majas, accepta Arel. X. Kal. Junias, DD. NN. Honorio XII. et Theodosio AA. Coss.

* LXXV.

LEGIS INCERTAE FRAGMENTUM.

Adservatur in museo Florentino; superstes in aere [1]).

Editum 1) sed satis mendose in *Gorii* Inscriptt. antiq. I. 88. — 2) in *Blumii:* Iter Italicum. Tom. II. (1827.) pag. 87.

Col. I.

1 IN. RES. SINGVLAS. IIS. X. CIC. [2]) D. D. E. [3]) ISQVE. LOCVS. VBI

2 QVIS. ADVERSVS. EA. HVMÁTVS. SEPVLTVSVE. ERIT

3 PVRVS. ET. RELIGIÓNE. SOLVTVS. ESTÓ. EVMQVE. S. F. S. [4])

4 QVI. TENET. EXARÁTO. NÉ. QVIS. ALVOS. APIVM....

Col. II.

EIVS. C. ITA. VTI. LEGE. AEM . . . . . [5])

6 EST. D. D. [6]) AD. PR. [7]) DE. EÁ. RÉ. REFE..... [8])

7 EDICEREQVE. DEBETÓ. EAM . . . . [9])

---

[1]) Tangit rem sepulcrariam, de qua videas Labeonis et Ulpiani opiniones diversas in fr. 8. D. XI. 7. *de religiosis.* — Accentuum usus in hac inscriptione mirum quid. [2]) *Bl.* legit: CIↃ. [3]) Dare damnas esto. [4]) Sine fraude sua. [5]) *Bl.* supplet: AEmilia cautum. [6]) Decurionum Decreto. [7]) Praetorem. [8]) *Bl.* supplet: REFErre isque. [9]) *Bl.* supplet: rem.

Addenda ad pag. 232.

Extat et in *Orell.* Inscriptt. collect. T. I. pag. 188. nro. 784., qui explicat siglam I. D. S. C. *senatum consuluerunt* — Q. D. E. F. P. D. E. R. I. C. *quod de ea re fieri placuit, de ea re ita censuerunt* — ΩN *omnino* — AD AVGVST. TEM. C. P. *ad Augustale temperamentum comprobatum pondus.*

---

www.ingramcontent.com/pod-product-compliance
Lightning Source LLC
LaVergne TN
LVHW092152300926
849161LV00002B/250